O diálogo possível

Francisco Bosco

O diálogo possível

Por uma reconstrução do debate público brasileiro

todavia

Para Iolanda, Lourenço e Madalena

Apresentação 9

Introdução 13

1. Formação e sentidos da polarização 33
2. Uma outra ideia de centro 97
3. Púchkin e as botas 133
4. Teratologia comparada 169
5. A hera dos direitos 207
6. Pobreza e desigualdade 227
7. As batalhas de Proteu e Eidoteia 265
8. Universalismo por vir 295

Epílogo 345

Agradecimentos 351
Notas 353
Referências bibliográficas 383
Índice remissivo 393

Apresentação

Desde que a utopia digital revelou sua face de pesadelo social e psíquico, volta e meia alguém evoca o bordão apocalíptico de Umberto Eco: "A internet deu voz a uma legião de imbecis". Essa perspectiva tem a sua dimensão de verdade, mas tem limitações em dois níveis. O primeiro é político. A frase tem um inconfundível sabor demófobo, característico de certa tradição conservadora liberal que remonta ao século XVIII. Tentar botar o gênio de volta na lâmpada não seria apenas inviável, mas também indesejável. A pluralidade de vozes é democrática.

O segundo ponto é igualmente político em suas consequências, mas psicanalítico em suas causas. A frase de Eco não parece perceber que o problema dos meios digitais é menos de natureza cognitiva que afetiva. Nos termos lacanianos, é um problema *imaginário*, narcísico. O debate brasileiro, no novo espaço público, cujo centro irradiador são as redes digitais, se encontra inflamado, mistificado, agressivo, autoritário e frequentemente em petição de miséria conceitual. Noções fundamentais da ciência política — como liberalismo, neoliberalismo, socialismo, comunismo, fascismo, esquerda e direita, entre outras — não vêm sendo mobilizadas como resultado da busca por conhecimento de seus sentidos mais verdadeiros, isto é, correspondentes às suas respectivas tradições históricas e teóricas, mas antes desferidas, como projéteis, para fins de desqualificação do adversário e para a vitória imediata, seja nas rinhas digital ou eleitoral. Ocorre que essa transformação de ideias complexas em chumbo grosso não atinge apenas o adversário, mas também a realidade como um todo. Deformar palavras fundamentais é deformar a realidade. Errado o diagnóstico, errados serão os remédios.

Entretanto, insisto, não estamos diante de um mero caso de equívoco cognitivo, ainda que em larga escala. O equívoco é de outra natureza. Freud o chamou, em um texto clássico, de *ilusão*, isto é, a intepretação da realidade orientada pelo desejo, mesmo que a contrapelo das evidências empíricas ou da força dos argumentos. E qual é a grande ilusão do debate público brasileiro, ou seja, o grande desejo que o atravessa? É o de pertencimento a uma identidade política. Desde 2013, o país experimentou esse fenômeno que não deve ser subestimado: a descoberta de identidades políticas. Ora, havemos de convir que, em tempos de capitalismo ultracompetitivo e individualismo exacerbado, fazer a experiência de uma comunidade, qualquer que seja, não significa pouco. Militantes e religiosos sempre tiveram alguma coisa em comum. A novidade é que as redes digitais — produzindo uma compulsão permanente pelo reconhecimento e propiciando a formação de grupos nesse não lugar que é onipresente — transformaram quase todo mundo em militante. Inclusive, algumas vezes, intelectuais públicos — expostos que estão, como qualquer pessoa, ao canto das sereias do pertencimento.

Seria o caso, aqui, de evocar a definição do filósofo Paulo Arantes: "Intelectual é aquele que não adere". Uma das principais tarefas políticas que se impõem hoje é, portanto, a de *desalienar* o debate, o que significa identificar as lógicas de grupo, descrever seus mecanismos de recompensas narcísicas e denunciar o risco permanente de esses circuitos de prazer autorreferenciais sacrificarem a busca pela verdade e seus benefícios mais amplos em nome da manutenção do prazer imaginário da confirmação de si mesmo. Tarefa correlata é a de *desmistificar* o debate, ou seja, dar um sentido mais complexo, preciso e justo às palavras da tribo. Resgatar o vocabulário político das mãos dos dogmas de grupo e dos interesses eleitorais partidários e devolvê-lo à realidade, isto é, a suas tradições históricas e teóricas, bem como ao teste das evidências empíricas.

A consequência lógica da desmistificação e da desalienação seria *desinflamar* o debate. Isso não implica esvaziar sua energia, afinal necessária para resgatar a democracia brasileira das mãos dos plutocratas e fisiologistas aos quais interessa a catalepsia social. O objetivo aqui é tornar o debate mais verdadeiro, mais aderente à *realidade* (e não a um parti pris ideológico qualquer) e canalizar a energia transformadora para os alvos certos, com os instrumentos adequados.

Para este livro, a possibilidade do diálogo exige nada menos que uma reconstrução do debate público. É preciso desativar o núcleo narcísico que não cessa de produzir deformações e agressividade. O estudo paciente das zonas mais sensíveis da experiência social brasileira (os processos institucionais desde a redemocratização, os problemas da pobreza e da desigualdade, as questões de raça, gênero e orientação sexual, a emergência da voz política dos neopentecostais etc.), bem como a investigação cuidadosa das principais noções que operam como instrumentos de tradução dessas realidades (termos como "liberalismo", "neoliberalismo", "socialismo", "comunismo", "conservadorismo", "esquerda", "direita" etc.), é o caminho que conduz à abertura do diálogo. Diálogo, aqui, não significa dissolução de antagonismos, conciliação imobilista. Significa se abrir a um processo de *desidentificação*, de *destotalização*, que propicie reconhecer a pertinência e o proveito de diversos princípios, argumentos e práticas — venham eles de onde vierem. O diálogo possível é o reconhecimento de que nenhuma posição é total e absolutamente verdadeira. E de que há graus e distinções entre as posições. Nesses intervalos, pode-se realizar o trabalho político de produzir consensos transformadores duráveis, em vez de trincheiras estridentes, porém sempre mais sujeitas a reações que lhes anulem e até revertam os ganhos.

Finalmente, penso que há evidências históricas suficientes no sentido de demonstrar que os melhores modelos sociais são aqueles que conseguem equilibrar melhor princípios, valores e métodos egressos de campos ideológicos opostos, tais como liberdade e igualdade, mudança e conservação, direitos individuais e extensão do comum, atuação do Estado e da sociedade civil etc. Esse *equilíbrio* é a melhor tradução do que aqui se apresenta e se propõe como o diálogo possível.

Resta uma pergunta: se a causa da presente degradação do debate público é antes afetiva do que racional — o que pode um *livro* diante de um mecanismo coletivo afinal inconsciente? Bem, o pensamento sempre lutou contra inimigos irracionais (e, não sejamos ingênuos, ele mesmo contém sua própria dimensão irracional). É uma luta desigual. "O intelecto humano é impotente contra a vida pulsional", reconhece Freud. Que, entretanto, ressalva: "A voz do intelecto é baixa, mas ela não descansa enquanto não receber atenção".

Introdução

Em seu conhecido ensaio "O que é uma nação?", o historiador francês Ernest Renan escreve uma passagem curiosa. O objeto do texto são as condições que propiciam a formação de uma nação. O trecho que quero destacar é o seguinte: "O esquecimento e, eu diria até, o erro histórico são um fator essencial da criação de uma nação, e é assim que o progresso dos estudos históricos é com frequência um perigo para a nacionalidade".[1] Não é natural que um historiador renomado proponha o esquecimento e perceba sua disciplina como uma ameaça à formação das nações. O argumento, contudo, é de fácil compreensão: "A investigação histórica, com efeito, traz à luz os fatos de violência que se passaram na origem de todas as formações políticas, mesmo aquelas cujas consequências foram as mais benéficas. A unidade se faz sempre brutalmente".[2] Aqui ecoa em parte, mas apenas em parte, a Tese VII de *Sobre o conceito de história*, de Walter Benjamin. Em ambos os casos, a civilização se confunde com a barbárie. Benjamim, contudo, fiel a seu alinhamento incondicional aos oprimidos, propõe que a história seja "escovada a contrapelo"[3] e recusa qualquer identificação com os vencedores. Renan, o historiador, evoca a importância do esquecimento. Entretanto, o "esquecimento" ou o "erro histórico" não podem se estabelecer no Brasil pela razão bastante evidente de que as condições da violência originária continuaram a se perpetuar sob novas formas em círculos concêntricos ao longo da história do país. Só é possível esquecer o que passou, não o que está presente.

Renan observa que "a raça, como nós historiadores a entendemos, é alguma coisa que é feita e desfeita".[4] Para a perspectiva do historiador europeu, as nações da Alemanha, da França e da Itália foram formadas por um conjunto de povos, de "raças", que se dissolveram e se resolveram no reconhecimento de uma cidadania e de uma comunidade imaginada: tornaram-se alemães, franceses, italianos. Não se trata aqui de idealizar o percurso deles e ignorar suas falhas de integração — muito mais graves do que as nossas, em certo sentido. Mas é preciso reconhecer, por outro lado, a capacidade superior que eles tiveram de produzir reconhecimento jurídico e inclusão via cidadania e direitos democráticos. O paradoxo brasileiro é que fomos capazes de criar um país misturado, nas dimensões biológica e cultural — temos, ou tínhamos, uma comunidade imaginada mestiça, fundada na cultura popular —, mas os abismos socioeconômicos, as diferenças de reconhecimento legal real (não apenas nominal), portanto de direitos políticos efetivos, bem como de oportunidades econômicas, são tão intensos que no fim das contas as "raças", que aqui tão rapidamente se misturaram, nunca conseguem desaparecer.

Renan dá ainda fundamental importância a mitos comuns — isto é, interpretações coletivas de momentos decisivos da formação da nação — e observa que "o sofrimento compartilhado une mais que a alegria".[5] Todavia, para os brasileiros é impossível a construção de lembranças comuns, de sentido coesivo, já que os acontecimentos decisivos da história nacional têm significados radicalmente distintos para os diferentes grupos sociais. A colonização significa uma coisa para as pessoas brancas, outra para indígenas e negros. Curraleiros e bandeirantes são os responsáveis pela extensão do território, mas são verdadeiros terroristas para as populações indígenas. A Independência foi em boa medida uma disputa entre elites locais e a Coroa, que resultou em outros embates de poder entre elites provinciais e um governo central, ainda sob as rédeas de um imperador português. A Proclamação da República, então... foi uma verdadeira contrarrevolução social, com o objetivo, da parte da elite latifundiária, de frear os ímpetos democratizantes do movimento abolicionista; e, da parte dos militares, mero golpe em defesa de vantagens corporativas. Enquanto isso, indígenas continuavam submetidos a um processo subjugador-integracionista, e as pessoas negras, com o fracasso da dimensão inclusiva do abolicionismo, foram *despejadas na liberdade*. E por aí vai. (Talvez o movimento abolicionista, não fosse a contrarrevolução republicana, pudesse ter sido o nosso grande mito de fundação, nossa Revolução Brasileira. Mas não foi.)

O que de fato consolidou a comunidade imaginada brasileira foi o fenômeno da cultura popular, cujas raízes remontam a todo o passado colonial, mas que se encontra plenamente formado apenas no início do século XX, e a partir das décadas de 1930 e 1940 passa a funcionar como a grande instância do sentimento nacional, a "alma" e o "princípio espiritual" de que falava, por fim, Renan. A cultura popular foi a instância em que o Brasil mais conseguiu se aproximar de parâmetros democratizantes efetivamente integradores: no futebol e na canção popular — apesar dos traços de *whitewashing*, sobretudo nesta última — houve democracia racial, acesso plural, encontro desierarquizado entre pretos, brancos e mestiços, letrados, semiletrados e iletrados, pobres, remediados e abastados. Houve mistura, colaboração, convivência sob princípios de maior autonomia. Houve idealização também, ideologia mascaradora e desigualdades renitentes ignoradas. Mas os feitos foram avançados o suficiente para gerar o único verdadeiro mito de união nacional. Foi na cultura popular que boa parte do povo brasileiro se reconheceu e, por meio dela, se estabilizou enquanto comunidade imaginada.

Entretanto, a cultura popular foi perdendo esse poder à medida que foi se tornando cada vez mais aguda a consciência de que sua dimensão simbólica, com efeitos sociais e econômicos limitados, não poderia continuar servindo como álibi para o insuperável déficit de democratização do país. A obra revolucionária dos Racionais MC's marca o momento em que essa consciência passa a emergir no interior da própria cultura popular, abrindo um fosso dentro dela que a fez deixar de existir no mesmo sentido em que vigorou ao longo do século XX. *Sobrevivendo no inferno* está para a MPB como *O genocídio do negro brasileiro* está para *Casa-grande & senzala*. Talvez não tenha sido um mero acaso que o enfraquecimento da cultura popular em seu sentido unificador tenha sido concomitante à emergência de junho de 2013 e toda a desestabilização que se seguiu.

Se a cultura popular era a instância fundamental da comunidade imaginada brasileira, o outro ponto de consenso das últimas décadas era o repúdio à ditadura militar e o pacto democrático. O retorno de um imaginário social militarizado surpreendeu muitos, mas não os que passaram os anos da redemocratização pressionando para que o Exército reconhecesse seus crimes e instaurasse uma cultura de obediência à Constituição, abdicando de intervir de modo ilegítimo, quando não ilegal, na vida política do país. Afinal, como disse o comandante da Aeronáutica, Carlos de Almeida Baptista Junior, "homem armado não ameaça".[6] Ora, exatamente por essa razão, com homem armado também não se faz política. A política é a canalização simbólica, institucional e partidária dos conflitos sociais. As Forças Armadas, porque armadas, violam por definição o princípio do simbólico e, também por isso, não podem ser partidárias.

As Forças Armadas brasileiras já tiveram boa parte de seus membros, de soldados e marujos às mais altas patentes, ideologicamente alinhados à esquerda. Às vésperas do golpe de 1964, a base militar do Partido Comunista Brasileiro (PCB), denominada "Setor Mil", contava, numa estimativa prudente, com uma centena de oficiais da ativa que militavam no partido.

Desses, os oficiais de patente superior somavam entre duas e três dezenas.[7] E as patentes mais baixas estiveram envolvidas em revoltas democratizantes que acabaram servindo de estopim ao golpe (serviu-lhe, mais exatamente, a reação de Jango a elas). Cinquenta anos depois, as Forças se tornariam, aparentemente, todas de direita; alguns de seus membros, mesmo entre o alto-comando, apresentam convicções legalistas e democráticas frágeis; enquanto outros mal disfarçam seu apetite golpista. O processo de transformação das Forças tem como período decisivo, claro, a própria ditadura militar, quando se estabeleceram confrontos entre o Exército e a esquerda brasileira. Apesar da covarde assimetria de forças e, logo, de vítimas, e de um acordo de anistia feito em condições ilegítimas de autonomia (ainda sob o regime militar), os militares saíram do processo ressentidos com a esquerda. Os que nutriam uma mentalidade democratizante ou socializante foram expurgados. A Carta de 1988 consagrou o Supremo Tribunal Federal (STF) como a última palavra na resolução de conflitos, enfraquecendo, esperava-se que de uma vez por todas, o abusivo papel do Exército na história política do país.

O pacto sobre bases frágeis durou até que o general Eduardo Villas Bôas, então comandante do Exército, em 2018, publicou um tuíte em que ameaçava o STF caso não decidisse em desfavor do pleito de habeas corpus da defesa do ex-presidente Lula: "Asseguro à nação que o Exército brasileiro julga compartilhar o anseio de todos os cidadãos de bem de repúdio à impunidade e de respeito à Constituição, à paz social e à democracia, bem como se mantém atento às suas missões institucionais". A intricada ambiguidade do texto, em que o alegado respeito à Constituição, universal por definição, convive com o alinhamento a uma parcela exclusiva da sociedade (os "cidadãos de bem") e com uma sugestão de que a missão institucional do Exército é obrigar que a Suprema Corte decida como os militares desejarem — essa ambiguidade é sustentada pelo comentário ao episódio que, anos depois, o mesmo general faria em seu livro de memórias: "Tratava-se de um alerta, muito antes que uma ameaça".[8] É a mesma ambiguidade presente na fala do supracitado comandante da Aeronáutica, e que tem marcado a posição do alto-comando das Forças durante o governo Bolsonaro. No fim das contas, a sociedade brasileira não sabe o que as Forças fariam em caso de uma tentativa de golpe da parte de Bolsonaro. Elas o apoiariam, sob um álibi qualquer — uma "base legal para isso" —,[9] por exemplo de que o STF ou o Congresso extrapolaram suas funções, "esticaram demais a corda"?[10] Ou, ao contrário, defenderiam a tiros a Constituição e a democracia? Ou, ainda, fariam a egípcia e consentiriam, por inação, com um levante, por exemplo, de policiais militares?

Seja como for, o fato é que, se o Brasil perdeu o fundamento de sua comunidade imaginada, que era a cultura popular, perdeu também a segurança quanto às condições elementares de funcionamento institucional da democracia, ao ter no Exército, no contexto de retorno de um imaginário social militarizado (ainda que por parte minoritária da sociedade), um aliado ideológico e político do governo, beneficiário direto de suas políticas. Nos últimos anos, portanto, o país viu os seus dois sustentáculos principais serem abalados: a comunidade imaginada e o pacto democrático.

Cada um desses processos tem uma temporalidade mais estendida, logo, precedem, mas também se confundem com o famigerado problema da polarização. O enfraquecimento da função unificadora da cultura popular tem relação direta com a emergência da nova leva dos movimentos chamados identitários, que com razão questionaram os pressupostos ideológicos da imagem do Brasil como lindo e trigueiro. Algumas das premissas e dos métodos desses movimentos, entretanto, produziram reações contrárias em diversos setores sociais, fomentando a polarização. Aqui não é fácil separar o que é *backlash* de setores comprometidos com a manutenção ad aeternum das desigualdades brasileiras e o que é discordância de premissas e métodos que são repudiados mesmo por quem se alinha ao combate dessas desigualdades.

Quanto à remilitarização, à volta dos que não foram, o percurso começa na própria ditadura, com um ressentimento contra a esquerda que dificultaria a deposição política das armas no futuro. O lance decisivo acabaria sendo a instauração da Comissão da Verdade. Sua tentativa de realizar um luto, uma justiça e uma transformação definitiva das Forças, como realizado por outros países, produziu um enorme ressentimento nos militares. Quando se fez o amplo movimento de indignação nacional deflagrado pela Lava Jato, a direita tomou as ruas, a esquerda se enfraqueceu e um candidato conservador e organicamente ligado ao Exército se apresentou — o ressentimento militar encontrou seu *kairós* e montou de novo no cavalo selado da política, seu fruto proibido. A polarização, portanto, foi uma das causas dessa catástrofe.

O país se encontra em crise aguda quanto à construção de um projeto comum. Grupos sociais heterogêneos têm ideias ou sentimentos radicalmente divergentes em relação ao que seria o bem comum — para não falar dos grupos que nem se orientam pelo bem comum, e sim pelo de sua própria classe, corporação ou individualidade. É possível produzir no país algum consenso, se não total (visto que algumas agendas exigirão enfrentar interesses dessas mesmas classes ou corporações que agem por *esprit de corps*, e não por uma vontade geral rousseauniana), pelo menos largamente majoritário, em relação ao bem comum e que seja sustentável? A polarização é o melhor caminho para evitar a falsificação protocolar da política e torná-la efetiva? Ou, ao contrário, a centrifugação social e institucional não só esgarça todos os tecidos da experiência, como leva a interpretações equivocadas dos problemas e de suas soluções? Que efeitos sociais a polarização tem produzido? Como ela se formou? Essas são algumas das questões que procuro desenvolver no capítulo 1, "Formação e sentidos da polarização".

Se a polarização, tal como a vivemos hoje, deve ser desativada, que tipo de perspectiva deve ser proposta em seu lugar? A polarização radical descreve a supressão das posições moderadas; nesse sentido, a alternativa seria uma abordagem mais centrista? Mas não foi justamente a tendência centrista da redemocratização que nos trouxe até aqui, em primeiro lugar? Defender o centro não seria, portanto, um contrassenso? E mais: se há um termo que não goza de boa reputação junto à percepção da sociedade brasileira é "centro". Até hoje, em suas melhores versões, ele não foi capaz de produzir transformações estruturais que assegurassem estabilidades duráveis; nas piores, é o governo eterno do fisiologismo, do patrimonialismo, do anedotário e do imaginário grotesco da política nacional (os anões do orçamento, os instintos mais primitivos, as notas na cueca, o engavetador de pedidos de impeachment etc.). Mas essas alternativas esgotam a ideia de centro? Ou uma outra noção é possível? Essas são algumas das questões que procuro desenvolver no capítulo 2, "Uma outra ideia de centro".

O desencontro do Brasil consigo mesmo é um desencontro de interesses, de identidades, de cosmovisões — mas é também um desencontro conceitual. Defenderei aqui que a história da redemocratização produziu narrativas reciprocamente deformantes, da esquerda sobre a direita e da direita sobre a esquerda. O espectro amplo e complexo da esquerda se tornou, aos olhos da direita dominante, reduzido a um amálgama de irresponsabilidade fiscal, aparelhamento do Estado, corrupção, progressismo elitista antipopular, "autoritarismo do bem" e direitos humanos para bandidos. Na versão *redux*, de corte olavista: são os "comunistas". Já o espectro amplo e complexo da direita, que inclui conservadores (de moderados a reacionários) e liberais (liberais políticos, filiados à tradição dos direitos individuais e da contenção do poder, e liberais econômicos, de moderados a radicais), costuma ser caricaturado pela esquerda por meio do termo "neoliberal", que está apenas um degrau acima do outro termo, de sucesso mais recente, "fascista".

É bem verdade que a direita não tem se ajudado muito. Nossos soi-disant liberais da Faria Lima não hesitaram em sacrificar o Montesquieu que nunca leram em nome das reformas que sempre desejaram. Nem tampouco lhes ocorreu — ou, se ocorreu, resolveram correr o risco — que de nada adiantarão reformas se não sobrar um país para ser reformado. Mas Miami está aí para isso. É essa a posição do liberalismo da elite financeira que votou em Bolsonaro. O cientista político Christian Lynch a chamou de *jornada de otários*.[11] Parece-me mais provável, ao menos da parte de alguns, ter sido uma *jornada de cínicos*. O ano de 2022 talvez tenha a oportunidade de tirar a prova. Quanto ao liberalismo do próprio presidente e sua assimilação por seus apoiadores também nada têm a ver com a tradição do liberalismo político. A defesa da liberdade de Bolsonaro difere daquela da melhor tradição liberal e se aproxima antes de seus momentos mais extremos, como as ideias de um Spencer. A tradição liberal defende essencialmente, na expressão do liberal social Leonard Hobhouse, um "Estado cívico", em que a condição da liberdade é a lei.[12] Lei e liberdade se equivalem. Portanto, é a contenção que garante a liberdade para todos (é verdade que, para a maior parte da tradição liberal, esse "para todos" era meramente retórico, se tanto: na prática, esses liberais fizeram o que puderam para impedir a emergência da mentalidade democrática, a única capaz de efetivar a pretensa universalidade liberal).

Mas a defesa da liberdade de Bolsonaro e dos bolsonaristas nada tem a ver com isso. Ela não é liberal nem democrática: é bárbara. Ela quer regredir a um estado de gozo irrestrito, no qual não há "qualquer limitação aos impulsos do indivíduo", como observou o politólogo Miguel Lago.[13] Entretanto, para mim não se trata de um "hiperliberalismo", mas de uma regressão pré-legal, rumo a uma horda de pais primitivos. E aqui reencontro o caminho de Lago: não por acaso seus principais vocalizadores são homens, brancos, héteros, isto é, aqueles que querem retomar e ampliar suas possibilidades de gozo recém-limitadas pelos movimentos igualitaristas de grupos subalternizados. Neste ponto específico, vale notar de passagem que nem sequer se pode dizer que o bolsonarismo é conservador, ao menos não no sentido do velho conservadorismo filosófico de um Burke ou um De Maistre. Falta-lhe o repúdio ao individualismo.

Ao contrário, para o bolsonarismo, é como se, diante da estrutura formativa do país, carente de função paterna, isto é, de mediação social pela lei, os órfãos desse pai simbólico, que contudo nunca puderam gozar à altura dos privilegiados, das elites, agora reivindicassem esse gozo absoluto. Em vez de o país caminhar para o progresso da lei universal, da autocontenção, a parte ressentida (com boa dose de razão, é sempre bom lembrar) lança uma guerra contra os donos do gozo, as elites progressistas que, quando não estiveram acima da lei, é porque os de sua classe as fizeram à sua imagem, semelhança e desfrute. Portanto, também nesse sentido os liberais que apoiaram Bolsonaro traíram suas próprias convicções. A menos que nunca as tenham tido, e portanto sempre terão sido desejosos de um pai primitivo que faça o país voltar plenamente à sua origem colonial, em que um punhado de colonizadores podia gozar de maneira irrestrita do corpo de uma terra-mãe, sem pai simbólico capaz de fazer dessa barbárie uma civilização.[14]

Minha proposta no capítulo 3, "Púchkin e as botas", é examinar as ideias da tradição liberal sob uma perspectiva que considero mais correta e justa, a fim de evitar que a caricatura "neoliberal" seja lançada de maneira indevida e, desse modo, ou contribua para enfraquecer princípios liberais fundamentais para a democracia, ou incorra em mera hipocrisia de partidos de esquerda que, na vida real, apoiam e praticam esses princípios (não apenas em sua dimensão política, mas também econômica), enquanto na vida retórica os demonizam, mistificando a militância e aumentando o desentendimento geral. No mesmo passo, procurarei mostrar que, tanto quanto as melhores ideias liberais podem e devem conviver com uma perspectiva de esquerda, as melhores ideias socializantes podem e devem conviver com uma perspectiva liberal (e, de novo, não apenas política, mas também econômica).

Em seu livro *Capitalismo sem rivais*, o economista sérvio-americano Branko Milanović, uma das mais importantes referências sobre o tema das desigualdades no mundo, apresenta uma tese provocativa. Para ele, o papel histórico do comunismo *já foi cumprido*. O comunismo — ao menos como pensado pela tradição marxista-leninista — não é um sistema do futuro, mas do passado. E qual foi esse papel? Nada menos do que facilitar o desenvolvimento do capitalismo nos países em que o regime socialista foi implantado. Com efeito, a China se tornou o grande *case* de capitalismo mundial graças à tábula rasa realizada com a revolução, que propiciou um chão igualitário e uma concentração de poderes ilimitados no Partido Comunista da China — e que desse modo pôde criar instituições não predatórias, isto é, voltadas ao bem comum, mais do que à exploração das riquezas sociais por elites financeiras. Seu sucesso econômico só viria, entretanto, como se sabe, a partir da abertura de Deng Xiao Ping, após a morte de Mao.

Para Milanović, grosso modo, o capitalismo se desenvolveu primordialmente nos países onde as revoluções burguesas foram autóctones, como os Estados Unidos e a Europa Ocidental. Já onde o imperialismo europeu "surgiu principalmente para dominar e apenas como uma forma secundária e acessória de implementar ou transplantar as instituições do capitalismo tal como haviam sido criadas no Ocidente",[15] o resultado foi um capitalismo incompleto, duplamente atrasado, tanto em termos de crescimento material quanto de robustez institucional (é o caso do Brasil). "O Vietnã, a Índia e a Indonésia, conquistados por três diferentes impérios europeus, são exemplos dessa convivência em que uma fina camada de capitalismo ficava sobreposta a um sistema social não modificado, sob o qual continuavam a viver 90% ou mais da população."[16] Enfim, a teoria marxista teria errado em sua avaliação do papel histórico do comunismo no mundo. O socialismo efetivamente sucedeu o capitalismo, em alguns países, após as guerras imperialistas produzidas por seu espírito. Mas depois foi o próprio capitalismo que voltou a suceder, transformado, os regimes socialistas em quase todos os lugares do mundo em que foram implementados. Assim, conclui Milanović,

> o comunismo no Terceiro Mundo cumpriu a mesma função que a burguesia exerceu no Ocidente [...], em vez de se constituir em uma etapa transitória entre o capitalismo e a utopia do comunismo, o socialismo foi, na verdade, um sistema transitório entre o feudalismo e o capitalismo em alguns países do Terceiro Mundo.[17]

Mas como, parafraseando o ditado popular, desgraça conceitual pouca é bobagem, enquanto chafurdávamos nas caricaturas de "neoliberal" e "comunistas", não apareceram apenas verdadeiros neoliberais para mostrar o que é uma cepa pura, como também retrofuturistas comunistas para dar de comer aos fantasmas da direita. O neocomunismo brasileiro é um fenômeno, me parece, basicamente de redes digitais, e não há nenhum sinal de que adensará sua expressão partidária, institucional, por ora ainda restrita aos camaradas exóticos do

Partido Socialista dos Trabalhadores Unificado (PSTU), do Partido Comunista Brasileiro (PCB) e do Partido da Causa Operária (PCO). Porém, vale debatê-lo não apenas porque leva palha aos espantalhos da direita, mas também porque chegou baseado em uma leitura de um importante filósofo italiano, Domenico Losurdo, muito influente entre os novos historiadores.[18] O influxo neocomunista oferece, portanto, a oportunidade de se retomar a velha *querelle* liberalismo versus socialismo, à luz de tudo o que sabemos neste começo de século XXI: o que foram as sociedades predominantemente liberais dos séculos XIX e XX, o que foram as sociedades socialistas do século XX, o que foram e têm sido as sociedades que, de variadas maneiras — do capitalismo liberal estadunidense ao capitalismo político chinês, passando pelo capitalismo social-democrata da Europa Ocidental dos *trente glorieuses* —, equilibraram e equilibram princípios e práticas a um tempo liberais e democratizantes. Esse saber está implícito ou explícito no percurso do capítulo 4, "Teratologia comparada", que apresenta e critica o método losurdiano em duas de suas obras; em seguida, discute as críticas ao conceito de "totalitarismo" tal como formulado por Hannah Arendt; e, então, examina as características da União Soviética, sob Lênin e Stálin, para chegar a uma conclusão quanto ao imbróglio.

Todavia, se o comunismo marxista-leninista é um sistema do passado, o espírito de justiça social, de promoção de igualdades em todas as dimensões da experiência coletiva, que anima a história e o presente da perspectiva socialista, é mais atual do que nunca. O século XX, por meio da invenção dos impostos progressivos sobre renda e capital, do investimento público, dos gastos sociais, das redes de segurança, em suma, da formação de um Estado de bem-estar social, conseguiu produzir sociais-democracias reais (como é o conhecido caso dos cerca de trinta anos, nos Estados Unidos e na Europa, que vão do fim da Segunda Guerra Mundial à mudança de hegemonia em favor do paradigma neoliberal de Thatcher, Reagan e Friedman). Mas, desde a crise da Organização dos Países Exportadores de Petróleo (Opep), em meados dos anos 1970, esses países entraram em crise de crescimento, e o triunfo neoliberal que se seguiu, embora tenha sido capaz, em grande parte do tempo, de proporcionar boas taxas de crescimento, produziu taxas ainda maiores de desigualdade. Como mostrou Thomas Piketty em seu *O capital no século XXI*, a concentração de riqueza no topo (nos centésimos e milésimos das populações dos países ricos e em desenvolvimento) regrediu aos piores patamares da era moderna. O sucesso da obra de Piketty é ele mesmo um sintoma dessa realidade. A desigualdade se tornou um dos problemas centrais do mundo contemporâneo. Registram-no o Google (que viu a procura pela palavra decuplicar nos últimos anos), o papa Francisco (que estabeleceu a agenda como fundamental para a humanidade) e a mais insuspeitada das instituições, o Fundo Monetário Internacional (FMI). Como observaram os economistas Esther Duflo e Abhijit Banerjee,

> [o FMI —] há tanto tempo um bastião da ortodoxia do crescimento acima de tudo — reconhece hoje que sacrificar os pobres para promover o crescimento foi uma política ruim. E agora instrui suas equipes a incluir a desigualdade entre os fatores a serem considerados na orientação de políticas públicas aos países e na estipulação das condições para que recebam ajuda do Fundo.[19]

No Brasil, nem as taxas de crescimento, nem as relativas a desigualdades, coincidem exatamente com o que houve na Europa e nos Estados Unidos no século XX, ou com países africanos e com sociedades ex-socialistas, como a China e a União

Soviética, por razões óbvias. Mas aqui os problemas são os mesmos que os de qualquer país capitalista no mundo atual (isto é, quase todos): Que políticas públicas, ou a ausência delas, mais contribuem para acelerar o crescimento? Qual o papel das dimensões fiscal e monetária nesse objetivo? Como combater as desigualdades? Combater as desigualdades e gerar maior crescimento são metas incompatíveis, um *trade-off*, no jargão dos economistas? Como avaliar o período lulopetista quanto a esse par crescimento/combate a desigualdades? O período mostrou que se pode conciliar as duas coisas?

Todas as questões de natureza econômica terão doravante de ser mediadas pela realidade do Antropoceno. Neste livro, essa premissa está apenas implícita; não a desenvolvo. A agenda do crescimento econômico, se for um objetivo ainda a ser perseguido, deverá ser a de um crescimento sustentável, se é que isso é, ou até que ponto pode ser, possível. Neste estudo, os meus objetivos se atêm ao problema de desfazer o que me parecem caricaturas conceituais. É nesse sentido que procuro pensar os princípios e resultados do capitalismo, do liberalismo econômico e da globalização; bem como os princípios e resultados das sociais-democracias, do combate às desigualdades, dos impostos progressivos radicais — da forma mais honesta que pude em termos teóricos, lendo ambas as tradições, sem permitir que compromissos ideológicos a priori me impedissem de reconhecer argumentos logicamente sólidos e o conjunto de dados empíricos de que a esta altura os economistas dispõem, tornando algumas perspectivas irrefutáveis.

Procurei, para tanto, apresentar argumentos fundamentais de autores consagrados ou renomados, do passado e do presente, estrangeiros e brasileiros, sobre os problemas que me propus a abordar. Nesse sentido, vou me servir mais uma vez do estudo de Duflo e Banerjee, como uma espécie de trailer do capítulo 6, "Pobreza e desigualdade".

As catástrofes históricas e cotidianas do capitalismo e do liberalismo econômico são evidentes, mas suas virtudes também devem ser reconhecidas. Dessa forma, apresentarei premissas teóricas e dados empíricos a fim de demonstrar o progresso material a que esses sistemas conduziram a humanidade — mesmo nas últimas décadas, caracterizadas pela globalização e, em muitos países, pelo neoliberalismo. Duflo e Banerjee comentam: "Em certa medida, as últimas décadas têm sido boas para os pobres do mundo. Entre 1980 e 2016, a renda dos 50% na base da população mundial cresceu muito mais rápido do que a dos 49% acima deles, o que inclui quase todo mundo na Europa e nos Estados Unidos".[20] Prosseguem os autores:

> No entanto, talvez iludidos pelo fato de só verem os ricos ficarem cada vez mais ricos, dezenove em cada vinte americanos acham que a pobreza no mundo aumentou ou ficou estável durante esse período. Na realidade, as taxas de pobreza absoluta [...] caíram pela metade desde 1990.

É importante observar que o crescimento material se traduz também em melhorias na qualidade de vida dos pobres. "Desde 1990, as taxas de mortalidade infantil e mortalidade materna foram reduzidas à metade [...] hoje, afora a ocorrência de grandes rupturas sociais, quase todas as crianças, meninos e meninas, têm acesso à educação primária."

Mas, como dissemos, o problema das desigualdades lança uma sombra sobre esse progresso. Sob a régua das *top incomes*, o descompasso entre os ricos, os super-ricos e o resto da população mundial é absurdo e inaceitável. Duflo e Banerjee lembram que "o 1% do topo, os ricos dos países já ricos (além de um número crescente de super-ricos no mundo em desenvolvimento)", capturaram, em conjunto, "espantosos 27% do crescimento total do PIB mundial". Examinaremos os estudos de

Thomas Piketty e Branko Milanović para dados sobre a desigualdade mundial; e de Pedro H. G. Ferreira de Souza e Marta Arretche para pensar o mesmo problema na realidade brasileira.

Considerando que o Estado é o único meio para combater desigualdades em larga escala em sistemas de democracias liberais, e que para isso é preciso que ele disponha de receita para realizar investimentos públicos e gastos sociais, o tema tributário ganha destaque no capítulo. Trata-se de um tema labiríntico até mesmo para especialistas, então o que fiz foi sobretudo apresentar as perspectivas de Piketty e Souza, frutos de pensamentos longamente amadurecidos. Defendo no livro uma reforma tributária radical no Brasil, no sentido de promover um aumento significativo das alíquotas máximas, a taxação de lucros e dividendos e o imposto sobre heranças mais alinhado com a média dos países-membros da Organização para a Cooperação e Desenvolvimento Econômico (OCDE). Sobre a perspectiva dos economistas liberais e dos donos do capital, segundo a qual esse tipo de medidas impacta negativamente o crescimento econômico, terminando por gerar pobreza, adianto as conclusões de Duflo e Banerjee, que revisaram de maneira rigorosa a literatura sobre o tema: "Por ora, parece haver consenso entre a grande maioria dos economistas de que a incidência de alíquotas tributárias baixas sobre aqueles que obtêm rendimentos mais altos não oferece em si garantia de aceleração do crescimento econômico".[21] E mais:

> Se a experiência dos Estados Unidos e do Reino Unido [na era Reagan-Thatcher] servir como guia, pedir aos pobres para apertar os cintos na esperança de que as benevolências para os ricos acabem gotejando sobre eles pouco contribui para o crescimento, e ainda menos para o alívio dos pobres.[22]

E, por fim, em homenagem ao bordão "qualquer semelhança é mera coincidência":

Na verdade, a explosão de desigualdade num país que parou de crescer envolve o risco de ser prejudicial para o crescimento, pois o retrocesso político pode levar à eleição de líderes populistas, arautos de soluções miraculosas que raramente são eficazes e quase sempre são desastrosas, como vemos no caso da catástrofe venezuelana.[23]

A premissa desse capítulo é a de que a desigualdade é um *problema*. Mas, claro, nem sempre ela foi percebida assim. Por isso, no capítulo 5, o anterior, "A hera dos direitos", procuro apresentar uma breve história da formação da sensibilidade moral democrática e igualitarista na era moderna por meio de alguns de seus principais marcos.

Em seu livro *Por um populismo de esquerda*, Chantal Mouffe defende um populismo contemporâneo capaz de articular a perspectiva de classe da esquerda tradicional com as novas perspectivas emergentes a partir dos anos 1960 e 1970, que enfatizam a agenda dos direitos de minorias. O povo, que passa a ser a um tempo sujeito e objeto desse populismo, não deve ser entendido como um referente empírico, mas como uma construção discursiva. Essa construção, por sua vez, deve ser o resultado de uma

> "cadeia de equivalências" entre demandas heterogêneas, cuja unidade está assegurada pela identificação com uma concepção democrática radical de cidadania e uma oposição comum à oligarquia — isto é, às forças que impedem estruturalmente a realização do projeto democrático.[24]

Esse programa esbarra, entretanto, naquele que é um dos problemas mais difíceis de se resolver hoje, em especial no Brasil: os setores sociais que deveriam se identificar nessa "cadeia de equivalências" contêm desidentificações radicais e aparentemente intransponíveis entre si. Refiro-me, é claro, à incompatibilidade entre as cosmovisões ultraconservadoras e a agenda progressista, que defende também o interesse de grupos sociais economicamente desfavorecidos, mas que é percebida por aqueles grupos como a agenda de uma elite liberal, de resto global (e globalista). Como desatar esse nó é algo que ninguém ainda conseguiu entender. No Brasil, a expansão exponencial de evangélicos neopentecostais, que poderão ultrapassar os católicos nas próximas décadas, tem representado o maior impedimento ao avanço dos direitos de minorias, em particular aqueles ligados a problemas de gênero, orientação e identidade sexuais.

Diferentemente da Igreja católica, cujo éthos originário em favor dos pobres a aproximava dos movimentos de esquerda, a doutrina neopentecostal da prosperidade a aproxima da perspectiva liberal em economia.[25] Mas não me parece ser esse o problema principal; ao contrário, penso que para esse aspecto não é difícil um encaminhamento de compatibilidade. O problema decisivo está no próprio cerne do cristianismo enquanto dogma. O monoteísmo pressupõe a crença num fundamento positivo do mundo — Deus — e seus mandamentos correlatos, expressos em cláusulas pétreas nos seus respectivos livros sagrados. É verdade, felizmente, que existem líderes cristãos, católicos ou evangélicos, que realizam uma leitura histórica (e não fundamentalista) da Bíblia, enfatizando o éthos de justiça social atribuído ao próprio Jesus histórico. Mas o fato é que, em sua face política mais ostensiva, a atuação dos cristãos, sobretudo neopentecostais, no Brasil hoje é reacionária, e seu efeito se expande para além da dimensão liberal civil dos pleitos de minorias, promovendo um afastamento radical entre os cristãos e a esquerda em geral (porque esta última, por sua vez, está muito identificada com a tal agenda progressista "comportamental"). Em suma, para cada pastor Henrique

Vieira e Ed René Kivitz, e para cada padre Julio Lancellotti, há uma densa bancada de Felicianos, Malafaias, Crivellas e um sem-número de pastores reacionários.

Não tenho soluções para esse problema, mas, como sempre, penso que entendê-lo em sua complexidade, fazendo as devidas distinções entre posições diferentes, evita injustiças e pode ajudar a encontrar caminhos. Nesse sentido, o capítulo 7, "As batalhas de Proteu e Eidoteia", principia examinando os conceitos de modernidade e antimodernidade, tanto de uma perspectiva histórica como a-histórica, e em seguida visita alguns dos autores mais importantes do conservadorismo filosófico, como Edmund Burke, Michael Oakeshott e Roger Scruton. O objetivo, também aqui, é desfazer as caricaturas da posição conservadora: há diferenças importantes entre o conservadorismo e o reacionarismo. Nessas diferenças é possível, quem sabe, encontrar uma brecha política decisiva.

O capítulo seguinte, e final, "Universalismo por vir", retoma o objeto de discussão de meu livro anterior, *A vítima tem sempre razão?: Lutas identitárias e o novo espaço público brasileiro*,[26] sob os ângulos cultural, teórico e político. Procuro identificar diferentes posições teóricas diante do problema universal versus identidade, fazer a crítica delas e, por fim, apontar o que seria outra posição por vir. A defesa de um novo universalismo é um dos principais objetivos deste livro. Ela exigiu realizar, no debate sobre os movimentos ditos identitários, o mesmo trabalho de crítica de pressupostos que realizo no resto do livro, em outros campos.

Concluído um percurso que é essencialmente teórico e normativo, pareceu-me oportuno, diante da provável pressão da conjuntura sobre a recepção dessas ideias, desfazer um derradeiro mal-entendido: dediquei um breve epílogo à expressão "terceira via", no intuito de tentar evitar associações precipitadas.

I.
Formação e sentidos da polarização

Um velho poeta de espírito filosófico costumava recomendar que, antes de qualquer investigação teórica, fosse feita uma *limpeza da situação verbal*. Pois bem, o traço essencial do que tem sido chamado de polarização, tal como esse fenômeno vem se apresentando em alguns países em anos recentes, é o desaparecimento progressivo das posições políticas intermediárias. O fenômeno não se confunde, portanto, com a mera oscilação entre dois polos concentradores de força, que se alternam no poder; pois essa alternância pode se dar entre regiões mais ou menos próximas do espectro ideológico.

O que aqui será chamado de polarização e terá sua formação e seus sentidos investigados é a instauração de uma dinâmica social político-afetiva, que diz respeito ao estabelecimento de afetos inconscientes de ódio ao adversário e gozo com o pertencimento a uma identidade política compartilhada. Esse ódio e esse gozo impedem a margem de movimentação cognitiva necessária para que se possa pensar e agir de modo não sectário e não dogmático, isto é, reconhecendo eventuais limitações das premissas do próprio campo ideológico ou partidário, bem como reconhecendo a pertinência de eventuais premissas do campo ideológico ou partidário a princípio adversário. Na polarização, como observa o cientista político Sérgio Abranches, invariavelmente "o errado é o outro".[1] Os afetos opostos e simultâneos mobilizados pela polarização impedem, outrossim, o pensamento dialético e adaptativo que procede por juízos capazes de integrar diretrizes ideológicas gerais a situações específicas que eventualmente as desafiem.

A polarização político-afetiva é, portanto, o modo em que os sujeitos gozam com o ódio ao adversário e com os laços de identificação grupal, propiciadores de doses de recompensas narcísicas pelo apoio incondicional do grupo. É precisamente essa dinâmica afetiva de ódio e gozo, duas formas de laço, que prende as pessoas no registro da polarização.

Há quem se declare a favor da polarização porque vê nela uma condição fundamental do que seria a "verdadeira política", ou seja, uma política transformadora, impulsionada pela explicitação dos conflitos. Chantal Mouffe observa que existem duas maneiras de conceber o político: o enfoque "associativo" e o "dissociativo".[2] O primeiro aposta na produção de consensos; o outro, no conflito e no antagonismo. Mouffe considera que o rescaldo do neoliberalismo thatcheriano foi a chamada "terceira via", que, ao propor a elisão do antagonismo esquerda versus direita como base da atividade política, engendrou na realidade o que a politóloga belga chama de *pós-democracia*, isto é, o esvaziamento de alternativas reais à hegemonia neoliberal, por meio de uma gestão no máximo atenuada das desigualdades e do déficit de soberania popular que caracterizam o neoliberalismo.[3] Com efeito, perguntada certa vez sobre qual considerava sua maior vitória, Thatcher teria dito: "Tony Blair e o novo trabalhismo".[4]

Daí, portanto, Mouffe e seu parceiro Ernesto Laclau defenderem um retorno ao político, por meio do antagonismo e da disputa por uma nova hegemonia.[5] Estou de acordo com a leitura histórica de ambos, entretanto devo problematizar esse enfoque dissociativo, no contexto da realidade brasileira: qual seria *o objeto* do antagonismo, no Brasil? Advogando por um populismo de esquerda, Mouffe dirá que são "as oligarquias". Considero a resposta imprecisa e insuficiente.

Como desenvolverei no capítulo seguinte, os problemas a serem combatidos no Brasil não estão circunscritos a uma única classe, tampouco são identificáveis por uma única perspectiva ideológica. O Brasil tem problemas de excesso e déficit de liberalismo econômico, por exemplo. É a um tempo uma sociedade hiperburocratizada, ineficiente e patrimonialista (traços de um capitalismo incompleto), e uma sociedade excessivamente desregulada, ou regulada a favor da concentração de poder econômico e político. Um populismo de esquerda pode ser útil em termos estratégicos, na medida em que sua retórica polarizante galvaniza a sociedade civil e mobiliza os de baixo, em prol de mudanças democratizantes. O problema é que essa mesma retórica é obtusa na identificação dos problemas, pois só é capaz de pensá-los de maneira unilateral. Se o populismo é essencialmente a retórica do nós contra eles, para o populismo de direita "eles" são práticas e grupos sociais associados à esquerda (elites progressistas, "comunistas", Estado pesado, instituições do liberalismo político); enquanto, para o populismo de esquerda, "eles" são práticas e grupos sociais associados à direita (as oligarquias financeiras — mas não as encasteladas no Estado —, o capital, o empresariado etc.). No Brasil, entretanto, os problemas a serem enfrentados atravessam práticas da direita e da esquerda e necessitam de remédios egressos da perspectiva de uma e de outra.

A polarização, portanto, nesse sentido do populismo — tal como entendido por Laclau, ou seja, "uma estratégia discursiva de construção de uma fronteira política que divide a sociedade em dois campos e convoca a mobilização dos 'de baixo' contra 'aqueles no poder'" —,[6] tem a vantagem de mobilizar a sociedade na direção transformadora, mas que tem boas chances de estar errada. Aqui poderia ser proposta uma combinação entre os enfoques associativo e dissociativo. Certamente é impossível democratizar a sociedade brasileira sem entrar em conflito com determinados grupos e práticas. Mas, na linha da minha hipótese sobre os problemas e as soluções no Brasil serem transversais (abrangendo traços da direita e da esquerda), a justa compreensão de uns e outros pode produzir consensos, aproximando interesses de grupos sociais que de outro modo se perceberiam em conflito.

Nesse momento, o que temos é um "retorno ao político" destrambelhado, capturado pelo populismo de direita. É imperioso investigar as condições que propiciaram essa captura. Minha hipótese é a seguinte: se a pós-democracia, o esvaziamento da política efetivamente transformadora, produziu a situação insustentável que levou à crise, a determinação do rumo tomado em resposta a ela foi facilitada pelo acúmulo e adensamento de uma perspectiva polarizante que deformou a compreensão dos problemas, inviabilizou alternativas políticas e abriu caminho para o mais equivocado dos tratamentos. Como essa catástrofe se produziu? Que processo formou a polarização radical, político-afetiva, que, por sua vez, engendrou o populismo sádico do bolsonarismo? Responder a essa pergunta é decisivo porque não se trata de mero exercício historiográfico. A rigor isso nem existe; a história sempre ensina algo sobre o presente. Mas, no caso da polarização político-afetiva, a relação é mais direta: muitos dos mecanismos que a acionaram continuam sendo ativados, retroalimentando-a. Muitos dos que até a repudiam seguem acionando essas chaves; são cúmplices de sua formação e perpetuação, mesmo o ignorando. É preciso trazer esses mecanismos à consciência, a fim de desativá-los.

A polarização político-afetiva é uma degeneração da polarização entre PSDB e PT, as duas autoridades políticas duráveis que governaram o país por mais de vinte anos (1995-2016), a partir de consensos formados na redemocratização e firmados na Constituição de 1988. Ao longo desse período, o PT — lideranças e militância — e a esquerda de modo geral representaram o PSDB como um partido "neoliberal", logo radicalmente apartado não apenas das diretrizes dos partidos de esquerda, como da própria dimensão cidadã, inclusiva, da Carta de 1988. O PSDB, por sua vez, passou por uma inflexão ideológica a partir da eleição de Lula, em 2002. Sua guinada à direita se consolidou e se aprofundou à medida que a velha guarda do partido foi cedendo lugar para os *cabeças pretas*, então capitaneados por Aécio Neves. Esse PSDB direitista se afastou da linha original do partido de Fernando Henrique Cardoso e Mário Covas, e veio a se tornar um dos protagonistas da derrubada da presidente Dilma Rousseff, em 2016. Vistos da perspectiva dos objetivos exclusivamente eleitorais e das representações que os partidos fizeram um do outro, seus governos parecem ter sido radicalmente diferentes.

Diversos cientistas políticos, economistas e sociólogos já criticaram essa perspectiva; notadamente, a imagem que o PT fez e faz do PSDB dos anos 1990 como "neoliberal", transmissor de uma "herança maldita". Um estudo comparativo rigoroso e alentado das gestões do PSDB e do PT no governo federal, bem como da trajetória ideológica de ambos os partidos (tendo como base suas políticas públicas no Executivo e a atuação de seus parlamentares no Congresso Nacional), foi publicado em 2019, sob a organização de Marta Arretche, Eduardo Marques e Carlos Aurélio Pimenta de Faria. O volume *As políticas da política: Desigualdades e inclusão nos governos do PSDB e do PT* compreende dezesseis artigos, escritos por dezenas de pesquisadores, abrangendo áreas como políticas de educação, saúde, tributação, desenvolvimento, infraestrutura, combate ao racismo, entre outras. No fim das contas, a conclusão fundamental da obra coletiva é a seguinte: o sentido dos governos do PSDB e do PT é mais de continuidades do que de ruptura. Grosso modo, o PSDB começou a implementar as políticas públicas que traduziam os princípios, inscritos na Constituição de 1988, de universalização do acesso aos sistemas públicos de educação e saúde e de formação de uma rede de proteção social aos mais vulneráveis. O PT aprofundou e ampliou esse processo.

A diferença fundamental entre as gestões dos partidos estaria em que o PSDB priorizou o controle da inflação e a estabilização da moeda como condições para a implementação das políticas de bem-estar preconizadas pela Constituição de 1988. O PT, por seu turno, inverteu a ordem desses dois conjuntos de prioridades, "trazendo para o centro da agenda o combate à pobreza e à desigualdade, assim como a expansão da provisão de bens e serviços, sobretudo para os mais pobres".[7]

Assim, os dois governos FHC "deram os primeiros passos para a conversão das disposições da CF 1988 em políticas concretas".[8] Neles ocorreram a montagem do Sistema Único de Saúde (SUS), a criação do Fundo de Manutenção e Desenvolvimento do Ensino Fundamental e de Valorização do Magistério (Fundef) e expansão do acesso ao ensino fundamental, a aprovação do Estatuto das Cidades e a introdução dos programas de transferência de renda para combater a extrema pobreza. Já as administrações petistas "deram prosseguimento a essa tarefa de aperfeiçoamento institucional e de reforma normativa, ao mesmo tempo que intensificaram a construção de políticas de inclusão social e combate à desigualdade".[9] O salário mínimo teve ganhos reais expressivos. Aumentou a formalização do mercado de trabalho. O programa Bolsa Família, a partir da Renda Cidadã, do PSDB, se expandiu e se consolidou como um instrumento fundamental de transferência de renda aos mais vulneráveis.

Foram, portanto, as "mudanças endógenas e incrementais" que caracterizaram de modo mais fundamental o período. Esses avanços ocorreram por meio de *layering*, emulação e visibilidade institucional. *Layering*, como sugere o termo na língua inglesa, designa novas camadas de legislação e novos programas, que "foram acrescentados a sistemas de políticas sociais já existentes". Desse modo, "as políticas de participação política, de renda, de saúde e de educação tiveram seus efeitos inclusivos muito ampliados, sem alterar os pilares do legado institucional herdado das administrações tucanas". Emulação, por sua vez, designa a transposição da metodologia do SUS para outras políticas setoriais "em que a expansão da oferta exigia a coordenação nacional de estados e municípios". Por fim, a estratégia de dar visibilidade institucional a um campo temático foi adotada em setores em que a questão do reconhecimento é importante, como a política externa e sobretudo as questões racial e de gênero.

É inegável que "tanto os indicadores sociais quanto a expansão do aparato de proteção social foram mais intensos sob as presidências do PT, quando comparadas com as do PSDB".[10] Mas os organizadores do livro concedem aos tucanos um ponto sempre observado por seus defensores: o de que esses avanços "foram viabilizados pela existência prévia de instituições, programas e políticas construídos pelas presidências do PSDB, que se constituíram em legados (positivos) para as presidências petistas". Diante desse quadro, a imagem da "herança maldita" aparece como uma deformação. Obviamente houve limitações e decisões equivocadas, políticas e econômicas. Além disso, os avanços, embora significativos, podem ser considerados tímidos diante dos problemas estruturais monumentais do país, em todas as áreas.

O fato é que, ao chegar ao governo federal, o PT não promoveu rupturas drásticas em relação às políticas do PSDB, conforme suas alardeadas divergências partidárias em relação aos tucanos autorizariam esperar. O partido antes adotou estratégias incrementais como forma de produzir mudanças e expandir políticas. É claro que há nisso as limitações de poder de qualquer partido que conquista o Executivo federal. Ainda mais difíceis de contornar no caso de um partido cuja diferença ideológica em relação à maioria do Congresso é grande, como sempre foi o caso da relação do PT com o Parlamento brasileiro, de perfil mais ou menos conservador em qualquer legislatura. Mas havia também continuidade de objetivos, tendo como denominador comum a dimensão inclusiva da Constituição de 1988.

A vitória de Lula em 2002 pôs em marcha uma transformação ideológica do PSDB. Resultante ele mesmo de um realinhamento ideológico do PT, que passou da esquerda à centro-esquerda para conquistar a maioria, o triunfo de Lula desalojou a dimensão de centro-esquerda do PSDB, e o partido teve que procurar outro espaço para se abrigar. Inicia-se aí a migração dos tucanos para a direita. Victor Araújo e Paulo Flores analisaram os dados do *Brazilian Legislative Survey*, que fornecem os *scores* dos partidos nas sucessivas legislaturas, de acordo com a autoclassificação dos parlamentares e da classificação dada por congressistas de outros partidos (para corrigir o viés que tende a se declarar mais de esquerda — ou tendia, nesse momento da redemocratização em que a direita ainda era muito associada ao regime militar, que ainda era quase consensualmente repudiado). Desse modo, eles demonstraram que o PSDB, "um partido que teve sua fundação baseada em ideais da social-democracia", a partir da eleição de Lula, passou, em menos de uma década, "a não mais figurar entre os partidos de esquerda, tornando-se progressivamente mais próximo, no espectro ideológico, de partidos como Partido Progressista (PP), Partido da República (PR) e Democratas (DEM)".[11]

Analisando ainda os discursos dos parlamentares do PSDB no Congresso, nas sucessivas legislaturas desde 1991, os mesmos autores demonstraram que "no período que precede 2002, dentre os dez tópicos mais debatidos pelos parlamentares do PSDB, pelo menos quatro ('social', 'renda', 'combate', 'pobreza') eram diretamente relacionados à temática da proteção social. Outros dois eram referentes à saúde e à educação, temas também vinculados ao aumento do bem-estar social dos mais pobres".[12] A partir de 2003, entretanto, "os principais tópicos relacionados à proteção social deixam de figurar entre os mais abordados pelos parlamentares do PSDB, de modo que o debate sobre o desenvolvimento econômico ('economia' e 'desenvolvimento'), a relação entre os entes federativos ('estados' e 'municípios') e a política fiscal ('fiscal') torna-se mais saliente". Assim, "no lugar de tópicos como 'pobreza', 'renda' e 'saúde', passam a integrar o conteúdo dos discursos parlamentares do PSDB temas como 'mensalão', 'segurança' e 'polícia'". Já quanto ao PT, observa-se a tendência contrária, "de ampliação dos termos do debate sobre proteção social".

Finalmente, a análise dos programas de governo do PSDB reitera a sua guinada progressiva à direita. Ao longo dos anos, os programas vão dando maior ênfase a soluções baseadas no mercado para combater a pobreza — como geração de empregos —, em detrimento de instrumentos mais diretos do Estado (como tributação ou programas de transferência de renda). Nessa dimensão, como se sabe, a trajetória do PT é mais de conciliação. "De posicionamentos mais radicais na década de 1990, o PT passou a formular documentos em tom mais ameno e com apresentação objetiva das propostas."[13] O marco desse processo é a "Carta ao povo brasileiro", às vésperas do pleito nacional de 2002.

Entretanto, esse processo de transformação ideológica dos partidos, seu realinhamento por objetivos eleitorais, acabou levando ao campo das brincadeiras perigosas de caricaturar o outro, violar as regras da autocontenção e atirar *hardballs* no adversário. Pois, enquanto se autorizavam esses jogos irresponsáveis, as principais lideranças construtivas da redemocratização não perceberam que os recíprocos ataques exagerados fragilizavam ambos os partidos, e uma outra força se formava, alimentada pela negatividade, em parte desencadeada pelas limitações dos governos anteriores, em parte pela interpretação deformada, meramente eleitoreira, que cada partido fez das gestões do adversário. O saldo da mútua irresponsabilidade foi abrir caminho para a própria negatividade. A revolta contra todo o sistema político penalizou sobretudo o país, uma vez que entronizou o inimigo comum e maior causa histórica do atraso, que é a mistura de autoritarismo e corporativismo, a um tempo antiliberal e antidemocrática, ora representada por Jair Bolsonaro. O PT e a esquerda em geral caricaturaram o PSDB e a centro-direita, pintando-os de "neoliberal", xingamento que desclassifica categoricamente o adversário; já o PSDB engrossou o coro desafinado da direita, que cantou o PT enfatizando sua retórica por vezes autoritária, em detrimento de sua governança democrática, e reduzindo a complexa discussão sobre participação do Estado no estímulo à produção a um julgamento sumário sobre a natureza perdulária e irresponsável (o argumento da austeridade é de ordem indisfarçadamente moral) do governo Dilma, quiçá também do de Lula, ao menos do segundo mandato. Desse modo, ambas as alternativas se cancelaram, e tanta má-fé acabou produzindo um eleitorado à sua imagem e semelhança: deformado, caricatural, ressentido.

Era colocada em marcha o começo do fim da Nova República, tomando como critério seu espírito inclusivo e seu consenso democrático. Já havia enormes desafios no projeto democratizante inscrito na CF de 1988 e parcialmente implementado por PSDB e PT. O ponto de partida, por óbvio, era dramático: um país atrasado da perspectiva do desenvolvimento tecnológico (que aumenta a produtividade e angaria mercados externos, ampliando a receita), de baixo acesso à escolaridade, quase totalmente destituído de mecanismos de proteção social, contando com serviços públicos precários (saúde, transportes, saneamento etc.), tudo isso dentro de uma história de instituições políticas tendencialmente autoritárias, fisiológicas, clientelistas e conservadoras. As inscrições democratizantes na Constituição de 1988 e suas efetivas implementações, guardadas as diferenças entre os governos PSDB e PT, esbarraram, portanto, em diversos obstáculos — o tamanho da tarefa, a força regressiva de boa parte do sistema político, erros de política econômica, corrupção, má execução de obras públicas etc. — e em um limite estrutural, que era o projeto inclusivo baseado em tributação regressiva.

Tal regressividade se estabeleceu e se intensificou após a promulgação da Constituição. Como observa Celia Lessa Kerstenetzky,

> já no ano de 1989 as alíquotas marginais despencariam vinte pontos percentuais, de 45% para 25%, sem qualquer drama político. Ainda, em 1995, lucros e dividendos distribuídos ficariam isentos de tributação, sob a alegação de se eliminar a bitributação e elevar os investimentos no país.[14]

Desse modo, a CF 1988 "pretendeu incorporar os outsiders [...], mantendo padrões regressivos de arrecadação tributária".[15] PSDB e PT contribuíram para o impasse. O PSDB produziu uma legislação que aumentou a regressividade do sistema tributário (a anomalia mundial da extinção de impostos sobre lucros e dividendos), ao passo que o PT não alterou esses padrões nem estabeleceu uma nova legislação, no sentido de aumentar a progressividade do sistema.

A crise fiscal, que desempenharia um papel importante nos acontecimentos dos últimos anos, já estava contratada aí. A política tributária exigia crescimento econômico constante para sustentar a expansão dos programas sociais. Quando o país deixou de crescer, o problema veio enfim à tona. "A emenda constitucional do teto [de gastos], em especial, pode ser lida como a solução conservadora ao impasse entre estrutura fiscal e políticas inclusivas [...], ao preservar políticas regressivas de taxação e congelar o gasto social futuro."¹⁶ "Pela primeira vez desde o início do regime democrático contemporâneo [...] ganharam centralidade no debate político nacional vozes que defendem explicitamente agendas de desmontagem de direitos e de redução da proteção social."

Em um artigo sobre a ascensão das novas direitas, o cientista político Luis Felipe Miguel comenta:

> A direita extremada, em suas diferentes vertentes, contribuiu para redefinir os termos do debate público no Brasil, destruindo consensos que pareciam assentados desde o final da ditadura militar. Ainda que aparecessem vozes dissidentes e que os compromissos muitas vezes fossem apenas de fachada, o discurso político aceitável incluía a democracia, o respeito aos direitos humanos e o combate à desigualdade social. De maneira mais geral, a partir da Constituição de 1988, a disputa política no Brasil ocorria num terreno demarcado pelo discurso dos direitos, que se tornara amplamente hegemônico. A mobilização da direita rompeu com isso.¹⁷

Estou de acordo com a leitura do resultado do processo. Mas será que a esquerda não desempenhou nenhum papel nessa "mobilização da direita"? O PSDB se tornou uma espécie de partido-pivô da polarização política radical: para a direita dominante — ultraconservadores, conservadores e neoliberais —, trata-se de um partido de esquerda, moderado apenas se contrastado com o esquerdismo "radical" do PT. Girondinos e jacobinos, mencheviques e bolcheviques, "inimigos-irmãos".¹⁸ Para a esquerda dominante (que orbita em torno do PT), assim como para a minoritária (Partido Socialismo e Liberdade, o

Psol), trata-se de um partido de direita, neoliberal, entreguista e privatista. A esquerda, portanto, ignora a história do partido, ou a deforma. A direita ignora seu presente e também deforma a sua história. O resultado foi anular o PSDB como polo alternativo ao PT. A polarização política fundamental da redemocratização foi desmontada. Porém, ao quebrar uma das pernas, foi o corpo todo que caiu. O PT passou a ser percebido, pela direita dominante, a que se alinhou a maioria dos eleitores brasileiros em 2018, como o polo alternativo à direita bolsonarista. Essa dinâmica, em vez de identificar as limitações da alternância de poder entre espaços intermediários, a fim de superá-la, acabou por anulá-la, abrindo caminho para a extrema direita.

Prossigamos nessa tentativa de genealogia da polarização político-afetiva. Segundo a hipótese que venho desenvolvendo, ela começa, em sua dimensão político-partidária, no relacionamento abusivo recíproco entre PSDB e PT ao longo de seus governos. E daí se irradia para a militância e os simpatizantes ideológicos. Mas a interpretação deformante do que foram de fato esses governos é só um aspecto dessa relação.[19] Houve outro ponto importante. Refiro-me ao conceito de *forbearance*, em geral traduzido como "autocontenção", que adentrou o debate político brasileiro por meio do livro *Como as democracias morrem*, dos autores estadunidenses Steven Levitsky e Daniel Ziblatt. Eles defendem que o bom funcionamento e a manutenção de uma democracia exigem não apenas o respeito das instituições às leis, que lhes assegura legitimidade e credibilidade, mas também a observância a um conjunto indeterminado de regras não escritas, expectativas de conduta política que recusem ações hostis que, embora legais, apresentem-se como ataques sujos ao adversário ou ao bom funcionamento institucional como um todo.

Essas regras de autocontenção extrapolam o campo da política e valem para as relações sociais em geral. Não é ilegal, por exemplo, você ultrapassar um carro que está procurando onde estacionar e parar na vaga, cinquenta metros adiante, na qual ele chegaria primeiro. Não é ilegal, mas você feriu uma expectativa de urbanidade e corre o risco de desencadear uma reação agressiva. Do mesmo modo, não é ilegal um ministro do STF pedir vistas de um processo. Mas se ele "sentar em cima do pedido" e for evidente que o fez apenas para inviabilizar uma derrota que o contraria pessoalmente, estará ferindo o espírito de colegiado que se espera da instituição e contribuindo para fragilizá-la. Também não é ilegal nomear para procurador-geral da República um postulante fora da lista tríplice. Mas, por mais que haja críticas à formação da lista (para alguns, a candidatura apoiada pelos pares favorece o *esprit de corps* da instituição), sua observância vinha sendo percebida, há quinze anos, como importante para a garantia de autonomia da instituição. Dessa forma, não é ilegal, mas se o presidente da República nomeia um procurador cuja gestão revela estar sistematicamente alinhada aos interesses do Planalto e omissa diante de razões para investigar sua conduta, estará ferindo a autocontenção e erodindo a credibilidade das instituições, ou seja, da democracia.

Pois bem, a história dos protagonistas partidários construtivos da redemocratização inclui diversos momentos de notável violação à autocontenção. Um debate produtivo sobre a responsabilidade de cada agremiação no balanço das inconsequências se deu entre os economistas liberais Samuel Pessôa e Marcos Lisboa, de um lado, e o cientista político Celso Rocha de Barros, de centro-esquerda, de outro.

Pessôa e Lisboa defendem que "a disputa partidária explica bem mais a polarização entre PSDB e PT do que uma suposta oposição entre direita e esquerda ou entre ortodoxos e heterodoxos".[20] Para os economistas, "o confronto surdo e insensível às evidências na economia refletia a polarização da política, em que a legitimação do PT passava pela desqualificação do PSDB como partido 'neoliberal', 'entreguista', que deixara uma 'herança maldita' em 2003".[21] Eles afirmam que nada disso correspondia à verdade, "como as lideranças do PT reconheciam a portas fechadas, mas apenas parte do jogo retórico para demonizar a divergência". A conclusão dos autores já foi antecipada aqui: "Isso terá contribuído para a degradação de ambos os partidos junto ao eleitorado. Assim, na hora H, eleitores do PSDB preferiram votar em Bolsonaro, e petistas preferiram arriscar o abismo a encarar opções que não fossem totalmente alinhadas ao seu partido".

Celso Rocha de Barros faz uma leitura mais ampla das violações de autocontenção que chegaram ao ápice nos anos de 2015-6. Para ele, para além da relação PSDB versus PT, ela envolveu direita e esquerda como um todo e demonstrou que a direita, dona do capital, no limite faz prevalecer seus interesses, usando a interpretação da lei, com maior ou menor sutileza, para esse fim. Evoca exemplos como a diferença entre a tentativa de nomeação de Lula como ministro por Dilma, objeto de escândalo (produzido ilegalmente pelo então juiz Sergio Moro) e por fim impedida pelo STF, e a nomeação de Moreira Franco por Temer, em contexto análogo, que passou ilesa pelo Judiciário. Evoca ainda a indigesta absolvição, pelo Tribunal Superior Eleitoral (TSE), então presidido por Gilmar Mendes, no processo que visava a cassação da chapa Dilma-Temer, em 2017. Ora, se a mesma Justiça provara, via Lava Jato, que a chapa fora eleita com dinheiro de propinas, como não considerar sua eleição fraudulenta? A conclusão de Celso Rocha de Barros: "A norma do autocontrole foi para o espaço até o PT cair".[22] Depois, prevaleceram a "responsabilidade", o "garantismo" e a "estabilidade institucional". A sistematicidade das decisões favoráveis à direita torna suspeito o processo democrático como um todo.

Sobre o impeachment, Celso Rocha de Barros observa ter se tratado de "um ato de poder de um dos lados do espectro político — o lado que havia perdido em 2014 — exercido como gesto de autoafirmação, sem qualquer esforço de incorporar bandeiras do outro lado".[23] De novo, a lei permite entrar com uma ação de impeachment. Mas o dispositivo constitucional é para lá de problemático, tanto por sua natureza híbrida, meio jurídica, meio política (em que, no fim das contas, a base legal é mero pretexto e pode ser manipulada, para perda de credibilidade da legalidade), quanto por permitir que um mandato eleito de forma direta seja cassado de forma indireta. Portanto, a ambiguidade da lei do impeachment deveria obrigar ainda mais à responsabilidade por seu uso, mas o que ocorreu em 2016 foi o contrário. A base material era controversa; sua sustentação ideológica, a tese da "gastança", idem;[24] o presidente da Câmara, que acolheu o pedido por vingança, era um bandido notório; o candidato tucano derrotado em 2014, uma das lideranças do processo no Senado, era seu beneficiário direto; o vice-presidente estava cercado por um núcleo político sobre o qual pesavam acusações mais graves do que aquelas que derrubaram a presidente Dilma; e por aí vai. Tudo legal, mas profundamente ilegítimo.

Pessôa e Lisboa replicam que "é necessário contar a história completa das perdas de autocontenção para entendermos o impedimento da presidente Dilma". Eles argumentam que o governo violou de forma severa a transparência das contas públicas. Arrematam: ora, "um dos pilares da democracia é reportar adequadamente a real situação do governo".[25] Ao contrário, durante anos, "o governo expandiu os gastos públicos por meio de subterfúgios, de modo que a sociedade não soubesse o que estava ocorrendo".[26] Lembram ainda do "histórico golpista do PT, como nas muitas manifestações de 'Fora FHC'",[27] diante do qual parte da oposição teria decidido que era a hora de dar o troco. Lembram também que no começo do governo Lula, o PSDB apoiou o PT em muitas reformas. "Nunca vimos o PT fazer o mesmo."[28]

Celso Rocha de Barros contra-argumenta evocando o episódio da emenda da reeleição, proposta por FHC durante seu governo:

> Não há dúvidas de que a maior violação das normas de autocontenção dos anos 1990, o gesto mais bolivariano da história da democracia brasileira pós-1989, foi a aprovação da reeleição valendo já para FHC, com vergonhosa contribuição do Congresso e do Supremo. Aquilo foi chavismo puro.[29]

Em minha avaliação, ambos os contendores defendem pontos pertinentes. PSDB, PT, o sistema político em geral, além do Judiciário (juízes e procuradores ligados à Lava Jato, mas também ministros de tribunais superiores), aos quais eu acrescentaria intelectuais, militância e torcida organizada em redes sociais — todos deram seu quinhão, maior ou menor, à inobservância da autocontenção. Os resultados foram plenamente colhidos em 2018.

Sobre o papel desempenhado por intelectuais, militância tradicional e ativistas de redes digitais, deve-se colocar o seguinte problema. Há uma tentação — seja por objetivos eleitorais (para a militância), seja por compensação narcísica de pertencimento a uma identidade grupal (intelectuais e ativistas digitais) — no sentido de praticar formas do debate público que não têm como diretriz fundamental a busca da interpretação mais correta da realidade, doa a quem doer, e sim o automatismo sectário, a preguiça que não apura ou o ataque ao adversário político, ideológico, partidário, já previamente definidos. Pois bem, com o tempo, essa cultura vai levando a um afastamento da realidade, até que argumentos claramente aderentes ao real, ou mesmo evidências cabais, já não servem de nada no processo de convencimento social e institucional. Aí, quando, por exemplo, já não for mais possível convencer milhões de pessoas de que um presidente da República cometeu uma série de crimes de responsabilidade, quem se perguntar como se chegou a isso terá que incluir entre os diversos fatores cada tuíte meramente provocativo, cada sarcasmo estéril, cada estímulo à lógica de grupo, cada redução drástica da realidade para ganhos eleitorais imediatos, cada grão de areia, em suma, depositado de forma irresponsável no debate público, até o dia em que se tornar um singular deserto feito de áridas multidões entrincheiradas.

Ainda a propósito desse novo espaço público digital: é impressionante a diferença, infinitamente para pior, entre a atuação de alguns intelectuais públicos em suportes tradicionais (livros, artigos em jornais ou revistas) e nas redes sociais. À esquerda como à direita, é esquizofrênico, embora corriqueiro, fechar um livro ou um artigo com uma discussão complexa, bem fundamentada e nuançada — e se deparar com o mesmo autor vociferando truculências ou se deleitando com deboches vazios e arrogantes no Twitter.

Por fim, registre-se ainda que para Levitsky e Ziblatt há, além da autocontenção, outra dimensão fundamental de sustentação da democracia: o reconhecimento do adversário como um jogador legítimo. Nesse sentido, é possível afirmar que o PT e o PSDB, bem como a esquerda e a direita, violaram ambas as dimensões de forma sistemática desde a redemocratização. A respeito da segunda, da parte da esquerda, devemos lembrar, por exemplo, os pedidos permanentes de impeachment solicitados pelo PT enquanto oposição (é o partido recordista deles, e o brado "Fora, FHC", lançado pela corrente do partido então dirigida por Milton Temer, embora não tenha sido encampado pela direção, partiu de uma ala e pegou em parte da militância); a fala da deputada federal petista e ex-ministra Maria do Rosário sobre a ilegitimidade da direita ("Não existe democracia com a direita no poder");[30] o apoio insistente a ditaduras de esquerda, cujo substrato marxista é a ideia da ilegitimidade do Estado de direito burguês.

Da parte da direita, pode-se evocar a responsabilidade pela formação do antipetismo e a adesão a ele por alguns partidos de direita, que desferiram o impeachment de Dilma Rousseff. O antipetismo — um construto político-afetivo em boa medida resultante de uma falsificação — botou o PT na UTI e contaminou toda a esquerda, metonimicamente. O antipetismo é o fenômeno mais decisivo da polarização. Foi ele quem propiciou uma identidade, *ex-negativo*, a pessoas até então apolitizadas ou historicamente antipáticas ao PT (por ódio de classe ou preconceitos de diversas ordens); outras difusamente conservadoras ou liberais; e muitas apenas hiperenervadas com os escândalos de corrupção, cuja atribuição soberana ao partido, somada ao substrato ideológico da tese da esquerda perdulária, misturou-as todas numa massa amorfa, puramente negativa ("Fora, PT, não precisamos de você!"), à espera de uma imagem que desse sentido à sua revolta. Encontraram-na no "Mito", sem se dar conta de que o apelido já continha uma dimensão de ato falho revelador. De quebra, descobriram-se investidos, a maioria pela primeira vez, de uma identidade política. Nunca se deve subestimar a força desse fenômeno. O sentimento de pertencimento, em tempos de individualismo e de esvaziamento da vivência comunitária, é uma experiência estruturante e gozosa, de que não se abre mão com facilidade. É, em alguma medida, essa boa experiência que sustenta a fantasia do Mito como realidade, ao arrepio desta última.

O professor da Universidade Federal da Bahia (UFBA) Wilson Gomes observa que "o grande protagonista político destes anos, por mais paradoxal que pareça, não é Bolsonaro, é o antipetismo".[31] Que eu saiba, Gomes foi o primeiro comentarista da política, se não a inventar o termo, ao menos a conceitualizá-lo e dar sua verdadeira medida. O antipetismo, ele esclarece, não é uma posição meramente cognitiva, nem mesmo apenas moral. Ele é de natureza afetiva e imaginária (no sentido lacaniano da palavra: domínio do narcisismo, da autoimagem, da agressividade): "O antipetista não é o cara que não gosta ou aprova o PT, é o sujeito que considera o seu dever cívico e moral a erradicação do PT, é o odiador profundo, dogmático e irracional do PT e da esquerda. Para essa gente: o PT é meu inimigo, mexeu com ele, está comigo".[32]

É preciso investigar, então, como se formou o antipetismo, de quantos e quais paus é feita sua canoa e que efeito social tiveram as respostas do PT a esse fenômeno.

Uma arqueologia do antipetismo remonta a todos os grupos sociais que nunca gostaram do PT e de Lula: "Conservadores, fundamentalistas, homofóbicos, portadores de preconceito de classe, racistas (inclusive os 'racistas geográficos') e ultraliberais".[33] Antes e durante seu governo, Lula foi "sapo barbudo", "cachaceiro", "nordestino" e "analfabeto", entre outros apodos de igual calibre. "Em suma", arremata Wilson Gomes, "o ódio ao PT vagabundeou muito de rótulo em rótulo, de palavra-chave em palavra-chave, até pousar na 'corrupção' e fazer desta o seu ninho."

A corrupção foi o flanco pelo qual o ódio histórico ao Partido dos Trabalhadores avançou sobre seus domínios e venceu, desde 2016, as batalhas fundamentais. O PT foi um partido que vendeu uma imagem de moral imaculada na gestão pública. A filósofa Marilena Chaui, em entrevista ao programa *Roda Viva*, em 1999, declarou: "Uma coisa [que] nunca foi posta em dúvida, à direita, à esquerda, pelo centro, nunca, é a honestidade de um governante petista e a maneira como ele trata a coisa pública efetivamente como uma coisa pública".[34]

A imagem republicana e moralizante seria posta em xeque poucos anos depois, com o escândalo do chamado "mensalão". Desde a denúncia inaugural do deputado Roberto Jefferson, passando pelos depoimentos à Comissão Parlamentar de Inquérito (CPI) e, depois, o julgamento no STF, todo o processo foi amplamente noticiado e acompanhado pela população como se fosse a novela das oito ou uma final de campeonato. O fenômeno se repetiu, intensificado, durante os dois anos triunfantes da Operação Lava Jato e, pouco depois, com a prisão de Lula. A associação do PT à corrupção é, portanto, "um fato de longo termo [...], uma série de reiterações de escândalos políticos [...] distribuídos ao longo de período extenso o bastante para que se fosse lentamente lapidando na mentalidade e na memória das pessoas a associação entre o PT e a corrupção".[35] Nesse meio-tempo, começando na fase extensa das manifestações de 2013 — em que surgiram manifestantes erguendo cartazes contra a Proposta de Emenda à Constituição (PEC) que retirava poderes do Ministério Público —, alimentando-se do fedor de superfaturamento nas obras contratadas para a Copa do Mundo de 2014 e consumando-se plenamente com as denúncias de Moro, Deltan e companhia, consolidou-se "a convicção pública de que a corrupção era o principal problema nacional". E o PT, o grande culpado.

O antipetismo é um afeto complexo, que reúne diversos fatores: a convicção de que o PT é o partido mais corrupto entre todos, que inventou e capitaneou um dos maiores esquemas de corrupção do mundo; a assimilação da tese de que o partido foi/é perdulário, não respeita a responsabilidade fiscal, e por isso teria levado o país a uma das maiores recessões de sua história; a assimilação da perspectiva, de origem olavista, de que o partido é autoritário, aparelhou todos os órgãos do Estado, cooptou movimentos sociais e se preparava para, junto aos demais países socializantes da América do Sul, implantar uma ditadura comunista no continente; a raiva diante do fato de que o partido nunca realizou a famigerada "autocrítica" quanto aos escândalos de corrupção e à condução da política econômica sob Dilma Rousseff, que o faz ser percebido, além de tudo, como arrogante; o ódio inconsciente de classe, por parte dos setores médios e das elites, pela ascensão de um torneiro mecânico nordestino ao cargo mais alto da República, que, por meio de seu governo, promoveu a ascensão das classes mais baixas, borrando as fronteiras tradicionais de distinção de classe em diversos espaços públicos; o ódio dos setores conservadores em relação às políticas de estabelecimento de direitos para minorias, como sistemas de cotas em universidades, programas para igualdade de gênero, demarcação de terras indígenas etc.

Esses são os paus que fazem a canoa do antipetismo. A adesão à realidade de cada um desses fatores é objeto de controvérsia específica. Não me furtarei a debater aqui os principais pontos.

Em 2020, a jornalista Malu Gaspar publicou o livro *A organização: A Odebrecht e o esquema de corrupção que chocou o mundo*, uma alentada história da Odebrecht, que se confunde, nos últimos vinte anos, com a do PT. A obra é sobretudo um estudo contundente do capitalismo de compadrio à brasileira. Isso lhe angaria um lugar incontroverso nas análises sociológicas do país. Mas o livro é, por sua própria natureza, controverso. Parte fundamental de sua narrativa está baseada nas duvidosas delações premiadas obtidas pela Lava Jato. A jornalista alega ter realizado uma "apuração exaustiva" e, "para chegar à versão mais acurada possível dos fatos", tomou o conteúdo das delações como ponto de partida e ouviu mais de 120 pessoas — entre executivos, familiares, concorrentes, parceiros de negócios, políticos, advogados e investigadores de diversas instâncias —, submetendo a "dupla ou tripla checagem" as informações obtidas.

O resultado é um monolito. Mas um monolito persuasivo. Em particular, considero que o livro deveria ter incorporado de forma sistemática o contraditório — isto é, a defesa de algumas partes acusadas, notadamente a do PT e de Lula, já que é esse o ponto político e social mais sensível da vida nacional. Malu Gaspar apresenta a versão de que o PT foi sim o protagonista de um dos maiores escândalos de corrupção do mundo e de que Lula esteve envolvido em uma série de negociações suspeitas, que a Justiça brasileira vinha julgando nos últimos anos, com resultados ora favoráveis, ora desfavoráveis ao ex-presidente — até que o STF anulou as condenações sofridas, por considerar que a Justiça Federal do Paraná era incompetente para julgar as ações, considerando em seguida que o ex-juiz Sergio Moro teve atuação suspeita nos processos que o ligam a Lula, remetendo-os todos à estaca zero. Desse momento até a data em que escrevo, a defesa de Lula obteve vitórias em série. Essas vitórias, entretanto, no meu entender, são antes derrotas de Moro e da Lava Jato do que uma absolvição de Lula. As ações contra Lula têm sido derrotadas por prescrição ou porque as provas constantes nos autos foram obtidas de forma ilegal (por meio do conluio entre procuradores e Moro). É provável que nunca cheguemos à "verdade", isto é, ao resultado produzido pelos melhores procedimentos da Justiça, porque estes foram conspurcados de forma irreparável pela Lava Jato. O que posso fazer é apresentar aqui a perspectiva da jornalista Malu Gaspar dos fatos e, em seguida, a da defesa de Lula.

A Odebrecht ilustra de forma exemplar o conceito de capitalismo de compadrio. Sua maior especialidade empresarial não era a inovação tecnológica, a qualidade da execução ou o modelo de gestão, e sim o que o patriarca da empresa familiar, Norberto Odebrecht, chamava de "domínio do relacionamento político-estratégico". O nome é um eufemismo vestido de jargão administrativo (da mesma estirpe retórica do hoje famigerado "departamento de operações estruturadas"), que designava uma prática simples: o estabelecimento de relações de amizade com governantes, de preferência presidentes da República, a fim de obter favorecimentos. Naturalmente, essa relação de amizade era mediada pelo depósito de centenas de milhões de reais nas contas de partidos (sobretudo do PT, então no controle do Executivo federal). Segundo a apuração do livro, esse procedimento torna insustentável, na prática, a distinção entre caixa dois e propina. Os depósitos não declarados não tinham como objetivo principal sonegar impostos, e sim ocultar uma relação espúria, diluindo, por assim dizer, os chamados atos de ofício, cuja materialidade é requerida para tipificar uma prática como corrupção. Em outras palavras, em vez de a empresa pagar para um partido político em troca de uma medida criminosa específica (fraude licitatória), a ser cometida por servidor de estatal nomeado por esse partido, a empresa depositava periodicamente uma grande quantia, em troca da qual o partido controlador da estatal realizava, nas ocasiões necessárias, os favores esperados (fraude licitatória). A diluição dos pagamentos torna difícil relacionar o ato de ofício, isto é, o ato ilegal cometido pelo agente público, a um depósito específico.

O "domínio do relacionamento político-estratégico" foi uma prática aperfeiçoada, mas, obviamente, não inventada pela Odebrecht. No Brasil, conta Malu Gaspar, "as grandes obras do governo federal eram distribuídas aos amigos do rei".[36] A construção de Brasília foi dominada pelos mineiros, conterrâneos de Juscelino Kubitschek, da Mendes Júnior e da Rabelo. Já os anos 1960, das estradas e hidrelétricas, "foram dos paulistas da Camargo Corrêa e da CBPO". A Odebrecht era excluída do butim. Para Norberto, o motivo era claro: "Sabe por que não participamos da construção de Brasília? [...] Eu não tinha apoio político".

No capitalismo de compadrio, "apoio político" é mais do que meio caminho andado. Há uma anedota exemplar e espirituosa sobre esse caminho. A empreiteira OAS foi formada por executivos da Odebrecht, entre eles o genro do então governador Antônio Carlos Magalhães. Assim, passou a ganhar muitos contratos com o Estado e cresceu rapidamente nos anos 1980, monopolizando as obras públicas da Bahia. A proeza, digamos, empresarial, rendeu à companhia formada por Olivieri, Araújo e Suarez uma versão sarcástica do acrônimo OAS: "Obras Arranjadas pelo Sogro". Ou ainda: "Obrigado, Amigo Sogro".[37]

Foi essa a realidade que fez Norberto Odebrecht alçar o puxa-saquismo a categoria administrativa. Emílio, seu filho, um homem cordial por temperamento, azeitou a prática e transmitiu seu espírito à organização:

> Estes relacionamentos serão legítimos e produtivos na medida em que sejam desenvolvidos com base na confiança entre as partes. De nada adianta ter um mero relacionamento comercial, baseado em interesses [a própria definição de um capitalismo liberal, diga-se de passagem]. Lembrem-se, confiança não se conquista apenas por meio de contatos rápidos, pontuais, em cima de uma agenda repleta de pedidos. A confiança se conquista antes de tudo pelo respeito, pelo convívio, pelo conhecimento mútuo.[38]

O conhecimento mútuo entre os executivos da Odebrecht e os mandatários de turno dos governos brasileiros vinha, portanto, de longe. Já nos anos 1980, o protodepartamento de operações estruturadas contava com mais de quatrocentos nomes. Não havia uma grande obra dessa empreiteira especializada em inovação tecnológica do capitalismo de compadrio que não estivesse associada a agentes públicos e políticos, com os respectivos valores na coluna ao lado.[39]

Na época de Collor, o tapete vermelho do Planalto era estendido pela declaração de P. C. Farias, o "primeiro-amigo", que costumava dizer: "O Collor quer ganhar do Quércia, que juntou 1 bilhão com a política".[40] FHC, por sua vez, era considerado um "velho amigo" da organização.[41] Em todas as campanhas do tucano — da disputa pela prefeitura de São Paulo, em 1985, às eleições presidenciais de 1994 e 1998 —, a empreiteira compareceu com doações generosas.[42] O famoso — embora seja menos conhecido do que deveria — caso do Rodoanel, em São Paulo, teria sido fruto de corrupção. O segundo trecho da via expressa de mais de 180 quilômetros foi contratado na gestão de Geraldo Alckmin. A obra, segundo a apuração de Malu Gaspar, fora garantida "mediante o envio de alguns milhões de reais para o caixa do PSDB".[43]

A entrada para valer do PT no esquema teria se dado com a nomeação, por pressão direta de Lula, em 2004, de Paulo Roberto Costa como diretor de abastecimento da Petrobras. Foi ele quem eliminou as resistências internas na empresa e pôs em marcha as tenebrosas transações que fariam história.[44]

Alguns anos depois, diante das demandas cada vez maiores do PT, Marcelo Odebrecht, o Príncipe, ao decidir com Palocci que compraria o terreno para o Instituto Lula, aproveitou para listar os compromissos que assumira com o partido. "Somando tudo, chegava-se a 200 milhões de reais, dos quais 100 milhões já haviam sido gastos desde a campanha de 2008."[45] Mais centenas de milhões seriam depositadas na conta do PT, nos anos seguintes, para financiamento de suas campanhas. À medida que o dinheiro entrava no caixa do partido, a Odebrecht se tornava a maior empreiteira do Brasil e expandia sua tecnologia de compadrio para os países que sofriam influência do governo brasileiro.

Quando a farra veio à tona, acabou produzindo a maior delação premiada do mundo, expondo segredos de presidentes, ex-presidentes e políticos de todos os calibres em doze países da América Latina e da África. Só no Brasil, mais de duzentos haviam sido citados. Os delatores receberam ao todo 353 anos de pena e devolveram aos cofres públicos, entre multas e confiscos, 1,1 bilhão de reais.[46] O ministro do STF Edson Fachin autorizou a abertura de inquérito contra 98 políticos delatados pela Odebrecht. Oito ministros de Temer, três governadores, 24 senadores e 39 deputados, de diversos partidos. O executivo Hilberto Silva, funcionário da Odebrecht responsável por certo período pelo departamento de propinas, calculava que seu setor gastara cerca de 10 bilhões de reais em pagamentos.[47] É bilhão para Ciro Gomes nenhum botar defeito.

Subestimar o efeito dessas revelações na sociedade brasileira, tão calejada pelo par corrupção-impunidade, configura um tremendo erro de leitura. As cenas de políticos tradicionais e megaempresários sendo algemados foi uma catarse nacional. O próprio Marcelo Odebrecht jamais imaginou que passaria por isso, não só antes, mas até depois de ter sido preso. Calculou que sairia logo e resistiu o quanto pôde a admitir os crimes e a fazer um acordo de delação. Seu sentimento de estar fora do alcance da Justiça era tão internalizado que, um dia, ao sofrer uma operação de busca e apreensão em sua casa, quando um agente descobriu um documento e chamou "chefe!", referindo-se ao delegado, Marcelo imediatamente respondeu, achando que era com ele.[48]

A catarse com a queda dos criminosos de colarinho-branco e a montante do vagalhão antipetista levaram a maioria da sociedade a fazer vista grossa para as incontáveis ilegalidades ou arbitrariedades da Operação Lava Jato. Uma versão bastante resumida e apresentada apenas em tópicos reúne: áudios de Lula e da então presidente Dilma captados fora do prazo permitido e divulgados sem autorização do STF (o que era necessário, pois envolvia foro privilegiado); conduções coercitivas sem intimação prévia desobedecida (como a de Lula, no caso do tríplex do Guarujá); prisões provisórias questionáveis, com o objetivo de forçar delações; divulgação de delações orientadas por critérios de timing político, ou seja, objetivando interferência no processo eleitoral; interceptação telefônica ilegal de todo o escritório que defende o ex-presidente, da qual resultou a violação do sigilo telefônico de 25 advogados e de, pelo menos, trezentos clientes; e associação entre magistrados e procuradores, ferindo gravemente a imparcialidade dos processos.

Em seu sentido geral, na opinião do advogado e professor de direito Rafael Valim, um dos princípios constitucionais mais desrespeitados no âmbito da Operação Lava Jato é o princípio da presunção de inocência:

> Se todos os agentes do Estado estão submetidos à presunção de inocência, como justificar os espetáculos que o Ministério Público Federal oferece quase todas as semanas por meio de coletivas de imprensa e entrevistas, maculando a reputação e a dignidade de inúmeras pessoas, muitas das quais, tempos depois, são absolvidas?[49]

Outra violação grave diz respeito à associação entre juízes e procuradores na Operação, segredo de polichinelo revelado pela chamada "Vaza Jato". Valim observa que a "parceria" entre essas instâncias "é um verdadeiro acinte à administração da Justiça prevista na Constituição Federal, uma vez que o Ministério Público, quando denuncia alguém criminalmente, apresenta-se como *parte* no processo, a merecer, portanto, o *mesmo* tratamento do advogado de defesa".[50] O conluio entre juízes e procuradores gera, assim, "evidente disparidade de armas entre acusação e defesa".[51]

O material, revelado pelo *The Intercept Brasil* e depois liberado para o escrutínio público pelo ministro do STF Ricardo

Lewandowski, não mostrou apenas a aliança entre Moro e os procuradores; revelou também a parcialidade de alguns destes últimos. O procurador Januário Paludo se refere nestes termos ao ex-presidente Lula, então principal objeto da ação da Lava Jato: "Sem dúvida, o sítio [em Atibaia] é do Lula, porque a roupa da mulher era muito brega. Decoração horrorosa. Muitos tipos de aguardente. Vinhos de boa qualidade, mas malconservados. Achei o sítio deprimente".[52] Deltan Dallagnol, por sua vez, se referia a Lula como "9".[53] O preconceito de classe e o escárnio não deixam dúvidas quanto à parcialidade dos investigadores. Eles ferem o âmago da legitimidade do Ministério Público e do Judiciário, dos quais se espera isenção. Entretanto, como observa o juiz Rubens Casara, "a aplicação (função que é sempre criativa) do direito está condicionada pela tradição em que os intérpretes estão inseridos".[54] No Brasil, prossegue Casara, essa tradição jurídica é autoritária e não foi rompida com a redemocratização. Os frequentes episódios em que magistrados são flagrados cometendo atos autoritários contra funcionários públicos não nos deixam esquecer disso.

O chamado *legal formalism*, perspectiva segundo a qual magistrados são tomadores de decisão politicamente neutros, é, como observa o professor de direito da Fundação Getulio Vargas (FGV) Álvaro Palma de Jorge, uma "inocente ideia".[55] Entre as leis escritas e a realidade viva, há uma defasagem constitutiva. A complexidade dos casos concretos nunca poderá ser antecipada e capturada por leis. Essa impossibilidade abre um espaço interpretativo (é esse espaço que justifica haver juízes), que no limite é de natureza política. Contudo, isso não é o mesmo que afirmar que se pode fazer o que bem entender com a Constituição. As leis devem delimitar em alguma medida o viés político dos juízes. Leis são escritas, e a linguagem verbal comporta sempre algum nível de indeterminação. A semântica não é uma ciência exata. Mas todo texto tem, para recuperar uma antiga metáfora de Umberto Eco, seus *guardrails* [guarda-corpos]. Ultrapassá-los é incorrer em *superinterpretação*, isto é, uma interpretação abusiva.[56] Portanto, o que se espera de juízes e procuradores é que não submetam procedimentos, evidências (ou falta delas) e limites estabelecidos pelas leis a seus desejos políticos particulares. Entre a inocente ideia do neutralismo e a perversão jurídica do *lawfare*, há uma distância grande o suficiente para acomodar o bom trabalho da Justiça.

É preciso ainda registrar o episódio controverso da sentença de Moro contra Lula no caso do tríplex do Guarujá e de sua confirmação pelo TRF-4, em termos que bajulavam a primeira instância e eram agressivos com a defesa, colocando sob suspeita a atuação da segunda instância. Sobre esse caso, o mesmo Rafael Valim lembra que Lula foi acusado de dois crimes, a saber: corrupção passiva e lavagem de dinheiro.

> Ocorre, entretanto, que na sentença e no acórdão que condenaram Lula não há a configuração dos elementos que compõem o crime de corrupção passiva. Nela se reconhece que o ex-presidente não requereu diretamente vantagens em decorrência de contratos firmados com a Petrobras; dispensa-se a emissão de ato de ofício — ato inserido na esfera de atribuições do agente público — supostamente praticado ou omitido como contrapartida à vantagem recebida.[57]

Ao final, arremata Valim, "não se comprova a suposta vantagem ilícita, uma vez que o ex-presidente não é proprietário (tampouco exerce a posse) do famigerado apartamento no edifício Solaris, na cidade do Guarujá".

Registre-se, por fim, a extrema irresponsabilidade do juiz Sergio Moro, *ex post facto*, ao aceitar o convite do presidente Bolsonaro, maior beneficiário da Operação Lava Jato (em especial da prisão de Lula, condenado pelo próprio Moro) e representante da extrema direita, em contexto social em que a esquerda suspeitava da parcialidade de sua atuação. Aqui é oportuno lembrar o seguinte trecho dos *Comentários dos princípios de Bangalore de conduta judicial*: "A percepção de parcialidade corrói a confiança pública".[58]

Essa série de francas ilegalidades, violações da autocontenção, suspeitas de *lawfare* — tudo isso fomentou um enorme ressentimento no PT, em seus eleitores e nos simpatizantes da esquerda de um modo geral. Isso propiciou que, para muito além da militância petista, toda a parte da sociedade que tendia à esquerda aderisse ao discurso do Partido dos Trabalhadores, desqualificando a legitimidade da Lava Jato e como que absolvendo o partido, já que o processo sofrido por ele poderia ser considerado sob suspeita.

A posição do PT foi e vem sendo desde então a recusa sistemática em debater a fundo o envolvimento do partido em corrupção e em admitir qualquer crime. Lula sempre se declarou inocente e atribuiu seus processos e condenações a, principalmente: a) preconceito de classe ("Eu sei que é difícil eles aceitarem que um metalúrgico torneiro mecânico diga que eles estão mentindo");[59] b) mobilização das elites para sustar a inclusão social promovida pelos governos do PT ("Comecei a perceber que não era o Lula pessoalmente que estava sendo julgado. Era o governo que estava sendo julgado. Era a forma e o jeito de governar"; "Eles não aceitaram a ascensão social dos oprimidos neste país");[60] e c) manipulação do povo pela mídia conservadora, criando uma atmosfera social favorável a que o Judiciário consumasse a perseguição a si e ao PT ("Essa foi a grande descoberta do século XXI: de como a mídia poderia ser utilizada para criminalizar as pessoas antes da Justiça").[61]

O PT jamais lançou qualquer nota oficial admitindo envolvimento com corrupção, mesmo que alguns de seus membros já tenham sido julgados e condenados, entre ex-ministros, parlamentares e ex-tesoureiros. Para a esquerda, consciente ou não de seu substrato marxista, a democracia é burguesa, isto é, um sistema cujas cartas são em alguma medida marcadas para favorecer os grupos detentores do poder econômico — que sempre acaba determinando o poder político. O Estado é um agente das classes detentoras de poder. O PT, na redemocratização, primeiro desempenhou o papel de denunciar o jogo viciado; depois, parece que resolveu jogá-lo. Seria preciso integrar as duas facetas da realidade: o jogo sempre foi sujo, e a esquerda petista acabou por jogá-lo. O que prevaleceu, entretanto, foi a cisão. A esquerda não admite que jogou sujo. No fundo, parece considerar que foi impelida a isso pela *sujeira estrutural*, por assim dizer; admiti-lo seria, portanto, uma forma de injustiça, já que o jogo sempre foi sujo, "e só nós somos punidos" (confirmando, aliás, a tese marxista da democracia burguesa).

A direita, por sua vez, não quis fazer o debate da sujeira estrutural, porque, tanto da perspectiva social mais difusa e cultural quanto da dos partidos políticos, o interesse fundamental era tirar a esquerda do poder e retomá-lo para si. *A esquerda não admitiu seus crimes; a direita só admitiu os crimes do outro.* O debate estrutural — que deveria interessar tanto à direita liberal (crítica de um Estado viciado, curvado à pressão de grupos organizados de interesse) quanto a uma esquerda democrática dedicada a uma reforma procedimental, que procurasse garantir um jogo mais limpo — não foi feito. Aqui se poderia objetar que o jogo da democracia burguesa jamais será limpo. Um partido que pensa assim deve ser fiel à perspectiva marxista-leninista e abraçar a alternativa revolucionária. Não é o caso do PT, como se sabe. O próprio Lula reafirmou inúmeras vezes sua crença ou aposta nas instituições democráticas — mesmo quando estava prestes a ser preso por crimes diante dos quais sempre se declarou inocente.

A despeito das inúmeras ilegalidades e más práticas da Lava Jato, o conjunto de evidências contra o partido, reveladas nas delações premiadas, convenceu a maior parte da sociedade. Prova disso é que, além de não ter sido capaz de impedir a vitória de um candidato da extrema direita à presidência, o partido sofreu derrotas contundentes nas eleições municipais de 2016 e 2020.

O antipetismo é o núcleo social originador da polarização político-afetiva, o fenômeno que segue produzindo círculos concêntricos de afastamento entre pessoas, partidos e a vida política nacional como um todo. Seu correlato na trajetória institucional recente foi o impeachment de 2016. A derrubada de Dilma Rousseff foi o ponto sem retorno da polarização, gerando ressentimento no lado derrotado (a seu ver, por um golpe) e produzindo consequências tão desastrosas que deixaram a sociedade em estado de anomia — isto é, preparando perfeitamente o terreno para a liderança que prometia pôr ordem no recinto. A *ordem*, entretanto, é apenas o outro lado da moeda da anomia. Cara é desrespeito à lei, coroa é autoritarismo.

Impeachment, como se sabe, é um instrumento constitucional extremo, a ser usado apenas em casos em que haja algum consenso quanto às suas bases materiais e, sobretudo, quanto ao desejo dos partidos e da sociedade, dos dois lados do espectro político. Sem essas condições, usá-lo é muito perigoso. Eventuais benefícios imediatos podem acarretar prejuízos sociais e institucionais a médio e longo prazo. Mesmo quando há bases materiais inequívocas — como nos casos de Bolsonaro e de Trump —,[62] o que torna um dever congressual fazer cumprir a lei, a medida é arriscada em um contexto de divisão social radical. O jogo democrático só está seguro quando a grande maioria dos jogadores confia em que ele está sendo jogado de forma razoavelmente limpa.

Na memória da redemocratização brasileira, o impeachment sofrido por Fernando Collor de Mello passou a ser percebido como incontroverso porque, quando enfim foi votado, já quase todos os aliados haviam abandonado o barco. E o então presidente não contava com um partido popular, de massas, nem representava um lado do espectro político. Era, se não um outsider, uma liderança regional em um partido nanico. Mesmo assim, como relembra Sérgio Abranches, houve "muita objeção técnica e o processo se acelerou, sobretudo, em razão da ausência de medidas cautelares e protelatórias por parte do bloco governista, ao contrário do que ocorreria no impeachment de Dilma Rousseff".[63]

Collor foi julgado pelos crimes de responsabilidade, atentar contra o decoro no exercício da presidência e ter aceitado o pagamento de suas despesas por terceiros (era este o objeto mais visível, ligado ao "esquema P. C. Farias"), entre outros. As acusações produziram muita polêmica entre políticos e advogados. O renomado criminalista Evandro Lins e Silva, atuando pela acusação, disse que "a defesa fazia confusão entre crime comum e crime de responsabilidade". Argumentou que

> não se julga o impeachment como processo jurídico dentro dos parâmetros do direito penal. É um processo eminentemente político. Não há compromissos doutrinários com a juridicidade dos fatos. Não é julgado por tribunal judiciário, mas pelo Senado, que é tribunal político. Os fatos revelam a incompatibilidade com a chefia do país. Não vamos prendê-lo.[64]

Com efeito, Collor renunciou, mas o processo seguiu e ele foi punido com a perda dos direitos políticos por oito anos. Na esfera criminal, a denúncia do Ministério Público só chegou à Justiça comum oito anos depois do impeachment. Ao STF, chegou apenas em 2007 e só veio a ser julgado em 2014. Collor foi absolvido das acusações, basicamente sob a alegação de prescrição dos crimes. A lentidão da Justiça brasileira é estrutural, mas, em se tratando de um ex-presidente da República, a demora parece antes atestar que a dimensão jurídica do impeachment é quase que mero pretexto formal para a dimensão política, verdadeira soberana. Collor foi, portanto, punido politicamente e absolvido juridicamente. A mesma contradição, ainda que em outros termos, ocorreu no impeachment de Dilma, em que é difícil deixar de ler na manutenção dos seus direitos políticos uma espécie de confissão de culpa.

Para fins de compreensão da polarização, o que importa é que o impeachment de Dilma foi desferido contra o único partido de massas do Brasil, em meio à emergência de um movimento social de novas direitas, sob a presidência da Câmara do inimigo público número um do país (preso logo após cumprir seu papel), sob suspeitas — comprovadas pela célebre interceptação telefônica da ligação entre Romero Jucá e Sérgio Machado — de que era uma estratégia para tentar "estancar a sangria" da Lava Jato, beneficiando um partido que, embora aliado, era ideologicamente oposicionista, e — ufa — alçando à presidência um político cercado por um núcleo de acusados, que seriam presos algum tempo depois. Mesmo os que sempre estiveram convencidos de que houve crime de responsabilidade devem reconhecer que se tratou de uma catástrofe. Algum tempo depois, com efeito, vários acabariam reconhecendo.

Tudo isso ocorreu sobre a base controversa de supostos crimes de responsabilidade fiscal, num país de cultura fiscal permissiva e em que as mesmas práticas ora acusadas já haviam sido realizadas por diversos governantes, inclusive contemporaneamente aos eventos investigados — e, entretanto, nenhum desses governantes jamais fora punido por elas. É inútil debater se as tais "pedaladas" e os créditos suplementares caracterizam crime de responsabilidade. A definição legal desse tipo de crime costuma ser vaga, justamente porque se trata de um processo de natureza sobretudo política. Em um país como o Brasil, de cultura política historicamente autoritária, em que mal se consegue cumprir as leis, quanto mais as regras não escritas que perfazem o registro da autocontenção (e é esse o registro do impeachment), esse instrumento político está sempre na iminência de ser mal utilizado.

O impeachment já foi feito, não há volta. Para parte significativa da sociedade — entre os quais me incluo —, não se tratou de um processo legítimo, foi um golpe parlamentar, embora revestido de legalidade. Esse golpe foi preparado pelo estabelecimento de uma narrativa econômica, que continua sendo um dos ingredientes fundamentais do antipetismo. O modo hegemônico e simplório como ela se estabeleceu favorece a polarização político-afetiva, na medida em que reduz problemas complexos a erros grosseiros, circunstanciais e estruturais, e ainda revestidos de inferioridade moral (a ser sanados pela *austeridade*). Portanto, vale a pena desconstruir um pouco essa narrativa, complexificando-a.

Depois de alguns anos de crescimento consistente, a economia brasileira começou a desacelerar (crescer menos) a partir de 2011. Como observam os economistas Esther Dweck e Rodrigo Alves Teixeira, ao final de 2014 "houve uma forte desaceleração da atividade, que acelerou a retração da arrecadação e houve piora significativa do resultado fiscal".[65] Ao longo de 2015, prosseguem Dweck e Teixeira, "foi rompida a 'convenção do crescimento'", isto é, a afirmação do investimento público como indutor do crescimento econômico. Foram adotadas, então, medidas restritivas em todas as áreas, principalmente na fiscal, quando, já sob o comando de Joaquim Levy, a Fazenda realizou um dos maiores ajustes fiscais da história recente. Assim, a economia brasileira passou de desaceleração, ao longo do primeiro mandato de Dilma, para uma recessão a partir de 2015. Isso intensificou o debate a respeito do papel da política fiscal sobre o ritmo da atividade.

Note-se que esse não é um debate circunstancial; é, antes, talvez o ponto fundamental da divisão entre economistas ortodoxos ou liberais, de um lado, e heterodoxos ou keynesianos — ou de esquerda —, do outro. Os primeiros defendem, em linhas gerais, que o Estado não deve induzir a atividade econômica (ou só fazê-lo em circunstâncias específicas) e que a política fiscal deve ser manejada de modo a garantir a sustentabilidade da dívida pública, sinalizando ao mercado que o Estado é capaz de honrar suas dívidas e, assim, mantendo baixas as taxas de juros. Esses economistas defendem a tese da "contração fiscal expansionista", segundo a qual, tal como a descrevem Dweck e Teixeira,

> a credibilidade em uma política fiscal austera e no compromisso com a sustentabilidade da dívida pública produz efeitos benéficos sobre as expectativas dos agentes econômicos, elevando assim os investimentos e a taxa de crescimento. O aumento de gastos, ao contrário, tende a produzir expectativas de elevação de impostos no futuro e levar os agentes privados a reduzir os investimentos, com consequente desaceleração da atividade.

Perspectiva tendencialmente oposta é defendida pelos heterodoxos, de tradição keynesiana. Para estes, o gasto público desempenha um papel importante na indução das atividades econômicas, na medida em que o investimento retorna tanto nos empregos imediatamente gerados quanto no impacto sobre a demanda que os salários pagos têm. No jargão dos economistas, esse efeito é gerado pelo "multiplicador", ou seja, para cada real investido pelo Estado, haverá um real + x% de retorno (o valor de x depende de circunstâncias específicas). Além disso, acrescentam Dweck e Teixeira, essa ação estimula os investimentos privados, já que aumenta a demanda. Os gastos públicos, nessa perspectiva, são especialmente recomendados nos momentos de retração da atividade econômica. É a chamada política econômica "anticíclica", cujo maior exemplo histórico é o New Deal rooseveltiano. "Anticíclica" porque se combate a queda da receita com o aumento dos gastos. Economistas heterodoxos não acreditam na tese da contração fiscal expansionista; para eles, ajustes fiscais em contextos de atividade deprimida só levam a uma depressão ainda maior.

É importante registrar que esse é um debate de longa duração entre as duas linhagens de economistas, com bons argumentos e exemplos históricos, no meu entender, de ambos os lados. É oportuno registrar ainda, como lembram Dweck e Teixeira, que a partir da crise financeira de 2008, "mesmo órgãos como o FMI passaram a rever suas posições históricas a respeito do papel da política fiscal na crise e, especialmente, das regras fiscais rígidas, adotadas nos anos 1990 e 2000". Por outro lado, a chamada "convenção do crescimento" que caracterizou a política econômica lulopetista acabou desembocando numa das maiores recessões da história do Brasil. Afinal, como explicar isso? A disputa por essa narrativa teve um claro vencedor, da perspectiva do convencimento da maioria da sociedade. Venceu a "tese da gastança" — e de forma acachapante, e por essa razão considero necessário apresentar argumentos que a contrariam, complexificando o debate. A complexidade é sempre incompatível com a polarização afetiva e o populismo que ela engendra.

A "tese da gastança" defende basicamente que, ao longo do governo Dilma (para alguns, já no segundo mandato de Lula, após a saída de Palocci), houve um aumento descontrolado dos gastos públicos, isto é, o gasto foi crescendo mais que a receita, e a dívida pública foi se tornando insustentável. "Nessa intepretação", observam Dweck e Teixeira, "é a crise fiscal que leva à retração do crescimento." Mas há outra, que defende o oposto. Teria sido a redução dos gastos, por influência de ideias ortodoxas dentro do governo, que abandonaram a "convenção do crescimento" lulista, que levou ao desaquecimento da atividade. Essa redução se deu mais precisamente no componente do investimento público, que minguou para privilegiar outras políticas fiscais, como desonerações e subsídios, que entretanto fracassaram. "Nessa visão", completam os autores, "a crise fiscal é que foi consequência da crise econômica, cuja raiz está na guinada ortodoxa da política fiscal."

O argumento — mais ainda, a evidência empírica fundamental da tese da gastança — é que a redução do superávit primário a partir de 2011 foi resultado da combinação da queda da receita e do aumento da despesa como proporção do Produto Interno Bruto (PIB). Ora, se a receita caiu e, ainda assim, o governo gastou mais, então ele foi perdulário e irresponsável. Mas essa evidência é equívoca. Na verdade, observam Dweck e Teixeira, esse forte aumento das despesas no PIB ocorreu justamente quando houve a menor taxa de crescimento das despesas:

> Esse fenômeno é facilmente explicado porque se trata de uma razão, cujo comportamento depende da evolução tanto do numerador quanto do denominador. Sendo assim, se a queda na taxa de crescimento do PIB for mais acentuada do que a queda na taxa de crescimento das despesas, a razão despesa/PIB irá se elevar.

Trocando em miúdos, não é que os gastos aceleraram. Eles cresceram menos, só que a receita caiu de forma drástica, então a participação dos gastos na receita aumentou.[66]

Não teria havido, portanto, gastança desenfreada — e sim, mais provavelmente, gasto errado. É importante lembrar também que a agenda da chamada Nova Matriz Econômica foi apoiada por entidades representantes de industriais e empresários (por isso a economista Laura Carvalho prefere chamá-la de "Agenda Fiesp").[67] Não há dúvidas quanto a ter sido uma política econômica desastrosa e que o PT é responsável por ela, mesmo que parte da catástrofe possa ser atribuída à decisão da oposição de sabotar as tentativas de ajuste do governo, em 2015. Mas duas ressalvas são importantes nessa discussão: a) que se tratou de uma agenda apoiada por diversos setores, corresponsáveis, portanto, pelo fracasso; e b) que o fracasso da política econômica do governo Dilma não significa uma vitória definitiva da perspectiva ortodoxa sobre a heterodoxa, ou da direita sobre a esquerda. Não seria nada difícil achar exemplos recentes de políticas de austeridade que redundaram em retumbantes fracassos.

Entretanto, a narrativa da gastança, sem contrapontos, serviu como substrato ideológico do impeachment e segue alimentando o ódio ao PT e à esquerda.

O processo de formação da polarização político-afetiva na história da redemocratização se deu também em uma outra dimensão da vida nacional. Enquanto PT e PSDB preparavam às cegas seu cancelamento recíproco; enquanto junho de 2013 cobrava as faturas vencidas da Nova República e manifestantes quebravam a vidraça do sistema político e das instituições em geral; enquanto, a partir de 2015, o país entrava numa espiral de degradação da autocontenção e sem saber rumava velozmente para o ralo bolsonarista; enquanto tudo isso acontecia, a polarização radical já se engendrara havia décadas em outra dimensão. Na verdade, quando ela emergiu estrepitosa sob a forma de uma direita ultraconservadora ou pseudoliberal (porém verdadeiramente antipetista), aquilo foi tanto um nascimento público quanto o fim de uma longa gestação nos porões da vida cultural brasileira.

O protagonista dessa história foi, como se sabe, Olavo de Carvalho, o intelectual mais influente do país nos últimos 25 anos, desde a publicação de *O imbecil coletivo: Atualidades inculturais brasileiras*, em 1996, até a sua morte, em janeiro de 2022. De *vox clamantis in deserto*, o filósofo astrólogo foi se tornando um megafone que ressoava no espaço cada vez mais populoso da internet. O liberal Roberto Campos afirmou, nos anos 1990, que o mundo ficara mais parecido com suas ideias. No caso de Olavo, pode-se dizer que foram os *meios*. À medida que foi perdendo lugar nos espaços mais prestigiados da esfera pública tradicional, ele se mudou para o ambiente digital, onde, na aurora dos anos 2000, criou o site Mídia sem Máscara. Quando o Orkut chegou ao Brasil, Olavo já era conhecido na internet, e logo foram criadas comunidades para debater suas ideias. Mais tarde, estabelecido nos Estados Unidos, passou a realizar seu *True Outspeak*, no YouTube, no auge do lulismo. Com isso, livrou-se do ambiente de intimidação intelectual que ele atribui ao debate público brasileiro e foi angariando um público crescente num meio em que suas teorias conspiratórias não precisavam passar por nenhuma prova factual. Todas as pessoas que, por disposição existencial ou tendências políticas, estéticas e cognitivas, não se identificavam com a esquerda encontraram na narrativa de Olavo um jardim para mitigar suas aflições. Desde os anos 1990, já havia discípulos seus — ainda poucos, mas ruidosos — formados por seus livros e cursos presenciais. Seu público, entretanto, cresceu muito no ambiente digital e, quando o livro *O mínimo que você precisa saber para não ser um idiota* foi publicado, tornou-se um fenômeno editorial. A obra surgiu como protagonista de um movimento de publicações de livros de direita, sediado sobretudo na editora Record, então sob a direção de Carlos

Andreazza. Era o fatídico ano de 2013, e logo esse movimento encontraria o momento preciso de seu *kairós* e pularia sem hesitação no cavalo selado da história nacional.

Olavo de Carvalho é um autor de obra vasta. Não é meu objetivo aqui resumir suas principais ideias. Para os propósitos deste capítulo, interessa registrar que ele foi o primeiro a montar uma narrativa sobre a formação da hegemonia das ideias e dos sentimentos de esquerda na vida brasileira e as consequências, subjetivas e sociais, desse domínio. Essa narrativa gira em torno do marxista italiano Antonio Gramsci, autor dos *Cadernos do cárcere*, "o teórico marxista mais influente no Brasil", para Olavo.[68] Ela aparece em seu livro sobre Gramsci e Fritjof Capra[69] (que, entretanto, é pouco lido), prossegue em *O imbecil coletivo* e daí em diante vai convencendo e fecundando cada vez mais gente. É uma narrativa que merece ser discutida com seriedade, pois contém observações inteligentes, é em alguns pontos bem respaldada historicamente e, descontadas as paranoias e as falsificações que tão amiúde se imiscuem nela — "o Brasil está inequivocamente entrando numa atmosfera de revolução comunista",[70] anunciava já em 1994, ano do Plano Real —, encontra aderência na experiência empírica de quem acompanhou o debate político ou a vida cultural brasileira das últimas décadas.

Vou apresentar em seguida essa narrativa em suas linhas gerais e depois fazer-lhe a crítica, tentando separar o joio do trigo. Não usarei como guia o próprio Olavo de Carvalho (autor em cujos livros joio e trigo coabitam lado a lado em singular abundância — enquanto em suas redes sociais só se encontra joio, mesmo). Antes, me servirei de outro filósofo conservador, Flávio Gordon, declaradamente tributário de Olavo. Seu livro *A corrupção da inteligência: Intelectuais e poder no Brasil* é uma obra séria, que deve ser discutida. Ela desenvolve e sistematiza bem a perspectiva instaurada por Olavo da hegemonia da esquerda na vida nacional. Para além disso, trata também de dois outros temas conexos e relacionados ao problema da polarização: o anticomunismo contemporâneo e o revisionismo histórico que vem sendo promovido pelas novas direitas, atingindo o consenso até então formado a respeito do sentido da ditadura que governou o país entre 1964 e 1985.

Para Gordon, "a tese central de Gramsci pode ser resumida à afirmação de uma relação inexorável entre cultura e poder".[71] Ao atribuir a hegemonia cultural burguesa às resistências ao projeto revolucionário, mais que ao controle dos meios de produção, ele "forneceu aos comunistas o salvo-conduto de que precisavam para se lançar à missão de instrumentalizar toda atividade intelectual e artística".[72] Gramsci identificava uma diferença entre o poder do Estado, onipotente nas experiências socialistas, e o poder da sociedade civil, característico das democracias ocidentais. Desse modo, para ele, era a sociedade civil que deveria ser gradativamente conquistada pelas ideias de esquerda. Ele chamou essa estratégia de "hegemonia"; que, portanto, difere de "controle": "Este refere-se ao 'domínio' do aparelho de Estado; aquela, à 'direção' intelectual e moral da sociedade civil".[73] Os agentes da instalação dessa hegemonia são os "intelectuais orgânicos" — que não são necessariamente intelectuais, no sentido tradicional da palavra. Não precisam exercer um trabalho cognitivo profundo, dedicado e especializado. São potencialmente quaisquer pessoas que assimilem e transmitam as ideias da esquerda, de forma a naturalizar, com o tempo, esse modo de pensar e sentir, realizando a hegemonia. Nos termos de Olavo de Carvalho: "Sua atuação informal penetra fundo nas consciências, sem nenhum intuito político declarado, e deixa nelas as marcas de novos sentimentos, de novas reações, de novas atitudes morais que, no momento propício, se integrarão harmoniosamente na hegemonia comunista".[74]

Para Gordon, essa teoria exerceu grande impacto sobre a intelligentsia brasileira, atormentada à época por um sem-número de debates internos, pelas repercussões das denúncias de Khruschóv ao terror stalinista, pela aniquilação da luta armada, pela baixa adesão popular ao projeto socialista, pelo sentimento de humilhação pessoal diante da violenta interrupção que a ditadura militar impusera àquele projeto.[75]

A obra de Gramsci começa a ser publicada no Brasil pela editora Civilização Brasileira, de Ênio Silveira, ligado ao PCB, em meados dos anos 1960. A radicalização política após a decretação do Ato Institucional nº 5 (AI-5) teria dificultado "a difusão da estratégia propriamente política e revolucionária do marxista italiano para fora da academia".[76] De modo geral, prossegue Gordon, "os partidos políticos de esquerda, tanto o PCB quanto aqueles que surgiam de suas dissidências internas, estavam ainda muito presos ao modelo ortodoxo, marxista-leninista, da Terceira Internacional (alvo, justamente, da reforma gramsciana)". Teria sido apenas em meados da década de 1970 que as coisas começaram a mudar.

A assimilação das ideias de Gramsci teria contado com um facilitador insuspeitado. O general Golbery do Couto e Silva, fundador do Serviço Nacional de Informações (SNI) e grande ideólogo da ditadura, advogava pela descompressão do regime. Teria sido ele o propugnador da ideia de "entregar a cultura para as forças de esquerda, como técnica de descompressão do poder político".[77] Com efeito, pode-se ler na transcrição de um importante discurso do general, na Escola Superior de Guerra, em julho de 1980:

> As pressões contrárias, hoje fortes e quase insuportáveis, voltariam a acumular-se aceleradamente, pondo em risco a resistência de todo o sistema, nessa enorme panela de pressão em que, como já teria assinalado em tempos passados,

veio a transformar-se o organismo nacional, após década e meia de crescente compressão.[78]

Na metáfora fisiológica cara ao general, era preciso um movimento de sístole para que a pulsação político-social atingisse uma homeostase. A perspectiva de Golbery sustentaria a "abertura lenta e gradual" do presidente Geisel (1974-9). Por sua porta, as ideias de Gramsci teriam entrado livremente e se espalhado.

Extinto o AI-5, nascia no ano seguinte, em 1980, o Partido dos Trabalhadores. Para Gordon, o partido era

> a encarnação quase perfeita do moderno Príncipe preconizado por Antonio Gramsci, o teórico do aparelhamento. O aparelhamento petista do Estado — que transformou os poderes Legislativo e parte do Judiciário, além de uma dezena de entidades de classe e organizações da sociedade civil (UNE [União Nacional dos Estudantes], OAB [Ordem dos Advogados do Brasil], CNBB [Conferência Nacional dos Bispos do Brasil], entre outras), em meros órgãos do partido — foi precedido por um profundo aparelhamento da cultura.[79]

Desse modo, tendo sido formado por sindicalistas do ABC paulista e padres progressistas ligados à Teologia da Libertação, "o novo partido logo atraiu uma multidão de intelectuais de esquerda, incluindo alguns daqueles gramscianos que, a exemplo de Carlos Nelson Coutinho e Marco Aurélio Nogueira, haviam rompido com o PCB". Desde então, arremata Gordon,

> com o fim da ditadura e o início da assim chamada "Nova República", a intelectualidade de esquerda [...] passou a compor com o PT um perfeito *intelectual coletivo*, ocupando mais e mais espaço em todos os redutos de formação de

opinião pública, e difundindo a cada oportunidade uma imagem edulcorada e mítica do partido e de seu principal líder, Luiz Inácio Lula da Silva.

Como consequência do processo de formação desse "intelectual coletivo" de esquerda, Gordon, como os intelectuais da direita conservadora de modo geral, identifica um estreitamento do debate público brasileiro nas últimas décadas. "Comparem-se a quantidade, qualidade e, sobretudo, variedade político-ideológica dos nossos intelectuais públicos até mais ou menos a década de 1950 com a situação de hoje, em que impera uma acachapante pobreza intelectual e uma quase homogeneidade de ideias e valores."[80]

O autor de *A corrupção da inteligência* oferece evidências materiais dessa hegemonia. Por meio de pesquisa nos bancos de teses e dissertações da Coordenação de Aperfeiçoamento de Pessoal de Nível Superior (Capes) e na Biblioteca Digital Brasileira de Teses e Dissertações, verifica-se que alguns dos maiores pensadores conservadores do século XX, como Roger Scruton e Russell Kirk, simplesmente "não constam nos registros como objeto de estudo, senão apenas como raras e esporádicas citações (e, no caso de Kirk, nem mesmo isso)". Outro caso notável é o de Michael Oakeshott, "outro clássico daquela tradição, [que] aparece no banco de dados com apenas *um* trabalho dedicado especificamente ao seu pensamento".[81]

Aspecto também importante da relação entre a nova direita e a polarização é o seu anticomunismo. Ele se divide em duas percepções. A primeira acusa o establishment ideológico supostamente democrático de se orientar por dois pesos e duas medidas em suas avaliações históricas. Assim, a historiadora e jornalista americana Anne Applebaum, por exemplo, traz à tona a vexata quaestio da diferença de tratamento dispensado a Heidegger e a Sartre, o primeiro tendo a reputação seriamente prejudicada por seu breve apoio explícito ao nazismo, manifestado antes de Hitler ter cometido suas maiores atrocidades; o segundo, ao contrário, saindo incólume do vigoroso apoio que devotou ao stalinismo durante vários anos do pós-guerra, quando já abundavam as provas dos crimes perpetrados pelo tsar vermelho.[82]

A segunda compendia todas as aproximações retóricas entre a esquerda efetivamente democrática brasileira (PT e Psol, sobretudo) e as ditaduras de esquerda, passadas e presentes, e vê nelas uma prova de que a esquerda é democrática apenas por falta de oportunidade histórica, pois seu verdadeiro plano seria a transformação da América Latina num grande bloco comunista. Essa perspectiva, de inconfundível odor olavista, é reforçada pela percepção de que a hegemonia contemporânea das ideias de esquerda tem origem na obra de um comunista (Gramsci) — bem como sua disseminação no Brasil foi obra de comunistas como Carlos Nelson Coutinho e Leandro Konder, tradutores de sua obra. Logo, jamais teria havido uma verdadeira ruptura entre as esquerdas marxista-leninista e a esquerda democrática. Gramsci seria o elo perdido — a máscara que esconde a continuidade sob a descontinuidade — e descoberto.

O terceiro aspecto que concerne à polarização é o revisionismo histórico mobilizado pela nova direita, tendo como alvo as causas e o sentido da ditadura militar de 1964-85. Evocando historiadores brasileiros e europeus (alguns ex-agentes de serviços secretos de países comunistas, cujas obras só puderam passar a ser construídas a partir do desmonte do bloco, no começo dos anos 1990), a nova direita procura dar maior respaldo à velha tese de que o golpe teria sido na verdade um contragolpe, repisa a versão da "ditabranda" e ainda questiona o consenso sobre o caráter de direita da ditadura.

Assim, Flávio Gordon defende que, "a despeito de seu anticomunismo, determinado em larga medida pela conjuntura externa da Guerra Fria, trata-se de um erro histórico qualificar a ditadura de 1964-85 como inequivocamente de direita. Antes que de direita, ela foi acima de tudo militar".[83] Entre seus argumentos principais no sentido dessa defesa está o seguinte: "Basta notar que os militares foram os principais responsáveis pelo desaparecimento de uma direita civil no país, e logo de uma intelligentsia de direita (sobretudo conservadora), enquanto a esquerda sobreviveu muito bem ao regime, sagrando-se vitoriosa na esfera cultural".

Sobre o anticomunismo no Brasil e as suspeitas que o inspiraram e teriam justificado o (contra)golpe militar: Gordon afirma que a KGB, tendo o apoio dos serviços secretos de outros países do bloco comunista, teria agido no sentido de influenciar Estados a se tornarem comunistas. Essa ação teria sido correlata à da CIA. A diferença é que, dada a hegemonia esquerdista, apenas a ação da agência estadunidense é analisada e denunciada, não a da KGB e suas associadas. Conforme os historiadores convocados para fundamentar essa perspectiva, os arquivos da KGB revelam a existência de um plano de expansão do comunismo, em especial para o Terceiro Mundo. O historiador Christopher Andrew, de Cambridge, chega a afirmar que "o papel da KGB na política soviética para o Terceiro Mundo foi mesmo mais importante do que o desempenhado pela CIA na política americana".[84]

Para essa direita, por conseguinte, havia uma ameaça real de o país se tornar comunista, e, diante dela, "uma ampla maioria da sociedade brasileira — que incluía os principais partidos políticos, lideranças empresariais e políticas [...], entidades civis como a OAB e a CNBB, intelectuais e jornalistas — deu suporte ao golpe (civil-militar, portanto) que derrubou João Goulart".[85] Gordon convoca o historiador Daniel Aarão

Reis Filho para confirmar sua posição: "É inegável que o golpe militar e civil foi empreendido sob bandeiras defensivas. Não para construir um novo regime. O que a maioria desejava era salvar a democracia, a família, o direito, a lei".[86]

Reforçando o argumento da influência da KGB, evoca os escritos de Ladislav Bittman, desertor soviético que atuou como agente da inteligência durante catorze anos, parte dos quais junto ao serviço secreto da então Tchecoslováquia, StB. No livro *A KGB e a desinformação soviética: Uma visão em primeira mão*, ele conta como supervisionou operações de propaganda antiamericana na América Latina, "que incluíam a falsificação de documentos atribuídos ao governo americano".[87] É ele o historiador que aparece, como uma espécie de supertrunfo revisionista, no documentário *1964: O Brasil entre armas e livros*, da produtora Brasil Paralelo, que procura divulgar a tese revisionista. A tese tem efeitos graves, porque vem num pacote que contém a perspectiva da "ditabranda" (que enfatiza o relativo baixo número de mortos e desaparecidos, frente a outras ditaduras, e atenua a censura), desloca a esquerda da posição de vítima para a de culpada e representa as Forças Armadas como fiadoras da democracia no período, e não como seu algoz. Essa tese quebra o grande consenso de repúdio à ditadura que marcou a redemocratização, reforça a associação entre esquerda e comunismo e abre caminho para a legitimação da rearticulação entre a direita e um governo, se não militar, ao menos militarizado.

Passo agora a comentar os principais pontos dessa narrativa da direita de matriz olavista. Começando pelo final, creio haver evidências suficientes no debate sobre as respectivas interferências, no Brasil dos anos 1960, dos órgãos de inteligência e política externa dos principais países antagonistas da Guerra Fria. O papel da CIA no golpe militar é conhecido e bem documentado. Ele compreendeu desde apoio financeiro à eleição de opositores ao governo Jango, até a mobilização de uma frota naval para apoio logístico ao golpe militar (que acabou não sendo necessário, uma vez que o golpe não encontrou resistência).

Quanto ao suporte econômico, ele se deu por meio do Instituto Brasileiro de Ação Democrática (Ibad). Com o dinheiro proveniente de multinacionais associadas ao capital estrangeiro e até de recursos diretos do governo americano, o Ibad financiou a candidatura de centenas de deputados estaduais e federais oposicionistas nas eleições de 1962.[88] Quanto ao suporte militar, desde o começo dos anos 1960, com a renúncia de Jânio e a instabilidade institucional que se seguiu, Washington monitorava de perto a situação política brasileira. Conversas a respeito de uma possível interferência militar no país, "contra a esquerda", vinham sendo feitas desde a presidência de John F. Kennedy.[89] Às vésperas do golpe, já havia uma força-tarefa naval preparada para zarpar rumo à costa brasileira, "em caso de necessidade".[90] O Plano de Contingência 2-61 estabelecia que, "na hipótese de uma 'revolta democrática'", o governo americano interviria com apoio logístico ("combustíveis, alimentos, armas e munições"), podendo até mesmo mobilizar tropas, caso houvesse provas claras de intervenção da União Soviética ou de Cuba.[91] Com efeito, no dia 31 de março, enquanto o general Olímpio Mourão Filho tirava um cochilo, antes de descer com a tropa de Juiz de Fora rumo ao Rio de Janeiro, onde esperava tomar de assalto o Ministério da Guerra, a Casa Branca já ordenava o deslocamento de um porta-aviões para a área oceânica próxima a Santos.[92]

O envolvimento dos governos comunistas — União Soviética, China e Cuba — também é documentado. Prestes tratara da luta armada em reunião com Khruschóv, em Moscou, ainda em 1961.[93] Também em 1961, Fidel Castro hospedara em Havana o então deputado Francisco Julião, advogado e líder das Ligas Camponesas. Julião voltou de Cuba bradando o slogan "Reforma agrária na lei ou na marra" e passou a defender a guerrilha.

Enviou à ilha doze militantes para um curso de capacitação militar e teria pedido mil submetralhadoras a Moscou (mais tarde, em relato sobre o período, negou que tivesse feito o pedido).[94] O governo cubano já patrocinava guerrilhas na América Central desde 1959, e em 1963 passou a fazer o mesmo na Venezuela, no Peru e na Argentina.[95] Em 1964, já às vésperas do golpe, dez militantes do Partido Comunista do Brasil (PCdoB, fundado dois anos antes, como uma dissidência do PCB) embarcaram rumo a Pequim para um curso de capacitação político-militar.[96]

Entretanto, a iniciativa de romper com a institucionalidade democrática por meio das armas coube de forma inequívoca aos militares. Não há documentos que comprovem a existência efetiva de luta armada, de sentido comunista, no Brasil antes do golpe de 1964. A luta armada da esquerda surgiu depois do golpe, diante da ditadura e das práticas de tortura pelo Estado, que começaram ainda em 1964 (mais de duzentas denúncias foram feitas só nesse ano). Os torturadores pertenciam à chamada "linha dura" dos militares, mas contaram com a vista grossa de Castello Branco, o general supostamente liberal. Quando a luta armada da esquerda se acirrou, o país já estava sob o AI-5 e não havia mais habeas corpus — isto é, a tortura estava oficialmente autorizada.

Passemos ao outro ponto defendido por Gordon, o de que a ditadura era militar, não de direita. Costuma-se argumentar, nesse sentido, que a ditadura foi desenvolvimentista, o que seria um traço típico da perspectiva econômica de esquerda. Mas esse fato não desmente sua inscrição no campo da direita. Em primeiro lugar, porque o uso do Estado para subsidiar o desenvolvimento esteve mais a serviço do nacionalismo do que do combate às desigualdades. Depois, porque só a direita liberal é antidesenvolvimentista; a conservadora não hesita em usar o Estado para avançar suas políticas, de quaisquer ordens. Havia, na ditadura, uma tensão entre a fé no planejamento estatal dos militares e a linha dos ministérios do Planejamento e da Fazenda, a cargo de indefectíveis liberais, como Roberto Campos, Delfim Netto, Hélio Beltrão e Mário Henrique Simonsen. Do mesmo modo como essa tensão existe, hoje, entre o governo conservador de Bolsonaro e o liberalismo de seu ministro da Fazenda, Paulo Guedes — sem que ninguém em sã consciência procure defender que as canetadas antiliberais de Bolsonaro na economia são de esquerda.

Quanto à sua ideologia e base social, não há nenhuma dúvida. Conquanto os militares não sejam um partido político, logo de posição ideológica explícita, sua base social nuclear era conservadora (vide a Marcha da Família com Deus pela Liberdade, que reuniu cerca de 500 mil pessoas, às vésperas do golpe), e seus inimigos, tanto na política institucional (o governo Jango, o PCB, Brizola, os parlamentares cassados) quanto na sociedade civil (artistas, intelectuais e militantes) eram, em sua grande maioria, de esquerda. Houve, como se sabe, até mesmo envolvimento direto da direita civil no terrorismo estatal, por meio da Operação Bandeirante (Oban), "um organismo misto formado por oficiais das três Forças e por policiais civis e militares, programado para combinar coleta de informações, interrogatório e operações de combate".[97] Pois bem, a Oban foi financiada por empresários paulistas e executivos de empresas multinacionais, que assim deram sua contribuição à máquina repressiva da ditadura.

Note-se ainda que afirmar que "os militares foram os principais responsáveis pelo desaparecimento de uma direita civil no país" carece de sustentação. De novo, a grande maioria dos intelectuais e artistas perseguidos pelo regime era de esquerda. O desaparecimento da direita civil está antes ligado à perda de sustentação moral produzida pelo fato, justamente, de a ditadura ser percebida como de direita. Tal percepção produziria, por décadas, uma "direita envergonhada", soi-disant de centro, cujo desrecalque só se daria plenamente a partir dos acontecimentos mais recentes, como a Lava Jato e o processo de construção social do impeachment de Dilma Rousseff. Portanto, foi a vergonha da direita, junto ao processo de transformação da esquerda marxista-leninista em esquerda democrática, conquistando gradativamente a hegemonia cultural e intelectual, como o próprio autor narra, que empurrou para as franjas do debate público a direita civil.

Por fim, sobre o anticomunismo, o máximo que posso conceder aos argumentos dos olavistas é no que concerne a suas críticas à condescendência da esquerda autodeclarada democrata para com as ditaduras de esquerda passadas e presentes. Para alguns, a comparação entre as posições de Heidegger e Sartre, feita por Applebaum, é uma espécie de falsa simetria. Eu, entretanto, estou entre os que consideram correto comparar stalinismo e nazismo pelo denominador comum do totalitarismo.

Já quanto aos flertes retóricos da esquerda brasileira com a tradição da esquerda marxista-leninista, mesmo quando no governo, a meu ver, em geral não passam disso: pura retórica, uma espécie de pose para fins de performance no interior do grupo. Não me parece que Breno Altman, conhecido militante petista, estivesse falando a sério quando sugeriu que o tratamento recomendado a Luciana Genro deveria ser o mesmo dispensado a Trótski por Stálin.[98] Episódios como o de um professor da Universidade Federal do Rio de Janeiro (UFRJ), que, num congresso de partidos de esquerda (Psol, PCdoB, PSTU), propôs "enviar todos os direitistas e conservadores [...] para o paredão de fuzilamento";[99] ou de um evento do PCdoB em que Dilma Rousseff, então presidente da República, discursou entre banners com retratos de Marx e Lênin; ou ainda a recusa sistemática das lideranças do PT de criticar as ditaduras de esquerda, históricas ou atuais; tudo isso *não* demonstra que o comunismo tem sido uma alternativa política real no

Brasil das últimas décadas. Mostra, sim, que o liame entre a esquerda brasileira e a tradição marxista antidemocrática (ou antidemocracia burguesa, da perspectiva dela), jamais tendo sido categoricamente interrompido, gera os mesmos fantasmas que depois a esquerda tentará em vão exorcizar.

Seja como for, impõe-se o fato autossuficiente de que o PT governou o país durante catorze anos e nunca moveu um dedo nessa direção. Muito ao contrário, para além de todas as medidas da gestão petista que comprovaram sua firme convicção democrática, o próprio ex-presidente Lula reafirmou isso inúmeras vezes, em declarações como: "Se não acreditasse em justiça, eu não teria proposto a criação de um partido político, eu ia propor uma revolução".[100] Ou ainda: "O PT não nasceu para ser um partido revolucionário, nasceu para ser um partido democrático e levar a democracia até as últimas consequências".[101] E ainda esta, não menos reveladora: "Eu era tão imbecil que considerava que um dono de um boteco é patrão".[102]

Em suma, o fato de a esquerda democrática brasileira nunca ter feito uma ruptura explícita e sustentável com suas origens marxista-leninistas não significa que ela — ao menos no que se refere ao PT, único partido de massas da esquerda e com grande expressão institucional — continue defendendo a perspectiva marxista revolucionária. Não há, portanto, nenhuma evidência real de ameaça comunista no Brasil — mas a direita instrumentaliza o fantasma para seu próprio benefício. Não apenas eleitoral, que é o principal, mas também moral. Conforme observa Wilson Gomes,

> a "hipercomunistização" de todas as esquerdas políticas [...] e de todos os liberais em território de ética e de direitos deve ser reconfortante, lhes permite transformar em virtude todas as suas canalhices contra minorias e todos os seus racismos [...] e lhes confere uma ilusão de superioridade moral.[103]

É sobre o problema da hegemonia das ideias da esquerda no debate público brasileiro que a narrativa olavista tem maior pertinência. Seja ou não correta a atribuição dessa hegemonia à recepção das ideias de Gramsci no país, é um fato empiricamente reconhecível que ela existiu durante e depois da ditadura, redemocratização adentro, até a insurgência e emergência das novas direitas. A politóloga Camila Rocha, que realizou uma pesquisa minuciosa sobre o pensamento de direita no Brasil (desde a Segunda República) e seus esforços de difusão, conclui que foi durante o auge do lulismo, entre os anos 2006 e 2010, que se deu o pico da sensação envergonhada da direita. Nesse período, observa, "até mesmo quem não se reivindicasse explicitamente de direita enfrentou dificuldade em organizar manifestações antipetistas/antilulistas [...] sem ser menosprezado ou ridicularizado no debate público".[104] Essa perspectiva se deixa comprovar ainda "pela pesquisa efetivamente feita na universidade", como o fez Flávio Gordon em sua busca junto ao banco de teses e dissertações da Capes, à procura de autores conservadores consagrados no mundo anglo-europeu. Até mesmo um crítico de esquerda como Roberto Schwarz já identificava a hegemonia cultural de seu campo, em seu conhecido ensaio sobre o panorama cultural brasileiro nos primeiros anos da ditadura militar.[105]

Admitindo-se a existência dessa hegemonia, é preciso pensar nos seus prejuízos sociais, culturais e políticos. A polarização radical é também o efeito colateral, ou dialético, da própria hegemonia da esquerda. O ambiente de consenso quase total, de silenciamento ou intimidação de ideias diversas, vai criando um sentimento de ódio contra esse domínio. As tais ideias diversas vão sendo embebidas, subjetiva e socialmente, num caldo reativo que as radicaliza cada vez mais, à medida que se prolongam, no tempo, as condições desfavoráveis à sua circulação, dos estereótipos à marginalização e aos estigmas. Décadas depois, quando conseguem romper a crosta do debate público (sem dúvida por causa das novas mídias sociais, espaços imunes ao controle do prestígio), a face que mostram é uma que foi temperada por um longo período no ódio. Com efeito, Camila Rocha estabelece um vínculo entre a hegemonia das ideias de esquerda no debate público e o que chama de "política do choque", ou seja, uma retórica agressiva, que faz uso de palavrões, ofensas, caricaturas, quaisquer ferramentas para chamar atenção em um contexto que de outro modo lhes abafaria a voz.[106]

Flávio Gordon tem razão em observar:

> Um componente essencial da espiral do silêncio é o natural temor humano de isolamento em relação ao aconchego da opinião média. Apresentar um ponto de vista, ou mesmo informação, que escape ao nível médio de conhecimento produz em quem o faz a curiosa sensação de ser um alienígena.[107]

Tenho certeza de que muitos leitores de esquerda neste momento reconhecerão a veracidade desse argumento: é uma experiência cotidiana na esquerda a defasagem entre o que se diz publicamente e o que se diz entre amigos, fora do escrutínio do debate público. Ou seja, mesmo as pessoas de esquerda — aliás, sobretudo elas — têm medo da intimidação do campo da esquerda.

E o próprio Olavo de Carvalho tem razão (pois é) quando observa que, sob a pressão da hegemonia,

> as inteligências individuais perdem toda capacidade de operar sozinhas, nada mais inteligem por si mesmas e, confirmando o que um zum-zum generalizado alardeia sobre a inanidade da consciência autônoma, só se mostram capazes de atuar numa atmosfera de concordância unanimista, de "participação" no sentimento coletivo.[108]

E segue tendo razão ao observar que, para além das limitações narcísicas e sociais (a perda das compensações imaginárias do grupo), uma limitação de perspectiva impede que o processo seja devidamente percebido: "Como todos estão imersos nesse coletivo, ninguém o enxerga desde fora, como os peixes não enxergam a água. A vida intelectual reduz-se assim à mútua interconfirmação de crenças, preconceitos, sentimentos e hábitos dos membros do grupo letrado". Desse modo, "as ideias conquistam adeptos por contágio afetivo". E, pode-se acrescentar, conquistam o silêncio por ameaça de ruptura afetiva.

É evidente que há problemas e exageros nessa perspectiva. O politólogo Luis Felipe Miguel comenta que essa leitura de Gramsci (considerada por ele "fantasiosa"), que recebe o nome de "marxismo cultural", transforma "a noção de que a luta política tem, como momento central, a disputa por projetos e visões de mundo", em "uma estratégia maquiavélica simplória, com o objetivo de solapar os consensos que permitem o funcionamento da sociedade, por meio da manipulação das mentes".[109] E arremata, com humor: "Gramsci é apresentado como alguém que bolou um 'plano infalível' para a vitória do comunismo: é o Cebolinha do pensamento marxista". O ponto é preciso: a disputa política pela hegemonia é do jogo e legítima. Tratá-la como conspiração é paranoia. E existe uma memória seletiva: a direita há muito se valeu, ou tentou se valer, da mesma estratégia. A Nouvelle Droite, dos anos 1960, por exemplo, com sua noção de "metapolítica", é um verdadeiro gramscismo da extrema direita. Outrossim, aos "intelectuais orgânicos" de Gramsci correspondem, quase ipsis litteris, os "ideólogos de segunda classe" de Hayek: jornalistas, acadêmicos, escritores e professores, por meio dos quais o chefe de escola austríaco buscava difundir o ideário neoliberal junto à opinião pública. No Brasil, essa estratégia de difundir as ideias da direita na sociedade civil também vem de longe. Camila Rocha a historiou, desde as associações católicas da Segunda República (a Sociedade Convívio e a TFP [Tradição, Família e Propriedade], por exemplo), passando pelos institutos anticomunistas dos anos 1960 (Ipês [Instituto de Pesquisas e Estudos Sociais], Ibad etc.), até a criação dos *think tanks* pró-mercado, do Instituto Liberal ao Instituto Millenium, do Fórum da Liberdade ao Movimento Brasil Livre (MBL).[110] Portanto, a disputa por corações e mentes é recíproca e democrática. O problema são as consequências da hegemonia cultural e intelectual nos espaços de produção e divulgação do conhecimento. Sobretudo num país em que a maioria da população é conservadora.

Há também exageros. Gordon afirma, por exemplo, que "a lógica era simples: quem quer que não estivesse mancomunado com o projeto de poder total [sic] do Partido dos Trabalhadores tornava-se, de imediato, alvo da impressionante máquina difamatória do regime, sendo tachado de 'golpista', 'fascista' e até mesmo 'inimigo do país'".[111] Ora, até mais que um exagero, é uma falsificação falar em "poder total" para se referir ao projeto de poder de um partido que governou com respeito aos demais poderes, tendo setores da sociedade civil (inclusive boa parte da imprensa durante grande parte do tempo) mobilizados contra si, fortalecendo a autonomia de órgãos de controle e tendo que compor alianças no Congresso com partidos de diretrizes ideológicas profundamente diferentes. Portanto, nem mesmo no âmbito da sociedade civil, a expressão pode ser tomada de forma literal.

Ela é pertinente, contudo, como metáfora: o "intelectual coletivo" da esquerda foi mesmo maciçamente dominante nas últimas décadas — à exceção do campo da política econômica, em que os espaços prestigiados de debate público foram protagonizados pelos economistas ditos ortodoxos, ou liberais.[112] Isso, aliás, talvez explique, ao menos em parte, a discrepância entre um país culturalmente dominado por ideias de esquerda e, entretanto, detentor da medalha (quiçá de ouro) de país mais desigual do mundo.

Há ainda um último ponto a tratar: refiro-me à noção de *polarização assimétrica*. A percepção de que há um desequilíbrio dos polos, de que, diferente da equidistância espacial no espectro, sugerida pelo termo "polarização", os polos se distribuem em pontos diversos no espectro, de modo relativo ao que seria o seu centro — essa percepção não surgiu no Brasil. Ela remonta à administração Obama (2009-16), quando o então presidente democrata, de temperamento e gestão centristas, enfrentou no Congresso uma oposição republicana tão opaca e entrincheirada que levou a um *shutdown* do Parlamento. Foi nesse contexto que se estabeleceu o Tea Party, a ala radical do Partido Republicano, prototrumpista (que hoje, diante dos neovikings supremacistas do QAnon, aparece quase como moderada). Conforme observou o filósofo Rodrigo Nunes, foi então que o substantivo "polarização" ganhou um adjetivo importante: "assimétrica". Comenta Nunes: "Não era apenas que a distância entre liberais/democratas e conservadores/republicanos estivesse crescendo [...]. Ela crescia eminentemente por causa da radicalização do campo conservador, que deixava para os liberais a responsabilidade (e o ônus) de buscar compromissos".[113]

A analogia com a dinâmica brasileira dos últimos anos é evidente. Mas, por aqui, esse conceito de polarização assimétrica talvez seja apenas parcialmente aplicável. Ele é sem dúvida verdadeiro quanto às forças políticas institucionais em jogo: o PT é um partido de tendência social-democrata, que governou durante catorze anos de forma moderada, incluindo economistas ortodoxos nos cargos principais da política econômica, respeitando a autonomia dos poderes e reforçando os órgãos de controle. Que, segundo as acusações sofridas, tenha corrompido a democracia ao chafurdar em um megaesquema de financiamento de campanha em troca de favores a empreiteiras, isso não conduz o partido rumo ao extremo do espectro. Corrupção não tem prerrogativa ideológica — ao contrário do que o próprio PT historicamente fez crer.

Já Bolsonaro é um líder populista que reúne em sua base militante movimentos sociais de extrema direita, a favor de ditadura militar, do fechamento do Legislativo e do Judiciário, e ele próprio endossa essas posições autoritárias. Seu autoritarismo vai muito além e se estende à forma como se dirige a todos os grupos sociais que não pertencem àqueles que formam a sua base. Ele não governa para todos, e sim para a franja radicalizada de seu núcleo social. Em seu governo, enfraqueceu os órgãos de controle, interferindo de forma explícita em seus quadros, procurando garantir que ajam de acordo com seus interesses. Nomeou para procurador-geral da República um nome de fora da lista tríplice, que se revelou um lambe-botas contumaz, possivelmente de olho numa vaga para o STF. Interveio na Polícia Federal, transformou a Advocacia-Geral da União em advocacia própria, tenta enfraquecer o controle das Polícias Militares pelos estados, e até a Abin, conforme noticiou a imprensa, teria trabalhado a favor de seu filho Flávio Bolsonaro, suspeito de ter incorrido na prática de "rachadinha". Durante a pandemia do coronavírus, praticou o negacionismo sistemático, por razões de manutenção da coesão do núcleo de seu eleitorado, contribuindo para a morte de centenas de milhares de pessoas. Seria ocioso insistir. Os que colocam Lula (PT) e Bolsonaro como polos equidistantes não questionam o extremismo deste último, e sim afirmam o extremismo do primeiro. Ora, é uma perspectiva evidentemente distorcida quanto à realidade efetiva do que foi o lulopetismo no governo federal por catorze anos. Nenhuma política radical foi realizada nesse período; ao contrário, tratou-se de um governo orientado por um "reformismo fraco", como admitem os próprios petistas.[114]

Há, contudo, um outro nível em que a polarização não é tão assimétrica assim. Da perspectiva da formação de identidades políticas, as pessoas de direita e as de esquerda entraram numa espiral centrífuga ao longo dos últimos anos e foram acirrando suas posições, confinando suas interpretações do mundo às verdades que circulam e acabam se sedimentando em seus grupos (por sua vez, propiciados pela lógica algorítmica e imaginária das redes digitais), ignorando de maneira deliberada os argumentos do adversário, reagindo de modo automático e sectário a qualquer acontecimento social — odiando, em suma, os indivíduos do campo adversário, quando não expulsando pessoas com afinidades políticas fundamentais por causa de diferenças apontadas como falta de radicalidade ou compromisso suficiente com determinadas causas. Como já observara Freud em seu ensaio clássico sobre lógicas de grupo, a exclusão de indivíduos serve ao propósito de reforçar o laço grupal.[115]

Nessa dimensão, não faz tanto sentido falar em polarização assimétrica, mesmo que o lado da direita contenha uma galeria de posições mais extremas (militares radicalizados, milicianos, racistas e machistas autodeclarados, negacionistas, fundamentalistas religiosos etc.). Pois, do mesmo modo como, para a direita dominante, qualquer pessoa de esquerda é comunista ou corrupta (e, às vezes, até pessoas "insuficientemente" de direita — como os poucos liberais liberais que existem nessas plagas — são, no fundo, comunistas ou corruptas); também para a esquerda qualquer pessoa de direita é um neoliberal sociopata ou reacionário (e, às vezes, até pessoas "insuficientemente" de esquerda — como sociais-liberais ou liberais de esquerda — são, no fundo, meros liberais, esquerdomachos ou racistas). Nesse sentido, Idelber Avelar observa que, nos últimos anos, "bem poucas forças políticas do espectro entre centro-esquerda e centro-direita escaparam de ser retratadas em algum momento como 'fascistas' pelo discurso petista".[116] E está certo em concluir que "a radicalização petista no discurso, mesmo quando não se traduzia, por exemplo, em legislação, produzia efeitos visíveis sobre a acumulação de intimidação, medo e ressentimento, cujos efeitos se veriam poucos anos depois".[117] Em suma, a polarização é sem dúvida assimétrica no âmbito institucional, relativamente aos modos de governar; mas o é muito menos no âmbito social, militante ou mesmo partidário no que diz respeito à retórica.[118]

Desse modo, quando Rodrigo Nunes observa, a propósito da dinâmica polarizante instalada na direita, que "isso fará com que tudo que fuja à sua própria norma pareça 'radical', e que a simples participação do outro (mulheres, negros, pessoas trans etc.) no debate público possa ser experimentada como ofensiva" — pode-se dizer que o mesmo vale para a esquerda, para a qual tudo que não seja "Estado", "público" ou alinhamento incondicional à política de minorias é por princípio recusado, caricaturado ou demonizado. A deputada federal Tabata Amaral é a maior prova de que, nesse âmbito, a polarização pouco ou nada tem de assimétrica. Não importam suas posições favoráveis ao ensino público universal de qualidade, suas propostas contra desigualdades tributárias e todas as outras que são inscritas numa perspectiva inequívoca de esquerda; qualquer falha no alinhamento incondicional — como seu voto, com ressalvas, à reforma da Previdência — a transforma, aos olhos da esquerda dominante, em *neoliberal*, isto é, apenas um degrau acima dos *fascistas*.[119]

No mesmo sentido, no contexto do debate recente sobre volta às aulas presenciais — em meio à pandemia e antes do início da imunização —, uma vereadora de São Paulo, Raquel Marques (Rede), membro de mandato coletivo, ao defender a retomada do ensino presencial nas escolas públicas, foi chamada, pela própria titular do mandato (a vereadora Mônica

Seixas, do Psol), de "genocida" e teve seu mandato suspenso pela bancada.[120] Isso quando diversos estudos em todo o mundo convergiam para a demonstração de que escolas *não são* focos de agravamento da epidemia, e o Brasil tinha as escolas públicas fechadas o dobro do tempo da média mundial (quarenta contra 22 semanas). A tendência à hipérbole é uma marca da polarização radical. Como o é o dogmatismo, a submissão de problemas concretos a princípios fundamentais (no caso, professores da rede *pública* e seus *sindicatos* têm sempre razão).

Os exemplos de sectarismo no comportamento da esquerda dominante são inúmeros. O gozo do pertencimento e do ganho imediato de pequenos *shots* de reconhecimento em forma de curtidas em redes sociais produz um automatismo irresponsável, que leva a injustiças contra indivíduos inocentes e à perda de credibilidade das causas em questão.

Portanto, no âmbito social, capturado pela descoberta em massa de identidades políticas, as posições de esquerda e de direita não exatamente afloram em debates relativos a questões econômicas ou políticas públicas em geral. Elas os precedem, orientadas de forma sólida pela compreensão, pelo domínio e pela reprodução dos códigos políticos, culturais, estéticos, comportamentais e religiosos das respectivas identidades. Na descrição de Rodrigo Nunes:

> Cada vez mais é a "esquerda" como um todo, para além das diferenças internas irrelevantes para quem é de fora, que funciona como identidade. No sentido em que estou empregando o termo, o identitarismo é uma prática em que a performance individual de um repertório fechado de ideias, *shibboleths*, palavras de ordem, referências, preferências estéticas, figuras de admiração e repulsa etc. diante de um público de pares é mais importante para definir um perfil militante que a atuação em espaços coletivos.[121]

O mesmo vale para a direita. Direita e esquerda se tornaram combos performáticos, que devem ser assimilados e reproduzidos de maneira fiel, como um modo de permanecer *in* — e sob pena de se tornar *out*. Há um catecismo implícito em ambas as posições. Ele preconiza de que artistas, políticos e intelectuais públicos deve-se gostar ou não, que linguagem deve ou não ser usada, que lugares devem ou não ser frequentados — e assim por diante, formando uma espécie de corda bamba, já que os respectivos valores podem mudar segundo a dinâmica dos cancelamentos. É preciso andar na linha, pois qualquer *faux pas* pode te fazer cair, não no outro lado, mas no pavoroso abismo do limbo. Com efeito, o limbo tem sido a alternativa negativa da polarização radical. É preciso transformá-lo em lugar.

2.
Uma outra ideia de centro

A ideia de centro, por óbvio, pressupõe o reconhecimento prévio de coordenadas espaciais, organizadas segundo vetores formados por princípios e valores ideológicos. É centro em relação aos vetores da esquerda e da direita. Esse mapa, ou linha, em que se distribuem as posições ideológicas é de natureza tanto teórica quanto histórica. Esses dois planos se sobrepõem.

Da perspectiva teórica, o campo da esquerda, como se sabe, é formado por princípios e valores vinculados sobretudo à igualdade: política, econômica, de direitos, de gênero, de "raça", de orientação e identidade sexuais, de reconhecimento social etc. Tudo isso pressupõe, por sua vez, uma atitude de aposta na capacidade transformadora das organizações sociais humanas, uma vez que as formas antigas, pré-modernas, dessas organizações eram reguladas por princípios contrários (hierarquias, autoridades, dominação etc.). Já o campo da direita é formado por ideias sobretudo ligadas seja à liberdade individual (vertente liberal), seja à valorização da tradição (vertente conservadora). Nessa dimensão teórica, o centro do centro seria o ponto equidistante entre esses dois campos. E centro seria a zona, mais difusa e abrangente, em que, tendo como referência o ponto central, caminha-se em direção a um (centro-esquerda) ou outro (centro-direita) lado do espectro — mas sem ir muito longe, sem perder o contato com aquele ponto central e, para essa perspectiva, gravitacional do espectro.

Mas a ideia de centro também tem natureza histórica, e aí ela é mais propriamente política do que ideológica. O mapa, espectro ou linha ideológica é razoavelmente fixo (suas alterações são mais desdobramentos de princípios invariáveis do que contestações a eles), desde que a partir da Revolução Francesa começaram a se desenhar as posições de esquerda e direita. Mas cada período, cada geração, em cada sociedade identifica o centro a partir de interpretações dessas coordenadas que são móveis, instáveis, em constante transformação. O mapa político é histórico, organizado por disputas de grupos sociais. Nessa perspectiva, o centro nunca é fixo; ele é deslocado, segundo interesses políticos, para um lado ou outro do espectro, de acordo com o contexto político geral: se este aderna mais para a direita, o centro segue com ele; se for mais para a esquerda, idem.

No contexto do Brasil Império, no século XIX, por exemplo, o centro tendia a ser a posição favorável à monarquia constitucional. A defesa da República era considerada, a partir dessa perspectiva, um radicalismo. A própria ideia de democracia — herdeira da tradição interrompida do republicanismo forte no Brasil —, que há muito já não é um valor exclusivo do campo da esquerda, e sim, para a maioria, a própria condição de existência do espectro político legítimo,[1] foi, no Brasil de duzentos anos atrás, produtora de estigmas. Como observou a historiadora Heloisa M. Starling, "democracia estava associada à anarquia, à desordem, ao tumulto social, ao governo de vadios e à tirania de muitos".[2] Lopes Gama, em 1823, escrevia, em *O Conciliador Nacional*: "Como saibam, quanto horror tem este povo até ao nome de Democracia, em querendo indispor os mais honrados cidadãos, assacam-lhe o labéu de republicano".[3] O ponto é evidente e dispensa maiores considerações. Bastaria lembrar que o regime escravista foi considerado aceitável nos debates políticos, *até entre revolucionários*. Nossos conjurados de Vila Rica não foram abolicionistas. Idem para os Farroupilhas, no Sul. Também o movimento republicano no Brasil oitocentista, seu herdeiro, para driblar o mal-estar da contradição, afirmava uma *soberania nacional*, em vez de uma *soberania popular*.[4] E, como se está cansado de saber, a Revolução Americana, do mesmo modo, não se estendeu à população negra. John Adams, por exemplo, declararia: "Fui sempre a favor de uma República livre, não uma democracia".[5]

A disputa política é sempre, ao mesmo tempo, disputa *metapolítica*: luta-se por fazer prevalecer certas ideias, que encerram valores ideológicos, enquanto simultaneamente luta-se por determinar a perspectiva a partir da qual essas ideias serão avaliadas e julgadas. À direita interessa sempre fazer parecer, seja ou não verdade, que o princípio da liberdade se encontra ameaçado ou sacrificado, a fim de que seu movimento soe como restaurador de equilíbrio. À esquerda interessa sempre fazer parecer que o princípio da soberania popular está muito enfraquecido, seja ou não verdade, a fim de que o seu movimento soe como promoção de justiça. A premissa é de que a radicalidade é tendencialmente percebida, exceto em situações de opressão excessiva ou forte ressentimento social, por viés negativo, enquanto justiça e equilíbrio são positivados. Mas, repito, a percepção do que é justo e equilibrado é desde sempre objeto de disputa política. Entretanto, afirmar que esses termos — justiça e equilíbrio — são percebidos de forma variável, segundo as ideias políticas do contexto, não implica dizer que a disputa pela perspectiva que lhes determinará o sentido seja completamente arbitrária. A posição política e social de dada sociedade, em determinada época, sempre pode ser identificada no espectro ideológico. Essa identificação envolve um conjunto complexo e dificilmente exaustivo de variáveis; mas, para evocar a feliz expressão de Wittgenstein, o *ar de família* de uma sociedade é sempre reconhecível. Ele é, portanto, imanente, mas a tendência ideológica do momento e/ou a complexidade dos fatores sociais abrem margem para a disputa sobre sua interpretação.

Uma breve excursão histórica ajuda a trocar em miúdos essa explanação. No contexto do processo da Independência do Brasil, as facções, ainda pré-partidárias, que atuavam politicamente eram chamadas de constitucionais, republicanas e "corcundas": respectivamente centro, esquerda e direita daqueles tempos ("corcunda", ou "carcunda", como esclarece Vamireh Chacon, em sua *História dos partidos brasileiros*, "era sinônimo de restaurador, regressista, reacionário, saudoso ativista do retorno do domínio colonial português").[6] Esses nomes e o juízo de valor implícito neles eram, como se disse, objeto de disputa e variavam de acordo com o detentor da representação. Para o *Revérbero Constitucional Fluminense*, jornal fundado por Gonçalves Ledo e Januário da Cunha Barbosa, militantes de primeira hora pela Independência, o seu próprio partido era descrito como "saudável, justo, glorioso, o mais popular, compreende 9/10 da população".[7]

Já *O Tamoyo*, jornal dos irmãos Andrada, chamava a própria posição de monarquista constitucional, criava o epíteto de "chumbistas" para os defensores da manutenção da colônia e ainda identificava uma posição que qualificava de "neutra", ou "do ventre" — "partido sempre inerte, menos para o ídolo vil do seu interesse" —,[8] que é uma das formulações inaugurais, na história do Brasil, da ação partidária fisiológica, corporativista, clientelista, de longo e inglório futuro por essas bandas. Por fim, *O Tamoyo* chamava a posição mais à sua esquerda, aquela defensora de uma monarquia constitucional de poderes imperiais limitados em favor dos corpos legislativos, de "democratas radicais" ou "exaltados". Como se vê, o jogo da metapolítica é puxar a sardinha para o próprio lado. O "radical" Gonçalves Ledo, diga-se de passagem, seria acusado de republicano e ameaçado de morte por José Bonifácio.[9]

A abdicação de dom Pedro I, que abriu o período da Regência (1831), marca o início da ação propriamente partidária no Brasil. As posições foram se definindo e se agrupando. Os "exaltados" republicanos e os revolucionários de toda ordem agruparam-se no Partido Liberal; os "moderados", partidários da Constituição, formariam o núcleo do Partido Conservador; e os reacionários, adeptos da volta do imperador deposto, formaram o partido "Caramuru", que desapareceria com a morte de dom Pedro I.[10]

Para os fins da argumentação deste capítulo, é suficiente mostrar como a ideia de centro, ou melhor, o centro como posição política, varia profundamente na história da política moderna. Posições que hoje são naturalmente aceitas, ao menos da boca para fora, até por uma direita radical — como a defesa da República e da democracia — eram chamadas de "exaltadas" e "radicais" no século XIX. Um exemplo ilustrativo, entre tantos, é a atuação e o destino do chamado movimento dos "praieiros", que eclodiu entre os anos 1848 e 1850. O apelido vinha do fato de que o jornal *O Diario Novo*, que publicizava suas ideias, situava-se na rua da Praia, no Recife. Uma das mais importantes revoltas do Segundo Reinado, obteve adesão popular, em uma província de Pernambuco então dominada por latifundiários (referindo-se à família Cavalcanti, de grandes proprietários de terra, uma quadrinha popular da época glosava: "Quem viver em Pernambuco/ Não há de estar enganado/ Que ou há de ser Cavalcanti/ Ou há de ser cavalgado"). Alinhado com as revoluções europeias do período, o movimento foi percebido e combatido como socialista. O programa de seu "Manifesto ao mundo" apresentava como tópicos fundamentais: o voto livre e universal, a total liberdade de imprensa, a separação real dos poderes; a extinção do Poder Moderador (do imperador) e o fim da Guarda Nacional (que era um pilar do coronelismo).[11]

O movimento recorreu às armas e juntou 2500 combatentes. Sofreu dura repressão e acabou derrotado. Os líderes revoltosos, pertencentes a classes mais prestigiadas, foram anistiados; muitos dos insurgentes mais pobres foram fuzilados em combate. Hoje parece absurdo que o conflito violento fosse o único recurso para a obtenção do programa que agora soa, mais do que moderado e de centro, fundamental: sufrágio universal, contrapeso entre poderes, liberdade de imprensa e forma de governo republicana são consideradas hoje condições prévias da democracia liberal, são a própria matéria da linha sobre a qual, percorrendo-a de um extremo a outro, estabelecem-se as posições que vão da esquerda à direita. Quem defende limitação do voto, controle da imprensa e fim de qualquer poder está fora do espectro ideológico-político da democracia, situando-se na extrema direita ou extrema esquerda.

Um tanto diferente da corrente historiográfica que apresenta uma sociedade incruenta, cuja origem está em Von Martius e cujo apogeu é o libelo edulcorado do país do futuro zweigiano — quase uma espécie de versão tropical e voluntária do realismo socialista —, a verdade factual é que há pelo menos três tipos sistemáticos de rebeliões, revoltas e insurgências na história brasileira, e em todos correu muito sangue.

Um, feito de cima para baixo, de golpes sem povo, é orientado por disputas e interesses endógenos dos donos do poder, *os ricos entre si*, na expressão de Machado de Assis. Tem alcance geral, vinculante, pois seu lócus são as instituições, mas tem sentido transformador quase sempre fraco, se não reverso, fiel ao princípio da modernização mais ou menos conservadora (mais na Proclamação da República e no golpe de 1964, por exemplo; menos na Revolução de 1930, propiciadora, no tempo, de significativo reformismo).

Outro, feito de baixo sem chegar ao andar de cima, é obra do povo oprimido, de indígenas, quilombolas, sertanejos, ralé militar, operários, militantes, ou mesmo de camadas médias da sociedade civil, e luta por melhores condições de vida, por maior soberania, por vezes "sem base em princípios e sem objetivo de reforma",[12] mas é invariavelmente exterminado a ferro e fogo, ou cozinhado em fogo brando, sem nunca ter chegado a se sistematizar, a atingir um caráter totalizante (e cujos exemplos são inúmeros — Palmares, Malês, Cabanada, Balaiada, Farroupilha, Contestado, Canudos, Araguaia etc. —, da Colônia aos dias atuais, quando junho de 2013 seria o principal exemplo).

Um terceiro tipo, que pode se confundir com o anterior, seria o das revoltas protagonizadas por elites locais (proprietários de terras ou lavras, militares) ou grupos emergentes (comerciantes, bacharéis etc.), em geral por motivos de tributação escorchante da Coroa, portanto em nome de um autogoverno mais ou menos conservador quanto a seu grau de democratização política e social. Nesse tipo se enquadrariam desde a Revolta da Cachaça, ainda no século XVII, até as tentativas revolucionárias no XIX (como a de 1817, em Pernambuco, liderada por Frei Caneca), passando pela Guerra dos Mascates e a Conjuração Mineira, entre outros eventos, no século XVIII.

De um lado, portanto, os golpes sem povo; de outro, o povo sem golpes; de um terceiro ainda, um protopovo tentando se afirmar e invariavelmente submetido a *devassas* e decapitações, às vezes literais. O movimento abolicionista talvez seja a maior exceção à regra, por ter mobilizado povo e elites, conjuntamente, e logrado resultado amplo e vinculante — contudo, logo controlado e esvaziado pela "contrarrevolução social" da instauração da República, como a definia Joaquim Nabuco: "Campanha orquestrada pelas elites insatisfeitas com o abolicionismo monárquico para instaurar o regime oligárquico no Brasil".[13]

Entre essas margens, em meio a pressões divergentes, avançou e avança o país. Nesse percurso de imobilismo em movimento, podem ser identificadas duas imagens principais do centro na história do Brasil. O algum reformismo é atributo do centro programático; o bloqueio crônico ao aprofundamento democrático o é do centro fisiológico. Essas imagens às vezes se interpenetram, mas não chegam necessariamente a se confundir.

A primeira imagem é, portanto, a do centro como conciliação — de atuação ora mais conservadora, ora mais reformista — dos grupos sociais diversos e seus interesses divergentes. Tendência política de raízes possivelmente antropológicas, relacionadas às vicissitudes da formação do país, tem sentido irredutivelmente ambíguo: tanto protege de traumas quanto impede movimentos transformadores; tanto evita eventuais catástrofes quanto adia sine die as mudanças necessárias. E, a depender de suas inclinações concretas, pode favorecer a transformação gradual e consistente ou freá-la de modo a torná-la quase imperceptível e, sem dúvida, insuficiente. O arrasto permanente em direção ao centro — que se torna mais forte e finalmente irresistível, nas proximidades de reformas estruturais profundas, como no caso de 1964 — na tradição política brasileira deve-se talvez menos a convicções programáticas de seus agentes (entretanto, existentes) do que às correlações de força de cada período, sempre sob pressão de grupos sociais dominantes, que invariavelmente têm conseguido socializar as perdas, limitando ao máximo as suas próprias.

A hipótese da natureza antropológica dessa tendência tem em Gilberto Freyre sua formulação seminal, por meio da perspectiva do colonizador português flexível, adaptável, na abertura de *Casa-grande & senzala*. Seu contraponto étnico é a imagem grotescamente ideologizada do índio preguiçoso. Porém, dos contatos luso-indígenas pode-se afirmar, embora, obviamente, com dose apenas parcial e minoritária de verdade, que tiveram uma dimensão conciliadora. Em meio ao espírito mercantil espoliador e escravista da Coroa e seus representantes, e da missão salvacionista colonizadora dos jesuítas, houve o fenômeno dos encontros e misturas espontâneos, por meio do *cuñadazgo*, ou cunhadismo, modo de formação de laços de parentesco de etnias indígenas, cujo exemplo mais conhecido é o que envolve a união entre o náufrago português Diogo Álvares, o Caramuru, e a indígena Paraguaçu, filha de um grande cacique tupinambá. Nessa perspectiva, o casamento de Caramuru com Paraguaçu representaria uma espécie de mito de origem antropológica do espírito conciliador desde então instaurado no Brasil.

Com efeito, segundo a tipologia de Capistrano de Abreu, os primeiros colonizadores europeus eram resumidos em três tipos: um "que não reagia ao meio e tomava todos os hábitos dos brasis, furava lábios e orelhas, matava os prisioneiros segundo os ritos e comia sua carne";[14] outro, que era "voluntarioso e indomável, como João Ramalho, o bacharel de Cananeia"; e, por fim, o que "nem descia ao batoque, nem se alçava ao poderio, vivendo bem com europeus e indígenas: é Diogo Álvares, o Caramuru". O primeiro tipo terá quase desaparecido junto com o extermínio de grande parte da população indígena, existindo hoje apenas residualmente na atividade de antropólogos, artistas e militantes radicalmente abertos ao modo de vida dos indígenas, dos quais são defensores políticos. O segundo atravessa toda a história do país, de curraleiros e bandeirantes a grileiros, passando por todas as elites urbanas dominadoras, em ambos os lugares, campo e cidade, seguindo vivíssimo. O terceiro tipo, "conciliador e transigente, luso-baiano", também sobreviveu, e da sua sobrevivência teriam resultado "consequências permanentes na psicologia do povo e da liderança brasileiras".

Para muito além de Capistrano de Abreu, e como atesta a referência a Gilberto Freyre, essa hipótese das raízes antropológicas da conciliação no Brasil é uma constante na vertente dita "culturalista" da interpretação do país. O historiador José

Honório Rodrigues, que não pode ser considerado seu membro, entretanto, subscreve a hipótese:

> Aos poucos, pela influência da maioria, pela vitória da miscigenação, da tolerância racial, da criação do gado, das bandeiras, misturando gente e cultura, expandindo, pelos pés próprios, e não os alheios ou escravos, a terra, obra de mamelucos e caboclos, pelo trabalho, que foi mais do negro escravo que do branco livre, os conciliadores, os Diogos Álvares do Brasil, foram frutificando, foram caminhando pela vida, alheios à maldade, atentos à inocência, convencidos que o bem dessa terra era a sua empresa.[15]

E arremata: "Não são só os vencedores que determinam o conteúdo do processo histórico, e apesar do europeísmo e lusitanismo vitorioso e dominante na aparência das formas sociais, o substrato era novo, era o Brasil que nascia".

Simultaneamente a esse país espontâneo, formado pelo povo, nas brechas da vida vivida, incontrolável, à revelia dos desígnios e projetos oficiais da Coroa, e, em seguida, dos estamentos burocráticos do Brasil, transcorria o país institucional, em sentido contrário, hierarquizante, desigualitário, segregador. Neste, que por definição tinha capacidade vinculante, sobrepondo-se ao outro e sobredeterminando-o, o movimento modernizante da história era controlado, refreado. As diferenças de velocidade que se desejava impingir ao processo marcavam as diversas posições no espectro político-ideológico. Como vimos, no contexto do processo da Independência, José Bonifácio era o centrista, o conciliador por antonomásia. Não apenas porque seu monarquismo constitucionalista se situava a meio caminho entre liberais "radicais", protorrepublicanos, e as precoces viúvas da metrópole. Mas também porque seu espírito conciliador era o de um verdadeiro estadista;

detinha caráter programático e imaginava um projeto civilizatório brasileiro a partir da integração, do "amálgama" entre as etnias fundamentais que então o compunham, exigindo para tanto o fim da escravidão das pessoas negras. A conciliação do Patriarca da Independência não era endógena, mero conchavo entre donos do poder, mas compreendia a heterogeneidade da população brasileira. Na dimensão da política institucional, pode-se afirmar que ele inaugura uma linhagem que vai desde Pedro II, no Império, até Dutra, Juscelino Kubitschek e Tancredo Neves, na Segunda República, chegando a Fernando Henrique Cardoso e Lula, na redemocratização — para ficar apenas em alguns dos principais nomes.

No centrismo — mais ou menos reformista ou conservador — dessas figuras, é difícil separar a convicção intelectual e política do jogo de forças da Realpolitik, que no Brasil sempre foi desequilibrado a favor dos donos do poder, por definição conservadores. Da perspectiva intelectual, o centro (mais à esquerda ou mais à direita) é definido pela crença de que a melhor organização social é a que se regula por alguma forma de equilíbrio entre os princípios e valores — ora incompatíveis entre si, ora conciliáveis — que formam as dicotomias fundamentais, com igualdade e liberdade à frente de todas. Da perspectiva do jogo pesado, o centro é a posição que pode acabar resultando de um compromisso entre reformas desejadas e vetos impostos. Na história brasileira mais recente, o momento mais dramático de tentativa de forçar os limites desse arranjo terá sido a proposta das reformas de base por João Goulart, que impulsionariam o golpe de 1964. Ao contrário, o episódio mais conhecido de capitulação estratégica aos limites sempre estreitos da *janela de Overton* à brasileira, nas últimas décadas, foi a "Carta ao povo brasileiro", que diminuiu resistências e contribuiu para a eleição de um nordestino pobre e operário ao cargo máximo de presidente da República do país.

Remontando mais uma vez às origens políticas e partidárias do Brasil independente, tornou-se célebre a tirada do visconde de Albuquerque: "Nada mais parecido com um Saquarema que um luzia". Os adeptos do Partido Conservador eram chamados "saquaremas", e os do Partido Liberal, de "luzia". Soriano de Sousa glosaria a máxima, explicitando o sentido: "Nada mais parecido com um conservador do que um liberal no poder, nem mais semelhante a um liberal do que um conservador em oposição".[16] Ou seja, o poder tende a produzir um efeito moderador, seja porque um governante se torna responsável, em enorme escala, por suas medidas vinculantes, tendendo a maior prudência, seja porque o centro do poder é o lugar onde são recebidas as mais poderosas pressões, de sentidos divergentes, por todos os lados — e não acatar algumas delas pode desequilibrar e comprometer todo o sistema, resultando enfim na destituição do próprio poder.

Em suas melhores versões, a política conciliadora de centro consegue propiciar equilíbrios sistêmicos, conquanto provisórios, promovendo mais o interesse de grupos que se encontram desfavorecidos, sem, contudo, entrar em choque frontal com grupos poderosos que têm a capacidade de produzir danos em seu poder. Há, é claro, fatores circunstanciais que intervêm nessa dinâmica, como o amplo apoio popular, que aumenta a margem de manobra diante dos grupos poderosos, ou contextos econômicos globais de alto crescimento, que propiciam o avanço da agenda de grupos desfavorecidos sem incorrer em perdas para as elites, evitando as formas do *trade-off* que em geral são antecipadas pelas elites, impedindo a realização de certas políticas públicas.

Em suas piores versões, o centro se pensa e se realiza como uma proposta de equilíbrio, que, sem levar em conta os desequilíbrios profundos efetivamente existentes, na prática apenas mantém o status quo desigual, perpetuando as tensões sociais. Esse mero ocultamento dos antagonismos reais invariavelmente conduz a crises e rupturas. De novo, na época do Império, essa realidade se apresentava assim: "Liberais e conservadores passam pelo poder sem deixar vestígios que os distingam. Ao observador que os contemple de distância histórica afiguram-se de uma identificação perfeita. Não se lhes percebe quase o revezamento".[17] O revezamento protocolar entre conservadores e liberais no Brasil do Império, mera passagem de poder, de impacto quase imperceptível para o conjunto da sociedade, lembra, por análogo, a boutade sobre a política externa de democratas e republicanos nos Estados Unidos das últimas décadas, no período pré-Trump: a diferença fundamental entre ambos, dizia-se, é que os primeiros ficam consternados quando lançam bombas sobre países do Oriente Médio. Considerando que Chantal Mouffe chama essa alternância de poder sem alternativas, em pleno século XXI, de *pós-democracia*, poderíamos chamar o mesmo tipo de alternância no Brasil Império de *pré-democracia*.

Essa prática do centro suprime quase por completo a dimensão do antagonismo, do conflito, que é irredutível em qualquer experiência política autêntica numa sociedade de classes. O risco da política de centro, portanto, é que seu tiro pode sair pela culatra: a tentativa de não comprometer o equilíbrio do sistema tende a fazê-lo ruir, quando ele já se encontra de antemão muito desequilibrado. Terá sido periodicamente o caso do sistema social brasileiro.

A outra imagem do centro na história brasileira se confunde com o modo como a classe política é percebida como um todo, sobretudo pelas classes populares, que, pela omissão daquela, sentem na pele com mais força a sua atuação. Aqui se trata do centro como conciliação — de atuação necessariamente conservadora —, não dos grupos sociais heterogêneos do país, mas apenas dos interesses dos donos do poder, em suas diversas formas históricas, da corte e dos latifundiários do Brasil Colônia aos condomínios partidários da Nova República, passando pelos estamentos burocráticos do Império, as oligarquias estaduais da Primeira República e o poder de veto exercido pelos militares até 1988, entre outras.

Trata-se, nesse sentido, do centro clientelista, fisiológico, patrimonialista, não programático — e sim pragmático-oportunista —, sempre fiel à indisfarçada efígie *"hay gobierno, soy a favor"* [se há governo, sou a favor], desde que mediante o controle de ministérios, estatais e suas polpudas verbas. A partir da Constituinte de 1987-8, quando surgiu em cena para controlar os impulsos reformistas de grupos sociais emergentes, longamente recalcados, ficou conhecido pela alcunha pouco prestigiosa de "centrão". Seu aferrado *esprit de corps*, é fundamental observar, nada tem de neutro ideologicamente. Pivô de coalizões parlamentares de partidos de esquerda ou direita, sua atuação, no primeiro caso, é essencialmente a de impedir reformas mais decisivas, propostas pelo Executivo, que ameacem a posição de poder do seu próprio grupo e dos grupos que ele representa. Em troca, garante estabilidade política, ou mais exatamente imunidade contra eventuais pedidos e processos de impeachment, além de voto em matérias cujo sentido progressista e igualitário não ameace a sua fatia de poder — é isso o que ficou conhecido como *governabilidade* no presidencialismo de coalizão. Portanto, como sentencia Sérgio Abranches, autor dessa conhecida expressão, o centrão é conservador "por qualquer padrão histórico que se queira utilizar".[18]

Poucos definiram melhor essa natureza ideologicamente amorfa de certa tradição partidária brasileira do que Getúlio Vargas, que se valeu dela para justificar o golpe de fundação do Estado Novo. Em 10 de novembro de 1937, ele acusava:

Tanto os velhos partidos como os novos em que os velhos se transformaram sob novos rótulos, nada exprimiam ideologicamente, metendo-se à sombra de ambições pessoais ou de predomínios localistas, a serviço de grupos empenhados na partilha dos despojos e nas combinações oportunistas de objetivos subalternos.[19]

Com efeito, é difícil resumir melhor a política partidária da Primeira República, um convescote de ambições pessoais e disputas locais. "A verdadeira função dos partidos políticos", arremata Vargas, "que consiste em dar expressão e reduzir a princípios de governo as aspirações e necessidades coletivas, orientando e disciplinando as correntes de opinião, essa, de há muito não a exercem os nossos agrupamentos partidários tradicionais." E assim os eliminou.

A Primeira República só fez concentrar, em suas convulsões endógenas alternadas com o período de estabilidade da política do café com leite, a lógica da "conciliação formal, partidária", que, nos termos de José Honório Rodrigues, "visava a romper o círculo de ferro do poder, para que as facções divergentes, os dissidentes, pudessem dele fazer parte".[20] "Quando o acordo, feito sempre sem nenhum benefício nacional e popular, demorava muito", conclui o historiador, "os dissidentes indignavam-se e conspiravam."

Essa dimensão autocentrada permanente da atuação dos partidos políticos no Brasil produz o aparente paradoxo de um país quase sempre em crise, mas no fundo quase sempre imóvel. Existe uma astúcia vigente nas estruturas de poder, que consiste em preservá-las, haja o que houver: "Abdicação, renúncias, abolições, mudanças formais de regime, crises sucessórias [...]. Não muda nada. As instituições econômico-sociais permanecem as mesmas, independentes dos nomes transitórios que as comandem".[21]

Uma breve genealogia do centrão na história partidária do Brasil vai encontrar as raízes na época de sua formação, na primeira metade do século XIX, em que foi desenhada "a via inerte da caminhada brasileira".[22] Proclamada a República, quase como um mal-entendido, e em boa medida por pleitos de classe dos militares, a pugna maior dos partidos girava em torno da defesa de seus interesses como elites latifundiárias locais. Os dissídios entre esses interesses, como se sabe, terão sido a origem da crise que, novamente por meio de um golpe militar, levou à Revolução de 1930. Passado o interregno ditatorial de Getúlio Vargas, já na Segunda República foram o Partido Social Democrático (PSD) e a União Democrática Nacional (UDN) os mais eficientes em pegar o bastão da tradição do centro clientelístico-patrimonial. Como observa Sérgio Abranches, "tanto o PSD quanto a UDN herdaram bases sociais e recursos organizacionais dos velhos partidos da Primeira República e serviram de correias de transmissão da tradição mandonista e clientelista para a Segunda República".[23]

A diferença é que a partir da Segunda República, após os esforços de integração política (e cultural) do varguismo, os partidos tinham maior capacidade de coordenação nacional. O fisiologismo dos partidos da Primeira República se resumia à disputa de poder entre os estados e a União, com vitória para os primeiros, continuando uma tradição que vinha das disputas de poder desde pelo menos o século XVIII até o processo da Independência, em que os pleitos ferozes e revoltosos a favor da autonomia das províncias ameaçou a integridade do território nacional, não fosse a ação dura de José Bonifácio — cujo papel aí, diga-se de passagem, talvez tenha sido mais importante do que nos acontecimentos que conduziram à Independência, que em boa medida fugiram ao seu controle, exigindo que se adaptasse a eles, obrigando-o até a mudar de posição.

Com a emergência do multipartidarismo na Segunda República, estabeleceu-se o presidencialismo de coalizão, e nele o centro fisiológico encontrou a essência de seu ser e o fundamento de seu poder. A "associação entre a dependência da governança ao apoio parlamentar e a correlação entre sucesso eleitoral dos parlamentares e acesso a recursos e cargos governamentais", observa Abranches, "gera poderosos incentivos ao toma lá dá cá, ao clientelismo e à patronagem".[24] O presidencialismo de coalizão, como costuma repetir o autor da expressão, não obriga necessariamente a negociações espúrias, em que o interesse popular é subtraído em tenebrosas transações. Sob o regime presidencialista multipartidário, pode haver acordos entre partidos, no varejo ou pela formação de uma base governista, motivados por convicções acerca do bem comum. É, antes, a cultura política brasileira, de fundas raízes, que o condena ao *do ut des* dos acordos de gabinete. E, provavelmente, condenará tentativas de mudança para outras formas de governo, como confirma o insucesso do parlamentarismo de afogadilho — ele mesmo fruto da cultura degradante do golpismo —, logo afogado, às vésperas do golpe de 1964.

Formas de governo, bem como Constituições, não existem em um vazio abstrato. Seu funcionamento, na prática, depende das características sociais, econômicas e culturais de um povo. Christian Lynch, em seu *Da monarquia à oligarquia: História institucional e pensamento político brasileiro (1822-1930)*, evoca a distinção formulada por Karl Loewenstein entre Constituições normativas e Constituições nominais. As primeiras são aquelas cuja letra corresponde ao espírito de uma sociedade, como "o traje que assenta bem ao corpo".[25] Já as outras são aquelas que, na prática, não funcionam como disposto no texto e "restam inefetivas, pela falta de instrução, de educação política, de classe média independente e outros fatores". As Constituições nominais, em bom português brasileiro, são aquelas cujas leis *não pegam*. Conforme a célebre observação do imperador dom Pedro II: "Não é o vestido que torna vestal a messalina, porém sim a educação do povo, e, portanto, a do governo".

Na origem da Nova República, o centro programático e o fisiológico emergem e participam do mesmo núcleo, quando, no processo da Constituinte de 1987-8, formou-se a frente suprapartidária do centrão. Contando com a maioria dos parlamentares do Partido do Movimento Democrático Brasileiro (PMDB), o objetivo político comum de derrotar a ditadura, que formou a frente heterogênea do PMDB, "união de todas as forças 'progressistas' para derrotar o autoritarismo",[26] foi dando lugar ao objetivo de controlar e limitar a atuação dos novos grupos sociais que emergiram na Constituinte. Desse modo, movimentos sociais, sindicatos e lideranças indígenas foram contidos por meio da formação de uma força de blindagem dos interesses (de parte) "do sistema político contra a sociedade", como define Marcos Nobre, que conceitualizou essa força, chamando-a de *pemedebismo*. Embora o PMDB abrigasse quadros dignos, de genuína perspectiva política de centro (alguns sairiam para participar da formação do PSDB; outros, continuariam no saco de gatos, quando não de gatunos, em que se converteu o partido), a sua imagem, em razão de sua prática contumaz, consolidou-se como a de um centro fisiológico, clientelista — e o sentido de sua atuação transcendeu o partido. O conceito de pemedebismo, portanto, homenageia as origens, mas se refere, mais que a um partido, a uma lógica, que hoje reconhecemos pela alcunha de centrão.

Os traços fundamentais do pemedebismo são: governismo (estar sempre no governo, seja ele qual for), produção de supermaiorias legislativas para garantir a governabilidade, e um sistema hierarquizado de vetos e restrição para a entrada de novos membros, para manter a concentração de poder e a correlação de forças.²⁷ O poder do pemedebismo se consolidou de vez após o processo de impeachment sofrido por Fernando Collor. Estabeleceu-se, então, a intepretação de que o "caçador de marajás" caíra por ter faltado a ele uma base parlamentar no Congresso. Daí em diante, a famigerada governabilidade emergiu como dogma:

> Surgiu nesse momento a exigência, a partir de então inquestionável, de que esmagadoras maiorias suprapartidárias, segundo o modelo do Centrão da Constituinte, seriam indispensáveis não apenas para bloquear movimentos como o do impeachment, mas para que fosse possível governar.²⁸

O espírito do centrão seria doravante o guardião da governabilidade. Seu poder se renovaria com força após o episódio do chamado "mensalão". Lula, que em sua primeira campanha teve como aliado apenas o pequeno Partido Liberal (PL), do vice-presidente José Alencar, para se proteger de tentativas de impeachment, radicalizou a lógica das supermaiorias levando-a ao paroxismo de praticamente extinguir a oposição. O que também pode ser compreendido pelo ângulo contrário: quando toda a oposição está no governo, significa que os conflitos entre interesses divergentes de grupos sociais foram assimilados pela gestão, isto é, amansados, pacificados — no limite, em alguma medida, imobilizados.

Com efeito, escrevendo a história da Nova República através do espelho retrovisor das revoltas de junho de 2013, a tese fundamental de Marcos Nobre começa por observar que a cultura política institucional do período estabeleceu uma dinâmica capaz de limitar as transformações profundas requeridas pela democracia brasileira, permitindo, nas melhores versões do Executivo (os governos do PSDB e do PT), ser no máximo *dirigida* por esses governos, sem perder de todo o controle do processo, mantendo sua capacidade de impor vetos a reformas estruturantes que ameaçassem sua fatia no condomínio do poder. O freio pemedebista, em que pese todo o conjunto de avanços econômicos e sociais dos governos PSDB e PT, bem como os erros e limitações dessas gestões (difíceis, sobretudo estas últimas, de se separar dos efeitos do pemedebismo), terá sido talvez o fato principal de ocultamento e represamento de conflitos sociais que acabariam eclodindo em 2013, eclosão propiciada por diversas vicissitudes históricas, da emergência das redes digitais à crise global de 2008. O leitmotiv dominante das manifestações — já em sua fase de massas, que ultrapassou e atropelou a pauta original do transporte gratuito — ratifica a hipótese: os cartazes com a inscrição "não me representa" evidenciavam precisamente o mal-estar da pemedebização.

The centre cannot hold: o verso de Yeats, mobilizado à exaustão para ilustrar o colapso de democratas e republicanos moderados, ambos atropelados (alguns dos últimos, cúmplices) pelo extremismo de Trump, cai como uma luva também na situação brasileira. As duas formas assumidas pelo centro na história do Brasil nunca puderam produzir uma sociedade sustentável. O centrão fisiológico e patrimonialista não poderia por definição, já que sua ação se baseia na defesa dos interesses do próprio estamento burocrático, cuja finalidade primordial é a manutenção do poder para si. O centro programático, conciliador, por sua vez, apesar de em diversos momentos da história ter logrado um equilíbrio provisório, de maior ou menor duração, por meio de avanços econômicos, sociais e institucionais, promovendo em alguma medida o interesse de grupos desfavorecidos, governando para fora, pensando na sociedade como um todo, com algum sentido de projeto civilizatório — esse centro, atuando em um contexto original sempre de enormes assimetrias, revelou-se sistematicamente insuficiente para colocar o país em um trilho seguro, sustentável, porque para tanto seriam necessárias reformas profundas, em diversos âmbitos (político, econômico, tributário, infraestrutural, habitacional, racial, prisional etc.), e a profundidade dessas reformas exigiria medidas, consideradas as desigualdades de origem, tidas precisamente como radicais para uma perspectiva de centro, seja ela fruto de convicção dos governantes ou do arrasto da correlação de forças.

E, entretanto, o fracasso do centro acabou por conduzir, por maus caminhos de toda sorte, a uma alternativa muito pior, radicalmente regressiva, que é o bolsonarismo. Diante dela, impõe-se uma série de perguntas: será que estamos condenados a repetir o centro tal qual o conhecemos como única alternativa, tudo somado, à caquistocracia populista? Será que o fracasso do centro — centro-direita e centro-esquerda — implica necessariamente que devamos tirá-lo do caminho e abraçar o vetor ideológico sem o elemento moderador, dialetizador? Ou será que a história do centro no Brasil e seu fracasso sistemático *não* esgotam a própria possibilidade do centro?

Em seu clássico *Direita e esquerda: Razões e significados de uma distinção política*, Norberto Bobbio observa que a combinação triádica (isto é, que interpola uma posição de centro, entre direita e esquerda) "nasce sempre no meio de uma crise, como reação ao temido esgotamento da vitalidade histórica de uma antítese".[29] No presente caso brasileiro, entretanto, o contrário é mais verdadeiro: a antítese foi reafirmada em consequência do esgotamento da alguma vitalidade histórica dos governos de centro mais ou menos reformistas (PSDB e PT). Mas essa antítese é de natureza assimétrica e deliriosa. Tanto não existe uma força efetiva de esquerda correspondente à união entre direita radical e extrema direita da qual é formado o bolsonarismo quanto nunca existiu desde a redemocratização:

a interpretação do PT como um partido comunista com projetos de dominação universal via Foro de São Paulo foi desde sempre a paranoia de um homem só, que a era das redes digitais, de novo combinada aos maus caminhos de toda sorte, conseguiu irradiar para uma multidão de incautos ou ressentidos. Essa reafirmação da polarização — ausente, em toda a sua plenitude social, desde as vésperas do golpe de 1964 — é, portanto, fundada em manipulações político-ideológicas que distorcem a realidade. Diferentemente do contexto pré-golpe militar, quando uma esquerda radicalmente reformista estava no poder e a ameaça de transformar o país era real, o lulopetismo sempre foi um governo de centro-esquerda, moderadamente reformista, se tanto. O colapso do centro no Brasil dos últimos anos foi uma articulação entre as limitações das variações centristas dos governos da redemocratização (PSDB e PT) e a manipulação interessada de uma imagem distorcida, para fins de conquista do poder. Uma coisa e outra não deveriam levar à conclusão de que uma política de centro está fadada ao fracasso no país. Desde que entendamos de qual centro estamos falando. Pois, em meio à algaravia reinante, resta a alternativa de pensá-lo e propô-lo de outro modo.

Na mesma obra já citada, Bobbio apresenta uma distinção entre o que chama de *Terceiro Incluído* e *Terceiro Inclusivo*. O Terceiro Incluído é o centro programático em sua acepção corriqueira: espaço intermediário entre os vetores ideológicos de sentido oposto. Essa perspectiva "busca um espaço entre dois opostos, e enfiando-se entre um e outro não os elimina, mas os distancia, impede que se toquem e entrem em choque, ou impede a alternativa seca, ou direita ou esquerda, permitindo uma terceira solução".[30] Já o Terceiro Inclusivo não opera por afastamento, e sim por sobreposição. Sua perspectiva tende a ir além dos dois opostos e a englobá-los numa síntese superior, e anulando-os portanto enquanto tais: dito de outro modo, ao invés de duas totalidades que se excluem reciprocamente e não são, como a frente e o verso da medalha, visíveis simultaneamente, faz deles duas partes de um todo, de uma totalidade dialética.

Portanto, prossegue Bobbio, enquanto um — o Terceiro Incluído — pode ser representado pela fórmula "nem-nem", o outro — o Terceiro Inclusivo — deve ser representado pela fórmula "e-e".[31] O primeiro não é direita nem esquerda; o outro é os dois ao mesmo tempo. Aquele se apresenta como uma forma de compromisso entre dois extremos; este, como alguma forma de equilíbrio resultante da copresença de princípios, valores, agendas e medidas egressas dos vetores opostos. Em termos práticos, observa Bobbio, "trata-se ainda de uma política de centro",[32] mas — e daqui em diante a responsabilidade da interpretação é minha — o resultado pode ser profundamente diferente. Não é por acaso que uma possibilidade traga o verbo "incluir" na forma passiva, e a outra, na forma ativa. O Terceiro Incluído tende à inércia, ou no máximo ao reformismo fraco; o Terceiro Inclusivo admite transformações mais incisivas, radicais até, desde que contrabalançadas, no quadro geral, por princípios contrários. O "quadro geral", por sua vez, é sempre concreto, histórico-social, e pode apresentar um estado em que determinados aspectos estejam desequilibrados em certo sentido — e logo necessitem ser equilibrados com medidas em sentido contrário — e outros estejam desequilibrados em sentido contrário — e, logo, necessitem ser equilibrados por medidas opostas. Se alguns aspectos estiverem extremamente desequilibrados, precisam ser corrigidos de maneira proporcional, *prevalecendo, portanto, o equilíbrio como ponto de chegada, jamais de partida*. Ilustrando o argumento com uma metáfora algébrica, enquanto o Terceiro Incluído procede pela tentativa de minimizar os números de seus cálculos (um menos um, dois menos dois etc.), o Terceiro Inclusivo não teme aumentar a conta (cinquenta menos cinquenta, cem menos cem etc.),[33] desde que o resultado geral tenda a zero, isto é, à aproximação infinita do equilíbrio social.

Na história das vertentes do pensamento político, estou de acordo com Bobbio, para quem "o ideal do socialismo liberal, ou do liberal-socialismo [...], é uma típica expressão de pensamento terceiro-inclusivo".[34] O socialismo liberal traz para dentro do seu nome a coabitação dos princípios opostos fundamentais. O próprio Bobbio e o filósofo John Rawls podem ser considerados expoentes do socialismo liberal, que seria a vertente correlata a essa outra ideia de centro, aqui proposta. Com efeito, a teoria da justiça de Rawls é baseada em dois princípios fundamentais: liberdade e igualdade. E continua sendo, na minha avaliação, o modelo teórico que melhor conseguiu conciliar esses princípios, expandindo cada um ao ponto máximo em que comprometeria demasiadamente a afirmação do outro. Bobbio, por sua vez, parte da mesma premissa de Rawls: a convicção teórica e a observação histórica sobre "o comprovado insucesso daqueles sistemas [socialistas *ou* liberais] quando considerados ou aplicados unilateralmente".[35] Bastaria, talvez, a convicção teórica:

> Não precisamos recorrer a este grande contraste histórico que dividiu os seguidores das duas ideologias dominantes há mais de um século, liberalismo e socialismo, para nos darmos conta de que nenhum dos dois ideais pode ser realizado em suas extremas consequências sem que limitem as possibilidades de realização do outro.[36]

* * *

Nesse contexto brasileiro atual de sucessivos becos sem saída, uma tentativa recente de se repensar o centro foi esboçada pelo ex-presidente Fernando Henrique Cardoso. Em artigo para um jornal,[37] seguido de entrevistas repercutindo-o, FHC propôs a ideia de um *centro radical*. O oximoro é apenas aparente: com efeito, o centro, tal como venho propondo-o, pode ser formado por medidas radicais; mas não é o caso da noção apresentada por FHC. Essa deveria, com bastante razão, ser chamada de *defesa radical do centro*, e não de *centro radical*. O que o presidente de honra do PSDB propõe é essencialmente o centro programático em sua acepção histórica reconhecível (a sua fórmula específica não ultrapassa o espectro tradicional das possibilidades do centro), apenas defendido com firmeza diante do extremismo contemporâneo, real e imaginário.

Trata-se, assim, de "um centro que não se confunda com a fisiologia de 'centrões', nem se perca na vacuidade das indefinições". Estabelecida a distinção com o fisiologismo, tal centro "não amorfo", baseado "em valores e na razão", é declarado radical por "não aceitar o arbítrio e, portanto, [...] respeitar a Constituição". Como eu disse, o acacianismo da posição se justifica pelo exotismo do contexto, mas não explica o atributo "radical" a tal centro, apenas à sua defesa.

A ideia, entretanto, avança. O "centro radical" de FHC "implica ser firme na preservação dos direitos civis e políticos e propor uma sociedade não excludente e justa. Sem conservadorismo". Segue-se a afirmação de uma sociedade aberta, perfeitamente liberal, no sentido civil da palavra: baseada no respeito à diversidade de gênero, de orientação e identidade sexuais, de credo religioso e de ideologias — desde que nenhuma dessas diferenças pretenda se impor como uma nova normatividade, "expressão única da verdade e da moralidade".

Até aqui, quanto a mim, estou de acordo com os princípios gerais, embora não quanto ao adjetivo conferido a eles.

Adentrando a dimensão econômica, contudo, a coisa se complica. FHC defende uma perspectiva "sem fundamentalismos desnecessários e mesmo contraproducentes", o que se traduziria como a incorporação de "uma visão mais liberal". Afinal, prossegue, "propor soluções econômicas antiquadas, a exemplo do controle estatal dos setores produtivos e do desprezo pelo equilíbrio fiscal, como setores da esquerda fazem, não somente é anacrônico, como também contraria os interesses do povo". E arremata: "Como oferecer emprego e melhorar a renda dos mais pobres propondo uma política econômica que leva à estagnação e ao desemprego, como se viu recentemente com a 'nova matriz econômica'?".

Ora, eu sou o primeiro a defender uma perspectiva política destituída de "fundamentalismos". Mas me parece que o liberalismo assim defendido incorre precisamente no que critica. A intervenção estatal na organização das forças produtivas e a admissão de desequilíbrios fiscais provisórios, como estratégia anticíclica, são possibilidades antes controversas do que descartadas na teoria econômica. O debate entre ortodoxos e heterodoxos sobre essas questões é rico e não pacificado — exceto, obviamente, da perspectiva de eventuais membros de um ou outro campo, mas não do debate como um todo. Nada há de "antiquado" ou "anacrônico" na perspectiva heterodoxa. O que caracteriza o fundamentalismo — o dogmatismo, o sectarismo — não é afirmar uma posição mais pró-mercado ou mais intervencionista, e sim acreditar que uma ou outra solução estarão sempre necessária e incondicionalmente certas e tentar enfiar a realidade, a fórceps, nas premissas ideológicas.

Vai no mesmo sentido a crítica que FHC faz à "nova matriz econômica". É inequívoco que o conjunto das políticas econômicas capitaneadas por Dilma Rousseff não obteve os efeitos esperados e contribuiu para lançar o país numa das mais graves recessões de sua história, mas deduzir desse caso singular que todo o receituário heterodoxo deve ser jogado no lixo é uma extrapolação que poderia facilmente se voltar contra o próprio autor do *faux pas*. Como observam os economistas Luiz Fernando de Paula e Elias Khalil Jabbour: "É comum [...] alguns economistas ortodoxos concluírem que o fracasso da economia no primeiro governo Dilma é uma evidência de que políticas heterodoxas e desenvolvimentistas são por natureza equivocadas". Recurso análogo de retórica, entretanto, prosseguem os autores,

> seria generalizar o fracasso de políticas neoliberais tão somente em função dos resultados do segundo governo FHC: baixo crescimento econômico, elevação explosiva da dívida pública, aumento de desemprego, aceleração inflacionária, crises cambiais, apagão energético etc.[38]

Aqui, admitindo-se, como se deve, que a flexibilidade, o não dogmatismo, a análise dos contextos singulares e das informações empíricas, a recusa a impor premissas ideológicas contra as evidências da realidade são atributos de uma perspectiva de centro, a atitude intelectual e política mais adequada é não incorrer em generalizações desse tipo, que acabam contribuindo para a formação de dogmatismos que se diz querer evitar.

Ao fim e ao cabo, o centro radical de FHC é o velho e bom centro programático, porém não tão bom a ponto de evitar o colapso social periódico do país. No meu modo de ver, justamente porque só admite posições "que não sejam extremadas"[39] — sem refletir sobre o caráter controverso e metapolítico do que (e por quem) é considerado extremado e sem admitir a possibilidade de que desequilíbrios extremos podem necessitar de contrapesos equivalentes para se atingir um equilíbrio.

"Centro radical" não é uma expressão nova. Ela remonta às formulações de Anthony Giddens sobre a "terceira via", cuja tradução efetiva teria se dado nas administrações de líderes como Tony Blair, Bill Clinton e Gerhard Schröder, e dos quais FHC foi contemporâneo.[40] Para Chantal Mouffe, esse centro radical, partindo da premissa de que não havia alternativa viável à globalização liberal — como consignava a sigla TINA: *There is no alternative* [Não há alternativa] —, "promoveu uma forma de política tecnocrática segundo a qual a política não constituía uma confrontação partidária, e sim uma administração neutra dos assuntos públicos".[41] Estabelecida como cláusula pétrea a diretriz de política econômica neoliberal, apenas atenuada por vestígios de instrumentos da antiga hegemonia social-democrata, a diferença entre a centro-esquerda e a centro-direita teria passado a ser, na descrição de Nancy Fraser, aquela entre um neoliberalismo progressista, portanto neoliberal em economia, mas progressista em políticas de reconhecimento a minorias; e um neoliberalismo conservador, que nem sequer contemplava possibilidades de ascensão individual a membros de minorias.[42] Assim, nos termos de Rodrigo Nunes: "Se é fato que a moral e a cultura não substituíram a política, elas foram *a forma que a política tomou quando se subtraiu do debate político a disputa pela economia como instrumento de organização de projetos distintos de sociedade*".[43]

Pois bem, minha ideia de centro, é possível argumentar, tem pontos de contato fundamentais com o programa de Giddens, mas não se confunde com as pretensas encarnações da terceira via nos anos 1990 e 2000, na medida em que, entre outras razões, tem na política econômica (sobretudo na dimensão fiscal: tributação, investimentos públicos e sua alocação privilegiada em áreas desfavorecidas) uma dimensão fundamental de deslocamento à esquerda, considerando a distância que a desigualdade econômica, no Brasil, afasta o quadro geral do país de uma ideia de centro. Ora, nos Estados Unidos de Bill Clinton, por exemplo, o governo de terceira via não foi capaz de reverter o crescimento acentuado da desigualdade deflagrado a partir do marco tributário neoliberal, nos anos 1980. Branko Milanović mostra que o coeficiente de Gini da renda líquida (portanto, já levando em conta os impostos diretos) nos Estados Unidos cresceu cerca de 0,5 ponto entre 1980 e meados dos anos 1990 — e se estabilizou num patamar alto durante todo o período Clinton.[44] Um indicador fundamental como esse confirma a leitura de que o equilíbrio pretendido por essa terceira via era, portanto, uma espécie de contrapeso de reconhecimento social às desigualdades econômicas.

Resta saber se a proposta que venho tentando construir, de um centro à maneira do Terceiro Inclusivo de Bobbio, não esbarra de forma incontornável no que Isaiah Berlin costumava chamar de "metas incompatíveis".[45] Afinal, os princípios da igualdade e da liberdade, ou, nos termos do liberal de Riga, *liberdade positiva* e *liberdade negativa*, não seriam mutuamente excludentes? Estou de acordo com a resposta geral dada por Bobbio, para quem "existem situações em que a liberdade [...] e a igualdade [...] são compatíveis e complementares na projeção da boa sociedade, e outras situações em que são incompatíveis e se excluem reciprocamente, e outras ainda em que é possível e recomendável uma equilibrada combinação de uma com a outra".[46]

Uma resposta mais concreta é oferecida pelos economistas Samuel Pessôa e Marcos Lisboa, no livro *O valor das ideias: Debate em tempos turbulentos*, organizado e parcialmente escrito por ambos. Em texto de sua autoria, eles estabelecem a distinção entre a dimensão das diferentes formas de organização da produção e a das diferentes escolhas quanto à seguridade social. Ambas dizem respeito ao papel do Estado na economia, "no entanto, as escolhas em cada uma são independentes, uma não impõe restrições à outra".[47]

Assim, o primeiro eixo concerne à "extensão de políticas e seguros sociais: saúde, educação, seguro-desemprego, programas que protejam os grupos sociais mais vulneráveis, como auxílio-doença e pensão por morte, entre outros". Aqui, os termos das escolhas são os seguintes: "As sociedades podem decidir construir [uma] ampla rede de bem-estar social, ou optar por fazê-la bem reduzida. Existe, evidentemente, um contínuo de possibilidades entre os extremos".

O segundo eixo concerne à

> intervenção do setor público nos mercados: a abertura da economia ao comércio internacional e aos fluxos de capital, a escala de empréstimos subsidiados concedidos pelos bancos públicos, a regulação e intervenção pública no preço de bens, como dos combustíveis, o grau de intervenção discricionária em setores selecionados, a regulação estatal do mercado de trabalho, entre várias outras.

O que é chamado de definição de política econômica é a decisão quanto a que medidas tomar em cada um desses eixos. Sendo que cabe à política — idealmente, ao processo de debate público que propicia à sociedade escolher seus representantes e os respectivos rumos propostos — fazer essas escolhas, a partir de suas convicções ideológicas. "A economia nada tem a dizer. Seu papel é apenas apresentar a melhor evidência sobre as diversas possibilidades e suas implicações".[48]

Alguns padrões de política econômica no mundo são os seguintes, em linhas gerais. "Os países asiáticos, por exemplo, não apresentam significativas políticas de bem-estar social — a seguridade social é, em boa parte, responsabilidade dos indivíduos —, mas seu modelo de desenvolvimento contou com elevada intervenção pública na economia."⁴⁹ Já os anglo-saxões "escolheram um Estado de bem-estar social reduzido e pouco interferem nos mercados". Os países escandinavos, por sua vez, "apresentam um generoso Estado de bem-estar social, porém, como nos anglo-saxões, interferem pouco no funcionamento dos mercados".

Os dois eixos são, portanto, autônomos (embora, claro, decisões sobre um gerem efeitos sobre o outro), e suas combinações, diversas. É oportuno acrescentar que esses eixos são apenas os que dizem respeito ao papel do Estado na economia. Há ainda o que concerne ao tamanho, ao custo e à eficiência da máquina estatal, ao funcionalismo público nos três entes federados. E ainda outros eixos que dizem respeito ao desenho constitucional, à arquitetura jurídica, à construção de políticas públicas — todos eles com relativa autonomia, podendo combinar de diversas maneiras os princípios fundamentais de esquerda e direita, igualdade e liberdade, redistribuição e livre mercado etc.

Admitidos esses pressupostos, soa duvidosa a afirmação dos próprios autores, segundo a qual o debate sobre política econômica no mundo "decorre da contraposição de objetivos. Alguns preferem países mais igualitários, ainda que isso signifique menor crescimento econômico. Outros, por sua vez, aceitam maior desigualdade em troca de maior crescimento".⁵⁰ Mesmo que se admita — apenas para fins do argumento — que as medidas liberalizantes quanto às formas de organização da produção são as mais adequadas para se obter crescimento econômico, a autonomia dos eixos propiciaria combinar tal crescimento com distribuição de renda, por meio de impostos progressivos sobre a renda, revertidos em seguridade social e serviços públicos universais eficientes. O próprio argumento dos autores, a respeito da autonomia dos eixos, não parece corroborar a perspectiva do *trade-off* inevitável entre crescimento e igualdade.

Nesse sentido, o economista Arminio Fraga, em paper publicado na revista do Cebrap, afirma: "Não há contradição entre os objetivos de crescer e distribuir no Brasil de hoje".[51] Ao contrário, "distribuir e crescer são objetivos complementares e politicamente essenciais". Fraga parte do diagnóstico de que o "Estado arrecada mal [...], gasta mal [...] e sobra pouco para investir no social". Sua prescrição consiste em reformar os gastos, por meio de reformas do funcionalismo e do sistema previdenciário, aumentar a arrecadação, por meio de uma reforma tributária, e obter desse modo cerca de nove pontos do PIB, parte dos quais deveria ser alocada em investimentos públicos, que, além de benéficos em si, contribuem para gerar crescimento, pelo efeito do multiplicador fiscal.

Para o argumento geral deste capítulo, o que me interessa no paper de Fraga é a conciliação de perspectivas e medidas tradicionalmente associadas à direita (enfrentamento de grupos organizados de interesse do funcionalismo público, ênfase na eficiência dos gastos), com outras associadas à esquerda (a progressividade que deve orientar as reformas do Estado, da Previdência e a tributária; a ênfase no investimento público, em vez de defesa da desacreditada tese liberal da contração fiscal expansionista: "Uma resposta eficaz ao quadro de estagnação desigual passa obrigatoriamente por aumento dos investimentos públicos nas grandes áreas sociais: educação, saúde, infraestrutura, saneamento, transporte, segurança, meio ambiente. Uso aqui o termo 'investimento', e não 'gasto', pois são de fato desembolsos geradores de grandes retornos em termos da produtividade das gerações atuais e futuras, e da qualidade de vida em geral").

Em sua crítica a aspectos regressivos da atuação do Estado em governos recentes, observa que "muita gente enriqueceu no Brasil pela via da captura do Estado". Alguns exemplos seriam os "subsídios do Banco Nacional do Desenvolvimento Econômico e Social (BNDES), desonerações tributárias, gastos tributários e outros".

Esses aspectos se estendem ao par transferências de renda/tributação. A análise do coeficiente de Gini antes e depois da ação direta do Estado mostra que a queda na desigualdade causada pela ação do Estado no Brasil é relevante, mas inferior àquela observada na maioria das economias avançadas. Em outras palavras, a ação do Estado poderia ter maior progressividade. No mesmo sentido, a análise das transferências sociais do Estado para os diversos estratos de renda mostra que "o Brasil é dos que mais transferem para os mais ricos e o que menos transfere para os mais pobres!". Pode-se antecipar a conclusão, ainda a ser sustentada por outras evidências robustas: "O Estado não cumpre o seu papel, agindo com frequência como um Robin Hood às avessas".

Tratando do âmbito dos gastos, Fraga começa por observar que "o gasto primário (ou seja, excluindo juros sobre a dívida pública) do governo geral (todas as esferas) é alto em comparação com países de renda média". O gasto com funcionalismo e Previdência representa 80% do total. Isso deixa pouca margem aos demais gastos, inclusive os investimentos públicos, muito baixos desde a recessão dos últimos anos. Reduzir esses gastos, conforme já observaram outros autores que pensam o tema, exige corrigir distorções salariais do setor público em relação às mesmas funções no setor privado, reavaliar os planos de carreira (evitando salários iniciais muito altos, que desestimulam a promoção por bons resultados), repensar a estabilidade (conferindo-a apenas às verdadeiras carreiras de Estado) e aumentar a eficiência da produtividade. A propósito, Mangabeira Unger e Jorge Gerdau elaboraram um documento para a então Secretaria de Assuntos Estratégicos, na época do governo Lula, em que propõem uma política nacional de qualificação dos servidores públicos. O sentido geral da proposta seria o de evitar o par baixo custo/baixo resultado, qualificando o servidor e introduzindo mecanismos da iniciativa privada, como competitividade, promoção por resultados, punições por ineficiência etc. De volta ao paper de Fraga, sua meta seria reduzir o gasto com funcionalismo para algo em torno de 60% do gasto público total, liberando parte desses recursos para os investimentos.

No caso da Previdência, a reforma deveria seguir o princípio da progressividade, fazendo com que "o esforço do ajuste recaia proporcionalmente mais sobre os que mais recebem (ou seja, o coeficiente de Gini dos pagamentos da Previdência deveria cair, ou seja, melhorar)".

No âmbito fiscal, são muitas as propostas. Seu sentido geral é o de instaurar maior progressividade na tributação e estancar o fenômeno do *rent seeking*, uso do aparelho do Estado para fins privados. Isso inclui eliminar os subsídios de crédito, também conhecidos como "bolsa-empresário", que são empréstimos com taxas de juros inferiores às praticadas no mercado, "frequentemente sem justificativa econômica ou social". Inclui eliminar também os regimes especiais de tributação, que são outra forma de subsídio. "Destacam-se aqui o Simples Nacional, a Zona Franca, as entidades sem fins lucrativos, a agricultura, desonerações e deduções."

A agenda de reforma do imposto de renda, por sua vez, propõe as medidas consensuais, resguardadas diferenças de grau, no campo da esquerda: aumentar a alíquota máxima do imposto de renda de pessoas físicas, erradicar a chamada "pejotização", eliminar as deduções, também regressivas, com educação e saúde, tributar lucros e dividendos das empresas e aumentar o imposto sobre o capital (heranças e doações), hoje muito baixo no Brasil em comparação a outros países.

O paper de Fraga, um economista do campo liberal, mostra que se pode — eu diria: se deve — efetivar políticas associadas à direita e à esquerda de forma simultânea.

A outra ideia de centro aqui proposta parte não apenas da premissa teórica e da constatação histórica de que princípios e valores fundamentais, como liberdade e igualdade, devem ser ambos afirmados e equilibrados, em consonância com as características singulares do problema e de seu contexto. Repetindo a observação de Bobbio — que de resto nem precisaria vir dele —, são conhecidos os insucessos dos sistemas que afirmaram unilateralmente um ou outro princípio.

Entretanto, para além dessa evidência de natureza geral, a observação de que também parto é a seguinte: o Brasil precisa a um tempo de mais socialismo e de mais liberalismo.[52] Mais esquerda e mais direita — e menos fisiologismo, patrimonialismo, clientelismo, burocratização, todos os entulhos que não são de natureza propriamente ideológica, mas sim formas de conquista e manutenção de poder, com prejuízo para o conjunto da sociedade. O Estado brasileiro é, ao mesmo tempo, grande e pequeno demais. A burocracia se formou, em certa medida, pela ação de grupos organizados de interesse, que nela encastelaram seus privilégios. Essa dimensão do serviço público, por óbvio, não é a única, talvez não seja nem a dominante, mas existe, e partidos de esquerda costumam fazer vistas grossas por objetivos exclusivamente eleitorais. Por outro lado, o Estado brasileiro é pequeno demais, tíbio demais, omisso demais. Falhou sistematicamente em proporcionar cidadania digna à maior parte da população. Para reverter isso, será preciso enfrentar os interesses de elites econômicas que concentram em excesso renda, capital e poder.

Tudo somado, revela-se o paradoxo do Estado brasileiro.[53] De um lado, carga tributária total alta; gasto público alto; gasto com salários de servidores ativos e inativos alto. Visto por essa perspectiva, parece uma social-democracia. Mas, de outro lado, a tributação é regressiva, o gasto público é feito de distorções e o serviço é percebido como ineficiente. À população negra não foi feita justiça histórica; os efeitos dos séculos de escravidão seguem produzindo círculos concêntricos de desigualdade econômica e social, em que pesem os avanços obtidos sobretudo nos anos recentes. A desigualdade é gigantesca. Visto por essa perspectiva, está longe de ser uma social-democracia.

A outra ideia de centro que apresento e defendo aqui pode tender mais, da perspectiva teórica, à direita ou à esquerda. Entretanto, tendo em conta o contexto brasileiro, a posição que defendo é a de centro-esquerda. O que não significa necessariamente ser a favor de uma intervenção moderada do Estado na economia, de uma reforma tributária moderadamente progressiva; de ações afirmativas moderadas, e por aí vai, sempre no mesmo sentido ideológico, mas sempre moderadamente. Ser de centro-esquerda pode significar afirmar intervenções mais nitidamente de esquerda, em conjunto com outras mais nitidamente de direita, desde que os respectivos desequilíbrios assim o requeiram e que o objetivo do resultado geral seja aproximar-se do equilíbrio. A posição que defendo é a da centro-esquerda devido a que os desequilíbrios na sociedade brasileira, a meu ver, solicitam mais intervenções no sentido da promoção de igualdades. Mas o princípio da liberdade nunca pode ser perdido de vista. E, sobretudo, tal perspectiva recusa o dogmatismo e o sectarismo: é infantil e caricato afirmar que todo princípio ou toda política pública egressa do campo da direita, ou que costuma estar associada à sua perspectiva, é necessariamente ruim. Em geral, quem o afirma são políticos profissionais, por interesses eleitorais (compromisso com determinados grupos sociais, muitas vezes grupos organizados de interesse), ou, resguardados os casos de intelectuais estudiosos e de mentalidade antagonista por convicção longamente formada, a militância pouco informada e tomada por uma identidade política grupal, cuja demagogia obtém compensações narcísicas que se engendram em prejuízo da complexidade, da relativização, da dialética.

3.
Púchkin e as botas

Como quase tudo o que se passa no país hoje, a crise da democracia liberal tem suas origens nas revoltas de junho de 2013. Foi naquele momento que, após vinte anos consecutivos de relativa estabilidade econômica, social, política e institucional, um sentimento acumulado de cidadania esvaziada irrompeu de forma massiva e sem precedentes desde a redemocratização e atirou a primeira pedra na vidraça da Nova República. Dali em diante, a crise da antiga ordem sistêmica só fez se agravar e por fim desaguou na eleição de um populista de direita radical, que esgarça o tecido democrático até o seu limite.

De tão repisada, a história nos recomenda apenas uma breve evocação. Já começando a se perder no retrovisor os anos do milagrinho econômico, o lulismo tinha em mãos o autopresente de grego dos megaeventos esportivos, cujos preparativos exalavam um mau cheiro de corrupção e ressaltavam o contraste entre suas cifras bilionárias e o estado deplorável dos serviços públicos. A *malaise* da comparação aprofundava o sentimento de uma democracia entorpecida pelos arranjos entre Executivo e Legislativo, que dissolveram os antagonismos, para o bem e o mal, numa paçoca de esquerda, direita, evangélicos, fisiológicos e outras incongruências sempre difíceis de digerir.

Até que não desceu de vez. A princípio, pareceram surpreendentes as massas revoltadas nas ruas, em um contexto ainda de baixo desemprego e de crescimento, embora desacelerado, da economia. Decantada a dimensão difusa dos atos, sobressaíram as teclas principais da chamada crise de representação ("não me representa") e do clamor pelos serviços públicos "padrão Fifa", sintomas, respectivamente, da lógica dissolvente do sistema político, que o filósofo Marcos Nobre (como vimos anteriormente) chamou de *pemedebismo*,[1] e dos limites e impasses do que o economista Samuel Pessôa costuma chamar de *contrato social da redemocratização*.[2] O peemedebismo é basicamente a paçoca supracitada. Já o contrato social da redemocratização se refere ao desejo da sociedade brasileira, expresso no texto constitucional de 1988, de construir no Brasil "uma versão meio tropicalizada do Estado de bem-estar social padrão europeu continental".[3] Com efeito, o pacto foi capaz de gerar sistemas de aposentadoria, programas de proteção social (Bolsa Família, seguro-desemprego, Benefício de Prestação Continuada) e universalização do sistema de saúde pública. Renovado desde então, desenvolveu-se no governo FHC numa ampliação do acesso ao ensino fundamental e médio e, já durante o lulismo, produziu aumentos reais consistentes do salário mínimo e de políticas de crédito que permitiram a milhões de pessoas ter condições, por exemplo, de equipar suas casas com eletrodomésticos elementares, como geladeira e fogão. Mas, como observa Samuel Pessôa, "a gente não conseguiu equipar as nossas regiões metropolitanas, principalmente".[4] Falta transporte público de qualidade, as cidades são deterioradas, não tem saneamento básico para mais da metade da população. Os vinte centavos foram só a gota d'água.

Na verdade, o transbordamento foi global, tanto quanto o rescaldo. Seu sentido foi a revolta acumulada contra as elites políticas, econômicas e culturais e as organizações transnacionais que vinham dando as cartas das democracias liberais desde a formação do amplo consenso quanto a esse sistema, que se estabeleceu desde as antigas ditaduras da América do Sul até os recém-colapsados países ex-comunistas do Leste Europeu e chegou a produzir uma formulação como a hipótese do "fim da história". Ao contrário, a história fermentava nos intestinos dos 99% das populações que não se reconheciam nas decisões tomadas pelas elites liberais.

O distanciamento dessas elites vinha de longe. Como observaram Roger Eatwell e Matthew Goodwin,

> a era do pós-guerra viu uma difusão gradual do poder para longe dos governos nacionais democraticamente eleitos, em direção a organizações transnacionais; de políticos locais eleitos por cidadãos a especialistas em políticas públicas não eleitos e lobistas que operam numa esfera internacional, para além do domínio da política democraticamente responsabilizável.[5]

A crise sistêmica de 2008 foi um marco importante do processo. Eatwell e Goodwin lembram que, "em compensação por resgatar economias em colapso, a Troika demandou que diversos países europeus implementassem duras medidas austeritárias que incluíram cortes massivos no gasto público e aumento de impostos".[6] A soberania das populações era pressionada e esvaziada. "Mercados financeiros internacionais se juntaram à pressão para que os governos aceitassem os termos do resgate e implementassem a austeridade." Bancos foram resgatados, e suas dívidas, socializadas. Isso expôs o quanto a política representativa, à direita e à esquerda, fora capturada por interesses corporativos e financeiros.

O déficit de soberania custou caro. As populações o precificaram na moeda da desconfiança. Entre 1979 e 2014, a média de comparecimento nas eleições que decidiam os representantes do povo no Parlamento europeu caiu vinte pontos, numa baixa recorde de 43%. Em muitos países, apenas uma em três pessoas se dispunham a votar.[7] Nos Estados Unidos, até meados dos anos 1960, 76% dos americanos confiavam no seu governo "na maior parte do tempo" ou "quase sempre". Mas por volta da reeleição de Obama, em 2012, esses números despencaram para apenas 22%.[8]

Revoltas como as de junho, no Brasil, o Occupy Wall Street, em Nova York, e os Indignados, em Madri, anunciaram o fim do período da chamada "Grande Moderação", um composto de liberalismo e democracia que vigorou nos países ocidentais desde os anos 1990. As novas tecnologias de comunicação foram, é claro, decisivas na organização das revoltas.

Ao esvaziamento progressivo da soberania nacional e cidadã somou-se, em diversos países, o aprofundamento das desigualdades econômicas, a partir do liberalismo de Thatcher e Reagan, que inverteu o sentido social das democracias liberais desde que Franklin Delano Roosevelt havia estabelecido o New Deal e Keynes havia liderado a delegação britânica na conferência de Bretton Woods. A taxação progressiva, que, como mostrou Thomas Piketty, chegou a até 90% nos Estados Unidos no período do Pós-Guerra (e se manteve em 70% ainda nos anos 1980),[9] virou radicalmente com a política de cortes de impostos sobre os ricos, contribuindo para produzir uma geração de super-ricos cujos salários chegam a ser trezentas vezes maiores que o da média dos trabalhadores, segundo Paul Krugman.[10]

No Brasil, a desigualdade vinha de um período de queda moderada durante o lulismo,[11] e a economia dava apenas os primeiros sinais de estagnação, com a chamada Nova Matriz Econômica fracassando em sua substituição dos investimentos públicos por desonerações e outras medidas de incentivo mobilizadas para reaquecer a economia. Aqui — desconsiderados, por serem variável constante, problemas econômicos e sociais estruturais — o problema maior parece ter sido o estado de baixa intensidade da democracia liberal. Junho deu um choque na soberania popular que respirava por aparelhos.

Dali em diante, fomos cumprindo o percurso, comum a vários países, da democracia liberal à iliberal. Nesse caminho, aqui como alhures, a dimensão cultural também esteve em jogo, desempenhando um papel igualmente decisivo. Não temos no Brasil o problema crucial da imigração — um dos sustentáculos das lideranças nacionalistas populistas dos Estados Unidos e da Europa — nem o dos conflitos étnico-religiosos, como aquele entre hinduístas e muçulmanos que ajudou a levar Narendra Modi ao poder na Índia. Mas temos uma população majoritariamente conservadora, que deve ter se sentido atordoada com o avanço da agenda liberal comportamental nas últimas décadas, em particular nos últimos anos. Esse avanço foi consequência da hegemonia cultural conquistada pelas elites liberais nos países ocidentais desde os revolucionários anos 1960. Como observou Frank Furedi, houve uma revolução cultural de cima para baixo: "Novas atitudes sobre o casamento, vida familiar, relações entre os sexos, o papel da nação e o sentido da cidadania se tornaram codificadas em muitas sociedades ocidentais".[12] Furedi percebe o momento populista atual como "uma resposta atrasada" da maioria conservadora à hegemonia cultural das elites liberais:

> O menosprezo da soberania — tanto soberania nacional quanto popular — foi uma tarefa central do novo establishment cultural. Num período bem curto de tempo, muitas pessoas descobriram que suas duradouras crenças nos valores da comunidade, nação e família estavam sendo dispensadas como ultrapassadas, irrelevantes e até prejudiciais.

O resultado, prossegue Furedi,

foi a cristalização de um poderoso senso de insegurança cultural nas sociedades europeias. [...] Aqueles que viviam fora do mundo urbano globalista culturalmente privilegiado sentiram com força que seu modo de vida estava sendo desprezado e escarnecido pelas novas elites culturais. Eles se sentiram como estrangeiros em suas próprias casas.

A expressão *silent majority* [maioria silenciosa], originalmente cunhada pelo presidente dos Estados Unidos Richard Nixon, na virada dos anos 1970, traduz bem os vastos segmentos conservadores atropelados por esse processo. O conflito latente é formulado por Eatwell e Goodwin:

> Embora atitudes em face de questões como direitos das mulheres, liberdades sexuais e de raça estivessem mudando rapidamente, o termo sem dúvida capturava um sentimento muito difundido de que essas mudanças estavam sendo conduzidas por uma minoria ativa, em vez de pelo coração dos Estados Unidos, que respeitava a tradição, pagava impostos e morria em guerras por seu país de forma voluntária.[13]

O coração do Brasil, segundo o eletrocardiograma das pesquisas empíricas, não é muito diferente. O livro *A cabeça do brasileiro* (2007), do politólogo Alberto Carlos Almeida, flagrou a dimensão extremamente majoritária do conservadorismo cultural no Brasil em pleno avanço de políticas liberais no governo Lula. Para se ter uma ideia, 60% da população se dizia contra o sexo oral heterossexual; quase 75% da população se dizia contra a prática do sexo anal; e nada menos do que 88% e 89% das pessoas eram contra a homossexualidade feminina e masculina, respectivamente. Entre analfabetos, o repúdio chegava a 97%.[14] A posição liberal dos segmentos com escolaridade superior e vivendo em grandes metrópoles é a de uma bolha, que tende a projetar essa posição sobre a imensa maioria dos demais. Como diz a letra do samba "Querelas do Brasil", "o Brazil não conhece o Brasil". Bem, não conhecia.

Não é difícil imaginar como se sentiu a maioria silenciosa brasileira diante dos "beijos gays" nas novelas, da homossexualidade ganhando cada vez mais o espaço público, dos avanços no campo dos direitos (união estável para homossexuais, por exemplo) e na normalização de famílias não tradicionais, de políticas públicas para pessoas trans, do reconhecimento social de pessoas trans e da ação de alta intensidade de movimentos identitários no debate público, que pressionavam a favor de múltiplas transformações de comportamentos tradicionais, desde as formas de interação heterossexual até o uso de expressões consideradas preconceituosas. Em suma, a agenda liberal se esforçava para se impor.

Como se sabe, a maioria silenciosa nunca foi propriamente silenciosa. Ela se mobilizou, durante esse tempo, por meio de organizações conservadoras, como as dos cristãos, fazendo pressão nas disputas eleitorais para barrar agendas liberais (como o velho tabu da legalização do aborto) e se expandindo progressivamente como um player da política institucional, elegendo bancadas conservadoras que agiram como um poderoso contrapeso antiliberal no interior da heterogênea supercoalizão lulista. Quando o sistema político e a imprensa tradicional foram fissurados pelos movimentos de junho; quando os partidos e a perspectiva social de centro entraram em colapso pelas revelações da Lava Jato e pela polarização galvanizada pelos algoritmos das redes; e quando o antipetismo se transformou no afeto dominante das disputas eleitorais, essa maioria se juntou ao grande coro dos descontentes da democracia liberal e fez ouvir o grito conservador que desde então soa como a nota mais alta da vida cultural brasileira.

Historicamente, a tensão entre liberalismo e democracia é antiga. *O primeiro whig*, dizia o dr. Samuel Johnson, *foi o diabo*.[15] Mas o fenômeno do liberalismo (o nome só viria mais tarde) surgiu na Inglaterra, na luta política que uniu os conservadores tories e os liberais whigs e culminou na Revolução Gloriosa, de 1688-9, contra o rei católico Jaime II. Os objetivos daquela que ficou conhecida como a "revolução sem sangue" eram tolerância religiosa e governo constitucional. Alcançados, ambos "tornaram-se pilares do sistema liberal, espalhando-se com o tempo pelo Ocidente".[16]

As origens do liberalismo remontam aos whigs; às ideias tolerantes do puritano Locke, que, secularizadas, se transformariam nos princípios liberais básicos de liberdade de expressão e proteção do indivíduo contra as tiranias do Estado e da maioria, já estabelecidos de forma amadurecida por John Stuart Mill no século XIX; à abordagem institucional de Montesquieu, com seu sistema de contrapesos que esvaziava o despotismo; à confiança de Adam Smith na *mão invisível* do livre mercado e em sua incomparável capacidade de produzir riqueza, entre outros traços.

A emergência da democracia, como observa Bobbio, "é uma consequência histórica do liberalismo".[17] Todos os Estados democráticos que existem foram originariamente Estados liberais. A democracia é preparada em termos históricos pelos princípios proto ou pseudouniversalistas (um *universalismo para poucos*) do liberalismo. Nos termos da teoria clássica das formas de governo, tanto em países centrais como periféricos, conquanto em temporalidades diversas, cumpre-se mais ou menos o mesmo percurso: por pressão liberal, passa-se da monarquia absoluta à constitucional (ou, no caso de diversos países colonizados, diretamente a repúblicas oligárquicas); dessa, ainda por pressão liberal, evolui-se para a forma republicana, em geral mais nominal do que real; e, então, por pressão democratizante, em sociedades já mais complexas e economicamente desenvolvidas, chega-se a repúblicas democráticas, em medidas variadas.

O constitucionalista estadunidense Adrian Vermeule observa que, enquanto ambos compartilhavam o inimigo comum — a monarquia —, liberalismo e democracia fizeram uma "aliança de conveniência": democratas acatavam os princípios liberais, e estes reconheciam que o critério fundamental de legitimidade política era democrático.[18] Ao menos na teoria, os princípios liberais deveriam ser sancionados pela soberania popular. Na prática, o liberalismo tentou limitar ao máximo o alcance desse poder decisório. Entretanto, a partir de meados do século XIX, quando a aliança liberal-democrática começou a se estabelecer em diversos países, a supressão do inimigo comum fez com que começassem a aparecer também as rachaduras internas.

Nas palavras de Vermeule, "enquanto havia sido um conceito essencialmente polêmico (isto é, a negação da monarquia estabelecida), as convicções democráticas poderiam ser reunidas e reconciliadas com várias outras aspirações políticas". Mas a democracia era percebida pelos liberais "como servindo a muitos mestres e de modo algum tendo um objetivo claro e substancial". Diferentemente do liberalismo, que é um conjunto de princípios abstratos, teóricos, soi-disant universais, a democracia é proteica, concreta, singular: é o que a soberania popular determinar que seja. E, naturalmente, pode ser iliberal.

Uma democracia abstrata não existe. E, contudo, é precisamente esse o projeto da democracia liberal, que Carl Schmitt define como uma *democracia da humanidade*. Ele é fundado em princípios abstratos. O sufrágio universal determina que toda pessoa adulta, apenas por ser adulta, deve por isso ser politicamente igual a qualquer outra. Para o principal jurista do terceiro Reich, "isso é uma ideia liberal, não democrática".[19]

Com efeito, só o fundamento do liberalismo é que garante, ao menos na teoria, a universalidade: proteção dos direitos de todos os indivíduos, Estado de direito (sendo as leis universais por definição), sociedade aberta e plural. O fundamento da democracia é essencialmente a soberania popular. É o povo quem delibera e legisla sobre os assuntos públicos, de forma mais direta — como nas antigas democracias das cidades-Estado gregas (onde, entretanto, *demos* eram apenas os "homens livres", isto é, os proprietários) e em pequenas comunidades, como a Genebra do século XVIII que inspirou Rousseau — ou indireta — representativa —, nas democracias modernas de sociedades populosas e complexas. O problema é que o povo é heterogêneo, dividido em segmentos de classe, raciais, étnicos, ideológicos etc., que se traduzem em interesses em geral divergentes. Se o que prevalece numa democracia é a vontade da maioria, esta pode se mobilizar para atentar contra direitos de minorias. A noção de democracia como soberania popular é uma ideia — como qualquer outra — abstrata; mas um povo é sempre concreto, determinando o sentido efetivo de uma democracia, que pode ir contra os princípios formalmente universalistas do liberalismo.

Admitindo-se que a soberania popular só pode se legitimar pela vontade da maioria, se esta se expressa de modo a atentar contra minorias, o que está sendo atacado não é exatamente a democracia, mas a democracia *liberal*.[20] O povo pode até atentar radicalmente contra a própria democracia, no caso paradoxal em que, exercendo sua soberania, a transfere para um ditador. Como observa o politólogo Mark Lilla: "Carl Schmitt alega que ditaduras temporárias, que carregam de imediato a vontade de um povo unido, são mais consistentes com o regime democrático do que o parlamentarismo liberal, que governa de forma indireta por meio de procedimentos e elites". (Esse argumento, note-se, foi bastante mobilizado por Jair

Bolsonaro para legitimar um eventual autogolpe, com o apoio do "meu Exército".)

Nas sociedades modernas, capitalistas, multirraciais, multiétnicas e em que as normas tradicionais foram abaladas, liberalismo e democracia estão fadados a viver sob tensão. Para ficar num único aspecto, os princípios liberais, modernos por definição, com frequência se chocam contra a conformação conservadora das maiorias de muitas populações (o conservadorismo cresce em razão inversamente proporcional à escolaridade superior: a universidade é a grande instância produtora de mentalidade liberal). Essa situação configura um impasse provavelmente sem solução: qual o princípio hierarquicamente superior, a universalidade liberal ou a soberania popular? Resta saber se essa tensão, por sua vez, revela uma impossibilidade — a democracia liberal como uma utopia moderna que jamais será plenamente realizada — ou se é possível aproximar ao máximo as duas variáveis, de forma a reduzir ao mínimo os seus conflitos e viabilizar da melhor maneira sua conciliação.

Para Carl Schmitt, a democracia liberal é uma ficção que mascara o verdadeiro sentido das democracias. As democracias efetivamente existentes, segundo ele, são formadas por maiorias homogêneas que excluem da cidadania as minorias. Ele afirma: "Direitos iguais fazem sentido onde existe homogeneidade" e "a desigualdade sempre pertence à igualdade".[21] A democracia liberal — a democracia da humanidade — "não existe em lugar nenhum do mundo hoje".[22] Não existiu nas cidades-Estado da Antiguidade, onde estavam excluídas as minorias das mulheres, dos escravos e dos estrangeiros; não existiu nos Estados Unidos, berço da democracia moderna, onde a tão celebrada igualdade repousava sobre a infâmia da escravização da minoria negra. Na democracia segundo Schmitt, como na boutade de George Orwell, uns são mais iguais que outros.

A democracia, ele prossegue, pode excluir uma parte dos governados sem deixar de ser uma democracia.

Até agora, as pessoas que de algum modo eram completa ou parcialmente sem direitos e que eram impedidas do exercício do poder político — vamos chamá-las de bárbaros, incivis, ateístas, aristocratas, contrarrevolucionários ou até escravos — pertenceram a uma democracia.[23]

A conclusão não disfarça seu potencial catastrófico: "Democracia requer, portanto, primeiro homogeneidade e, depois — se for necessário —, eliminação e erradicação da heterogeneidade".[24] Não escapou ao jurista Richard Thoma, seu contemporâneo, o "irracionalismo político" dessas linhas.[25] A "eliminação e erradicação da heterogeneidade" de fato aconteceria, com a contribuição prática e teórica de Schmitt, apenas alguns anos depois de esse trecho ter sido escrito, com a ascensão do nazismo.

É digno de nota que Schmitt tenha sido, em décadas recentes, recuperado tanto pela direita quanto pela esquerda. Conforme observou Mark Lilla, o conservadorismo tomou de Schmitt "a convicção de que as ideias nas quais o liberalismo aparenta estar baseado — individualismo, direitos humanos, o regime da lei — são ficções, e que as bases reais da vida política nacional — unidade, liderança, autoridade, decisões arbitrárias — são iliberais".[26] Já certa esquerda fez vista grossa às tendências totalitárias das ideias de Schmitt e usou a seu favor a crítica que o autor faz ao liberalismo. Dessa forma, quando as democracias liberais estavam no poder, a esquerda reivindicava que a vontade popular deveria sobrepujar os princípios liberais — contrapesos, regime da institucionalidade, afirmação do valor da imprensa — que pareciam esvaziá-la.

Schmitt, é evidente, está errado. Democracia e liberalismo podem e devem conviver, apesar das contradições existentes em democracias liberais efetivas, com razão criticadas por serem antes, em maior ou menor escala, "democracias burguesas", nas quais tanto o poder político quanto os direitos individuais são em larga medida privilégios de classe, raça e gênero. A leitura de Schmitt se baseia em parte numa interpretação equivocada de Rousseau, em particular do seu conceito de *vontade geral*. Para Schmitt, a fachada de *Do contrato social* é liberal, "mas a descrição subsequente e o desenvolvimento do conceito central, de vontade geral, demonstram que um verdadeiro Estado existe apenas onde as pessoas são tão homogêneas que há essencialmente unanimidade".[27]

Há aqui algumas confusões. É sabido que Rousseau se baseou na democracia de sua Genebra natal para formular os princípios de sua obra. Como explica Maurice Cranston, tratava-se de uma comunidade pequena o bastante "para que toda a população adulta masculina pudesse se reunir de tempos em tempos para legislar. Era uma democracia mais ou menos do tipo das antigas cidades-Estado gregas, uma forma que, na Europa, só sobreviveu aí".[28] É verdade que a democracia radicalmente direta preconizada por Rousseau se inspirou "numa sociedade face a face onde todos conheciam seus vizinhos e onde todos eram homens mais ou menos iguais".[29] Mas o princípio fundamental da soberania popular não depende de comunidades homogêneas desse tipo.

O conceito de vontade geral é mais utópico do que francamente realista, como supõe Schmitt, que afirma que "a vontade geral, tal como Rousseau a propõe, é na realidade homogeneidade".[30] Pois o conceito não requer uma homogeneidade social, mas de interesses. A vontade geral é uma noção de ordem moral. Ela designa, por assim dizer, *o interesse comum pelo interesse comum*. É uma noção eminentemente republicana: "A vontade geral é sempre reta e tende à utilidade pública",[31] escreve Rousseau. O filósofo preconiza — e espera — que os membros de uma democracia deverão legislar sempre em favor do interesse coletivo, em detrimento de seus interesses particulares. Portanto, a vontade geral não requer uma homogeneidade social do tipo que necessita excluir um terceiro para afirmar seu interesse comum. Este advém do espírito público radical, da consciência de que é a abdicação da liberdade baixa do individualismo que permite ascender à alta liberdade da cidadania. Desse modo, cidadania é definida como a correlação idêntica entre súdito e soberano. O povo é soberano na medida em que se sujeita ao povo, isto é, a si mesmo.

Por isso Rousseau dizia haver "uma grande diferença entre a vontade de todos e a vontade geral. Esta só diz respeito ao interesse comum; a outra diz respeito ao interesse privado, não sendo mais que uma soma de vontades particulares".[32] Desse modo, a vontade geral não é necessariamente a de todos. As pessoas podem trair o espírito coletivista da vontade geral, que pode, portanto, estar presente na posição de uma única pessoa contra a vontade da maioria. "Enquanto vários homens reunidos se consideram um só corpo, eles têm uma só vontade, voltada para a conservação comum e para o bem-estar geral."[33] Um só corpo, isto é, não necessariamente homogêneos, mas membros conscientes de uma comunidade, sujeitos em uma relação de interdependência. O conceito de vontade geral talvez seja a formulação política baseada na teoria do sujeito mais otimista de toda a tradição da filosofia política moderna. Em Hobbes, o homem é o lobo do homem. Em Adam Smith, na esteira de Mandeville, é o interesse egoísta que resulta de modo involuntário em benefício coletivo. Em Kant, todo sujeito está dividido entre o interesse particular e os imperativos morais. Em Rawls, o interesse comum se torna indissociável do interesse particular apenas na hipótese do véu da ignorância, uma condição abstrata e irreal. Mas, em Rousseau, o cidadão ideal da democracia radical age sempre totalmente orientado pelo interesse coletivo. Ora, para Kant, o único ser humano que age assim é o *santo*. Não por acaso Rousseau foi a inspiração fundamental dos santos jacobinos.

O terror jacobino é uma das formas extremas do rompimento do equilíbrio tenso entre liberalismo e democracia. "A soberania do povo", lembra Isaiah Berlin, "pode destruir a do indivíduo."[34]

O medo da democracia é antigo, muito anterior ao liberalismo. Os reis filósofos defendidos por Platão, na *República*, se opunham à democracia direta ateniense, na qual o discípulo de Sócrates vislumbrava o perigo iminente da tirania. Platão acreditava "que uma boa decisão é baseada em conhecimento, não em número".[35] Ele temia que a maioria pudesse tomar más decisões e ser facilmente influenciada por demagogos.

Em sua versão moderna, em maior ou menor grau, o medo da democracia é constitutivo da tradição do pensamento liberal. O liberalismo precisa da democracia na mesma medida que a teme, pois necessita da legitimação que esta oferece. Mas ele sabe que a democracia pode se voltar contra seus princípios. Daí, de um lado, a luta histórica da democracia para ampliar a soberania popular, implementando o sufrágio universal, lutando por direitos políticos para todos, reivindicando mecanismos participativos, procurando tornar os direitos efetivos para as minorias. E, de outro, a resistência, velada ou aberta, do liberalismo em acolher de forma plena a democracia, por meio da introdução de mecanismos de afastamento das massas: eleições indiretas, votos censitários, câmaras altas, poder moderador, exclusão de segmentos sociais dos processos decisórios, distância entre representantes e representados, baixa *accountability*, plutocracias, parlamentos fisiológicos, contrapesos institucionais ao majoritarianismo, manobras para dificultar a participação política das classes desfavorecidas, enfim, a lista de possibilidades é extensa.

Em sua história do liberalismo, Merquior mapeou de maneira exaustiva as tendências liberais democratizantes e as vertentes liberais conservadoras ou conservadoras liberais. Para ele, o sentido geral é, grosso modo, o seguinte: "O liberalismo clássico progrediu do *whiguismo* — a mera exigência de liberdade religiosa e governo constitucional — para a democracia, ou autonomia, com uma ampla base social".[36] Essa vertente foi se adensando aos poucos, enfrentando a resistência elitista e tutelar das oligarquias liberais, transformando as ideias de liberais como Mill,[37] até se apresentar com clareza nos primeiros liberais sociais da segunda metade do século XIX e começo do XX, como Thomas Hill Green, Leonard Hobhouse e John Hobson, e chegar ao liberalismo de esquerda de autores já em pleno século XX, como Bobbio e Rawls. Em movimento contrário,

> os liberais conservadores, desde cerca de 1830 a 1930, procuravam geralmente retardar a democratização da política liberal. Sob esse aspecto, assinalaram um regresso a posições whig. [...] Os whigs normalmente concordariam com Kant, liberal republicano e constitucional, em que "o empregado doméstico, o balconista, o trabalhador, ou mesmo o barbeiro não são [...] membros do Estado, e assim não se qualificam para ser cidadãos".[38]

São diversos os liberais conservadores e os conservadores liberais que manifestaram seu temor pela democracia e o traduziram em ações políticas. Começando pelos países centrais do liberalismo clássico, lemos em Mill (na fase mais conservadora de suas ideias) o seguinte posicionamento:

> O destino dos pobres [...] deve ser regulado para eles, não por eles [...]. É o dever das classes mais elevadas pensar por eles, e assumir a responsabilidade por seu destino [...]. As classes

superiores devem preparar-se para realizar essa função conscienciosamente, e todo o seu comportamento deve inspirar ao pobre a confiança nelas, a fim de que, ao prestar obediência passiva e ativa às regras prescritas para eles, possam resignar-se [...] e descansar à sombra de seus protetores.³⁹

Já o influente liberal francês François Guizot, historiador acadêmico que foi ministro de Luís Filipe, assustado com a memória dos levantes da Revolução, "recusou-se teimosamente a ampliar a inclusão social" na monarquia constitucional francesa vigente desde 1830.⁴⁰ "Com o dobro da população da Inglaterra, a França tinha muito menos eleitores do que esta última depois da Reform Bill." Guizot procurou rebaixar a soberania popular em favor de uma "meritocrática soberania da razão". A política, para ele, "devia ser deixada às 'capacidades' das elites burguesas, enquanto um programa nacional de educação básica elevaria gradualmente o resto da nação a padrões morais e intelectuais dignos da cidadania como um todo".

John Adams, que viria a ser o segundo presidente dos Estados Unidos, formulava uma diferença entre "desigualdades artificiais" (características do Antigo Regime) e "desigualdades naturais", defendendo estas últimas como "parte da história natural do homem".⁴¹ O que se traduzia em termos políticos, como se sabe, na federação oligárquica, a república de proprietários escravistas que foram os Estados Unidos, formalmente, desde a Independência até a Guerra Civil.

E não seria possível deixar de lembrar Edmund Burke, o pai do conservadorismo, que não tinha grande apreço pela democracia. Seu tradicionalismo o levou a "manter seus modelos parlamentares separados por uma grande distância de exigências radicais e utilitárias para a democratização do poder. Isso preservou seu conservadorismo liberal a uma grande distância do liberalismo clássico".⁴²

Já no século XX, o liberalismo de Weber, por sua vez, "não continha [...] nenhum amor pela democracia".[43] E o espanhol Ortega y Gasset escreveu a grande antiode às massas urbanas, em seu *A rebelião das massas*. Com tintas nietzschianas, ele viu na civilização moderna das grandes metrópoles uma rejeição sem precedentes do princípio da elite. A democracia de massas era uma "afirmação dos direitos da mediocridade", uma verdadeira aristofobia, "um nivelamento niilista em nome do democratismo".[44] Em *A rebelião das massas*, ele escreve:

> A massa atropela tudo o que é diferente, egrégio, individual, qualificado e seleto. Quem não seja como todo o mundo, quem não pense como todo o mundo corre o risco de ser eliminado. E claro está que esse "todo o mundo" não é todo o mundo. "Todo o mundo" era, normalmente, a unidade complexa de massa e minorias discrepantes, especiais. Agora todo o mundo é só a massa.[45]

Em Ortega y Gasset, os piores receios de Mill encontram sua confirmação na visão da democracia de massas como uma *oclocracia*, o poder irracional das turbas.

Susan Buck-Morss, em seu *Hegel e o Haiti*, coloca o dedo ainda mais profundamente na ferida. Ela evoca a conhecida abertura do *Primeiro tratado sobre o governo civil*, de John Locke: "A escravidão é uma condição humana tão vil e miserável e tão diretamente oposta ao generoso temperamento e à coragem de nossa nação que seria difícil conceber que um inglês, menos ainda um cavalheiro, fosse capaz de a defender".[46] Mas observa que a escravidão, para o grande liberal inglês, era tão somente uma metáfora para o arbítrio absoluto dos tiranos e a condição dos súditos. O tema era esvaziado de sua efetividade concreta — a escravização de africanos negros em plantações do Novo Mundo e em colônias britânicas — e mobilizado apenas como um problema de teoria constitucional. A contradição, entretanto, tinha vínculos bem reais: Locke era acionista da Real Companhia Africana, envolvida na política colonial americana na Carolina. Por isso, arremata Morss, "claramente considerava a escravidão negra como uma instituição justificável".[47]

Os iluministas franceses também chafurdaram nas ideias fora do lugar, ou, mais precisamente, no lugar fora das ideias.[48] Morss lembra que, durante o boom da produção de açúcar no Caribe, a colônia francesa de São Domingos, no Haiti, produzia, em 1767, 63 mil toneladas de açúcar. Essa produção exigia "uma demanda aparentemente infinita por escravos, cujo número em São Domingos aumentou dez vezes ao longo do século XVIII, para mais de 500 mil seres humanos".[49] Na França, prossegue Morss, "mais de 20% da burguesia dependia de atividades comerciais ligadas à exploração de mão de obra escrava". Era esse o contexto social e econômico efetivo no qual os pensadores do iluminismo francês escreviam. Entretanto, "enquanto idealizavam populações coloniais com mitos do nobre selvagem (os 'índios' do 'Novo Mundo'), o sangue vital da economia escravista não lhes importava".

Finalmente, Morss registra também o conhecido caso da Revolução Americana — uma revolução democrática que ignorou toda a população negra escrava em seu território. A metáfora lockeana da escravidão teria sido crucial para a luta dos revolucionários estadunidenses, mas num outro sentido. Para Morss, "os americanos realmente acreditavam que homens que fossem tributados sem seu consentimento eram literalmente escravos, uma vez que teriam perdido o poder de resistir à opressão e porque a incapacidade de se defender invariavelmente conduz à tirania".[50] Ou seja, a única relação de escravidão percebida era aquela entre a colônia e a metrópole, enquanto a entre pessoas negras e proprietários brancos era legitimada. Como observa Achille Mbembe, tratava-se aí de "uma tradição que se tornaria uma das características centrais da consciência imperial — fazer da escravidão uma metáfora da condição humana na sociedade europeia moderna".[51]

Por aqui, a consciência democrática foi se formando com ainda mais dificuldade no interior da emergente consciência liberal.

No Brasil recém-independente, a democracia era a última das preocupações. Num contexto de Estado nacional ainda não consolidado, sofrendo ameaças de separação de diversas províncias, a nota dominante do sistema político era a tentativa, por parte das oligarquias regionais, de garantir um federalismo o mais forte possível. Assim, quando dom Pedro I abdicou em favor de seu herdeiro, ainda criança, os oligarcas trataram de aproveitar o momento para reduzir o poder da Coroa, propondo o fim do Poder Moderador, da vitaliciedade senatorial e do Conselho de Estado (todos instrumentos de centralização do poder na Coroa). Em 1835, o liberal Diogo Feijó foi declarado regente do Império numa eleição que contou com cerca de 12 mil eleitores. A fórmula da eleição era, então, indireta, com cada eleitor sendo escolhido por cerca de dez votantes no primeiro grau do sufrágio. A participação política totalizava, desse modo, cerca de 10% da população — uma taxa até elevada para a época. Mas no fim das contas, o regente Feijó, tendo obtido 3 mil de um universo de 12 mil eleitores, representava apenas 0,25% da população. Era esse o tamanho de sua legitimidade na métrica da democracia.[52]

Entretanto, o sistema de medidas da política brasileira não tinha a democracia como referência. O cientista político Christian Lynch, em seu *Da monarquia à oligarquia*, observa:

> Quando o sistema representativo se difundiu, na virada do Setecentos para o Oitocentos, a principal referência em

matéria de organização institucional era a oligárquica Constituição da Inglaterra, a partir da qual se elaboraram e se difundiram as teorias da representação, da divisão de poderes autônomos, dos freios e contrapesos e do bicameralismo.[53]

O modelo britânico chegava à elite política brasileira por meio de duas derivações: a da monarquia constitucional, veiculada pelos liberais de língua francesa, e a variação republicana estadunidense. Todavia, prossegue Lynch, "nenhuma das duas versões visava à instauração de um regime democrático tal como hoje o imaginamos, com o primado da soberania popular, o sufrágio universal e a eleição direta".[54]

Já durante o Segundo Reinado, reformas políticas subsequentes, introduzindo ainda mais restrições ao sufrágio, diminuiriam bastante a participação. Na década de 1870, os liberais defendiam não apenas o reforço do censo pecuniário, aumentando a exigência de posses dos potenciais eleitores, como a introdução do censo literário, a excluir, portanto, os analfabetos, então mais de 80% da população.[55] Considerando que a taxa de analfabetismo também é um dos índices da democratização social, registre-se que no mesmo momento o Chile a tinha em 71%; a Argentina, em 48%; os Estados Unidos, em 13,3%; e a França, em apenas 8%. Desse modo, em 1890, no limiar da Primeira República, o Brasil tinha uma taxa de participação política de vergonhosos 2,2% da população, contra 11,5% da Argentina, 16% da França e 19% dos Estados Unidos. Como observou Christian Lynch,

> a maioria dos constituintes pensava como o deputado Justiniano de Serpa: "No Brasil, como em toda parte, qualquer que seja o sistema preferido, quem governa não é a maioria da nação, é a classe superior da sociedade, é uma porção mais adiantada, e, conseguintemente, mais forte da comunhão nacional".[56]

A contrarrevolução republicana freou os ímpetos democratizantes de monarquistas como Joaquim Nabuco e André Rebouças, em cujo abolicionismo previa-se a democratização do solo para o assentamento de ex-escravos e imigrantes. Durante boa parte da Primeira República, liberais e conservadores estiveram de acordo quanto ao caráter antidemocrático da forma de governo vigente, a despeito de suas diferenças quanto à avaliação do sistema representativo, fraudado pelas oligarquias dominantes, em conluio com o Poder Executivo, quase meramente moderador. Já no começo do século XX, enquanto a Europa e os Estados Unidos adentravam a era da democratização, o liberalismo conservador seguia firme e forte como "ideologia oficial da República brasileira".[57]

Portanto, não é só o liberalismo que teme a democracia: esta tem razões tão ou mais fortes para temer o liberalismo.

Dostoiévski certa vez comentou que em algumas situações "as botas são superiores a Púchkin".[58] Essa boutade encerra o essencial da limitação da perspectiva liberal e da crítica que, portanto, a democracia pode e deve lhe dirigir. A irredutibilidade da democracia ao liberalismo pode ser pensada por meio dos dois sentidos diversos e complementares (e por vezes antagônicos) de liberdade.

Historicamente, na origem do liberalismo, nos tempos da Revolução Gloriosa e enquanto durou a luta contra o absolutismo monárquico, o sentido da liberdade era os direitos que hoje associamos ao governo constitucional e que são devidamente chamados de direitos civis. Entretanto, como observa Hannah Arendt, "o que não se incluiu neles foi o direito político de participar nos assuntos públicos".[59] Há aqui a diferença fundamental entre o civil e o cívico. Os direitos civis liberais teoricamente protegem a todos — mas, na prática, a teoria sempre foi outra, e para aproximar a experiência real dos princípios universais era preciso dar o passo democratizante de garantir a ampliação da participação política, a admissão no âmbito público e a efetiva soberania. Foi isso que as revoluções trouxeram. A Revolução Francesa, sobretudo, com a incontrolável emergência dos sans-culottes de todo tipo. A Revolução Americana já contava com uma composição social mais igualitária desde a formação das colônias da Nova Inglaterra, mas às custas da exclusão de todas as pessoas negras: uma democracia profundamente antidemocrática, portanto. Essa diferença entre a liberdade liberal e a liberdade democrática se revela com nitidez na comparação entre duas frases emblemáticas. Para Montesquieu, "a liberdade é o direito de fazer tudo o que é permitido pelas leis".[60] Para Rousseau, "liberdade significa obediência à lei que *nós* nos prescrevemos".[61] Esse "nós" introduz a exigência da soberania popular na experiência política moderna.

Esse é o salto decisivo, a novidade histórica, segundo Arendt: "A libertação da opressão poderia muito bem ser realizada sob um governo monárquico, embora não tirânico, enquanto a liberdade do modo de vida político requeria uma forma de governo nova, ou antes, redescoberta".[62] Essa redescoberta, por sua radicalidade, por seu potencial irrestrito, universal (diferente da democracia seletiva das cidades-Estado da Antiguidade), trouxe a promessa e, sobretudo, a consciência desde então irrevogável de que "o conteúdo real da liberdade" estava na tomada da banca, na alteração das regras de quem dá as cartas na mesa. Desse modo, conclui Arendt, "o que quer que a Revolução Francesa tenha ou não alcançado — e ela não alcançou a igualdade humana —, ela libertou os pobres da obscuridade, da não visibilidade".[63] Aqui emergem duas dimensões decisivas: a do reconhecimento social e aquilo que a filósofa judia chama de "liberdade para ser livre". A tautologia é apenas aparente. O "conteúdo real da liberdade", que é a participação nos assuntos públicos, como já o percebiam os gregos antigos, pressupõe condições objetivas, materiais e elementares. A libertação material é a condição necessária para ser livre. E ela é obra da democracia. Sem ela, os princípios liberais tendem a se transformar em letra morta e espírito anulado.

Trocando em miúdos, na prática, a liberdade do liberalismo muitas vezes é inútil para amplos segmentos da população. Bobbio formula o problema em termos simples:

> A perda de liberdade golpeia naturalmente mais o rico do que o pobre, para quem a liberdade de escolher o meio de transporte, o tipo de escola, o modo de se vestir está habitualmente impedida, não por uma imposição pública, mas pela situação econômica interna à esfera privada.[64]

Não se calça Púchkin, calçam-se botas. "É verdade", prossegue Bobbio, "que a igualdade tem por efeito uma limitação da liberdade tanto do rico quanto do pobre, mas com a seguinte diferença: o rico perde uma liberdade usufruída efetivamente, [enquanto] o pobre perde uma liberdade potencial".[65] De fato, concorda Isaiah Berlin,

> oferecer direitos políticos ou salvaguardas contra a intervenção do Estado a homens seminus, analfabetos, subnutridos e doentes é zombar de sua condição: eles precisam de ajuda médica ou educação antes de poderem compreender ou aproveitar um aumento em sua liberdade.[66]

Não é de espantar, portanto, que o liberalismo esteja historicamente mais ligado a elites, enquanto as massas democráticas lutam por garantir suas botas, mesmo que isso implique entrar em choque com determinadas liberdades liberais.

Ninguém formulou com tanta precisão a diferença entre a liberdade liberal e a liberdade democrática quanto Isaiah Berlin. O professor de Oxford, nascido numa família judia de Riga, as chamou, respectivamente, de *liberdade negativa* e *liberdade positiva*. Para Berlin, a primeira está implicada na resposta à pergunta "qual é a área em que o sujeito (uma pessoa ou grupo de pessoas) — é ou deve ter permissão de fazer ou ser o que é capaz de fazer ou ser, sem a interferência de outras pessoas?".[67] Trata-se do princípio clássico de não intromissão do liberalismo. Já o sentido positivo da liberdade está implicado na resposta à pergunta: "O que ou quem é a fonte de controle ou interferência capaz de determinar que alguém faça ou seja uma coisa em vez de outra?". Trata-se do princípio democrático da soberania: quem participa dos processos públicos decisórios.

Os interesses da liberdade negativa com frequência se chocam com os da liberdade positiva. O tema da liberdade de expressão é exemplar desse conflito. Os paladinos do liberalismo tendem a defender os direitos do indivíduo contra a intervenção do Estado com censura ou, até mesmo, punição, mesmo que no exercício de sua liberdade constitucional o indivíduo cometa discursos de ódio, que se traduzem em preconceito social e podem levar até à violência física contra minorias. Membros de minorias, por sua vez, tendem a exigir do Estado limitações mais extensas e punições mais severas quando a liberdade de expressão é exercida de forma a reproduzir preconceitos que, além de humilhantes em si, naturalizam e perpetuam as formas hierarquizantes da sociedade. Como sempre ocorre em situações em que há conflitos entre dois direitos, duas liberdades, a dificuldade é julgar, no caso concreto, qual deve prevalecer e encontrar as proporções mais justas.

A liberdade positiva tem duas dimensões, articuladas. Uma é a da participação nos assuntos públicos. Assim explica Berlin:

O sentido "positivo" da palavra "liberdade" provém do desejo que o indivíduo nutre de ser seu próprio senhor. Desejo que minha vida e minhas decisões dependam de mim mesmo, e não de forças externas de qualquer tipo. Desejo ser o instrumento de meus próprios atos de vontade, e não dos de outros homens. Desejo ser um sujeito, e não um objeto; ser movido pela razão, por objetivos conscientes, que são meus, e não por causas que me afetam como que de fora.[68]

Trazendo para um exemplo concreto, mulheres, pessoas negras e LGBTQIAP+ têm os mesmos direitos formais de cidadania política que homens brancos héteros ricos. Na prática, de novo, a teoria é outra. Dadas as condições sociais reais, os direitos universais são quase letra morta. A liberdade positiva impele, assim, que se criem mecanismos para aproximar a prática da teoria — por exemplo, criando um percentual de fundo partidário compulsório para a candidatura de mulheres. Entretanto, isso vai contra a liberdade negativa dos partidos de destinar seus recursos como bem entender, sem interferência do Estado. Como sempre, o que está em jogo é, em cada dimensão da vida nacional, nas maiores e nas menores, avaliar o que deve prevalecer. O que é mais importante preservar, em cada situação: a liberdade negativa ou a positiva.

A outra dimensão da liberdade positiva é a do reconhecimento. Os familiarizados com o tema hegeliano da luta por reconhecimento sabem que sua obtenção é fundamental para a autorrealização de todo indivíduo. Como seres intersubjetivos, nosso sentimento de existir depende do olhar que o outro tem para nós. O déficit de reconhecimento gera lacunas psíquicas graves, produzindo da melancolia ao ódio que em geral está na raiz da violência social. Aqui, mais uma vez, os direitos liberais garantidos pelas cartas constitucionais não garantem uma economia universal igualitária do reconhecimento, dadas as condições sociais carregadas de preconceitos. Como propôs o filósofo Axel Honneth, a dimensão legal, jurídica, é apenas uma das instâncias geradoras de reconhecimento (no Brasil, é discutível se mesmo no âmbito da lei os direitos das minorias são plenamente reconhecidos). Outras instâncias são a família, as relações privadas (o amor parental, sobretudo) e ainda a instância social, na qual circulam os preconceitos humilhantes.[69]

Daí a crítica de Berlin às limitações da liberdade liberal:

> O que as classes ou nacionalidades oprimidas em geral demandam não é simplesmente uma liberdade desimpedida de ação para seus membros, nem, acima de tudo, igualdade de oportunidade social ou econômica, ainda menos a designação de um lugar num Estado orgânico e sem atritos projetado pelo legislador racional.[70]

O que tal legislador racional muitas vezes ignora é que o reconhecimento social é uma base igualmente fundamental, sem a qual de nada vale uma "liberdade desimpedida de ação", já que esta estará impedida em suas origens psicoafetivas. Por isso, muitas vezes, o que as pessoas buscam evitar

> é simplesmente ser ignorado, tratado com superioridade, desprezado ou sem receber a devida atenção — em suma, não ser tratado como um indivíduo, não tendo meu caráter único suficientemente reconhecido, sendo classificado como um membro de algum amálgama sem características, uma unidade estatística sem feições e propósitos próprios especificamente humanos e identificáveis.[71]

O não reconhecimento, por parte das elites liberais, da dimensão fundamental da liberdade positiva está na origem da crise das democracias liberais. A adesão incondicional ao princípio de Mill de uma liberdade limitada apenas pelo risco de causar danos a outros *acaba por causar danos a outros*. Só que os outros em causa nunca são os mesmos.

É curioso que, no Brasil atual, o déficit de liberdade positiva mobilizou segmentos diferentes e até opostos da sociedade. De um lado, minorias, com razão, pressionaram intensamente nos últimos anos em favor de maior igualdade de direitos e reconhecimento. De outro lado, setores conservadores, que se sentiram atropelados por políticas liberais, se mobilizaram intensamente para puxar a sardinha da democracia para o seu lado. Admitindo-se que democracia é sobretudo soberania popular e prevalece a maioria, não dá para dizer que essas pessoas são antidemocráticas. Mas são antiliberais. Seu sentimento de revolta acumulada contra a hegemonia liberal ajuda a explicar o ponto de perplexidade a que chegamos:

> Talvez prefira, no meu anseio amargo por status, ser oprimido e mal governado por algum membro de minha própria raça ou classe social, por quem sou reconhecido como um homem e um rival — isto é, um igual — a ser tratado bem e com tolerância por alguém de um grupo mais elevado e remoto, alguém que não me reconhece pelo que desejo sentir que sou.[72]

É importante não deixar de perceber a tensão e o paradoxo das circunstâncias presentes. No Brasil, os ataques do governo Bolsonaro e sua militância social às instituições fundamentais do liberalismo — o Supremo Tribunal Federal, a imprensa, o Parlamento —, bem como a dimensão do chamado "núcleo ideológico" do governo, formado por uma mentalidade religiosa, frequentemente preconceituosa, antiglobalista, tudo isso não deixa dúvidas quanto ao caráter iliberal dos mandatários de turno. São conservadores iliberais.

Mas não deixam de ser uma espécie de reformistas democráticos. O antiglobalismo é, para eles, uma reivindicação de soberania nacional. O apoio aos santos imprudentes da Lava Jato (ao menos até a apostasia antibolsonarista do próprio Moro e ao homicídio da Operação, por asfixia, por parte do procurador-geral da República, Augusto Aras) é uma revolta contra os "grandes acordos nacionais" e o bordão vulgarmente conhecido como "tudo termina em pizza", que vigoraram durante as décadas da democracia liberal na Nova República. Esses acordos foram produzindo um ódio acumulado contra as relações endógenas, fisiológicas e corporativas entre os poderes, tudo feito debaixo das fuças perplexas e impotentes da população. O lavajatismo foi um fenômeno democrático iliberal. Seus líderes se consideravam a voz do povo, e o povo que os apoiava os considerava representantes mais legítimos do que os parlamentares e o Executivo da "velha política". Da "nova política", que envelheceu cedo, podia-se, entretanto, ser dito o mesmo: ela era o anseio democrático e iliberal por uma participação mais direta da população, no lugar dos arranjos de bastidores, do toma lá dá cá percebido como espúrio pela população que se revoltou.

Rousseau já previa, em *Do contrato social*, a tendência ao esvaziamento da soberania popular em sociedades populosas e complexas. Ele observa que, quanto maior a população, menor tende a ser a prática e o sentimento da soberania. A razão inversamente proporcional decorre de que o soberano — isto é, o poder popular enquanto sujeito às leis por ele mesmo deliberadas — "só pode ser considerado coletivamente e como corpo, mas cada cidadão, enquanto súdito, é considerado como indivíduo".[73] Assim, numa democracia de 10 mil cidadãos, o soberano está para o súdito assim como 10 mil estão para um. "Ou seja, cada membro do Estado só tem como parte um décimo de milésimo da autoridade soberana, apesar de estar subordinado a ela por inteiro." Mas, se pensarmos numa democracia de grande metrópole moderna, em que o povo é composto de 10 milhões de cidadãos, "a situação dos súditos não muda e cada um suporta igualmente todo o império das leis", enquanto seu sufrágio, reduzido a uma única fração de 10 milhões, tem mil vezes menos influência na redação dessas leis. Desse modo, continuando o súdito a ser sempre um, "a relação a favor do soberano aumenta proporcionalmente ao número de cidadãos". A conclusão é lógica: quanto mais o Estado aumenta, mais o poder popular diminui. É difícil conciliar democracia de alta intensidade e sociedades liberais complexas e populosas.

Há de se encontrar algum equilíbrio entre as exigências da representação (sociedades populosas, problemas que requerem cada vez mais conhecimento técnico especializado) e as demandas da soberania popular. A democracia liberal dos tecnocratas produz apatia, em vez de um civismo ativo. E as próprias decisões políticas dos tecnocratas podem ser criticadas, não apenas por seu potencial afastamento do interesse coletivo mais amplo, em favor do interesse de segmentos elitizados de que fazem parte, mas também pelas limitações impostas por sua posição de conhecimento em geral demasiadamente abstrata, alheia ao rés do chão dos problemas reais. Conta-se, a propósito, que certa vez Evo Morales, numa reunião com tecnocratas da elite boliviana, ouviu destes, por um longo tempo, o que o país precisava fazer para ganhar credibilidade, estabilidade etc. — até que o presidente eleito os interrompeu e pediu que apontassem onde estava a Bolívia num mapa-múndi. Pode-se imaginar o resultado do teste.

Por outro lado, é necessária alguma prudência com o que Bobbio chamava de "fetiche da democracia direta".[74] Não apenas pelas condições mencionadas acima — a complexidade de alguns problemas e a quantidade dos cidadãos —, mas também porque o assembleísmo pode ser estéril, paralisante, com uma multitude de posições divergentes e pouco qualificadas, sem denominador comum, sem muito senso de realidade e, por fim, sem consequência. É preciso encontrar algum equilíbrio entre os necessários mecanismos de participação direta — colegiados, conselhos, conferências etc. — e núcleos governamentais capazes de tomar decisões a partir das perspectivas recolhidas e de um saber mais especializado.

A lógica em curso no Brasil não deixa de ser uma espécie de desdobramento daquela instaurada em junho de 2013, na qual a sociedade civil se mobilizou contra as instituições da democracia, incluindo a imprensa. Não se trata, obviamente, de fazer o juízo simplório de atribuir o bolsonarismo às manifestações de junho, como se ele fosse sua consequência necessária. Junho não pode ser pensado exclusivamente a partir de seu efetivo destino, tampouco pode ser pensado sem levar em conta qual foi — até aqui, pelo menos — esse efetivo destino. Idelber Avelar critica a interpretação de junho que o submete a uma "cadeia linear de equivalências e culpas",[75] atribuindo ao acontecimento uma responsabilidade que ele "não tinha como calcular", até porque, prossegue o autor, a resposta do Congresso, que promulgou a Lei de Organizações Criminosas — que por sua vez viria a propiciar a Lava Jato — "jamais foi negociada com as vozes que gritavam em Junho". A falha lógica do argumento é, entretanto, clara: o que se pode criticar em junho é precisamente que o incalculável lhe era constitutivo. A agenda difusa, o ataque às instituições e a organização horizontal, desierarquizada e politicamente inimputável, liberaram uma enorme massa de energia política incontrolada.

Por outro lado, e ao contrário do que pareceu a princípio, pode-se avaliar retrospectivamente que junho foi de certo modo inevitável. Como observa Chantal Mouffe, "sob a pressão de transformações políticas ou socioeconômicas, a multiplicação de demandas insatisfeitas desestabiliza a hegemonia dominante. Neste tipo de situação, as instituições não logram garantir a lealdade das pessoas quando tentam defender a ordem vigente".[76] Desse modo, a hegemonia — no caso, da democracia liberal de baixa soberania — se desarticula, abre-se um vácuo e emerge um "momento populista".[77] O fato de esse momento ter descambado para a direita decorre de diversos fatores: que junho tenha ocorrido durante um governo de esquerda (e num cenário sem alternativas viáveis, com densidade eleitoral, à esquerda); que a Lava Jato tenha capturado e canalizado sua energia, destruindo o Partido dos Trabalhadores; que a direita tenha conseguido estabelecer uma narrativa de irresponsabilidade fiscal por parte do PT e, metonimicamente, pela esquerda em geral etc.

O bolsonarismo era um dos destinos tornados possíveis pela abertura da crise de junho. Ele é ainda um prolongamento daquela crise, como se pode verificar pela declaração de Felipe Martins, o jovem fascistoide então assessor do ex-chanceler Ernesto Araújo: "É necessário mostrar que o povo manda no país".[78] Qual manifestante de junho discordaria desse contundente slogan da soberania popular? A *massa de mídias*, que em junho abalou a *mídia de massas*,[79] transformou-se na democracia direta tuitada, em que parlamentares decidiam suas posições com base em enquetes nas redes sociais em tempo real (isso até entrarem no recinto os profissionais do centrão). É difícil deixar de ver nisso um modo de realizar o imperativo "o povo manda no país". Ocorre que *o povo*, como o Brasil do "Hino nacional" de Drummond, *não existe*. É uma pretensa unidade abstrata que na verdade contém um sem-número de interesses divergentes. O povo que manda no país agora não é o que foi às ruas em junho, ao menos em seu momento inicial. Tampouco é menos povo que esse. A diferença é que o de agora se acha *o povo*, se acha o depositário da verdadeira identidade nacional, o restaurador da tradição que a hegemonia liberal desvirtuou. E o governo de agora se acha o representante direto desse povo, o verdadeiro povo, o que faz dele o verdadeiro governo. É precisamente essa crença que torna ambos, povo e governo, iliberais — e, sob outra perspectiva, também antidemocráticos.

Aqui está o cerne da contradição do movimento bolsonarista. A democracia não é apenas soberania popular em que prevalece o interesse da maioria. O interesse das minorias é uma parte fundamental do jogo. Mas, como costuma dizer Adam Przeworski, "a democracia funciona quando [...] estar do lado perdedor não é muito doloroso".[80] É legítimo que um governo toque suas políticas públicas no sentido ideológico determinado pela maioria que o colocou no poder. Mas é ilegítimo — embora muitas vezes legal — que o governo o faça ignorando, atacando e até procurando eliminar vozes e posições dissonantes. Essa postura, quando não viola as leis da democracia, fere as regras não escritas do jogo democrático, o espírito de *forbearance*, de autocontenção, que deve orientar os seus participantes institucionais. Essas regras de autocontenção consistem basicamente em respeitar os adversários, reconhecer a legitimidade de sua atuação, e não agir para com eles de maneiras cuja reciprocidade seja inaceitável. Trata-se de uma espécie de imperativo categórico do jogo político. Violá-lo de modo sistemático é a dimensão profundamente antidemocrática do presidente e sua base social mais aguerrida, que parecem se considerar *eleitos* num sentido que transcende o mero procedimento democrático. A democracia direta aqui só vale para o povo alinhado ao governo. Ora, isso vai diretamente contra a natureza *policrática* que define, para Bobbio, "o bom Estado".[81]

O grande desafio político para muitos países hoje, o Brasil entre eles, é voltar a encontrar um termo de equilíbrio capaz de reconciliar liberalismo e democracia.

Assim como há toda uma tradição de desconfiança da democracia na história do pensamento liberal, há também toda uma corrente democratizante no interior desse pensamento. O filósofo Antonio Paim, autor de referência para liberais e conservadores brasileiros, o reconhece:

> Sem ser democrático em suas origens, soube o liberalismo incorporar o ideal democrático, quando o exigiram as novas circunstâncias históricas e, subsequentemente, a denominada questão social, emergente em decorrência da Revolução Industrial.[82]

Para citar apenas alguns dos autores mais importantes, o inglês Thomas Hill Green defendia "reformas esclarecidas que possibilitassem a um maior número de indivíduos gozar das mais altas liberdades".[83] O comentário de Merquior a respeito dessa posição é preciso e especialmente oportuno nos dias atuais: "Deve-se estar preparado para violar a letra do velho liberalismo para ser fiel a seu espírito — o amparo à liberdade individual".[84] A liberdade individual deve ser de fato a de todos os indivíduos. Na prática, como vimos, isso implica defender mecanismos geradores de liberdade positiva que vão contra o princípio liberal clássico da liberdade negativa. Pensando assim, Green conjugou "os valores básicos dos direitos e liberdades individuais com uma nova ênfase na igualdade de oportunidades e no éthos da comunidade".[85]

Já no começo do século XX, Leonard Hobhouse — filho de um pastor de aldeia que se tornaria o fundador da cadeira de sociologia da London School of Economics and Political Science —, em seu livro *Liberalism*, deu grandes passos no sentido da realização do que ele, a propósito das mudanças de posição de Mill ao longo da vida, chamava de transição do "velho para o novo liberalismo".[86] Hobhouse observava que na tradição do liberalismo "os aspectos negativos foram primordiais por séculos".[87] Suas circunstâncias de origem — monarquias despóticas e arbitrárias — explicam "a predominância do trabalho crítico e destrutivo",[88] cuja agenda tratava "menos de construir do que de botar abaixo, remover obstáculos que bloqueiam o progresso humano".[89] Entretanto, ele defende que não se pode inferir dessa história a impossibilidade de uma agenda liberal positiva. Nesse sentido, ele prossegue,

> com o passar do tempo, homens das mais agudas simpatias liberais passaram a não apenas aceitar, mas a avidamente defender a extensão do controle público na esfera industrial, e da responsabilidade coletiva em matéria de educação e até da alimentação das crianças, da moradia da população industrial, do cuidado com os enfermos e idosos, da provisão dos meios para o emprego regular.[90]

Para esses liberais, portanto, "liberdade [...] envolve controle e restrições".[91] Eles aprenderam que o livre-comércio "estabeleceu as fundações da prosperidade, mas não levantou o edifício" e "não resolveu os problemas do desemprego e dos baixos salários".[92] Em suma, e para muito além da questão fundamental, mas limitada, da extensão do sufrágio rumo à universalização, esses liberais aprenderam, "na troca de ideias com o socialismo", "mais de uma lição".[93]

Com efeito, essas ideias de um *liberalismo democratizado*, como as chama Christian Lynch, orientaram as medidas do partido liberal inglês, no poder na década de 1880. William Gladstone procurou "converter o sistema político britânico numa democracia de massas", "expandindo a educação primária, instituindo o concurso para servidor público, promovendo reformas fundiárias em prol de pequenos agricultores, desapropriando terras e criando tributos para financiar a rede de benefícios sociais".[94]

Como se pode ver, estamos às portas da social-democracia: "A principal maquinaria institucional, como no caso de [John] Hobson, eram agências de bem-estar social financiadas por uma taxação socialmente orientada". Essa corrente — que podemos chamar de liberal social, social liberal, ou ainda liberal de esquerda — se desenvolveu no século XX com inúmeros pensadores, dentre os quais se destacam Keynes, Bobbio, Rawls etc.[95]

Há nela o reconhecimento da pertinência fundamental de princípios diferentes e muitas vezes antagônicos — liberdade e igualdade, liberalismo e democracia, livre-comércio e regulações, além de toda a série que se desdobra dessas oposições primordiais — e, consequentemente, a tentativa de encontrar formas de equilíbrio entre eles, adequadas a cada contexto específico. Depois do longo século XX, já está mais do que claro que qualquer um desses princípios, quando radicalizado sem o contrapeso do princípio complementar, produz modelos sociais insustentáveis — seja pela via das violações dos direitos individuais, seja pela via oposta da produção da miséria em massa.

4.
Teratologia comparada

Logo no início de sua *Contra-história do liberalismo*, o filósofo italiano Domenico Losurdo anuncia o método da obra: "Focalizar o objeto: não o pensamento liberal em sua abstrata pureza, mas o liberalismo, quer dizer, o movimento e as sociedades liberais em sua concretização".[1]

O afresco que resulta é monumental e contundente. Losurdo compendia exaustivamente as contradições entre as ideias dos grandes autores liberais e suas práticas, bem como entre essas ideias e as sociedades efetivamente produzidas sob sua orientação. Dos precursores ingleses e holandeses aos *founding fathers* [pais fundadores] estadunidenses, passando pelos antijacobinos franceses, para ficar apenas nos principais, não resta pedra sobre pedra.

Sobre o conhecido caso de Locke, acionista de uma companhia de tráfico de escravos, Losurdo lembra que o autor do *Segundo tratado sobre o governo civil* "considera óbvia e natural a escravidão nas colônias e contribui pessoalmente para a formalização jurídica desse instituto na Carolina", conferindo-lhe o inglório e iliberal título de "o último grande filósofo que procura justificar a escravidão absoluta e perpétua".[2]

Sobre os liberais franceses "que teriam o mérito de ter feito oposição à deriva jacobina", a contra-história lembrará que, "por outro lado, estão firmemente envolvidos na defesa da escravidão colonial". Figuras como Pierre-Victor Malouët e os membros do clube Massiac eram "todos proprietários de plantações e de escravos".[3]

Sobre o caso dos patriarcas da Independência dos Estados Unidos, Losurdo aponta a conhecida contradição entre considerarem moralmente inaceitável serem tratados como "escravos" pelas imposições soberanas da Coroa inglesa, mas serem eles mesmos proprietários de escravos negros. E lembra que certa vez Benjamin Franklin teve de ouvir comentários sarcásticos sobre a incoerência: "Vós americanos fazeis um grande alarido frente à menor violação imaginária das vossas liberdades consideradas tais; contudo, neste mundo não há um povo tão tirânico, tão inimigo da liberdade como é o vosso quando isto lhe convém".[4] Com efeito, foi do estado da Virgínia, que concentrava cerca de 40% dos escravos do país, que surgiu boa parte dos maiores protagonistas da Revolução Americana. O general George Washington, comandante do Exército continental nas lutas pela independência; James Madison, um dos autores dos célebres textos de *The Federalist* e da Constituição de 1787; Thomas Jefferson, principal autor da Declaração de Independência: todos presidentes da República e "os três proprietários de escravos".[5] Do mesmo modo como foram proprietários de escravos da Virgínia os ocupantes da presidência dos Estados Unidos em 32 dos seus primeiros 36 anos de país independente.

"Como se explica que os gritos mais elevados de dor pela liberdade se elevam dos caçadores de negros?", perguntava-se, a propósito, Samuel Johnson.[6] Mas a pátria do dr. Johnson não se encontrava em situação moral muito melhor. Era dona do título igualmente inglório e iliberal de "a maior traficante de escravos da terra".[7] Afinal, por algum tempo sua legislação não permitia escravos no próprio território, mas explorava o tráfico internacional e os mantinha em suas colônias.

São bem conhecidas essas contradições entre o ideário liberal, supostamente defensor da liberdade universal, e a prática escravista de seus principais propositores. Mas Losurdo vai além e mostra que esse universalismo é contraditório no interior do próprio discurso liberal:

> A atitude "liberal" é definida por antítese tanto ao poder absoluto do monarca quanto à condição servil ou também só plebeia. A dicotomia liberal/iliberal refere-se certamente à diferença e ao conflito entre duas visões de mundo, mas também entre duas condições sociais.[8]

Isso é uma contradição sobretudo a partir de uma perspectiva extrínseca, já que, como observa Losurdo,

> muitas vezes, longe de ser percebida como uma contradição, a teorização e a prática da escravidão contra os excluídos reforçam ulteriormente a autoconsciência orgulhosa da comunidade dos livres, que se vangloriam de estarem imunizados do espírito servil atribuído aos bárbaros por eles subjugados.[9]

Isto é, temos aqui uma espécie de *profecia ideológica autocumprida*: os liberais brancos subjugam os demais povos e veem nisso a prova de que são naturalmente não subjugáveis. Em suma, situa-se aí o universalismo *manqué* da tradição liberal.

Feita a apresentação do método do livro e tendo sido reconhecida a pertinência e a contundência das evidências recolhidas, passo agora aos problemas teóricos que esse método contém. Já antecipo o sentido geral da minha crítica. O método losurdiano mostra que os princípios e os valores fundamentais presentes na tradição do pensamento liberal — regime constitucional, limitação do poder do Estado, defesa da propriedade privada, defesa dos direitos do indivíduo, afirmação da liberdade — foram desmentidos, de forma sistemática, *quanto à sua universalidade*, nas sociedades de orientação predominantemente liberal, passadas e contemporâneas. De acordo. Mas, para além do "mero" estudo histórico, é necessário se perguntar qual o objetivo político disso. Se for recusar os princípios e os valores liberais fundamentais, não pode ser aceito, porque o livro não permite dar esse passo no âmbito teórico; o que a obra demonstra, com sobras, é que o liberalismo falhou em termos históricos, mas não que essas falhas sejam necessárias em termos teóricos, isto é, que não possam ser sanadas em contextos sociais diferentes. O que proponho é abordar a tradição liberal segundo outro método: isolar dela os princípios e os valores que considero, mais do que desejáveis, imprescindíveis para o melhor modelo social e afirmá-los mediante o processo dialético que os submete aos princípios opostos.

O modo de pensar losurdiano parece sugerir que os valores liberais estão comprometidos por suas contradições históricas. Mas não é difícil perceber os limites dessa abordagem. Seria como sugerir que os valores igualitaristas da esquerda estão comprometidos porque sob as ditaduras socialistas se formaram castas de burocratas repletas de privilégios, enquanto o grosso dos proletários seguia sob jugo severo, não mais da classe burguesa, mas agora do Estado. Mas isso, por si só, revela mais sobre as ditaduras socialistas do que sobre as ideias e os ideais da tradição da esquerda em geral. É claro: é preciso observar e analisar o modo como as ideias se concretizam, pois isso diz algumas coisas fundamentais sobre a sua viabilidade. Nesse sentido, a crítica sistemática às contradições dos liberais e do liberalismo evidencia o seguinte: *o princípio da liberdade negativa não pode ser extensivo a todos os indivíduos, a não ser por meio de sua própria limitação*. Aqui, sim, temos um paradoxo produtivo; a pretensa universalidade liberal está condicionada a uma relativização do princípio liberal fundamental. Em outras palavras, o liberalismo não pode se realizar de forma plena porque ou bem a liberdade negativa assume o modo orwelliano no qual alguns são mais livres que outros (tornando a universalidade uma farsa), ou bem, para se realizar de forma universal, a liberdade negativa deixa de ser um princípio inflexível e deverá ser invadida, em alguma medida, pela liberdade positiva da democracia (tornando o liberalismo, de algum modo, antiliberal). Mas não poder se realizar de forma plena — tanto quanto não o pode o ideal socialista, que promete igualdade e o fim da opressão, mas para tentar entregar aquela intensifica esta — não implica que seus valores devam ser descartados, e sim dialetizados, limitados pelos valores opostos.

Em que condenar o liberalismo, in totum, por conta das efetivas contradições dos liberais dos séculos XVII, XVIII e XIX difere de condenar, por exemplo, a democracia, in totum, por causa da democracia grega destituída de *demos* (essencialmente igual ao liberalismo anglo-europeu do período escravista: ambos campeões da própria liberdade e opressores de outros grupos sociais); ou a república, por conta da Roma também escravista; ou, entre nós, brasileiros, do fato de que nosso movimento republicano mais importante, o dos conjurados de Vila Rica, não ter sido abolicionista; ou o socialismo, por conta das experiências totalitárias do século XX? É preciso recusar essa posição categórica e isolar os princípios e os valores das doutrinas e formas de governo — liberalismo, socialismo, democracia, república etc. — das formas históricas em que eles de fato se realizaram. É evidente que suas concretizações dizem algo sobre eles. Dizem, repito, que o princípio liberal de não intervenção do Estado, quando categórico, é incompatível com a universalidade dos direitos dos indivíduos. Dizem também que o princípio igualitarista da tradição socialista, quando categórico, é incompatível com os direitos individuais. Dizem ainda que a república pode ser um significante vazio o suficiente para admitir um governo oligárquico — logo, oposto ao bem público — quando estiver sob a arquitetura meramente formal de um regime constitucional. E por aí vai. Mas essas concretizações históricas não dizem *tudo* sobre as doutrinas e formas de governo. Primeiro, porque a perspectiva universalista vai se adensando de maneira gradual ao longo dos séculos, e esse processo se encontra em movimento até hoje. O universalismo dos direitos foi aos poucos se estabelecendo como um valor difícil de ser refutado, ao menos de forma aberta. Mas, de modo ainda mais fundamental, porque os princípios dos diversos regimes e das diversas doutrinas podem e devem ser aperfeiçoados, de modo a não repetir os erros de suas encarnações passadas e presentes. Para tanto, devem ser combinados com os princípios dos regimes e das doutrinas opostos — as ênfases sendo determinadas pelas características específicas de cada sociedade —, produzindo um equilíbrio social nunca perfeito, mas o mais aproximativo possível.

Outro problema do método de Losurdo é o anacronismo. Cada indivíduo ou corrente de pensamento deve ser *julgado* (o que é diferente de pensado ou compreendido) com base no horizonte ideológico de sua própria época, e não da época julgadora. A escravidão — embora não com as características que ganharia com a expansão do capitalismo colonialista e do qual viria a ser a justificativa ideológica — foi praticada por inúmeras sociedades, inclusive africanas e indígenas, e defendida desde Aristóteles, que, como se sabe, considerava que havia homens naturalmente escravos, nascidos para a servidão. Não quero dizer com isso que a escravidão fosse inteiramente recalcada e naturalizada nos séculos XVIII e, por óbvio, XIX. Já havia um debate sobre o tema, e muitos percebiam a gravidade do problema. Iniciava-se ali, no século XVIII, um movimento de pensamento abolicionista. Mas a média da sensibilidade ideológica e moral da época estava longe da que existe hoje, quando a escravidão é um horror absolutamente inaceitável por quase toda a população de quase todo o mundo (plutocratas sociopatas à parte). Desse modo, é possível que, sob tal perspectiva anacrônica, dentro de algumas décadas o veganismo seja uma condição sine qua non, embora não exclusiva, para escapar à condenação moral. Segundo seus próprios critérios, a obra de Losurdo poderia ser jogada na lata de lixo da história — ou submetida à pergunta de indisfarçável natureza retórica: "Losurdo era mesmo de esquerda?" —, caso se soubesse que ele era um carnívoro inveterado, ou mesmo que defendia a abolição apenas gradual da pecuária intensiva. E, assim como no século XVIII em relação à escravidão, hoje já existe uma sensibilidade difundida contra a matança industrial de animais, mas a sensibilidade média e a prática da maior parte da população a contraria. Não faria sentido descartar a contribuição de Losurdo por ele ser carnívoro (o argumento, lembro, é hipotético: desconheço qual era a dieta do filósofo italiano).

Aqui é oportuno um esclarecimento sobre o problema do anacronismo. O teórico da arte Georges Didi-Huberman critica as limitações do que chama de "regra de ouro" dos historiadores: procurar compreender um objeto dentro da perspectiva epocal em que ele emergiu. Ou seja, recusar o anacronismo:

Não "projetar", como se diz, nossas próprias realidades — nossos conceitos, nossos gostos, nossos valores — sobre as realidades do passado, objetos de nossa investigação histórica. Não é evidente que a "chave" para compreender um objeto do passado encontra-se no próprio passado e, mais ainda, *no mesmo passado* que o passado do objeto?[10]

Para Didi-Huberman, entretanto, "os contemporâneos, com frequência, se compreendem menos do que indivíduos separados no tempo: o anacronismo atravessa todas as contemporaneidades". Desse modo, "o anacronismo é necessário, o anacronismo é fecundo quando o passado se revela insuficiente, até mesmo constitua um obstáculo à sua incompreensão".[11]

Pois bem, o anacronismo que identifico e critico em Losurdo não consiste exatamente em descumprir essa "regra de ouro". O problema não é tanto que Losurdo julgue o liberalismo clássico a partir de concepções posteriores a ele, e sim que não contempla a possibilidade de o liberalismo se transformar segundo o sentido dessas concepções. O anacronismo de Losurdo, paradoxalmente, condena seu objeto ao passado. A proposta que avanço não tem como objetivo seguir a "regra de ouro" dos historiadores: não me interessa compreender a tradição liberal a partir de seu próprio horizonte epocal; ao contrário, o que afirmo é o aproveitamento de seus princípios fundamentais, mediante uma relativização de sua perspectiva, no contexto do mundo contemporâneo. Minha perspectiva é, portanto, menos histórica do que *pragmática*.

As perguntas que Losurdo não se cansa de fazer — "Eram liberais a Inglaterra e os Estados Unidos nos séculos XVIII e XIX?";[12] eram liberais fulano, sicrano e beltrano? etc. — não são as mais importantes para o presente e o futuro. Losurdo apresenta provas contundentes e incontornáveis da insustentabilidade do termo "liberal" — entendido como defesa da universalidade dos direitos do indivíduo — enquanto descritivo dessas sociedades. Em vez de liberais, deveriam ser chamadas, com razão, de "individualistas proprietárias".[13] Elas são baseadas na propriedade privada. Mas até nisso são extremamente desiguais; a propriedade privada respeitada é aquela dos grandes proprietários brancos, originadas, de resto, em despudoradas expropriações (dos indígenas, nos Estados Unidos; dos camponeses, na Inglaterra). E mesmo a palavra "individualista" não descreve de maneira adequada essas sociedades, pois só a mesma elite branca proprietária era tratada como indivíduo. "Os excluídos são assimilados pela classe dominante a instrumentos de trabalho, a máquinas bípedes, sentem negada a sua qualidade de homens e de indivíduos."[14] Portanto, o que define as sociedades estadunidense e inglesa dos séculos XVIII e XIX, soi-disant liberais, é o fato de que elas são largamente esvaziadas do universalismo que deveria garantir à defesa dos direitos individuais o nome de liberal. No fundo, são sociedades ainda aristocráticas, mas baseadas não na hereditariedade, e sim no latifúndio escravista. Mas essa é a resposta certa para a pergunta errada, na medida em que não determina as possibilidades do futuro. A pergunta certa, basicamente, é: "Há na doutrina liberal princípios e valores que, embora não tenham sido realizados de forma universal nas sociedades inspiradas pelo liberalismo, podem vir a sê-lo, mediante correções?". A resposta é afirmativa, e nada importa que o resultado final de uma sociedade que assuma esses princípios e os corrija não possa ser chamado de liberal. *Tant pis* para os puristas.

A propósito, considerando que o objetivo do presente livro é propor caminhos para o Brasil, é oportuno questionar a definição da sociedade brasileira como liberal ou neoliberal (infelizmente, os termos se confundem, muitas vezes por estratégia eleitoral). O Brasil atual é neoliberal sobretudo na capacidade de os donos do poder rebaixarem muito o horizonte equalizador do Estado. De resto, temos traços neoliberais (livre-mercado, alguma abertura econômica, privatização de alguns setores, flexibilização de leis trabalhistas etc.); traços social-democratas (carga tributária bruta alta, gastos sociais altos, Previdência Social em regime de partilha, Sistema Único de Saúde, Benefício de Prestação Continuada, Auxílio Brasil, que substituiu o Bolsa Família); e traços clientelísticos, patrimonialistas, corporativistas (que orientaram e seguem orientando muitas vezes a atuação do Estado brasileiro, seja na corrupção crônica junto aos agentes privados, seja por meio do lobby de grupos organizados de interesse, como se pode depreender da estrutura do funcionalismo, feita de privilégios e disparidades, e de políticas públicas como os subsídios do BNDES, que desse modo distorceram a perspectiva universalista, igualitária, seja da atuação do Estado — segundo o modelo social-democrata —, seja o de sua ausência, conforme o modelo neo, ou, mais ainda, ultraliberal).

Na composição dessa fisionomia, o que prevalece no *ar de família* brasileiro são os traços clientelísticos e patrimonialistas. Óbvio, não são os social-democratas (como um país recordista mundial em desigualdades poderia se autodeclarar social-democrata?). Tampouco os liberais, pois o liberalismo, idealmente, deveria garantir formas igualitárias de concorrência, via regulação (de sentido negativo) do Estado. Ao contrário, o que vigora no país são grupos organizados de interesse agindo de dentro para fora e de fora para dentro do Estado, para que ele atue de forma a manter privilégios e desigualdades. Assim, os supersalários dos servidores do Poder Judiciário voam acima do radar de qualquer reforma administrativa; a revisão de subsídios é bloqueada pelos industriais; no campo da reforma tributária, a proposta de reduzir a complexidade ineficiente dos impostos por meio da adoção de uma alíquota única para bens e serviços esbarra no lobby do setor que se sente prejudicado; no mesmo campo, os ricos e super-ricos conseguem há décadas transformar em tabu uma reforma que aumente a alíquota máxima do Imposto de Renda da Pessoa Física (IRPF), acabe com a jaboticaba da isenção a lucros e dividendos, aumente o imposto sobre transmissão de herança, e por aí vai.

De volta a Losurdo, a contribuição de sua *Contra-história do liberalismo* é, por um lado, fundamental e urgente: seu compêndio teratológico das sociedades pretensamente liberais evidencia de forma irrefutável que o show de horrores que se desdobrou e continua a se desdobrar sob sua égide é tão inaceitável quanto as aberrações produzidas nas sociedades socialistas do século XX, com as quais, entretanto, a sensibilidade liberal — porque liberal, isto é, imersa em uma ideologia liberal e nos interesses da classe burguesa — costuma se chocar muito mais.

Assim, é preciso lembrar que as plantations se parecem com campos de concentração para negros. Como observa Mbembe: "A própria estrutura do sistema de plantation e suas consequências manifesta a figura emblemática e paradoxal do estado de exceção".[15] As emigrações forçadas dos indígenas, "as sucessivas deportações impostas pelos brancos",[16] são engenharia social total para determinada categoria da população. A exclusão da fruição dos direitos civis e políticos confere aos negros livres nos Estados Unidos do século XIX um estatuto civil e político comparável ao que qualquer indivíduo tem sob um regime totalitário. Em suma: as sociedades liberais mobilizam um *totalitarismo seletivo*. Ou seja, seus regimes não são totalitários para todos, mas o são para determinados grupos. E, claro, não é difícil encontrar formas análogas de servidão ou de violações sistemáticas a direitos políticos, civis e humanos nas sociedades de passado e presente altamente liberais dos séculos XX e XXI. Para um brasileiro que mora na zona sul do Rio de Janeiro, como eu, basta andar duzentos metros para estar diante de uma favela — um território que convive cotidianamente com o estado de exceção, não apenas sob a impotência do Estado, mas por meio de sua ação direta.

Conta-se, a propósito, que quando algum emissário do Ocidente lhe fazia perguntas sobre execuções de fundo político, Lênin costumava replicar: "Quem é que está interessado em saber disso? Os estadistas que acabam de enviar à morte 16 milhões de homens?".[17] Recentemente, Vladímir Putin atualizou a resposta de seu homônimo bolchevique. Perguntado sobre o que tinha achado da declaração do presidente dos Estados Unidos, Joe Biden, que o chamara de "assassino", o autocrata russo afirmou que o americano *estava se olhando no espelho*: "Cada um chama o outro daquilo que ele mesmo é". E lembrou que a história estadunidense tem origem no extermínio de populações indígenas e se formou com os horrores da escravidão.

Entretanto, é inaceitável que essa comparação sistemática entre os males das sociedades liberais e os das sociedades socialistas ou iliberais, do passado e do presente, seja feita de modo a "passar pano" para estas últimas. Aí a teratologia comparada perde seu sentido, pois podemos — e devemos — recusar ao mesmo tempo os dois termos da comparação. Contudo, essa foi a nota dominante da recente promoção da obra losurdiana no Brasil.

A tentativa de relativização dos horrores da experiência socialista no século XX nos obriga a discutir o sistema tal como efetivamente ocorreu (e não ocorreu) na União Soviética, em suas possibilidades e seus impasses teóricos.

A vulgata da crítica ao pensamento marxiano não está errada, penso, ao dividir seus argumentos políticos fundamentais em duas linhas, julgando-as de modos opostos. Assim, a crítica ao Estado burguês permanece original e aguda no seu sentido decisivo, embora o desenvolvimento do capitalismo no século XX tenha obrigado que fosse relativizada. Por outro lado, a tese do desaparecimento do Estado mediante a abolição de classes produzida pelo socialismo foi absolutamente desmentida pela história, e não é difícil localizar as falhas teóricas que conduziram a esse destino.

Começando pela crítica ao Estado burguês, para a perspectiva marxista, como se sabe, a democracia é o regime do poder do Estado, não do povo. O Estado supostamente é a representação da heterogeneidade das classes e de seus interesses, sendo uma instância mediadora de conflitos. Mas só supostamente, porque na verdade ele é a representação dos interesses da classe dominante. A conclusão lógica é que a democracia é o regime de poder dessa classe. Uma democracia burguesa, portanto, assim como a república, é apenas a nova forma de dominação de classe que veio substituir a monarquia, antiga forma de dominação de classe. Como observa Engels,

> o Estado nasceu da necessidade de conter o antagonismo das classes, e como, ao mesmo tempo, nasceu em meio ao conflito delas, é, por regra geral, o Estado da classe mais poderosa, da classe economicamente dominante, classe que, por intermédio dele, se converte também em classe politicamente dominante e adquire novos meios para a repressão e a exploração da classe oprimida.[18]

O Estado, agora nas palavras de Lênin,

> é o produto e a manifestação do caráter inconciliável das contradições de classe. O Estado surge onde, quando e na medida em que as contradições de classe não podem objetivamente ser conciliadas. E inversamente: a existência do Estado prova que as contradições de classe são inconciliáveis.[19]

O Estado é, desse modo, a suprema entidade ideológica, tal como este termo, "ideologia", deve ser entendido a partir de *A ideologia alemã*, de Marx e Engels:[20] ocultamento dos reais sentidos das relações econômicas e sociais, que aparecem naturalizadas, desconectadas de sua origem e sentido históricos, e mobilizadas para a defesa do interesse das classes dominantes (enquanto, em sentido coloquial, não conceitual, a palavra "ideologia" designa qualquer conjunto de ideias que forma determinada narrativa, perspectiva sobre o mundo, como as ideologias liberal ou socialista). O teórico marxiano e biógrafo de Marx José Paulo Netto, citando um texto menor do autor alemão, observa que a totalidade das relações de produção, que forma a estrutura econômica da sociedade, é a "base real" que determina a superestrutura jurídica e política "à qual correspondem formas sociais determinadas de consciência".[21] Portanto, "não é a consciência dos homens que determina o seu ser, mas, ao contrário, é o seu ser social que determina a sua consciência".

Desse modo, na medida em que o Estado é percebido como construção ideológica, ardil de classe para legitimar sua dominação econômica por novos meios, jurídico-políticos, toda perspectiva de democratização por meio dele estaria condenada ao fracasso. A observação histórica o confirmaria em certa medida. O célebre mote da tragédia repetida como farsa, formulação de Marx a partir de Hegel, aparece como leitura da sucessão de acontecimentos na França desde a instauração da Segunda República, em 1848, até o golpe de Luís Bonaparte, encerrando a breve experiência da república social. Marx vê o processo como a repetição às avessas — logo, como farsa — do que foi a revolução de 1789. A farsa não se refere apenas ao golpe do Bonaparte sobrinho, repetindo, em 2 de dezembro de 1851, o gesto ditatorial realizado pelo tio no 18 de brumário de 1799, mas também a toda a dinâmica invertida: se em 1789 o governo dos constitucionalistas conduziu ao dos girondinos, e daí aos jacobinos, de modo que a "Revolução se moveu numa linha ascendente",[22] em 1848 ocorreu o contrário, com o partido proletário cedendo lugar ao partido democrático, este ao partido republicano burguês, que por sua vez foi escanteado pelo Partido da Ordem, desembocando no golpe de Luís Bonaparte. "Desse modo, a revolução se moveu numa linha descendente." A dinâmica reforçaria a ideia de que o Estado burguês não leva ao aprofundamento da democracia, mas tende a resistir à perda do controle, regenerando seu domínio. Daí a postura firme de Marx ao longo da vida na recusa de qualquer perspectiva meramente social-democrata, isto é, que confiasse ao Estado burguês o objetivo de promover igualdades.

Daí também que Lênin — o homem que transformaria o marxismo em "prática revolucionária organizada", na definição de Florestan Fernandes[23] — procuraria formar um partido revolucionário, em radical demarcação de distância em relação aos social-democratas de seu tempo, os SRs e mencheviques, que, por sua relação com o Estado, Lênin não considerava "de modo nenhum socialistas [...] mas democratas pequeno-burgueses com uma fraseologia quase socialista".[24] Em *O Estado e a revolução*, Lênin reafirma a perspectiva marxista de que o Estado social-democrata, ou liberal-social, ou qualquer nome que se queira dar a um projeto que encare o Estado como instância de mediação e redistribuição, é uma "utopia pequeno-burguesa" que conduz "na prática à traição dos interesses das classes trabalhadoras".[25]

Essa percepção do Estado leva logicamente à necessidade de sua abolição. Daí que a democracia não seja o horizonte do marxismo — seria a superação do próprio Estado, mesmo aquele controlado pelos proletários, após a revolução. Tal superação deveria acontecer também logicamente, mediante o fim das classes, já que o Estado é a expressão de seus conflitos. Por que essa previsão falhou de forma tão categórica?

Talvez porque a teoria de Marx não se apoie sobre nenhuma teoria do sujeito pertinente. Em Hobbes, o homem é o lobo do homem; para Maquiavel, o homem é sempre atraído pelo abuso do poder; Montesquieu, em *Do espírito das leis*, também afirma constituir uma "experiência eterna o fato de todo homem que detém poder ser levado a dele abusar; avança até onde encontra limites";[26] Hegel pensa sobre a luta por reconhecimento; Nietzsche, sobre a vontade de poder; para a perspectiva evolucionista darwiniana, há na espécie humana uma tensão entre a orientação coletiva (que na origem era o instinto de defesa do grupo) e a orientação particular; Freud apresenta um sistema psíquico em que uma dimensão impele o sujeito a realizar suas pulsões no mundo, tendo que ser limitada por outra dimensão, que é a interiorização, em etapa avançada da história, das interdições sociais — em suma, há diversas teorias que pensam o sujeito como movido por uma força de dominação, de exercício ilimitado de poder, que deve ser controlada de alguma forma.

Para o marxismo, entretanto, as relações de força e dominação não se dão entre sujeitos, mas apenas entre classes; logo, com estas extintas, desapareceriam aquelas. O crítico estadunidense Edmund Wilson, em seu monumental ensaio crítico--histórico-biográfico *Rumo à estação Finlândia*, observou que

> Marx compreendia tanto o sórdido interesse próprio e sua capacidade de iludir-se como o orgulhoso espírito humano que se liberta da degradação e da opressão. Contudo, tendia a considerar tais coisas exclusivamente como produtos da especialização de classe, e não impulsos mais ou menos comuns a toda a humanidade, que podem se manifestar, ou estar latentes, em pessoas de todas as classes.[27]

Em outras palavras, em Marx não há uma teoria do sujeito, e sim uma teoria das classes. "A classe dominante da era capitalista nunca fizera por vontade própria outra coisa que não roubar os pobres em benefício do seu bem-estar, mas a classe dominante da ditadura do proletariado jamais pensaria em abusar de seu poder."[28] Ora, há nisso uma evidente contradição: se a exploração social decorre da posição relativa das classes, se o "sórdido interesse próprio" é "produto da especialização de classe", uma vez que a classe dominada passe a ser dominadora *logicamente* ela deveria exercer o mesmo papel. Isso impediria, ainda *logicamente*, a suposta transição da ditadura do proletariado para a sociedade comunista. Foi o que aconteceu. Conforme observou Norberto Bobbio, a ilusão de Marx "era a de que se pudesse evitar o problema de como se governa jogando tudo sobre quem governa: dos poucos burgueses às massas proletárias".[29] Mas, não: os proletários, para além de uma classe, são também sujeitos. E, como tal, se não forem limitados, logo se transformarão — os que tiverem a oportunidade — em uma classe tão mais opressora quanto menos existirem instrumentos de limitação de seu poder.

Como também observou Bobbio, "a originalidade de Marx consiste no fato de que ele é, talvez, o primeiro escritor político a unir uma concepção realista do Estado a uma teoria revolucionária da sociedade".[30] Os pensadores políticos realistas tinham uma visão pessimista do homem. Para Hobbes, Maquiavel e Lutero, o Estado deveria ser fundado pela força, impondo-a como controle das tendências dominadoras dos homens. Mas essa mesma tradição via essa força como "destinada a atuar para o 'bem comum', o 'interesse geral', a 'justiça', e assim por diante: e um Estado que não perseguisse esses nobres fins era um Estado corrupto, e não um verdadeiro Estado".[31] Marx é o primeiro pensador a identificar e denunciar o caráter ideológico dessa perspectiva. O Estado não serve ao interesse geral, mas ao da classe dominante, da qual ele é o mantenedor fundamental de poder. Do mesmo modo, o Estado deixa de ser o âmbito que supera o estado de natureza e a sociedade pré-estatal, instâncias das paixões egoístas, e passa a ser percebido como a sua perpetuação, agora em forma ideológica e jurídica. Em sua *Crítica do programa de Gotha*, Marx pergunta com ironia: "As relações econômicas são reguladas por conceitos jurídicos ou, ao contrário, são as relações jurídicas que derivam das relações econômicas?".[32] Portanto, o Estado, para o realismo agudo de Marx, não é "o domínio da razão", como em Hobbes, mas antes uma razão dominadora. Não deixa de surpreender que uma visão tão corrosiva coabite com outra tão idealista sobre o sujeito, ou ao menos o sujeito revolucionário.

O idealismo sofreu *as duras réplicas* da história, de que falava Hegel. O Estado não desapareceu, porque restaram os sujeitos, irredutíveis às classes. E os sujeitos em questão — com Stálin e o Politburo à frente — não estavam limitados por mecanismos constitutivos de um Estado de direito (mas tampouco por uma democracia proletária vibrante, feita de liberdades políticas ilimitadas, como defendia Rosa Luxemburgo). Porque, afinal, o direito é burguês, assim como o Estado. Essa é uma das razões, como se sabe, pela qual praticamente não existe uma teoria marxista-leninista do Estado. Em Marx e Engels há apenas análises breves de experiências revolucionárias — notadamente a dos *communards* parisienses —, que quebraram o Estado burguês e esboçaram novas formas de organização. "Esboçaram" é o termo, pois as comunas não tiveram mais de dois meses antes de serem esmagadas pelo governo de Thiers. O marxismo-leninismo estava fadado a produzir apenas uma crítica do Estado burguês, uma vez que seu horizonte de realização era a abolição total do Estado. Segundo essa perspectiva — e aí reside seu erro fundamental —, *o poder é sempre do outro*. Não surpreende que tenha sido um grande anarquista, logo especializado em detectar e criticar todas as formas de poder, um dos primeiros a perceber, ainda em meados dos anos 1840, o potencial de formação de um poder destituído de autocontenção no pensamento marxista. Marx convidara Proudhon para participar de uma correspondência entre comunistas de diversos países. O anarquista francês aceitou, porém com cautela, e tomou "a liberdade de fazer certas reservas, inspiradas por diversas passagens de sua carta". E então escreveu a Marx:

> Pelo amor de Deus, depois de demolirmos todos os dogmatismos a priori, evitemos a todo custo as tentativas de instilar outro tipo de doutrina no povo [...]. Aplaudo com entusiasmo sua ideia de trazer à luz toda a variedade de opiniões; façamos uma polêmica boa e sincera, mostremos ao mundo um exemplo de tolerância esclarecida e clarividente; mas não nos coloquemos, simplesmente por estarmos à testa de um movimento, na posição de líderes de uma nova intolerância; não nos arvoremos em apóstolos de uma nova religião — ainda que seja esta a religião da lógica, da própria razão.[33]

Já na tradição liberal, e porque os autores eram membros da classe dominante (ou emergente, quando se trata de autores que prepararam o espírito das revoluções burguesas em seus países), existe uma vasta crítica ao poder em si. Comparemos as cartas em que critica o programa de Gotha ou o livro *A guerra civil na França*, de Marx, com *Do espírito das leis*, de Montesquieu, ou os artigos reunidos em *O federalista*, de Alexander Hamilton, James Madison e John Jay. As obras de Montesquieu e dos constitucionalistas americanos fornecem um arcabouço complexo e sofisticado para que o poder do Estado liberal seja autolimitado, enquanto o pensamento sobre o Estado proletário produzido por Marx não vai muito além da afirmação da intenção de superá-lo. E sobre a sociedade comunista, temos apenas notas vagas e abstratas sobre a sua natureza e o seu sentido, além da exaltação das formas experimentais dos *communards*, que não tiveram tempo de se provar historicamente.

Assim, as notas ao programa de Gotha se detêm basicamente em dois pontos: a) criticar a perspectiva social-democrata (no caso, lassaliana), que se contenta com a distribuição de renda e de riqueza, ignorando os avanços teóricos próprios ao marxismo, que consistem em questionar o modo de produção social da renda e da riqueza, a fim de superá-lo; e b) explicitar a diferença entre a sociedade socialista recém-nascida de um ventre burguês — a ditadura revolucionária do proletariado — e a sociedade propriamente comunista, que deveria surgir da primeira. Na ditadura do proletariado, vigoraria de modo inevitável, a princípio, o "igual direito", isto é, a perspectiva (verdadeiramente) meritocrática segundo a qual cada trabalhador receberia o equivalente à sua contribuição social por meio do trabalho, já anulada a mais-valia vigente nas relações capitalistas. Mas a sociedade propriamente comunista deveria superar essa perspectiva do "igual direito" rumo a uma sociedade regida por um princípio capaz de conter a perspectiva de uma desigualdade intrínseca aos sujeitos, que interfere tanto na sua capacidade de trabalho quanto nas suas necessidades de consumo. Decorre desse raciocínio a célebre máxima: "De cada um segundo suas capacidades, a cada um segundo suas necessidades".[34] As notas críticas ao programa de Gotha são essencialmente uma defesa dos princípios da sociedade comunista, para além da mera social-democracia e da fase transitória da ditadura do proletariado. Mas permanece ausente um conjunto de formulações sobre os problemas contidos nessa transição e os meios para superá-los.

Tratando da primeira experiência de autogoverno dos trabalhadores na história, Marx afirma que "o primeiro decreto da Comuna ordenava a supressão do exército permanente e sua substituição pelo povo armado".[35] Lênin prossegue a análise, observando que, em seguida, a Comuna estabeleceu "plenas elegibilidade e revogabilidade de todos os funcionários públicos".[36] E, examinando o estudo de Engels *Sobre a questão da moradia*, afirma, ainda a respeito do Estado proletário: "Tudo isso exige determinada forma de Estado, mas não exige de maneira nenhuma um aparelho militar e burocrático especial, com funcionários beneficiando-se de uma situação especialmente privilegiada".³⁷ Que as experiências históricas efetivas de sociedades socialistas, fundadas pela tradição marxista, tenham se realizado justamente como aparatos colossais de polícia, burocracia e terror — "essa terrível corporação de parasitas", na definição do próprio Marx em *O 18 de brumário de Luís Bonaparte*³⁸ — não é apenas uma ironia, como também o atestado irrefutável de que, nessa tradição, a crítica ao Estado burguês é tão pertinente e primorosa quanto a lógica segundo a qual o Estado desapareceria é utópica e falsa, pelas razões já expostas. A ausência de uma teoria do Estado socialista, de como limitar o seu poder, acabou concentrando um poder ilimitado nas mãos do partido, que, como observou Bobbio, "terminou por tornar-se ele mesmo o Estado".³⁹ Desse modo, o marxismo-leninismo não levou ao desaparecimento do Estado, mas à sua forma máxima. "Por fim", dizia Lênin, "só o comunismo torna o Estado inteiramente supérfluo, porque não há mais *ninguém* a coagir."⁴⁰ Ao contrário, o socialismo na União Soviética substituiu a coação da maioria trabalhadora pela de uma maioria ainda maior, na verdade total, já que o terror incidia até sobre a nova classe burocrática, formada pela elite bolchevique.

Aqui se abre o debate sobre o totalitarismo.

Debater a categoria de totalitarismo é importante porque o que está em jogo é a disputa entre recusar com veemência ou relativizar determinadas experiências do século XX. Ambas as posições exigem procurar compreender a especificidade dessas experiências e por que elas aconteceram, isto é, quais foram (e podem voltar a ser) suas precondições sociais e teóricas.

São duas as principais críticas ao conceito de totalitarismo. A primeira consiste em questionar a pertinência de uma noção que privilegia semelhanças entre dois regimes de sentido político diametralmente opostos: a Alemanha nazista e a União Soviética stalinista. A outra pretende esvaziar não essa comparação, mas a própria imagem de um nec plus ultra do horror, evocando a série inumerável de terrores produzidos sob a égide de sociedades supostamente democráticas e liberais.

Hannah Arendt, autora da obra que viria a estabelecer mundialmente o conceito de totalitarismo a partir dos anos 1950, *Origens do totalitarismo*, por óbvio não ignorava as diferenças entre Alemanha nazista e União Soviética stalinista. A começar pelo sentido essencial de seus projetos: o objetivo do marxismo-leninismo era a produção de uma sociedade radicalmente produtora de igualdade de direitos políticos e econômicos e emancipada de qualquer opressão; o objetivo do nazismo era a aniquilação de "raças inferiores" e o estabelecimento global de uma *Gemeinschaft* fundada na supremacia da raça ariana. Essas diferenças, conquanto fundamentais, não abolem, entretanto, a existência de analogias também fundamentais, que garantem a pertinência do conceito de totalitarismo. A começar pela deformação profunda do sentido desses projetos sociais — mesmo o do nazismo — pela natureza ultraideológica que os caracteriza. Pois "é da natureza das políticas ideológicas", observa Arendt, "que o verdadeiro conteúdo da ideologia (a classe trabalhadora ou os povos germânicos), que originalmente havia dado azo à 'ideia' (a luta de classes como lei da história, ou a luta de raças como lei da natureza), seja devorado pela lógica com que a 'ideia' é posta em prática".[41] Em outras palavras, um dos traços fundamentais dos regimes totalitários é que neles a ideologia sacrifica o objetivo concreto e a meta estabelecida pelo próprio movimento social, avassalador e indeterminado. Na dinâmica ideológica totalitária, a lógica se aliena da ideia e, como na conhecida metáfora da bicicleta, é necessário se manter em movimento para não cair. A despeito, portanto, da diferença entre as sociedades, o que importa a Arendt é identificar as analogias que as uniam e distinguiam das tiranias e ditaduras conhecidas até então.

Nesse sentido, nenhuma ditadura nunca tinha atingido um domínio social total, capaz de vigiar, controlar e punir todas as dimensões da vida de todos os indivíduos: sua liberdade de ir e vir, de escolher uma profissão ou um lugar para morar, sua liberdade de se defender do Estado, de fazer oposição política, sua liberdade de se expressar e mesmo de pensar — já que a ultraideologia se tornava uma espécie de novo superego, completamente introjetada pelos indivíduos. O *ABC do comunismo*, de Nikolai Bukhárin e Ievguêni Preobrajenski, revela a desejada natureza do sistema soviético e o lugar que nela ocupa o indivíduo:

> A direção principal será confiada a vários tipos de departamentos de contabilidade ou agências de estatística. Ali, a cada dia, será feito o cômputo da produção e de todas as suas necessidades; também será decidido para onde devem ser mandados trabalhadores, de onde eles devem ser retirados e quanto trabalho há para ser feito. E visto que, desde a infância, todos estarão acostumados ao trabalho social, e já que todos compreenderão que tal trabalho é necessário e que a vida se desenvolve mais facilmente quando tudo é feito de acordo com um plano preestabelecido, e quando a ordem social é como uma máquina bem ajustada, tudo funcionará de acordo com as indicações da agência de estatística.[42]

Esse domínio total da máquina bem ajustada, afirma Arendt, "é a única forma de governo com a qual não é possível coexistir".[43] Isto é, não é possível para a sociedade inteira, exceto a elite político-burocrática dirigente e suas polícias secretas (ou exceto apenas o líder máximo, pois nem aquelas estão seguras), coexistir com o regime.

A objeção que consiste em evocar os regimes escravocratas como comparavelmente aterradores é a um tempo pertinente e impertinente. Pertinente, claro, no que diz respeito ao caráter igualmente inaceitável desses regimes, mas impertinente na tentativa de anular a especificidade do conceito de totalitarismo. Os regimes escravocratas configuravam uma espécie de *totalitarismo parcial*. As pessoas negras escravizadas não podiam coexistir com o regime, para usar a palavra de Arendt. As sociedades escravocratas são marcadas e definidas por uma diferença ontológica: as pessoas brancas são indivíduos (alguns mais que outros), as pessoas negras são coisas. Já as sociedades totalitárias são definidas pela transformação de todos os indivíduos em massa submetida a propaganda ideológica, engenharia social e terror. Sua ideia de domínio é "a dominação permanente de todos os indivíduos em toda e qualquer esfera da vida".[44] Na mesma lógica argumentativa, as sociedades contemporâneas nas quais grande parte da população é radicalmente explorada não são aceitáveis, mas tampouco podem ser chamadas de totalitárias. Nelas, a diferença ontológica permanece como os efeitos incancelados da escravidão; pessoas que moram em determinados territórios são submetidas a um Estado de exceção, a ideologia liberal sustenta a necropolítica, o enfraquecido Estado protetor convive com o intensificado Estado predador, e por aí vai. O conjunto é, repita-se, inaceitável, mas complexo, tenso, contraditório — fundamentalmente diverso, portanto, das características que permitem falar de regimes totalitários.

A dominação total que caracteriza esses regimes é feita dos seguintes fatores, entre outros. Quanto à perseguição da oposição, vigora de saída a figura dos "inimigos objetivos" (burgueses, *kulakis*, judeus), isto é, indivíduos pertencentes a classes sociais ou "raças inferiores", a ser eliminados apenas por isso. Mas também, no caso da União Soviética, a velha intelligentsia, os inimigos culturais e intelectuais que foram perseguidos, deportados ou assassinados no período da Revolução cultural, cuja face mais conhecida e caricata é o realismo socialista zhdanovista. Além disso, diferentemente da perseguição à oposição política nos regimes ditatoriais, no regime totalitário qualquer indivíduo é um opositor em potencial, mesmo que não tenha cometido nenhum ato direto contra o regime e quando já não há mais nenhuma oposição ou facção, quando até o mero dissenso no interior do partido é silenciado por pavor. Ainda assim, qualquer indivíduo pode ser vítima de terror, pois acusá-lo e puni-lo serve ao propósito de reafirmar o laço grupal (laço de massas) identificatório, ou seja, a ideologia necessária para manter as massas cúmplices do terror de que elas mesmas são vítimas. "É compreensível que as convicções de um nazista ou bolchevista não sejam abaladas por crimes cometidos contra os inimigos do movimento", observa Arendt. "Mas o fato espantoso", prossegue,

> é que ele não vacila quando o monstro começa a devorar os próprios filhos, nem mesmo quando ele próprio se torna vítima da opressão, quando é incriminado e condenado, quando é expulso do partido e enviado para um campo de concentração ou de trabalhos forçados. Pelo contrário: para o assombro de todo o mundo civilizado, estará até disposto a colaborar com [...] a própria sentença de morte, contanto que o seu status como membro do movimento permaneça intacto.[45]

Perseguição, ideologia, paranoia e terror estão inextricavelmente articulados. Em 1936, numa proclamação, Stálin afirmou: "A qualidade inalienável de cada bolchevista nas condições atuais deve ser a capacidade de reconhecer um inimigo do Partido, não importa como ele se disfarce".[46] Conclamava-se, portanto, a transformar cada indivíduo em um delator. Obviamente isso cria uma dinâmica em que se delata sem qualquer fundamento, apenas por medo de que, ao não fazê-lo, o indivíduo possa ser acusado de frouxidão, de apatia, e logo de traição à causa, se tornando o delatado. A capacidade de envolver a sociedade civil (se é que essa expressão ainda faz sentido nesse contexto) nos atos terroristas do Estado exige uma ideologia totalizante, que mobiliza a sociedade inteira. "A organização de toda a textura da vida segundo uma ideologia só pode realizar-se completamente sob um regime totalitário."[47]

Não só a ideologia dos governos totalitários é ubíqua, como também é diferente daquelas vigentes em outros regimes. A ideologia liberal, por exemplo, é organizada segundo razões materiais (o aumento da riqueza) e valores associados ao prazer e ao bem-estar (o conjunto das liberdades). Já a ideologia totalitária apresenta um "supremo desprezo pelas consequências imediatas", "desdém em relação aos motivos utilitários" e um idealismo a toda prova, ou seja, "a fé inabalável num mundo ideológico fictício".[48] Em suma, a ideologia totalitária, em sua "pretensão de explicação total", fundada em sua natureza pseudocientífica, torna-se capaz de "libertar o pensamento da experiência e da realidade".[49] Quando a ideologia atinge esse ponto, o totalitarismo é irresistível. Já não há nada mais fora dele para contestá-lo. Nem os indivíduos, imersos na ficção ideológica; nem a realidade, submersa pela mesma ficção; nem a história, que se torna mera profecia autocumprida.

Em um de seus ensaios contra o colonialismo, a filósofa Simone Weil observa: "O hitlerismo é a aplicação dos métodos de conquista e dominação coloniais pela Alemanha ao continente europeu e, de maneira mais genérica, aos países de raça branca".[50] No ensaio em que reúne argumentos para criticar o conceito arendtiano de totalitarismo, "Para uma crítica da categoria de totalitarismo", Losurdo começa por lembrar que o debate sobre regimes totalitários, antes da intervenção de

Hannah Arendt, era mais complexo. Autores ligados ao marxismo, como Adorno, Horkheimer e Simone Weil, associavam esses regimes ao imperialismo e ao colonialismo. Por outro lado, autores liberais, como Hayek, os associavam justamente à tradição marxista. "A partir da publicação de *Origens do totalitarismo*, as polissemias do debate [...] tenderam a diluir-se", ele observa.[51] "Em nossos dias, mais do que nunca, a única tese *politically correct* é aquela que tem por alvo sempre e somente a Alemanha hitleriana e a União Soviética. É a tese que triunfou a partir e no decorrer da Guerra Fria."

Para Losurdo, essa mudança acontece no interior do período de escrita do livro de Arendt. Tratando de sua estrutura, ele comenta que os dois primeiros capítulos formam um "requisitório impiedoso" contra o racismo e o imperialismo, mas "que se dissolve como por encanto na terceira parte".[52] A leitura não convence. A estrutura do livro de Arendt é coerente; ela investiga as origens do totalitarismo nos dois primeiros capítulos, isto é, as sociedades em que as formas do regime total estavam sendo gestadas, alguns de seus princípios fundamentais (como o racismo, a ideologia, o colonialismo) e, depois, examina as sociedades em que o totalitarismo podia ser identificado de maneira plena, que eram naquele momento a União Soviética e a Alemanha nazista. Losurdo atribui essa suposta ruptura entre as duas partes do livro ao fato de ele ter sido escrito durante um período que vai desde o final da Segunda Guerra até depois da morte de Stálin. A partir da instauração da Guerra Fria, o livro teria sofrido uma guinada e se alinhado com a perspectiva estadunidense da disputa. Losurdo compara trechos em que Arendt fala da União Soviética e de seu próprio livro, ainda na década de 1940, ao que viria a ser o terceiro capítulo, que compara a União Soviética e a Alemanha nazista, subsumindo ambas à categoria de totalitarismo, e deduz das transformações um alinhamento de Arendt a um dos lados da Guerra Fria. Para o filósofo italiano, *Origens do totalitarismo* mais parece "dois livros sobrepostos" do que uma obra dotada de "unidade substancial".[53] O argumento, a meu ver, também não é convincente. A obra cumpre exatamente o que a sua estrutura inicial e os dois termos de seu título (embora eu pense que o título mais adequado seria *Totalitarismo e suas origens*) preveem: trata das origens do regime total e, em seguida, analisa as sociedades em que ele se desenvolveu de forma plena. Não há sobreposição, descontinuidade ou dissolução das duas primeiras seções na terceira. O livro tem duas partes (a parte I contém os dois primeiros capítulos; a parte II, o terceiro), e a relação entre ambas é precisamente de desenvolvimento: o germe do totalitarismo, que é o racismo e o colonialismo, mas também a ideologia, cresce e se transforma, mediante outras condições e características, em regime total. Que tenha havido mudanças ou mesmo guinadas de ênfase ou até perspectiva, isso faz parte de qualquer pesquisa longa, que atravessa anos (sobretudo as melhores).

Retomando seu método de teratologia comparada, Losurdo acusa o conceito de totalitarismo de operar por uma seleção dos horrores dos séculos XIX e XX. Ele pergunta: como então interpretar a Primeira Guerra Mundial, "com seu séquito de mobilizações totais, de arregimentação total, de execuções e dizimações no interior do próprio campo, de impiedosas punições coletivas que comportam, por exemplo, a deportação e o extermínio dos armênios?".[54] Ele lembra ainda que pouco mais de duas décadas depois da Primeira Guerra Mundial, "o campo de concentração faz sua aparição também nos EUA, onde, com base em uma ordem de Franklin Delano Roosevelt, são reclusos em campos de concentração todos os cidadãos americanos de origem japonesa, inclusive mulheres e crianças".[55] Evoca também o bombardeio atômico de Hiroshima e Nagasaki, após a rendição da Alemanha e, portanto, do fim da guerra, em um país que já se encontrava "no extremo de suas forças e se prepara à rendição: é por isso que estudiosos americanos comparam o aniquilamento da população civil das duas cidades japonesas, já indefesas, ao massacre dos judeus pelo Terceiro Reich consumado na Europa".[56] O problema de fundo é o mesmo: esses são todos horrores inexcedíveis, não há atenuante para eles, mas nem por isso abolem a especificidade dos regimes totalitários.

A fim de questionar a pertinência específica das características que os descrevem, Losurdo elenca traços necessários, mas não aqueles que, precisamente, especificam e definem os regimes totalitários diante das ditaduras tradicionais ou das democracias que contêm aspectos radicalmente antidemocráticos. Assim, Losurdo elenca os seguintes traços: "Uma ideologia (de Estado), um partido único, geralmente dirigido por um só indivíduo, uma conduta terrorista, o monopólio dos meios de comunicação, o monopólio da violência e uma economia diretamente governada pelo poder central".[57] À possível exceção da ideologia de Estado, nenhum desses traços é especificamente distintivo de regimes totalitários, tal como os descreve Arendt. O monopólio da violência é constitutivo de todo Estado, é a sua própria definição. Controle da imprensa, terror e partido único são características de ditaduras. Economia dirigida pelo governo pode ser encontrada, em maior ou menor grau, mesmo em regimes social-democratas. O que distingue os regimes totalitários são a *engenharia social total*, o controle de todos os aspectos da vida de todas as pessoas, o terror potencialmente aplicável sobre todos os indivíduos (e não apenas àqueles cujos atos os definem como opositores políticos, como ocorre nas ditaduras) e uma ultraideologia de Estado, ideologia igualmente total, no sentido de que não admite nenhuma realidade que a desminta ou que se lhe oponha, e levada ao ponto em que os indivíduos fazem qualquer coisa, até aceitar ser assassinados sem nenhuma razão e julgamento legítimos, apenas para sustentá-la. Portanto, é equivocado argumentar que o liberalismo também é uma ideologia, como forma de esvaziar a pertinência do conceito de totalitarismo. Quaisquer que sejam as violências e as barbaridades inaceitáveis cometidas sob regimes liberais (e elas existem e são muitas), não dá para igualar a ideologia liberal, por exemplo, dos Estados Unidos na era Roosevelt, quando o governo chegou a cobrar uma alíquota máxima de imposto de renda de mais de 90%, com a ideologia de Estado na era Stálin, quando, após a relativa calmaria e complexidade da NEP, os *nepmen* e os *kulakis* foram expropriados, perseguidos ou assassinados, numa ação de Estado para dizimar da realidade social qualquer aspecto contrário à ideologia.

Mais além, Losurdo, a fim de provar seu ponto, chega a comparar a limitação do poder do presidente estadunidense Henry Truman com a de Mao Tsé-tung (em favor deste último!):

> Ao estourar, em 1950, a Guerra na Coreia, Truman não teve nenhuma dificuldade em decidir a intervenção independentemente do Congresso, ao passo que Mao foi obrigado a enfrentar e a derrotar a dura oposição que encontrou no âmbito do Bureau Político, no qual, inicialmente, foi posto em minoria.[58]

O trecho recorre a um expediente falsificador: selecionar (para usar o termo caro a Losurdo) episódios que, conquanto verdadeiros, distorcem o sentido geral dos regimes; afinal, é mesmo razoável sustentar que a democracia dos Estados Unidos nos anos 1950, com todos os seus aspectos antidemocráticos, os atos de violação da soberania dos povos (como o envolvimento na Guerra da Coreia) e até o grande crime contra a humanidade (as bombas sobre o Japão), era mais ditatorial do que o maoismo? Para começo de conversa, Truman ficou oito anos no poder, sendo substituído por um presidente do partido da oposição, enquanto Mao permaneceu no poder desde a revolução, em 1949, até a sua morte, em 1976. No meio disso, como se sabe, houve dez anos de Revolução Cultural, um processo de terror e engenharia social totais que não encontram comparação com nenhum regime liberal ou democrático da segunda metade do século XX.[59]

Há, entretanto, uma perspectiva de Losurdo que me parece convincente. Ela incide no contexto geopolítico dos países que, segundo Arendt, desenvolveram regimes totalitários. Esse contexto, lembra o filósofo italiano, era de "particular vulnerabilidade",[60] pela posição geográfica multiplamente fronteiriça desses países, durante o longo período da Guerra dos Trinta Anos. A Primeira e a Segunda Guerras foram mundiais, portanto totais em termos geopolíticos. Losurdo observa que a "política total" é a política adequada à "guerra total". Sendo assim, conclui, a comparação arendtiana da União Soviética à Alemanha nazista "é, enfim, uma banalidade".[61] Não faço objeções a essa conclusão. Embora filosoficamente desabonadora (o que é contestável diante do tour de force interpretativo do livro de Arendt), ela antes confirma a pertinência descritiva da categoria de totalitarismo do que a desmente.

Mas é ao final do ensaio que Losurdo formula o problema em que julgo se situar o sentido pertinente e urgente de sua contribuição. Parafraseando Weber, ele observa que "a tese da não inocência da teoria não é um táxi no qual se possa entrar e do qual se possa descer a gosto do freguês".[62] Ou seja, se Hannah Arendt pode identificar as consequências sociais catastróficas da teoria marxista — o que ele chama de "interpretação dedutivista do fenômeno totalitário" —,[63] é legítimo perguntar-se, do mesmo modo, "que papel desempenharam a teoria costumeira do totalitarismo e a palavra de ordem de luta contra o totalitarismo". Parece-me claro que essa categoria foi usada e abusada politicamente, sobretudo pelos Estados Unidos, na sua luta permanente por hegemonia geopolítica. Ela acabou por legitimar, por exemplo, violações à soberania de povos, interferindo em processos políticos, como na América Latina, ou invadindo países do Oriente Médio, sob o álibi do combate ao "totalitarismo religioso" do Islã; justificou "as violações da Convenção de Genebra e o tratamento desumano reservado aos detentos na baía de Guantánamo", e por aí vai. A pergunta lançada por Losurdo é pertinente: "A teoria costumeira do totalitarismo não terá se transformado ela própria numa ideologia da guerra, e da guerra total, contribuindo para alimentar ulteriormente os horrores que pretende, no entanto, denunciar e caindo assim numa trágica contradição performativa?".[64] No meu entender, sim, houve um abuso da categoria de totalitarismo e sua conversão numa máquina ideológica de guerra, para fins de justificar violações inaceitáveis a direitos humanos e dos povos.

Mas não concordo que se possa estabelecer uma simetria, nesse sentido, entre a teoria marxista e o conceito arendtiano de totalitarismo. A teoria marxista tem uma ausência fundamental, que é a crítica ao próprio poder, e essa ausência tem uma relação direta com a emergência do totalitarismo na União Soviética. Isso não significa que se deva abandonar Marx, mas sim que se deva criticá-lo e aperfeiçoá-lo. O marxismo superado, limitado e desmentido pela realidade é aquele transformado em doutrina, pseudociência, sobretudo pela Terceira Internacional. Como observa José Paulo Netto, é a partir da leitura que Lênin faz de Marx, em seguida sacramentada por Stálin, que emerge um *marxismo*, stricto sensu. Ou seja, a obra de Marx e Engels deixa de ser percebida como um conjunto de afiadas ferramentas conceituais a ser mobilizadas para compreender a realidade das sociedades burguesas, em suas mutações *constitutivas* (que são talvez o traço mais definidor da lógica da burguesia, tal como descrita desde o *Manifesto comunista*), e passa a se tornar um corpus petrificado, para não dizer santificado. É esse o marxismo a ser recusado, "ideologia oficial do Estado autocrático stalinista", "discurso vulgar e repetitivo", "linguagem [...] e estratégia de poder".[65] É nesse marxismo que inexiste uma teoria do Estado, bem como o apoio em uma qualquer vigorosa teoria do sujeito é substituído por uma teoria das classes, como se isso fosse possível. Mas é claro que, desde o colapso desse marxismo doutrinário, já foram feitas muitas boas teorias a partir da obra de Marx, inclusive por parte de teóricos ligados à psicanálise, notadamente capazes de encaminhar melhor o problema do sujeito. Do mesmo modo, quanto à ausência de uma teoria do Estado, o filósofo Ruy Fausto observa, em seu *Caminhos da esquerda*, que o "liberalismo político, enquanto propositor de um Estado constitucional", faz parte "das fontes primeiras do programa teórico-político da esquerda". Finalmente, diversas gerações de marxistas, de Rosa Luxemburgo (em *A revolução russa*) a Carlos Nelson Coutinho (em *A democracia como valor universal*), defenderam, com brilhantes formulações, um socialismo democrático — entretanto jamais realizado, é preciso que se diga.

Já a categoria de totalitarismo, tal como proposta por Arendt, não contém em si, necessariamente, seu desenvolvimento abusivo. O marxismo-leninismo afirma a experiência socialista fundada no poder de um Estado que não encontra limites. O anticomunismo da categoria de totalitarismo não exige nem sugere que seja "passado pano" em seu nome para violações aos direitos humanos sob o abrigo de regimes não totalitários. Ao contrário, Arendt os critica duramente nos dois primeiros e longos capítulos de seu livro.

Tudo somado, também nesse ensaio sobre o conceito de totalitarismo julgo que a maior contribuição de Losurdo está em nos obrigar a atentar para a facilidade com que brancos, favorecidos, democratas, liberais relativizam ou fazem vista grossa para barbaridades cometidas sob a égide da democracia ou do liberalismo, enquanto exercem um juízo categórico e implacável sobre as barbaridades cometidas sob a égide do socialismo ou do comunismo. Ambas são barbaridades. Mas não precisamos escolher entre uma ou outra.[66]

Não há denúncia às atrocidades liberais capaz de maquiar os cadáveres exumados das experiências socialistas do século XX. Tampouco adianta questionar o viés ideológico de alguns historiadores ocidentais, sobretudo os de primeira hora — como um Robert Conquest —, que além do *bias* da Guerra Fria não dispunham dos arquivos que seriam abertos nas décadas seguintes. Se lemos apenas os chamados historiadores revisionistas, mais sóbrios e rigorosos, o retrato não é menos aterrador.

Eis como Moshe Lewin resume os "conturbados anos 1930", portanto cerca de quinze a vinte anos depois da Revolução de Outubro: urbanização, industrialização, coletivização, expurgos e julgamentos espetaculares, ampliação da educação e, frequentemente, desvalorização demagógica da cultura, mobilização de energia e pessoas, aumento da criminalização de vários aspectos da vida, conturbada criação de estruturas administrativas e assim por diante.[67] O balanço de Sheila Fitzpatrick, outra historiadora revisionista, também referindo-se aos anos 1930, não é muito diferente:

> O declínio dos padrões e da qualidade de vida afetou quase todas as classes da população, urbana e rural. Os camponeses sofreram mais, como resultado da coletivização. A vida nas cidades tornou-se calamitosa devido ao racionamento de comida, às filas, à constante escassez de bens, incluindo sapatos e roupas, à intensa superlotação das moradias, às

intermináveis inconveniências relacionadas com a eliminação do comércio privado e à deterioração dos serviços urbanos de todos os tipos.[68]

Sobre o processo da coletivização da produção agrícola, a "revolução de cima para baixo"[69] no campo no começo dos anos 1930, não é preciso aderir à tese improvável do *holodomor*[70] para constatar o dramático e colossal efeito da política de Stálin para os camponeses. "Cálculos recentes baseados em dados de arquivos soviéticos", afirma Fitzpatrick, "estimam o número de mortos pela fome de 1933 entre 3 e 4 milhões."[71] Sem falar nas fugas e deportações deflagradas pela instauração dos *kolkhoz*. Em 1937, 93% das propriedades familiares camponesas tinham sido coletivizadas. Os *kulakis*, camponeses mais ricos — às vezes só um pouco mais remediados — foram deportados em massa, nos anos de 30 a 33, postos para trabalhar na indústria e construção e não podiam sair da região para a qual tinham sido deportados.[72] A coletivização produziu um fluxo caótico de milhões de pessoas, fugindo do campo para a cidade ou da cidade para o campo, configurando o que Moshe Lewin chamou de "redemoinho humano",[73] fracasso estrepitoso dos cálculos da engenharia social.

Sobre o terror, os dados são impressionantes. Para os anos 1937-8, período dos Grandes Expurgos, Lewin apresenta a informação de que um total de 1 548 366 pessoas foram presas por atividades antissoviéticas, das quais 681 692 foram mortas. O recurso à tortura foi amplamente utilizado. Em 1º de janeiro de 1940, o número de internos em campos e colônias chegou a quase 2 milhões. Ao longo dos 33 anos que vão do fim da guerra civil até a morte de Stálin, "o número total de prisões por motivos basicamente políticos (acusação de crimes contrarrevolucionários) foi de 4 060 306 pessoas. Desses, 799 455 foram condenados à morte; 2 634 397, enviados a campos, colônias e prisões; 423 512, banidos".⁷⁴

Mas não apenas os meios da União Soviética stalinista foram terríveis; os resultados também são questionáveis. A revolução viria a transformar, ao fim da Segunda Guerra Mundial, a União Soviética numa grande potência militar e industrial. Porém, apesar de alguns avanços (como a emancipação das mulheres), não cumpriu seus objetivos primordiais de fundar uma sociedade igualitária e livre da opressão de classe. A revolução deu muito poder a alguns filhos da classe operária, que se tornaram dirigentes do partido bolchevique e senhores do Estado. Para a maioria da classe operária, porém, o saldo foi muito menos favorável: "O padrão de vida e os salários reais caíram drasticamente para a maioria dos operários durante o Primeiro Plano Quinquenal".⁷⁵ Essencialmente, a opressão não desapareceu. Ela apenas mudou de agente. Como declarou um membro do partido, em 1926: "Somos agora mais explorados do que éramos antes. Então, tínhamos a burguesia, agora temos os gerentes".⁷⁶

Extinta a classe burguesa, a ditadura do proletariado foi exercida sobre o proletariado. Como observa Lewin, "o uso do termo 'camarada' perde a sua mágica se o 'camarada' é um superior que dá ordens e determina o salário e as perspectivas de promoção". A nova realidade, que passou a fazer parte da vida cotidiana, prossegue Lewin, "é muito simples: 'Não estamos em pé de igualdade, mas em uma hierarquia, camarada Ivanov, e eu não sou seu camarada, camarada Ivanov'".⁷⁷

Em 1934, no XVII Congresso do Partido, chamado de "Congresso dos Vitoriosos", Stálin declarou oficialmente que a União Soviética atingira o socialismo. Toda a economia estava nas mãos do Estado e as classes — operários e campesinos — não mantinham relação de exploração.

Uma reação pungente à notícia de que o socialismo já existia na União Soviética veio de um jovem jornalista, um autêntico crente no futuro socialista, que sabia o quanto a vida em sua aldeia natal era primitiva e miserável. *Aquilo*, então, era o socialismo? "Nunca, antes ou depois, experimentei tamanha decepção, tamanha tristeza."[78]

***

No livro *Qual socialismo?*, Bobbio lembra a afirmação de Lênin, segundo a qual "a república democrática é o melhor invólucro do capitalismo".[79] Subscrevendo-a, prossegue o autor italiano,

> muitos continuam sentindo-se na obrigação de sustentar que a república democrática não pode ser o invólucro de um Estado socialista. Com uma afirmação desse gênero acreditam ofender a república democrática, mas, infelizmente, acabam prestando um ótimo serviço ao capitalismo (e um péssimo ao socialismo). De imediato, me vem o desejo de perguntar: e qual seria o melhor invólucro para o socialismo? a ditadura?[80]

O comentário serve bem para que se coloque uma questão sobre os efeitos estratégicos dessa onda losurdiana no Brasil recente. Se a divulgação de sua obra tiver como nota dominante a recusa a repudiar o totalitarismo, como tem sido, os efeitos produzidos, para além da bolha radicalizada e dos ricos demagogos de esquerda (que, como diria Orwell, baseiam seu apoio ao comunismo na convicção de que ele jamais existirá), sairão provavelmente pela culatra. A associação entre as "novas" ideias da esquerda e a ditadura soviética deverá apenas carregar água para o moinho dos conservadores.

5.
A hera dos direitos

É recomendável começar a abordar o problema da desigualdade atravessando a sua dimensão moral, pois é sempre um problema cuja origem é essa. Há fortes argumentos pragmáticos e políticos contra a desigualdade, mas mesmo estes, no limite, remontam a uma premissa moral. Se a sociedade funciona melhor com menos desigualdade é porque os sujeitos percebem e experimentam afetivamente os abismos sociais como uma *injustiça*, e o sentimento retorna na forma de violência. O sentimento de injustiça, por sua vez, decorre da premissa moral de que os seres humanos, sendo fundamentalmente iguais, mereceriam oportunidades idênticas; mas, ao contrário, as desigualdades não são consequências de um ponto de partida justo, e sim desdobramentos inevitáveis de um jogo de cartas marcadas, que fere a igualdade original das pessoas. Do mesmo modo, o argumento segundo o qual as desigualdades corroem a democracia, fazendo-a tender a uma plutocracia, pressupõe a democracia como valor, e a democracia é filha da premissa igualitária da modernidade. A recusa da desigualdade — enquanto injustiça — remete sempre a uma questão moral. Devemos começar, então, procurando compreender o debate moderno que consolidou a premissa da igualdade (sem jamais deixar de conviver com a perspectiva contrária).

Como se sabe, teorias morais e sobre a justiça não nasceram com a época moderna. Elas conheceram diferentes formulações desde a Antiguidade clássica, passando pelos filósofos helenistas, a tradição judaico-cristã e assim por diante. Em Aristóteles, por exemplo, a justiça é uma doutrina teleológica; nela, o bem é definido independentemente do justo. A justiça, para o estagirita, nada tem a ver com igualdade, e sim com adequação entre as coisas, bem como entre os indivíduos, e aquilo para que eles foram feitos, por suas próprias características.[1] Daí Aristóteles afirmar e justificar filosoficamente a escravidão. A finalidade moral é certa ideia do bem, um bem supremo, "a realização da excelência humana nas diversas formas de cultura".[2] Para Aristóteles, a igualdade política não era um princípio inarredável que se traduziria necessariamente na forma de um governo democrático. A soberania do Estado era antes percebida como um problema. Estamos longe ainda da consolidação do princípio democrático da soberania popular.[3]

Os filósofos do período alexandrino — céticos, cínicos, epicuristas etc. — também definiram seus ideais éticos mais como a maior invulnerabilidade possível em relação ao outro do que como tendo o outro como referência da conduta individual. Em Epicuro, por exemplo, o bem maior também é definido de modo independente do justo (como equidade). Nesse caso, o valor superior é o prazer calculado e mediado pela prudência. Trata-se de evitar um prazer capaz de acarretar sofrimento e suportar um sofrimento capaz de propiciar um prazer maior. A busca pelo prazer é, portanto, limitada pelo princípio da *ataraxia*, a ausência de perturbações e inquietações. Já a tradição judaico-cristã coloca o respeito ao outro como referência de conduta, mas seu éthos solidário, não egoísta, é mediado pela crença em Deus. A igualdade, na doutrina cristã, é igualdade *em Deus*: todo ser humano é filho de Deus e lhe deve obediência. O ascetismo, a desvalorização da imanência em prol da transcendência, bem como as motivações e os tipos de limitações à liberdade individual decorrentes distanciam a premissa igualitária cristã de sua versão moderna.

Esta tem na obra de Kant um de seus lugares mais fundamentais de formulação na tradição filosófica. O filósofo iluminista critica as correntes de pensamento que tomaram o desejo universal pela felicidade como base da lei prática universal (isto é, da lei moral universal). Pois, sendo a busca pela felicidade orientada pelo interesse individual, se a tomarmos como base da lei moral, teremos, "ao contrário de uma lei universal da natureza que faz tudo concordar [...], o extremo oposto da concordância, o pior conflito e a aniquilação total da própria máxima e de seu propósito".[4]

Kant desloca a finalidade moral da dimensão sensível (o prazer, a felicidade) para a dimensão da razão, da vontade. Só a partir desse deslocamento é possível falar de uma *lei prática pura*, isto é, independente de toda condição empírica, submetida portanto à autonomia da razão. Em Kant, é a vontade que determina o objeto da lei moral, ao invés de o objeto da lei moral determinar a vontade. As sensações, a empiria, o prazer, o sofrimento — tudo isso deixa de ser o critério orientador da lei prática. A conduta passa a se orientar "pela instrução da razão".[5] Deseja-se uma coisa, ou melhor, *deve-se querer* alguma coisa "na medida em que a tomamos como bom ou mau". Bom e mau, por sua vez, não são sensações ou objetos, mas "apenas o modo de agir", consoante ou não com a lei prática universal.

Esta lei continua sendo a mais conhecida entre todas as formulações morais: "Aja de modo que a máxima de sua vontade possa sempre valer ao mesmo tempo como princípio de uma legislação universal".[6] A teoria moral de Kant é, portanto, um sistema de reciprocidade formal. O outro é a referência fundamental de sua perspectiva — mas estamos aqui radicalmente distantes da moral cristã, pois é de uma equidade social formal que se trata, logo de justiça, e não de uma abnegação do indivíduo. A justiça, como observou o filósofo Francis Wolff, é uma virtude singular e inclassificável: ela não é "egocentrada" (como a inteligência, a força ou a audácia), tampouco "alocentrada" (como a generosidade e a piedade) — ela está no meio, é o perfeito equilíbrio de interesses entre o eu e o outro.[7] O sujeito justo age sem egoísmo, mas também sem altruísmo. Ele não busca apenas o próprio bem nem apenas o bem do outro: "Pode-se entrever o bem a que ele visa: é o da comunidade de que faz parte, enquanto tal".[8] Pode-se dizer que as virtudes, em sua maioria, são aristocráticas, observa Francis Wolff, pois "mostram a superioridade de um indivíduo acima da comunidade".[9] Mas a justiça é uma virtude democrática: "Ela mostra a capacidade que um indivíduo tem de se igualar e mesmo de se identificar com a comunidade".

Kant é um pensador já tributário dos primeiros filósofos liberais e sua ênfase nos direitos do indivíduo. A liberdade individual está inscrita no seu sistema de reciprocidades: o que a delimita já é, como viria a ser em John Stuart Mill, apenas a fronteira da liberdade alheia. Daí outra de suas formulações mais conhecidas: o homem deve ser sempre tratado como um fim em si mesmo, nunca pode ser usado meramente como um meio. Esse princípio abre uma distância irredutível entre a sua perspectiva e aquela das teorias da justiça utilitaristas, para as quais direitos e liberdades fundamentais dos indivíduos podem ser solapados em nome do aumento do bem comum. A essas teorias utilitárias podemos associar as revoluções igualitaristas modernas, que não hesitaram em sacrificar indivíduos em nome do que consideravam ser um progresso social. Como contraponto, aqui é oportuno repetir o que foi dito em capítulos anteriores: por sua vez, o pensamento liberal, defensor dos direitos individuais, em muitas sociedades convive sem maiores problemas com a violação dos direitos individuais de grupos sociais fragilizados.

As ideias de Kant sobre a democracia mostram que a premissa igualitária contida nos seus imperativos morais categóricos é antes liberal do que propriamente democrática.[10] Mas ela fincou os alicerces para o desenvolvimento posterior de teorias morais, ou teorias da justiça, mais profundamente igualitárias, que propuseram princípios de igualdade social ao sistema formal de sua lei prática pura.

Esse caminho, entretanto, não é uma linha reta. No mesmo momento em que Kant lançava as bases de um sistema moral formalmente igualitarista, seu contemporâneo Adam Smith lançava as bases de um sistema moral assumidamente anti-igualitário — e o fazia fundando o campo da economia política e, dentro dele, a vertente liberal. Smith, na esteira da formulação do filósofo Bernard Mandeville ("*private vices, public benefits*" [vícios privados, benefícios públicos]), percebeu o interesse particular de cada indivíduo como o motor involuntário e eficiente de um benefício coletivo. Essa perspectiva superava a visão tradicional, notadamente cristã, da renúncia ao egoísmo como sendo o comportamento individual necessário ao benefício da comunidade. Mas por benefício coletivo Smith não entendia exatamente igualdade, e sim o crescimento geral da produtividade e o aumento da renda média, que acabaria beneficiando todos os trabalhadores. No sistema moral de Smith, o egoísmo combatia a pobreza, mas nesse mesmo sistema a desigualdade era legitimada.

Como bom filho da Reforma ("o protestantismo é essencialmente uma religião burguesa", observou Marx),[11] Adam Smith considerava que a riqueza era consequência do mérito individual. Meritocrata avant la lettre, para ele em princípio todos tinham a mesma probabilidade e o mesmo direito de enriquecer. Mas, como observa o filósofo António José Avelãs Nunes, "uns são trabalhadores industriosos, frugais (parcimoniosos) e inteligentes, enquanto outros são indolentes (preguiçosos), perdulários e incapazes de gerir bem o dinheiro que ganham".[12] Isso explicaria por que uns eram ricos e outros, pobres. Nessa versão capitalista secular da graça divina segundo a Reforma, a culpa da pobreza era dos próprios pobres, que não possuíam as virtudes morais necessárias para enriquecer. Em suma, os pobres seriam pobres por conta de sua "tendência para a preguiça".[13]

Smith tinha clara consciência de que o capitalismo produzia desigualdade, de que "sempre que há muita propriedade, há grande desigualdade", de que a "cada homem rico haverá, pelo menos, quinhentos homens pobres", e de que "a propriedade de uns poucos pressupõe a indigência de muitos".[14] Entretanto, não sendo essa desigualdade injusta — uma vez que consequência das diferenças morais entre os indivíduos, e não da estrutura viciosa do sistema social —, ele não via motivos para combatê-la. Mais que isso, combatê-la, isto é, defender ações redistributivas do Estado para esse fim, seria, isso sim, injusto. Aqui, Smith inaugura um argumento que seria repisado por parte da tradição econômica liberal vindoura:

> Ferir os interesses de uma classe de cidadãos, por mais ligeiramente que possa ser, sem outro objetivo que não seja o de favorecer os de qualquer outra classe, é uma coisa evidentemente contrária àquela justiça, àquela igualdade de proteção que o soberano deve, indistintamente, aos seus súditos de todas as classes.[15]

A justiça deve ser meramente formal; deve se abstrair das situações sociais concretas e tratar os desiguais de forma igual — do contrário, será injusta.

Entretanto, se *A riqueza das nações* é uma obra contemporânea à Revolução Americana (ambas de 1776), também o é o documento que possivelmente é a um tempo mais culminante e mais seminal da consciência igualitarista da era moderna: a Declaração dos Direitos do Homem e do Cidadão, de 1789. Proclamada pela Assemblée Nationale em plena irrupção da Revolução

Francesa, suas formulações descendem de Locke, dos iluministas, da Constituição dos Estados Unidos (1787) e de Rousseau; e dela descendem, por sua vez, a própria Constituição francesa de 1791, a segunda Declaração dos Direitos do Homem e do Cidadão (1793), a Constituição da República de Weimar (1919) e, por fim, a Declaração Universal dos Direitos Humanos, da Organização das Nações Unidas (1948), apogeu dessa "era dos direitos",[16] como a chamou Bobbio (e no interior da qual a Constituição brasileira de 1988 figura em lugar de relevo).

Esse arco que percorre da Independência dos Estados Unidos até o documento vinculante das Nações Unidas pode ser descrito como um percurso de concretização e universalização dos direitos humanos. A Declaração de 1789 é essencialmente um conjunto de formulações de natureza liberal, condizente com o caráter burguês, ao menos inicial, da Revolução Francesa. Seu artigo 1º remete diretamente aos direitos naturais de Locke: "Os homens nascem e são livres e iguais em direitos".[17] Esses direitos, "naturais e imprescritíveis", são, conforme o artigo 2º, "a liberdade, a propriedade, a segurança e a resistência à opressão". Ou seja, basicamente o programa liberal burguês. A definição de liberdade é, outrossim, aquela estabelecida pela tradição liberal, mais tarde chamada por Isaiah Berlin de liberdade negativa:

> A liberdade consiste em poder fazer tudo que não prejudique o próximo: assim, o exercício dos direitos naturais de cada homem não tem por limites senão aqueles que asseguram aos outros membros da sociedade o gozo dos mesmos direitos.

Ou seja, o Estado não deve interferir na liberdade do indivíduo a não ser para preservar a dos demais, e "tudo que não é vedado pela lei não pode ser obstado" (artigos 4º e 5º).

Outros artigos (7º e 8º) reforçam o regime constitucionalista, a presunção de inocência e o controle dos abusos de autoridade (9º), as liberdades de culto e expressão (10 e 11), a exigência de transparência nos atos da administração pública (14 e 15) e, por fim, o caráter "inviolável e sagrado" da propriedade, passível de ser expropriada apenas em caso de necessidade pública comprovada e mediante indenização. Em suma, um programa liberal completo. E, entretanto, em meio a ele, aparecem traços da perspectiva propriamente democrática, que o tornam, nesse sentido, seminal. O artigo 3º fala em soberania, termo de indefectível marca rousseauniana, e a situa na "nação". O artigo 6º traz um conceito de Rousseau, o de "vontade geral" ("A lei é a expressão da vontade geral"), e a perspectiva da universalização dos direitos políticos: "Todos os cidadãos têm o direito de concorrer, pessoalmente ou através de mandatários, para a sua formação [da lei]".

Embora, no geral, os direitos dessa primeira Declaração sejam mais negativos do que positivos, e, portanto, sua natureza seja mais liberal do que democrática, o documento inspirou a segunda Declaração, que, traduzindo o andamento da Revolução, adensaria a dimensão democrática. "O fim da sociedade é a felicidade comum", afirma seu artigo inaugural.[18] Logo em seguida, no artigo 2º, dessa vez o direito que precede a série liberal ("a liberdade, a segurança e a propriedade") é a "igualdade". A Declaração reforça ainda a perspectiva de universalidade dos direitos políticos e do acesso a oportunidades ("Nenhum gênero de trabalho, de cultura, de comércio pode ser proibido à indústria dos cidadãos", artigo 17). E afirma com todas as letras o princípio, distintivamente democrático, da soberania popular: "A soberania reside no povo" (artigo 25).

Thomas Paine, o grande amigo das revoluções setecentistas, flagrou com precisão a inflexão, então em curso, de uma perspectiva contratualista liberal para outra, democrática.

Respondendo à célebre obra de Edmund Burke contra a Revolução Francesa, Paine observa: "Considerou-se um grande avanço para estabelecer os princípios da liberdade dizer que o governo é um contrato entre os que governam e os que são governados".[19] Mas isso, ele argumenta, implica colocar o efeito antes da causa. Pois antes de haver governo é preciso que os homens, por livre associação, deliberem e designem seu próprio governo. Desse modo, o grande avanço deve recair sobre a soberania dos indivíduos de se dar um governo. "Este é o único modo pelo qual um governo tem direito de surgir e o único princípio a partir do qual tem direito de existir."[20] Em suma, o final do século XVIII assinala a institucionalização das ideias liberais e a emergência da institucionalização das ideias democráticas. Trata-se de dois regimes diferentes de igualdade: para a tradição liberal clássica (anterior, portanto, à assimilação da perspectiva democrática — e até socializante — por certa vertente liberal), uns são mais iguais do que outros. Já a tradição democrática dá um passo adiante na concepção de igualdade, compreendendo-a e procurando institucionalizá-la em sua dimensão positiva, de extensão de direitos a todos os grupos sociais.

O século XIX conheceria, contudo, outra importante perspectiva anti-igualitária, mas com preocupações bem diferentes. A nêmesis de Nietzsche não era o Estado todo-poderoso coercitivo, e sim a força astuciosa dos "fracos". Assim, tendo como grande inimigo a tradição judaico-cristã, o autor de *A genealogia da moral* desenvolveu uma pesquisa histórico-filológica original a fim de desnaturalizar a associação entre a moral e os princípios do cristianismo. Para Nietzsche, tratava-se no limite de interrogar o próprio valor desses valores, tendo como horizonte a seguinte questão: os valores morais cristãos afirmam ou depreciam a vida? Para ele, a moral do não egoísmo, da piedade, do ascetismo, da renúncia e da abnegação levam "a dizer não à vida e a si mesmo".²¹ O filósofo se propõe a enfrentar esse niilismo mostrando que tal perspectiva se estabeleceu por meio de uma luta histórica, social, entre a moral aristocrática e a sacerdotal.

Sua principal arma é a filologia:

> Não há uma ligação necessária a priori entre a palavra "bom" e as ações não egoístas [...]. Ao contrário, é somente quando os julgamentos de valores aristocráticos sofrem um declínio que pouco a pouco se impõe à consciência humana a famosa oposição "egoísta" "não egoísta".²²

Nietzsche investiga a etimologia das expressões do "bom" em diversas línguas e descobre que elas remontam sempre a uma mesma transformação dos conceitos: "Por toda parte 'distinto', 'nobre', no sentido da hierarquia social, é o conceito fundamental de onde nascem e se desenvolvem necessariamente as ideias de 'bom' no sentido de 'alma distinta' e de 'nobre' no sentido de 'alma superior', de 'alma privilegiada'".²³ Essa evolução, ele prossegue, "se faz paralelamente àquela que acaba por transformar as ideias de 'comum', de 'popularesco', 'baixo', naquela de 'mau'". No alemão, por exemplo, ele encontra *schlecht* [mau]/ *schlicht* [simples], segundo ele, portanto, vocábulos congêneres.

A conhecida aversão nietzschiana à democracia e à igualdade o leva a não recuar diante de afirmações francamente racistas:

> Ao menos o gaélico me forneceu um exemplo que corresponde perfeitamente: *fin* [...], nome distintivo da nobreza, que significa em definitivo o bom, o nobre, o puro, designava originalmente a cabeça loura, em oposição aos indígenas escuros de cabelos negros.²⁴

Em suma, para a moral aristocrática, o bom estava vinculado a virtudes egoístas, de afirmação da força, do poder, da dominação: "Acredito poder interpretar o termo latino *bonus* como 'o guerreiro' [...]. Bonus seria então o homem da discórdia, do duelo, o 'guerreiro': nota-se o que fazia na Roma antiga a 'bondade' de um homem".[25]

Teriam sido os judeus que, procurando estabelecer os valores dos fracos sobre os dos fortes, movidos por "um ódio sem fundo (o ódio da impotência)", acabaram logrando "inverter a equação dos valores aristocráticos (bom = nobre = belo = feliz = amado pelos deuses)".[26] E em seu lugar afirmaram que

> somente os miseráveis são os bons, os pobres, os impotentes, somente os homens baixos são os bons, os sofredores, os necessitados, os doentes [...] enquanto que vós, os nobres e os potentes, vós sois de toda a eternidade os malvados, os cruéis, os lúbricos, os insaciáveis, os ímpios [...].

Mesmo escrevendo depois dos contratualistas, de Kant e dos jacobinos, Nietzsche opõe a uma moral pré-moderna outra igualmente pré-moderna. Possivelmente o filósofo moderno mais ambíguo (afinal, Nietzsche é de direita ou de esquerda?), ele combate a negação da vida do indivíduo com a negação da vida do outro.

A teoria da justiça possivelmente mais consistente do século XX é herdeira direta de Kant, mas articula o princípio do homem como fim em si mesmo a uma exigência profunda de igualdade social. Para John Rawls, "a justiça" — a justiça como equidade — "é a virtude primeira das instituições sociais, assim como a verdade o é dos sistemas de pensamento".[27] Ao mesmo tempo, fiel ao pensamento liberal e kantiano, antiutilitário, ele afirma que "cada pessoa possui uma inviolabilidade fundada na justiça que nem o bem-estar de toda a sociedade pode desconsiderar".

A operação de Rawls é basicamente conferir à lei prática kantiana, que é abstrata e formal, princípios positivos. Para se chegar aos princípios fundamentais que garantiriam o funcionamento de uma sociedade justa, o filósofo de Harvard cria sua conhecida situação hipotética do "véu da ignorância". Ele não postula que essa situação teve em algum momento uma realidade histórica, mas sim que essa é a única condição teórica possível para se estabelecerem princípios de justiça não contaminados pelos interesses particulares de sujeitos já inscritos em posições sociais determinadas: "A posição original é, poderíamos dizer, o status quo inicial apropriado e, assim, os consensos fundamentais nela alcançados são equitativos".[28] A posição original é aquela situada por trás de um véu de ignorância, isto é, da posição em que os legisladores não conheceriam suas efetivas situações sociais. Trocando em miúdos, de que forma os indivíduos legislariam caso não soubessem em que posição social efetivamente estariam? Isso, afirma Rawls, "garante que ninguém seja favorecido ou desfavorecido na escolha dos princípios pelo resultado do acaso natural ou pela contingência de circunstâncias sociais".

Por meio desse método especulativo, ele chega a dois princípios de justiça fundamentais. O primeiro, no sentido hierarquicamente superior, estabelece que "cada pessoa deve ter o direito igual ao sistema mais extenso de iguais liberdades fundamentais que seja compatível com um sistema similar de liberdades para as outras pessoas". Eis uma versão mais explicitamente liberal da lei prática universal kantiana. O segundo princípio, contudo, incide diretamente sobre o problema da desigualdade, sobre a desigualdade como problema: "As desigualdades sociais e econômicas devem estar dispostas de tal modo que tanto a) se possa razoavelmente esperar que se estabeleçam em benefício de todos como b) estejam vinculadas a cargos e posições acessíveis a todos".[29]

Em outras palavras, as desigualdades não são um valor em si mesmas — como numa perspectiva ultraliberal spenceriana, por exemplo —, tampouco são aceitáveis, a não ser na medida em que beneficiem a todos. Esse benefício geral da desigualdade pode ser entendido num primeiro aspecto como uma provável escolha geral adotada na posição original. É razoável supor que todos, ou a maioria, escolheriam um sistema que dá margem ao indivíduo para expandir suas potencialidades ao máximo, acarretando desigualdades em virtude da diferença de capacidades entre eles. Nesse sentido, "deve ser razoável para cada indivíduo", especula Rawls, "preferir suas perspectivas com a desigualdade a suas perspectivas sem ela".[30]

Mas o sistema de Rawls vai bem além e prevê mecanismos que promovam uma tendência permanente à igualdade. Sua teoria é complexa demais para entrar em detalhes aqui, mas é preciso observar que ela contempla mecanismos democráticos de promoção de igualdades. Não apenas o acesso universal a bens sociais (educação, oportunidades e carreiras acessíveis a todos, que é um princípio liberal), mas mecanismos de reparação e de redistribuição que se afirmam em detrimento do "princípio da eficiência". Esse deve ser entendido da seguinte maneira: "Só se permitirão mudanças que melhorem as perspectivas de todos".[31] Ou seja, para o princípio de eficiência, o Estado não pode intervir para melhorar a vida de indivíduos desfavorecidos, a não ser que tal intervenção promova uma melhoria para todos. Para Rawls, entretanto, "a concepção democrática não é compatível com o princípio da eficiência", e por isso são aceitáveis "mudanças que podem reduzir as expectativas de alguns dos que estão em melhor situação". Afinal, e essa afirmação resume bem o sentido geral da teoria rawlsiana, "a justiça tem prioridade sobre a eficiência e requer certas mudanças que não são eficientes nesse sentido".

Esse equilíbrio entre princípios liberais e democráticos, respeito absoluto a direitos e liberdades fundamentais e, ao mesmo tempo, exigência de tendência permanente à igualdade, com a justiça social se impondo sobre as vantagens econômicas e sociais dos indivíduos bem-sucedidos, é a marca distintiva da teoria da justiça de Rawls. Claro, a dificuldade está em definir de forma concreta os limites das liberdades negativa e positiva. O que são direitos e liberdades invioláveis? Até onde o Estado pode ir na tentativa de promover igualdades?

Essas são algumas das questões abordadas por aquele que foi o grande rival contemporâneo de Rawls: o pensador ultraliberal, seu colega de Harvard, Robert Nozick. Apesar de reconhecer com prodigalidade de elogios a grandeza da obra de Rawls, Nozick é partidário de uma perspectiva moral radicalmente divergente. Conhecido de oitiva pela sua esdrúxula comparação entre imposto de renda e trabalho forçado,[32] Nozick é um crítico aguerrido do que chama de Estado-finalidade [*end-state*] e recusa a ideia de uma corresponsabilidade social. Um dos mais radicais entre os liberais radicais do século XX, *founding father* dos *ancaps*,[33] ele chega a postular a existência de um Estado ultramínimo, em que mesmo o monopólio da força (para toda uma tradição, a própria definição do Estado) seria uma atribuição a que teriam direito apenas os que pudessem pagar por esse serviço de proteção do Estado.

Nozick retoma o princípio kantiano do homem como fim em si mesmo para alegar que ele é incompatível com a perspectiva de um Estado-finalidade, isto é, de um Estado regulamentado a partir de determinados objetivos sociais. Essa perspectiva, observa, viola o princípio kantiano, que ele então reescreve nos seguintes termos: "Aja no sentido de *minimizar* o uso da humanidade meramente como meio", no lugar, portanto, da fórmula original, que é "aja de tal forma que sempre trate a humanidade, seja na sua própria pessoa ou na pessoa de qualquer outro, nunca simplesmente como meio, mas sempre ao mesmo tempo como um fim".[34] Para Nozick, só a perspectiva ultraliberal corresponde ao princípio kantiano, na medida em que não autoriza nenhuma violação dos direitos individuais, nenhuma forma em que o indivíduo seja tratado como meio para obtenção de um benefício social.

Ele vai mais além e nega até mesmo a noção de "benefício social", entendida como uma vantagem que abrange toda a coletividade. No mundo de Nozick, há apenas indivíduos, que, associados, não chegam a formar uma entidade que se possa beneficiar ou prejudicar como tal:

> Não há nenhuma entidade social com um bem que sofra algum sacrifício para seu próprio bem. Há apenas indivíduos, diferentes indivíduos, com suas próprias vidas individuais. Usar uma dessas pessoas para o benefício de outras significa usá-la e beneficiar as outras. Nada mais.[35]

A posição não poderia ser mais nítida e explícita: ela é radicalmente contra a ideia de corresponsabilidade social. A sociedade de Nozick conhece apenas o princípio liberal da liberdade negativa, que não é sequer minimamente tensionado pela liberdade positiva democrática (taxação é trabalho forçado). Assim, o que ele chama de *side constraints*, as limitações morais do seu sistema, são sobretudo as limitações impostas pelo indivíduo à ação do Estado. "As limitações morais sobre o que podemos fazer, eu reivindico, refletem o fato de nossas existências separadas. Refletem o fato de que nenhum ato equilibrante pode ter lugar entre nós."

O princípio da liberdade negativa é aqui absoluto. O Estado não teria o direito de punir um indivíduo que não pagasse impostos, uma vez que este não contratou essa obrigação junto ao Estado:

Indivíduos pacíficos cuidando da própria vida não estão violando os direitos de outros. Não constitui uma violação dos direitos de alguém recusar-se a comprar alguma coisa para ele (que você não entrou especificamente em alguma obrigação de comprar).

Daí, prossegue o argumento, "quando o Estado ameaça alguém de punição se ele não contribuir para a proteção de outro, ele viola [...] seus direitos".[36]

Nozick afirma a perspectiva do *intitulamento* sobre o que ele chama de *"current time-slice principles"*. Intitulamento diz respeito à história das aquisições de bens e sua legitimidade. Para essa perspectiva, um bem originalmente adquirido de forma legítima constitui um direito inviolável do indivíduo, fora do alcance do Estado. Ao passo que a perspectiva, digamos, sincrônica [*"current time-slice"*] ignora o problema da legitimidade da aquisição e de seu suposto direito inviolável; ela leva em conta apenas o estado atual das aquisições, a partir da premissa redistributiva de um Estado-finalidade.[37] Intitulamento é um problema complexo, que remete a Locke. Não cabe aqui entrar numa argumentação detalhada, mas não é difícil indicar objeções a essa ideia. Pensemos no território brasileiro e na sua formação: que legitimidade têm processos como doações de capitanias hereditárias, que são antes de tudo terras apropriadas pela força? Que legitimidade teriam transmissões quase intactas de heranças, que impedem ou dificultam o acesso de milhares de pessoas a bens elementares? E, contudo, da perspectiva de uma teoria do intitulamento, "redistribuição é um problema sério, envolvendo, como ocorre, a violação dos direitos das pessoas".[38]

Na visão de Nozick, de que não existe uma entidade social, apenas indivíduos associados (e olhe lá), mas atomizados, combater a desigualdade não apenas implica uma violação de direitos, mas nem sequer faz sentido. Ignorando, por exemplo, toda a tradição da luta por reconhecimento que vai de Hegel e Kojève a Lacan e Honneth, ele se diz incapaz de entender "como podem as atividades de outrem, ou suas características, afetar a própria autoestima de alguém?". Afinal, prossegue, "a minha autoestima, meu sentimento de valor, não deveria depender apenas de fatos a meu respeito?".[39] Estamos distantes, aqui, das ideias hegelianas e lacanianas, para as quais o ser humano é intersubjetivo, o eu é constitutivamente formado pelo outro. O indivíduo-ilha de Nozick não conhece afetos produzidos pelas relações de reconhecimento: "Aqui prefiro focar na estranheza da emoção da inveja. Por que algumas pessoas preferem que outras não atinjam seu melhor resultado em alguma dimensão, em vez de se sentirem felizes com o seu bem-estar; por que elas nem ao menos se lixam?". Não causa espanto, portanto, que nessa moral do pleno individualismo a desigualdade não seja percebida como um problema, mas sim o seu enfrentamento.

Um dos maiores especialistas contemporâneos no problema da desigualdade, o economista sérvio-americano Branko Milanović aborda especificamente a dimensão moral da questão em um artigo chamado "Why We All Care about Inequality (But Are Loath to Admit It)" [Por que todos nós nos importamos com a desigualdade (mas relutamos em admiti-lo)]. Ele começa citando um exemplo dado por um economista liberal, Martin Feldstein, que despreza a desigualdade como problema. Feldstein evoca a seguinte situação hipotética. Um grupo de economistas está reunido para um simpósio. Se cada um deles ganhasse mil dólares, a desigualdade social iria aumentar. Cada um estaria melhor, entretanto ninguém estaria pior. Então, pergunta Feldstein, qual é o problema? Para responder, Milanović modifica ligeiramente o exemplo. Suponha que um dos economistas ganhe 20 mil dólares para participar do simpósio, e os demais ganhem entre 25 e 75 centavos.

Todo mundo continuaria ganhando. "Mas os efeitos", observa Milanović, "provavelmente seriam diversos." Muitos dos participantes se recusariam a aceitar a oferta, "alguns a deixariam na mesa, outros a lançariam longe em desgosto".[40]

Admitindo que a reação postulada por Milanović tenha toda probabilidade de acontecer, o que ela revela? Por que o ganho absoluto seria rechaçado em nome da perda relativa? Ora, evidentemente porque os demais economistas se sentiriam feridos no seu senso de justiça e na sua expectativa de reconhecimento. Em experimentos psicossociais nos quais se pede aos participantes que dividam uma quantidade de dinheiro, ofertas percebidas como injustas são rejeitadas, e ambas as pessoas terminam pior, em termos pragmáticos. A experiência confirma a perspectiva defendida por Milanović. Quando as pessoas rejeitam ofertas que julgam injustas, elas reduzem a renda não apenas do outro participante, mas a sua própria. Esse comportamento atesta que os sentimentos morais prevalecem sobre os ganhos pragmáticos, ao menos sob certos parâmetros quantitativos.

É uma evidência empírica social cotidiana, bem como um tema estudado pela filosofia e pela psicanálise, que os indivíduos são intersubjetivos. "As pessoas sempre se comparam aos (que eles julgam ser) seus pares",[41] observa Milanović.

> Assim, a receita que recebem não é apenas um meio para adquirir mais bens e serviços, é também um reconhecimento tangível do modo como a sociedade os valoriza. É uma expressão social do seu valor. De modo que uma grande diferença de renda (e especialmente se injustificada ou obscura) será vista como um desrespeito ao seu valor.[42]

Na citação anterior, a parte que deve ser destacada é a que observa uma comparação entre pares. As relações de reconhecimento ocorrem com muito mais força entre indivíduos de uma mesma sociedade. É no interior de uma sociedade que vigoram as expectativas por direitos (que é o reconhecimento do Estado) e reconhecimento social (entre os indivíduos). Por isso, comenta Milanović, o conceito de pares [*peer group*] é crucial para todos os estudos de desigualdade. Não faz tanto sentido estudar desigualdade entre dois grupos que não interagem ou ignoram a existência um do outro. "É apenas quando um Estado-nação aparece e as pessoas começam a ver seus concidadãos como iguais que estudos convencionais de desigualdade dentro do país começam a fazer sentido."[43]

Nesse debate, o ponto fundamental é menos a confusão entre inveja e justiça do que a compreensão do que está em jogo na percepção dos pares. Inveja é um afeto triste e maligno, que não deve mesmo servir de base a mecanismos estatais de regulação social. Mas chamar de inveja o afeto produzido por desigualdades sociais só seria cabível em contextos de alta percepção da justiça da estrutura básica da sociedade. Numa sociedade rawlsiana, cujo funcionamento permanecesse fiel aos princípios equitativos pactuados, sentir-se mal por eventuais desigualdades poderia ser chamado de inveja e desprezado como tal. Mas em estruturas básicas sociais profundamente injustas, contendo injustiças em todos os níveis (no acesso a oportunidades, no déficit de reconhecimento causado por preconceitos de raça e gênero, no fosso de investimentos públicos de acordo com as diferentes regiões, nas injustiças do próprio sistema de justiça etc.), sentir-se desrespeitado com elas é antes se sentir ferido e violado em seus direitos, em seu senso de justiça. E isso pode e deve servir como base para políticas públicas.

O que leva um pensamento como o de Nozick a confundir justiça com inveja é precisamente sua premissa de que não existe uma entidade social em que a eventual redução de ganhos de um indivíduo pode beneficiar toda a coletividade, incluindo aí o próprio indivíduo "lesado". Aqui, o argumento pragmático é de uma obviedade difícil de refutar: investimentos públicos do Estado (financiados por impostos de renda progressivos) em áreas e para indivíduos desfavorecidos aumentam a sensação de justiça de toda a sociedade, intensificando o respeito ao pacto social, logo reduzindo a insegurança urbana. Mas, voltando à dimensão moral, a premissa da irresponsabilidade social, no fundo, é sustentada pela percepção de que os outros, os desfavorecidos, não são pares. Isto é, não são iguais. Esse princípio do indivíduo atomizado é coerente com o regime democrático, quando comparado a sociedades holísticas, pré-modernas, em que pessoas desempenhavam papéis fixos na estrutura social, percebendo-se claramente como parte desse todo. Como observou Tocqueville, a democracia, com seu princípio de mobilidade social, rompe os laços de solidariedade entre as classes.[44] Os indivíduos estão livres no bom e no mau sentido. Mas o fundamento da própria democracia é uma decisão moderna em favor da igualdade dos seres humanos. Da sua igualdade, não em relação a um deus monoteísta, mas em relação a si próprios. A sensibilidade moral moderna é estabelecida pelos direitos individuais da tradição liberal tanto quanto pela liberdade positiva da tradição democrática. Como observa Milanović, "nossa crença implícita [*assumption*], provavelmente derivada de séculos de formação religiosa e do Iluminismo, é que todas as pessoas são basicamente iguais e que é todo *afastamento* da igualdade que deve ser justificado".[45]

É, portanto, essa sensibilidade, longamente desenvolvida na época moderna, que nos faz perceber a desigualdade como um problema. Mais que isso: um problema irredutível ao combate à pobreza. Essa afirmação demarca a diferença fundamental entre as perspectivas da direita e da esquerda sobre o sentido das políticas econômicas, como veremos a seguir.

6.
Pobreza e desigualdade

Os historiadores consideram a Revolução Industrial um dos maiores acontecimentos da história humana, comparável à domesticação de animais e ao desenvolvimento da agricultura, no Neolítico. No período que se estende da segunda metade do século XVIII às primeiras décadas do XIX, o modo de produção artesanal deu lugar à divisão do trabalho das manufaturas; essas passaram a incorporar um maquinário multiplicador da produtividade (ele mesmo consequência de novas técnicas de uso do ferro), e a energia a vapor e a combustão por carvão se tornaram os motores de uma produção em escala sem precedentes, num conjunto que sustentou e impulsionou o sistema capitalista, cuja lógica daí em diante só se intensificaria.

Poucos gráficos são mais contundentes do que aquele, em grande-angular, que permite visualizar sinteticamente o crescimento da prosperidade humana nos últimos 2 mil anos. Durante os primeiros 1700 anos da era cristã, o mundo praticamente não aumentou sua riqueza. A linha da prosperidade se manteve quase inalterada a olho nu. Algumas regiões gozaram de espasmos de crescimento aqui e ali, mas eles não levaram a um crescimento sustentável e cumulativo. A partir de meados do século XVIII, a linha começa a aprumar para, no século XIX, iniciar uma ascensão logo vertical.

As análises de Thomas Piketty, em seu *O capital no século XXI*, esmiúçam essa imagem. Entre o ano zero da era cristã e o início do século XVIII, a produtividade mundial cresceu

0,1% ao ano. Mas, considerando que o aumento populacional anual também foi de 0,1%, não houve aumento de produtividade por habitante. Entre 1700 e 1820, período que engloba, portanto, o Iluminismo e o começo da Revolução Industrial, a produtividade por habitante aumentou 0,1% ao ano. Entre 1820 e 1913, a produtividade mundial cresceu 1,5% ao ano, e a produção por habitante aumentou 0,9% ao ano. Portanto, subiu quase 100% no período acumulado. De 1913 a 2012, a produção aumentou anualmente, em média, 3%, e a produção por habitante cresceu 1,6%. A renda média mundial em 2012 era de mais ou menos 760 euros por habitante ao mês. Em 1700, era inferior a setenta euros mensais.[1] Ou seja, segundo as análises de Piketty, a renda mundial multiplicou por dez desde o começo da época moderna.

O crescimento sustentado da renda média nos últimos dois séculos alterou a noção de pobreza. Dos personagens de Hugo, Zola e Dickens às palafitas do Nordeste brasileiro, certamente existiu ao longo desse tempo e continua a existir a pobreza extrema, a exploração extrema, mas, em que pese sua dimensão de incomensurabilidade (é impossível quantificar os aspectos não materiais da pobreza), parece pertinente afirmar que os pobres do século XXI são muito menos pobres que seus correlatos pré-modernos. Uma pessoa pobre de uma grande cidade contemporânea dos países desenvolvidos tem moradia, ainda que periférica; tem roupas para se aquecer e sapatos para proteger os pés; tem alimentação diária, ainda que de má qualidade nutricional; tem luz, água, gás; tem eletrodomésticos elementares e, invariavelmente, um celular. Os pobres — não os extremamente pobres — de países mais pobres têm em geral os mesmos bens, mas todos piorados: da alimentação à moradia precária.[2]

Não se trata aqui de atenuar a gravidade da pobreza, mas sim de colocá-la sob uma perspectiva histórica. Na Europa pré-industrial, segundo o historiador Carlo Cipolla, "a compra de uma vestimenta ou de um tecido para uma vestimenta permanecia um luxo que pessoas comuns só poderiam obter algumas poucas vezes em sua vida".[3] A escassez de vestuário criava uma situação esdrúxula: "Uma das principais preocupações da administração hospitalar era garantir que as roupas dos falecidos não seriam usurpadas, mas seriam dadas aos herdeiros legais", ele conta. Quanto à alimentação, na Idade Média, se você tivesse condição de comprar pão para sobreviver por apenas mais um dia, já não era considerado pobre.[4] Ou seja, grosso modo, a pobreza da era pré-industrial corresponde à miséria do mundo contemporâneo. O mundo conheceu uma enorme prosperidade material nos últimos dois séculos.

Vivendo na aurora desse processo, Adam Smith foi o primeiro a compreender as suas causas. São conhecidas as páginas de *A riqueza das nações* em que o pai da economia política identifica os fatores que propiciaram a produção de um excedente, as trocas e o reinvestimento propiciados por ele e, assim, a instauração do sistema capitalista e sua lógica exponencial. Logo nas primeiras páginas dessa obra monumental, Smith dá a conhecer o extraordinário ganho de produtividade do mero princípio da divisão do trabalho, mesmo em pequenas manufaturas com maquinário simples. Sobre a manufatura de alfinetes, ele comenta:

> Um trabalhador não treinado para essa atividade [...] e que não estivesse familiarizado com as máquinas nela utilizadas [...] dificilmente poderia, ainda que com a máxima diligência, produzir um alfinete por dia, e com certeza não seria capaz de produzir vinte.[5]

Mas com a divisão do trabalho, numa pequena manufatura, dez homens, contando apenas com o maquinário elementar, "tinham condições de fabricar, quando se esforçavam, cerca de doze libras de alfinetes por dia". Uma libra pode contar até 4 mil alfinetes. Dez pessoas, portanto, podiam produzir até 48 mil alfinetes por dia. Isto é, cada pessoa chegava a produzir 4800 alfinetes por dia.

Assim, o incremento na produtividade realizada por meio da divisão do trabalho se deve a três fatores: a) o aumento da capacidade de cada trabalhador, em virtude, justamente, da especialização de sua função; b) a economia do tempo que se perdia ao passar de uma função a outra; c) a invenção e constante aperfeiçoamento do maquinário.

Estendendo-se aos mais diversos ofícios, o aumento da produtividade faz com que cada trabalhador disponha, segundo Smith,

> de uma grande quantidade de trabalho próprio, além da que ele mesmo necessita utilizar; e, como todos os outros trabalhadores se encontram na mesma situação, ele tem condições de trocar uma grande quantidade dos próprios produtos por uma grande quantidade, ou, o que vem a ser o mesmo, pelo preço de uma grande quantidade dos deles.[6]

Essa lógica faz com que se aumente a riqueza social, disseminando fartura "pelas diferentes classes da sociedade" e propiciando que a "opulência generalizada se estenda às mais baixas camadas do povo".[7] Obviamente, está desconsiderada aqui a dimensão de exploração do trabalhador pelo dono dos meios de produção, que o expropria em larga medida do resultado de seu trabalho.

Adam Smith vai, assim, identificando as peças fundamentais da engrenagem capitalista, ao menos no que se refere à produção da riqueza, e seu funcionamento. O lucro é o princípio fundamental do processo. É esse suplemento de produção que gera o capital; e é o capital que, reinvestido, aumenta ainda mais o suplemento, numa lógica infinita (a premissa de que o capital será sempre reinvestido se demonstraria de um otimismo irreal, e o desenvolvimento do capitalismo e da teoria econômica mostraria a existência de outros fatores que perturbam essa lógica). Em outras palavras, o capitalismo é um sistema de permanente expansão do lucro e da produtividade, ou seja, da riqueza. Ao passo que nas economias pré-capitalistas, a produção se destinava à mera satisfação de necessidades, por meio da troca de bens que perfazia um circuito sem expansão, autocontido.

Da perspectiva estrita da produção de riqueza, sem levar em conta a sua distribuição, o capitalismo é por definição um enorme sucesso material. Para a linhagem que surge com Adam Smith e que se desdobra nos teóricos da defesa do liberalismo econômico, esse sucesso, como se sabe, depende fundamentalmente da não intervenção sobre os seus mecanismos espontâneos, autorregulados.

Nesse sentido, o pulo do gato na compreensão de Smith foi perceber que o egoísmo — identificado ao mal na mentalidade cristã — tem consequências socialmente benéficas. Esse salto foi dado a partir da intuição de Bernard Mandeville, que em *A fábula das abelhas* realizou a formulação original da transformação de vícios privados em benefícios públicos: "Orgulho-me de ter demonstrado que não são nem as qualidades de bondade ou as afeições delicadas naturais ao homem, nem as reais virtudes de que ele é capaz de adquirir pela razão e pela abnegação, que constituem o fundamento da sociedade".[8] Esse seria antes "aquilo a que no mundo chamamos mal, tanto moral como natural", e que seria "o grande princípio que faz de nós criaturas sociáveis, a base sólida, a vida e o apoio de todas as atividades e de todos os empregos, sem exceção". Para Mandeville e seu *plot twist* moral, é nesse princípio insuspeitado "que devemos procurar a verdadeira origem de todas as artes e de todas as ciências, e que, no momento em que o mal desapareça, a sociedade se deteriora, se não se dissolver inteiramente".

Dessa percepção original, Adam Smith extrairia amplas e profundas observações, a desaguarem na célebre metáfora da *mão invisível*, arquétipo da ideia de Estado mínimo. Assim, a divisão do trabalho, "da qual resultam tantas vantagens", não é um efeito da sabedoria ou da bondade humana, "que prevê e projeta essa riqueza geral a que dá origem".[9] Ela é tão somente a necessária, "embora muito lenta e gradual, consequência de certa propensão da natureza humana que não almeja uma utilidade tão abrangente; a propensão a cambiar, permutar e trocar uma coisa pela outra".

Daí para as mais repisadas passagens de *A riqueza das nações* é um pulo: "Não é da benevolência do açougueiro, do cervejeiro ou do padeiro que esperamos o nosso jantar, mas da consideração que eles têm pelos próprios interesses".[10] Ou, bem mais adiante: "Em geral, [o indivíduo] não tem a intenção de promover o interesse público, nem sabe quanto o está promovendo";[11] "não pensa senão no próprio ganho, e neste, como em muitos outros casos, é levado por uma mão invisível a promover um fim que não era, em absoluto, sua intenção promover".[12] Até completar o argumento em prol dos benefícios públicos dos vícios privados: "Ao buscar seu interesse particular, não raro promove o interesse da sociedade de modo mais eficaz do que faria se realmente se prestasse a promovê-lo".

Se a liberdade da propensão natural humana à defesa dos próprios interesses é que deflagra todo o mecanismo produtor da riqueza social, segue daí que as tentativas de intervenção bem-intencionadas nesse processo (não necessariamente no sentido de distribuir sua riqueza, mas apenas de aumentá-la) tendem a sair pela culatra. Isso porque a mão invisível do mercado é uma espécie única de supercomputador com uma capacidade de processar um conjunto de informações de uma complexidade infinita — uma capacidade que nenhuma mente humana dispõe. O mercado calcula e precifica de maneira espontânea as relações de oferta e demanda, as necessidades de alocação de recursos, aumento ou redução de produtividade etc. Desse modo, conclui Smith, "não é de modo algum certo que essa direção artificial", tomada por qualquer interferência externa deliberada, "venha a ser mais vantajosa do que a que teria seguido espontaneamente".[13] E arremata: orientar as pessoas privadas sobre como devem empregar seus capitais equivale, quase sempre, "a uma regulação inútil ou nociva".[14]

Essa perspectiva viria a conformar o traço fundamental da vertente liberal da teoria econômica, desde o laissez-faire dos primórdios do capitalismo até a hegemonia neoliberal de Mises e Hayek a Friedman, que se afirmaria com força após o período de hegemonia da mentalidade socialista na primeira metade do século XX e seu desenvolvimento nas sociais-democracias dos *trente glorieuses*. Glosando a mão invisível de Smith, Hayek, em seu *O caminho da servidão*, preconiza: "Devemos utilizar ao máximo as forças espontâneas da sociedade e recorrer o menos possível à coerção".[15] E, mais adiante: "O liberalismo econômico é contrário à substituição da concorrência por métodos menos eficazes de coordenação dos esforços individuais".[16] A "livre" concorrência seria um método superior não apenas por razões econômicas, mas também político-morais: "Não somente por constituir, na maioria das circunstâncias, o melhor método que se conhece, mas, sobretudo, por ser o único método pelo qual nossas atividades podem ajustar-se umas às outras sem a intervenção coercitiva ou arbitrária da autoridade".[17]

Uma formulação espirituosa dessa perspectiva foi dada pelo economista Steven Radelet, que escreveu: "Em 1976, Mao Tsé-tung sozinho mudou dramaticamente a direção da pobreza global com um simples ato: ele morreu".[18] Radelet vê no declínio do comunismo, "junto ao socialismo intrusivo", a principal causa do aumento da riqueza em muitos países mais pobres, nas últimas décadas do século XX. "Economias de mercado podem gerar riqueza prodigiosamente, enquanto economias totalitárias planificadas impõem escassez, estagnação e frequentemente fome", ele defende. A razão disso é a mesma observada desde Adam Smith: economias de mercado

> resolvem o problema de coordenar os esforços de centenas de milhões de pessoas por meio do uso de preços para propagar informações sobre demanda e oferta em escala abrangente de longas distâncias, um problema computacional que nenhum planejador é brilhante o suficiente para resolver de dentro de um escritório central.

(O problema, para muitos, é que, como coloca Piketty, "o sistema de preços não conhece nem limite, nem moral".)[19]

Com efeito, o grande aumento da riqueza verificado nos países desenvolvidos desde o século XIX chegou a inúmeros países periféricos a partir dos anos 1980. Richard Baldwin chamou esse fenômeno de "a grande convergência". A abertura da economia chinesa sob Deng Xiaoping — "o pai do capitalismo político moderno", como o chama Branko Milanović —,[20] o colapso da União Soviética e seu domínio sobre o Leste Europeu e a liberalização das economias de diversos países pobres teriam propiciado o seu aumento de riqueza. Em seguida, o estágio avançado da globalização, com a intensificação dos fluxos comerciais e a queda de restrições tarifárias, articulada com o desenvolvimento dos meios de transporte, promoveram uma explosão do comércio mundial. Nessa nova etapa da globalização, houve uma mudança nas cadeias globais de produção. Baldwin observa que, antes, havia uma separação entre produção e consumo: a redução dos custos de transportes acelerava as trocas comerciais entre países produtores e consumidores distantes em termos geográficos.

Mais recentemente, houve um "desmembramento" da própria produção. A revolução tecnológica das comunicações possibilitou que o controle e a coordenação da produção sejam realizados em um país, enquanto a produção efetiva é realizada em outro.[21] Isso alterou também o problema da transferência de tecnologia entre países. Passou a ser do interesse direto das empresas multinacionais que a tecnologia avançada fosse transferida do país controlador da produção para aquele onde a produção era concretizada. Daí Baldwin afirmar que os países que conseguiram se inserir nessas cadeias globais foram os que obtiveram melhores resultados em termos de aceleração de seu crescimento econômico (China, Coreia do Sul, Índia, Indonésia, Tailândia, Polônia, entre outros).[22] Os ganhos econômicos obtidos com as transferências de tecnologia parecem ter derrubado, diga-se de passagem, a pertinência da Teoria da Dependência. Para esta, o subdesenvolvimento só poderia ser superado pelo rompimento dos laços econômicos com os países desenvolvidos, os quais "impunham naturalmente uma estrutura dual às economias do Terceiro Mundo, estimulando a produção do setor primário voltada para exportação e deixando definhar o restante da economia".[23] Como se sabe, um dos expoentes da Teoria da Dependência latino-americana foi Fernando Henrique Cardoso, que, como observa Milanović, ao chegar ao poder implementou políticas pró-globalização, contrárias à sua antiga teoria.[24] Para Baldwin e Milanović, agiu na direção correta, pois "o que permitiu à Ásia realizar a travessia de uma situação de pobreza absoluta para uma de média renda em um curto espaço de tempo foi justamente o desenvolvimento desse vínculo".[25]

Desde 1995, trinta dos 109 países em desenvolvimento, incluindo nações tão diversas quanto Bangladesh, El Salvador,

Etiópia, Geórgia, Mongólia, Moçambique, Panamá, Ruanda, Uzbequistão e Vietnã gozaram de taxas de crescimento econômico que chegam a dobrar a renda a cada dezoito anos. Outros quarenta países tiveram taxas que dobrariam a renda a cada 35 anos, o que é comparável à taxa histórica de crescimento dos Estados Unidos. "É notável", observa ainda Pinker, "ver que por volta de 2008 China e Índia tinham a mesma renda per capita que a Suécia em 1950 e 1920, respectivamente; mas mais notável ainda é lembrar de quantas 'cabeças' se trata nesses países: 1,3 e 1,2 bilhão de pessoas."[26] Milanović observa que a China, face mais evidente dessa convergência, em 2017 já estava apenas 10% abaixo do PIB per capita da Bulgária, país mais pobre da União Europeia. Com a suposição conservadora de um crescimento chinês de 6% ao ano, ele prossegue, a China levará apenas uma geração (cerca de 24 anos) para atingir o PIB per capita médio de toda a União Europeia. Japão e Coreia se aproximarão dessa renda, enquanto o Sul e o Sudeste da Ásia não ficarão muito atrás.[27] Em suma, eis a Grande Convergência: "Por volta de 2008, a população mundial, todas as 6,7 bilhões de pessoas, tinham uma renda média equivalente àquela da Europa Ocidental em 1964". A globalização em sua etapa de revolução das tecnologias de comunicação redesenhou e reequilibrou o mapa estabelecido pela Revolução Industrial, que então fizera disparar os países europeus e, depois, os Estados Unidos.

Como observa Piketty, a realidade hoje é que a desigualdade é mais doméstica do que internacional: "Ela opõe ricos e pobres dentro de cada país, muito mais do que os países entre si".[28] Isso fica de novo evidente quando se analisa a divisão do PIB mundial na década passada (os dados se referem ao ano de 2012). A média do PIB per capita é de 10 100 euros, o que equivale a uma renda mensal per capita de 760 euros. O PIB per capita mais alto do mundo é o dos Estados Unidos/Canadá: 40 700 euros, equivalente a uma renda mensal per capita de 3050 euros. O mais baixo é o dos países da África Subsaariana: 2 mil euros, equivalente a uma renda mensal per capita de 150 euros. Os países da América Latina se situam, em geral, ligeiramente acima da média mundial, com um PIB per capita de 10 400 euros e renda mensal de 780 euros. Ou seja, o PIB per capita mais alto do mundo era, em 2012, cerca de quatro vezes maior que a média mundial. O mais baixo, cerca de um quinto da média mundial. A renda mensal per capita mais alta do mundo era em torno de vinte vezes maior do que a mais baixa.[29] É um número muito inferior às diferenças de capital e renda encontradas no interior dos países mais desiguais do mundo (entre eles, como veremos, os Estados Unidos dos últimos trinta anos). Nesses, as diferenças de renda entre os super-ricos e os pobres chegam a ser de trezentas vezes a favor dos ricos.[30] Segundo Piketty, ao longo das últimas décadas, a parcela do milésimo superior (o 0,1% da população) passou de 2% a quase 10% da renda nacional.[31] É impressionante.

No Brasil, o crescimento acumulado de 1930 a 2014 foi notável. O PIB per capita estava em torno de 3 mil reais no começo da década de 1930 e chegou perto de 30 mil reais em 2014. O crescimento foi rápido até o final dos anos 1970, infletindo em seguida quase verticalmente durante o chamado "milagre econômico". Depois, a "década perdida" dos anos 1980 apresenta um quadro de estagnação, que começa a ser superado em meados dos anos 1990 (período do Plano Real), para voltar a subir em ritmo forte em meados dos anos 2000, sob o agora "milagrinho econômico" do lulismo, puxado pelo boom das commodities. De 2015 em diante, como se sabe, o país enfrenta grave recessão, seguida de oscilação entre estagnação e frágil recuperação.[32] Para avaliar o quanto o consistente crescimento ao longo do século favoreceu os mais pobres, é preciso entrar no exame dos medidores de desigualdade, como o coeficiente de Gini.

Resumindo, a análise comparativa da renda per capita mundial esconde abismos de desigualdades internas. Mas é fundamental enfatizar que não foram só os ricos que se tornaram ainda mais ricos, aumentando a desigualdade. Esta, sob o predomínio de políticas econômicas mais liberais, aumentou bastante em diversos países do mundo. Mas a pobreza extrema foi em larga medida erradicada e, onde há aumento da riqueza, essa prosperidade também tendeu a beneficiar os mais pobres. A análise histórica demonstra que não há relação necessária entre o crescimento da produtividade e o ganho dos mais pobres. De acordo com a análise de Piketty em seu *O capital no século XXI*, o século XIX apresentou à humanidade o espetáculo revoltante de crescimento industrial com miséria extrema. Como diria o economista novecentista Henry George, tratava-se de uma pobreza *produzida* pela riqueza. Mas, desde as últimas décadas do século XIX, e sobretudo em anos recentes, quando a globalização promoveu maior convergência entre países pobres e ricos, as evidências apontam para a pertinência, ao menos relativa, da máxima popularizada por John F. Kennedy: *Growth is a rising tide that lifts all boats* [O crescimento é uma maré alta que soergue todos os barcos].

Esse princípio situa a discussão no campo da defesa do combate à pobreza, em detrimento do combate à desigualdade. Essa é também uma agenda distintiva da vertente liberal. E, assim como o fundamento da mão invisível, remonta também a Adam Smith. As páginas iniciais de *A riqueza das nações* trazem outra passagem célebre, um argumento seminal a favor da superação da pobreza, em detrimento do combate, e mesmo da relevância, da desigualdade. "Sem o auxílio e a cooperação de muitos milhares", observa Smith, "não seria possível atender às necessidades da mais ínfima pessoa de um país civilizado, mesmo de acordo com o que nós erroneamente imaginamos ser a maneira simples e fácil como elas são usualmente satisfeitas."[33] Ou seja, é a cooperação social que produz riqueza, e essa riqueza "atende às necessidades" de pessoas simples; isto é, traduzindo para termos atuais, propicia um padrão de vida melhor. Ele prossegue:

> Talvez seja verdade que a diferença entre as necessidades de um príncipe europeu e as de um camponês frugal e industrioso nem sempre é muito maior do que a diferença que existe entre o conforto deste último e o de muitos reis africanos, senhores absolutos da vida e da liberdade de 10 mil selvagens nus.[34]

Em outras palavras, Smith argumenta que a diferença entre o padrão de vida de um príncipe europeu e o de um camponês europeu se aproxima daquela entre o padrão desse camponês e o de um rei africano, líder de uma civilização não tocada pelo crescimento econômico. Exatidão histórica e dimensões simbólicas à parte, o argumento é claro: o aumento da riqueza beneficia a sociedade como um todo, mesmo que uns mais do que outros, e isso é afinal o que interessa. E não a promoção de igualdade, poderíamos acrescentar, embora Smith não trate propriamente disso na passagem. Resumo da ópera: é melhor ser pobre num país rico do que ser pobre num país pobre. E, poderíamos acrescentar de novo, do que ser *igualmente pobre* num país que desconhece a desigualdade, mas também desconhece a riqueza.

Resta saber por que o aumento da riqueza necessariamente beneficiaria a todos dentro de uma lógica de livre mercado em que a obtenção do lucro, que é o sentido fundamental do processo, é proporcional à exploração do trabalhador. Para Smith, nas nações civilizadas e prósperas, o produto de todo o trabalho da sociedade é tão grande que um trabalhador, ainda que da classe mais baixa e mais pobre, se for parcimonioso e trabalhador, poderá participar dessa riqueza geral. As condições de vida do proletariado no auge da acumulação de capital da Revolução Industrial, como se sabe, o desmentiriam. A própria definição de Marx para o proletário o atesta: ela designa o trabalhador *totalmente despossuído*, mantido apenas no limite da sobrevivência necessária para que continue trabalhando.

Entretanto, cerca de dois séculos e muitas transformações no capitalismo depois, parece possível afirmar que o aumento da riqueza, em geral, beneficia mesmo os mais pobres. Até aproximadamente a primeira década do século XX, os países investiam porcentagens mínimas de suas receitas em serviços públicos. O surgimento dos impostos de renda e riqueza estabeleceu um padrão de gastos sociais radicalmente diferente. Mesmo após os anos 1980, a partir do estabelecimento da "era Milton Friedman", com sua redução brusca de impostos, os gastos sociais se consolidaram num patamar muito mais alto do que aquele do século XIX, propiciando uma série de benefícios — claro que em graus variados, de país a país — aos mais pobres: sistemas de saúde e educação públicos, melhorias de infraestrutura urbana, saneamento, sistemas de seguridade social etc. Há dois séculos, a expectativa de vida no país mais rico (Holanda) era de apenas quarenta anos, e em nenhum país superava os 45 anos. Hoje, a expectativa de vida no país mais pobre do mundo (a República Centro-Africana) é de 54 anos, e em país nenhum é menor do que 45 anos.[35] "Vivemos num mundo", escreve Pinker, "não apenas com uma menor proporção de pessoas extremamente pobres, mas com um menor número delas, e com 6,6 bilhões de pessoas que não são extremamente pobres."[36]

Contudo, voltamos a testemunhar, nas últimas três ou quatro décadas, um aumento da desigualdade em muitos países do mundo. A coexistência do aumento da produtividade e do aumento da desigualdade pôs por terra teorias econômicas como as de Simon Kuznets, segundo a qual o desenvolvimento do capitalismo conduz à redução da desigualdade de modo automático, isto é, independente das políticas públicas tomadas para esse fim. A ideia, conforme explica Piketty, era que a desigualdade aumenta durante as primeiras fases da industrialização,

> pois apenas uma minoria está em condições de se beneficiar dos ganhos iniciais do processo e, mais adiante, nas etapas avançadas do desenvolvimento, cai de forma automática, ou endógena, quando uma fração cada vez maior da população passa a desfrutar do crescimento econômico.[37]

O otimismo de Kuznets era um fruto ilusório do período mais democrático do capitalismo europeu ocidental e estadunidense, quando, sobretudo entre o fim da Segunda Guerra Mundial e meados dos anos 1970, houve uma drástica redução da desigualdade, combinada com um crescimento econômico consistente (desigualdade de renda, em especial, já que nos Estados Unidos havia um racismo estrutural e institucional brutal até os *civil rights*, e também assimetrias de gênero). Com efeito, nos Estados Unidos, por exemplo, enquanto na década de 1910 os 10% mais ricos recebiam 45%-50% da renda nacional anual, já no final dos anos 1940 essa participação caíra para 30%-35%. Manteve-se nesse nível até os anos 1980, quando, entretanto, sob a política econômica de Ronald Reagan, começou a subir e voltou, entre 2000 e 2010, ao patamar de 50%.[38] Se colocamos uma lupa na distribuição de renda dos Estados Unidos do fim dos anos 1970 até logo antes da crise de 2008, o cenário se revela brutalmente desigual. Os 10% mais ricos se apropriaram de 75% do crescimento econômico. O 1% mais rico abocanhou sozinho cerca de 60%. Para os 90% restantes, "a taxa média de crescimento da renda foi de menos de 0,5% por ano".[39]

Em seu livro *Capitalismo sem rivais: O futuro do sistema que domina o mundo*, que venho citando aqui, Branko Milanović identifica diversos tipos de capitalismo. No "capitalismo clássico", cujo país mais representativo é o Reino Unido do século XIX, a concentração do capital era muito alta (não havia impostos pesados sobre propriedade do capital ou sobre sua transmissão) e a concentração da renda também (não havia imposto progressivo sobre a renda). No "capitalismo social-democrata", que se estabeleceu nos Estados Unidos e na Europa após a Segunda Guerra Mundial, os impostos sobre capital e renda atenuaram as desigualdades intra e intergeracional. Já no "capitalismo meritocrático-liberal" — cujo país mais representativo é os Estados Unidos, mas que atualmente vigora na maior parte do mundo —, alguns traços da social-democracia se mantiveram (impostos progressivos, embora rebaixados, sobre capital e renda), mas outras características vieram aumentar a desigualdade. Milanović observa que, nessa atual fase do capitalismo liberal, os donos do capital se tornaram igualmente muito ricos em termos de renda. Diferente do que acontecia no capitalismo clássico, quando em geral os proprietários do capital não ganhavam altos salários, agora a maior parte deles trabalha (são grandes executivos, por exemplo) e com isso também concentram renda. O pesquisador sérvio chama esse fenômeno de *homoplutia*. Outra mudança que intensificou a concentração de capital e renda foi decorrente do aumento da escolaridade das mulheres e, logo, de sua participação na renda nacional. Os homens ricos costumam se casar com mulheres ricas (ou as pessoas ricas entre si, independente dos gêneros). A esse fenômeno, Milanović chamou *homogamia*.[40]

A situação não é diferente na China, grande representante do "capitalismo político" (essencialmente um regime de partido único, em que a produção se desenvolve por diversas formas de cooperação entre Estado e iniciativa privada). A China, país cujo capitalismo descende diretamente de um regime comunista, vem apresentando um alto patamar de desigualdade para os padrões globais, "significativamente superior ao dos Estados Unidos, aproximando-se dos níveis de desigualdade encontrados na América Latina".[41] Milanović mostra que enquanto a desigualdade de renda dos Estados Unidos cresceu quatro pontos no índice de Gini entre meados dos anos 1980 e 2013, na China ela cresceu quase vinte pontos no mesmo período.[42] Ou seja, junto com o capitalismo e seu milagre econômico, a China conheceu um aumento brutal da desigualdade.

Hoje, acredita-se que reduções profundas da desigualdade — o que implica perda de capital ou renda dos ricos — só ocorrem em períodos de guerras ou em consequência de fatores exógenos, como identificou Walter Scheidel em seu *The Great Leveler*: guerras, colapsos civilizatórios, revoluções e grandes epidemias.[43] Nesses contextos, os ricos sofrem perdas vastas e súbitas de capital (terras, imóveis, fábricas) e renda (os impostos chegam a patamares altíssimos, como parte do esforço nacional de obter recursos para a defesa ou a reconstrução do país). Traumas coletivos à parte, o que determina as variações da desigualdade doméstica são sobretudo políticas públicas — e, dentre elas, talvez as de maior importância sejam o imposto de renda, o imposto sobre transmissão de herança e os aumentos reais do salário mínimo. Desigualdades envolvem muitos fatores, alguns mensuráveis, outros não. Mas renda e capital são dois dos principais. E, como mostrou Piketty, a concentração do capital é sempre maior do que a concentração da renda. Fortunas herdadas tendem a se manter, por meio de altas taxas de remuneração do capital (é o popular *rentismo*). E é difícil para as classes médias, e quase impossível para as baixas, ganhar renda suficiente para constituir patrimônio, isto é, capital. Daí a importância de se taxar a transmissão de heranças para a diminuição da desigualdade. Do contrário, "o passado tende a devorar o presente: as riquezas vindas do passado progridem automaticamente mais rápido [...] do que as riquezas produzidas pelo trabalho".[44]

Com efeito, a invenção do imposto de renda, tal como o conhecemos, com tributação progressiva sobre a renda, data na maioria dos países das duas primeiras décadas do século XX e mudou o sentido das sociedades capitalistas. As primeiras décadas da Revolução Industrial estão impressas no imaginário mundial como uma época de horrores. Os salários baixíssimos, as condições insalubres, as jornadas de trabalho infinitas, o trabalho infantil (a França teve que promulgar uma lei proibindo o trabalho de crianças menores de oito anos nas fábricas, em 1841) — foi esse o mundo do qual emergiram economistas políticos apocalípticos e/ou revolucionários, como Malthus e Marx. Segundo Piketty, dos anos 1800 aos 1860, os salários dos operários estagnaram em níveis muito baixos, "próximos ou mesmo inferiores aos do século XVIII e aos dos séculos anteriores".[45] De 1870 até a Primeira Guerra, os salários teriam recuperado parte do atraso em relação ao crescimento econômico, mas permaneceram em patamares muito baixos, e a desigualdade se estabilizou em um nível extremamente elevado. Para Piketty, "é muito difícil dizer o que teria acontecido com essa trajetória se os choques econômicos e políticos deflagrados na Primeira Guerra Mundial não tivessem ocorrido".

Tendo vivido e pensado no contexto da exploração máxima do proletariado e sem ter conhecido os efeitos da tributação progressiva da renda e os choques promovidos pelas guerras,[46] Marx concluiu que o capitalismo estava fadado a colapsar por contradição interna, pois ele tenderia a um *princípio de acumulação infinita*, em que a participação do capital na renda nacional aumentaria exponencialmente, ampliando cada vez mais a desigualdade, mantendo os trabalhadores em extrema pobreza e acabando por engendrar revoltas sociais sistêmicas. Os salários dos trabalhadores melhorariam ainda no fim do século XIX, mas isso não impediu que as revoltas se concretizassem (embora não nas condições previstas por Marx) e o socialismo se implantasse em diversos países do mundo. Ao mesmo tempo, a partir da Segunda Guerra Mundial, o capitalismo dos Estados Unidos e da Europa Ocidental, seguidos em menor medida por outros países do mundo (inclusive, em certos períodos, o Brasil), caminhou para a forma de sociais-democracias que se revelaram capazes de conciliar crescimento de produtividade e redução das desigualdades, numa equação que combinava, de diferentes maneiras, princípios do liberalismo econômico e uma perspectiva socializante, traduzida em impostos sobre renda e capital profundamente progressivos, demandas por universalização do acesso a oportunidades, serviços públicos universais de boa qualidade e sistemas de seguridade social. A conclusão é evidente: "O crescimento econômico é incapaz de satisfazer essas esperanças democráticas e meritocráticas, que devem se apoiar na existência de instituições específicas, e não apenas nas forças do progresso tecnológico e do mercado".[47]

Entre essas instituições específicas, os impostos progressivos sobre renda e riqueza desempenharam um papel fundamental no século XX, sobretudo — mas não apenas — nos Estados Unidos e na Europa Ocidental, notadamente no período entre a Segunda Guerra e os anos 1980. Hoje soa quase inacreditável, mas estes países — França, Alemanha, Reino Unido e Estados Unidos — tiveram impostos sobre a renda de no mínimo 50% até um máximo de 94% durante quarenta anos, entre as décadas de 1940 e 1980. Os Estados Unidos, reconhecidos como a grande pátria liberal entre as pátrias liberais, tiveram um choque de taxação de renda e riqueza a partir da Crise de 1929. Franklin Delano Roosevelt pegou um país em forte crise, com níveis de desemprego em torno de um quarto da população ativa. Subiu o imposto de renda de 25% para 63% logo em seu primeiro ano e, quatro anos depois, aumentou-o para 79%. Em 1942, elevou-o ainda mais, até chegar a 94%, em 1944, em meio a um esforço de guerra. Mas o imposto se estabilizaria em cerca de 70% pelas próximas décadas, até desabar sob a nova era Friedman/Reagan.[48]

A partir daí, tal como no Reino Unido sob Thatcher, os Estados Unidos adotaram um processo radical de redução dos impostos, chegando a 28% com a reforma fiscal de Reagan, em 1986, e depois se estabilizando entre 30% e 40% (já as taxas da França e da Alemanha permaneceram estáveis, em torno de 50% a 60%, dos anos 1940 até os anos 2000, caindo um pouco nas décadas seguintes).[49] No mesmo sentido, os impostos sobre transmissão de herança estiveram entre 65% e 85% no período de 1940 a 1980, para a partir daí decrescer de forma acelerada.[50]

Ao mesmo tempo, a partir dos anos 1980, os super-ricos no mundo tiveram sua riqueza aumentada bem acima do crescimento da riqueza média mundial. Entre 1987 e 2013, os cem milionésimos mais ricos (cerca de trinta pessoas adultas em 3 bilhões nos anos 1980, 45 pessoas em 4,5 bilhões nos anos 2010) tiveram uma taxa de crescimento real médio anual, portanto descontada a inflação, de 6,8%. No mesmo período, os vinte milionésimos mais ricos (150 em 3 bilhões nos anos 1980, 225 em 4,5 bilhões em 2010) tiveram crescimento de 6,4%. Enquanto isso, a riqueza média real mundial cresceu 2,1%. E a renda média mundial cresceu 1,4%.[51] Ainda sob uma perspectiva global, observa Piketty:

> A parcela do milésimo superior atualmente parece estar próxima de 20% do patrimônio total, a do centésimo superior, perto de 50%, e a do décimo superior, entre 80% e 90%; a metade inferior da população mundial possui, sem dúvida, menos de 5% do patrimônio total.[52]

Seria ocioso insistir. As evidências apontam com contundência para um recrudescimento das desigualdades em muitos países, entre eles alguns dos mais ricos do mundo. Não por acaso o papa Francisco as chamou de "a raiz do mal social". E, entre 2009 e 2016, a proporção de artigos no *New York Times* contendo a palavra "desigualdade" foi multiplicada por dez.[53] As desigualdades são, como vimos, um problema moral e funcional. Nas condições que assumem em quase todo o mundo — consequência de racismo estrutural, perpetuação de transmissão de capital, diferenças brutais de acesso a oportunidades, desvantagens na qualidade dos serviços públicos para os que já são desfavorecidos nas dimensões da renda e da riqueza, assimetria de gênero etc. —, atentam contra o senso de justiça que é o imperativo moral definidor da mentalidade moderna. Além disso, a alta concentração de renda e riqueza transforma as democracias em plutocracias, produzindo assimetrias injustas de poder político, que se traduzem em poder de lobby junto aos legisladores, a fim de promulgar leis que perpetuem a estrutura desigual.

E, entretanto, para voltar ao outro lado da moeda, as evidências parecem atestar que, a despeito do crescimento da desigualdade, o crescimento geral da produtividade beneficiou os mais pobres. À observação de Piketty de que a metade mais desfavorecida da população mundial é tão pobre hoje quanto era no passado, com meros 5% da riqueza total em 2010, exatamente como em 1910, Pinker objeta de forma correta que a riqueza total hoje é muito maior do que há um século, de forma que se os pobres detêm a mesma proporção dessa riqueza, eles são mais ricos, e não tão pobres quanto um século atrás. A metodologia empregada por Piketty, com foco na concentração de renda e riqueza no topo, não ilumina tanto o que se passa entre as classes médias. Mas, ainda em termos globais, na média parece possível afirmar que nas últimas décadas, com a globalização e a maior convergência entre países, os mais pobres foram favorecidos, e os mais ricos foram muito favorecidos. Os perdedores, da perspectiva do aumento da renda, foram as classes médias, médias baixas, sobretudo dos países desenvolvidos, que viram grande parte de seus empregos em setores fundamentais da economia ser perdida para países em intensa expansão e de mão de obra barata, como a China. São esses, como se sabe, que formam um dos núcleos duros dos eleitores de Trump, do Brexit e dos demais líderes nacional-populistas europeus.

Embora em menor intensidade, o fenômeno também ocorreu no Brasil. A economista Laura Carvalho, reportando-se a um estudo de M. Morgan, observa que, entre 2001 e 2015, enquanto os 50% mais pobres aumentaram sua participação na renda total de 11% para 12%, e os 10% mais ricos passaram de 25% para 28%, o meio da pirâmide saiu perdendo: os 40% intermediários tiveram queda de participação na renda, de 34% para 32%.[54] Esse *squeezed middle* [meio espremido] foi um setor importante nos protestos que acabaram levando à derrubada da presidente Dilma Rousseff. E foram parte importante do eleitorado de Jair Bolsonaro.

Assim como tem ocorrido no mundo, a partir da crise de 2008, também no Brasil se intensificaram nos últimos anos os estudos sobre desigualdade. Aqui, entretanto, as questões a serem levantadas dizem antes respeito sobretudo à confirmação ou não do sentido geral da era lulopetista, bem como de sua degradação. Será que as análises empíricas comprovam uma convergência feliz entre crescimento econômico e redução de desigualdade no período (à exceção dos anos finais de Dilma, a partir de 2014-5)? Ou, como escreveu André Singer em seu *Os sentidos do lulismo*, o período foi antes caracterizado por um "programa de combate à pobreza", estrategicamente voltado para a "neutralização do capital por meio de concessões, não do confronto"?[55] Note-se que, a se confirmar essa última hipótese, o período lulopetista teria cumprido a agenda liberal de combate à pobreza, em detrimento da redução das desigualdades. A análise do período não permite respostas simples e unívocas. Diferentes metodologias conduzem a resultados distintos. Mas a complexidade não impede um alto grau de esclarecimento. Acompanharei aqui as perspectivas e os argumentos de dois dos principais estudiosos da questão das desigualdades no Brasil, Pedro H. G. Ferreira de Souza e Marta Arretche.

O monumental livro de Souza, *Uma história de desigualdade: A concentração de renda entre os ricos no Brasil, 1926-2013*, é uma espécie de versão brasileira do trabalho de Piketty, adotando a metodologia das análises de séries históricas para a concentração de renda e riqueza no topo, a partir das informações dos impostos de renda e riqueza, e incluindo também rigorosas sessões tanto sobre as políticas públicas do Estado brasileiro relativas ao problema da desigualdade nos últimos quase cem anos quanto uma história das ideias sobre desigualdade, no mundo e no Brasil.

Como se sabe, sob qualquer metodologia, o Brasil é um dos países mais desiguais do mundo. Da perspectiva da concentração de renda e riqueza no topo (o décimo, o centésimo e o milésimo percentuais mais ricos da população), é provavelmente o mais desigual. Segundo essa perspectiva, o período lulopetista, mesmo se subtraídos seus anos finais e a recessão/estagnação dos últimos anos, não alterou de maneira significativa os parâmetros da desigualdade no país. Aqui a concentração no topo, historicamente, oscilou pouco, sempre mantendo-se dentro de balizas muito elevadas, até mesmo na comparação com países também intensamente desiguais. Esses resultados parecem confirmar a hipótese de Jeffrey Williamson, segundo a qual a desigualdade latino-americana não teria sido muito maior do que a observada na Europa até o início do século XX (que Piketty mostrou ter sido muito alta). O grande fator causador da divergência entre a América Latina e o mundo desenvolvido quanto à desigualdade teria sido que nesse continente não ocorreu o *grande nivelamento* por que passaram europeus, americanos e japoneses, em virtude das guerras mundiais.[56] Outros países, como China e Rússia, conheceram revoluções igualitárias no século XX. Já o Brasil não passou por um trauma dessa magnitude, com os efeitos fiscais correspondentes. A história brasileira no século XX é outra. As desigualdades aqui oscilaram dentro de limites mais estreitos, sempre em patamares elevados. Essas oscilações estão relacionadas a acontecimentos marcantes — Estado Novo, nacional-desenvolvimentismo, ditadura militar, Constituição de 1988, FHC, lulopetismo — e suas respectivas políticas públicas que incidem sobre as desigualdades.

Da perspectiva da concentração no topo, são os impostos sobre renda e capital que, como vimos, podem impactar de maneira significativa na redução das desigualdades. Como mostra Pedro Ferreira de Souza, as alíquotas máximas dos impostos no Brasil são historicamente baixas, mas o país conheceu um hoje inusitado espasmo de democratização quando, entre 1946 e 1947, o percentual máximo foi catapultado de 20% para 50%. Nos primeiros anos da década de 1960, a alíquota atingiu o recorde histórico de 65%, antes de a ditadura militar trazê-lo de volta para a casa dos 50%. As necessidades fiscais do Estado, observa ainda Souza, exigiram um novo aumento leve das alíquotas máximas no final dos anos 1970, que foi prontamente desfeito durante a redemocratização: a influência internacional se fez sentir de forma drástica (trata-se do advento da era Reagan-Thatcher), com a tributação marginal máxima caindo de 60%, em 1985, para 25%, em 1990.

A redemocratização mostra que as relações entre democracia e desigualdade não são tão simples. A Constituição de

1988 sem dúvida introduziu mudanças decisivas no país, estabelecendo uma versão tropical do Estado de bem-estar social — mas num processo controlado pelas elites, de forma que a carga tributária não incidisse de modo pesado sobre sua renda e riqueza. Souza mostra que as mudanças foram discretas, e o IRPF estacionou na alíquota máxima de 27,5% desde 1989, atravessando o segundo governo FHC e três administrações petistas sem alterações. Desse modo, o valor atual é bem mais baixo do que o americano e fica muito atrás das alíquotas marginais máximas de países tão diversos quanto Austrália (45%), Alemanha (45%), Chile (40%), França (45%), Itália (43%), México (35%) e Turquia (35%), entre outros.[57] Os dados da Heritage Foundation situam o Brasil na 103ª posição entre 185 países no ranking das maiores alíquotas marginais do imposto de renda, empatado com Burkina Faso.[58]

A alíquota máxima baixa não revela um Estado mínimo liberal, baseado em gasto social limitado e estímulo à iniciativa privada. Os gastos sociais do Brasil, a partir de 1988 e do que Samuel Pessôa chama de "contrato social da redemocratização", não estão abaixo de muitos países da OCDE. O problema é a estrutura geral da tributação no país. No conjunto dos diversos impostos que perfazem a Carga Tributária Bruta (CTB) no Brasil, os impostos sobre renda e riqueza ocupam uma fração pequena, quando comparados a outros países. "As contribuições sociais que financiam a Seguridade Social têm volume muito maior do que o imposto de renda (IRPF + IRPJ): entre 1990 e 2013, elas arrecadaram anualmente, em média, quase o dobro."[59] E o Imposto sobre Circulação de Mercadorias e Serviços (ICMS), de âmbito estadual, arrecadou, entre 1990 e 2013, "em média quase 40% a mais por ano". Em outras palavras: "As comparações internacionais revelam um descompasso entre o nível da CTB total e a sua composição: o Brasil tributa muito no agregado, mas recorre pouco ao imposto de renda".[60]

Ora, as contribuições sociais financiam um sistema em parte regressivo, que é a Previdência Social. Mesmo a reforma de 2019, que chegou a introduzir alguma progressividade no sistema, não foi capaz de cancelar os privilégios de determinados setores do funcionalismo público, cuja força de lobby político acabou por prevalecer. Pior ainda, o ICMS — que ocupa mais de 40% da CTB —, como se sabe, é um imposto completamente regressivo, pois incide sobre os produtos, e não sobre os estratos sociais, logo sem fazer distinção de renda e riqueza. A participação do imposto de renda (IRPF + IRPJ) na CTB do Brasil se revela abaixo dos países da América Latina como um todo, e bem distante dos países mais ricos. Por aqui, há três décadas, o imposto de renda oscila entre 15% e 20% da arrecadação total, enquanto na América Latina e no Sul da Europa esse percentual está entre 25% e 30%.[61]

Para completar o quadro da regressividade, durante o período FHC, a Lei 9249/1995, conhecida como Lei Kandir, isentou de impostos lucros e dividendos — medida tão anômala a ponto de nos deixar acompanhados apenas de países como Letônia e Estônia. Uma das consequências dessa mudança, observa Souza, foi o incentivo para que muitos declarantes fossem contratados como empresas, e não como assalariados, para fugir das alíquotas progressivas do IRPF e diminuir os custos dos encargos trabalhistas.[62] As anomalias do sistema tributário brasileiro poderiam ser descritas ainda em pormenores, entrando nos detalhes desse processo de "pejotização", que faz com que lucros de milhões de reais sejam taxados em frações de até um dígito (no caso do Simples), ou bem abaixo da alíquota máxima do IRPF, no caso do lucro presumido. Finalmente, as políticas de desonerações e subsídios, como as adotadas pelo BNDES no lulopetismo, também têm caráter regressivo, favorecendo estratos mais ricos da população (sem nem entrar no mérito, aqui, de sua ineficiência, ao menos da forma e no contexto em que foram aplicadas, permitindo ao empresariado recompor margens de lucro, sem gerar investimento privado e aumentando, assim, o déficit fiscal do Estado).

Essa combinação do Estado de bem-estar social, baseado em gastos sociais altos, e impostos regressivos gera uma permanente pressão fiscal sobre o Estado, que só é aliviada em anos de crescimento significativo. Como observa Souza, o Estado brasileiro "incorporou novas demandas sem realmente extirpar antigos privilégios".[63] O combo aumento da dívida pública + recessão/estagnação levou o país a um estado de profunda deterioração fiscal, com os gastos discricionários a quase zero. Não só perdemos a capacidade de investimento público, como mal temos para a manutenção das despesas obrigatórias. Isso se traduz, por exemplo, em infraestrutura urbana apodrecendo a olhos vistos. Não por acaso, discute-se hoje toda uma agenda de reformas estruturais que inclui o sistema previdenciário, o funcionalismo público e o sistema tributário. A articulação entre despesas obrigatórias crescentes, baixo crescimento e tributação regressiva lançou o país num ciclo vicioso de que ele não consegue sair. Da perspectiva da agenda da redução da desigualdade, a reforma tributária é a mais decisiva: seria preciso aumentar as alíquotas máximas, taxar lucros e dividendos, taxar de maneira mais pesada o capital (transmissão de heranças), impedir a pejotização e suspender ou diminuir as desonerações/subsídios regressivos, entre outras medidas de mesmo sentido.

E, entretanto, apesar de tudo isso, medidores de desigualdade como o Gini apontaram uma queda significativa nas últimas décadas, e mais acentuadamente no período lulopetista. O Gini começou sua queda em anos ainda de crise, descreve Souza. Só a partir do biênio 2003-4 as Pesquisas Nacionais por Amostra de Domicílio (PNAD) registraram crescimento de renda junto com o declínio da desigualdade. Entre 2001 e 2013, a renda domiciliar per capita real subiu 47%, e o coeficiente de Gini caiu entre 12% e 14% nas PNADs.[64]

Isso se deve a alguns fatores identificáveis, como o programa Bolsa Família ("a mais progressiva entre as transferências públicas brasileiras")[65] e os efeitos indiretos do aumento real e consistente do salário mínimo via Benefício de Prestação Continuada (BPC) e Previdência Social. Foram visíveis a olho nu os ganhos dos estratos mais pobres no período lulopetista.

Mas a queda do coeficiente de Gini abrange um período mais amplo e se deve a fatores mais consolidados. Há uma tendência de queda, examina Souza, desde a segunda metade dos anos 1970, que se torna mais pronunciada a partir da década de 1990 e persiste até meados dos anos 2000, estabilizando-se depois de 2006. Trata-se de "uma força estrutural de longo prazo em ação: a entrada progressiva das mulheres no mercado de trabalho". Esse fator diminuiu o percentual de adultos sem rendimentos próprios, contribuindo de maneira decisiva para a redução do Gini. "Entre 1976 e 2013, o percentual de mulheres com vinte anos ou mais com rendimentos próprios de qualquer fonte subiu de quase 35% para mais de 76%, enquanto os dos homens encolheu de 93% para 89%."[66] Esse processo paulatino e de longo prazo "colaborou para derrubar o Gini até em momentos nos quais a desigualdade no mercado de trabalho piorou, como na década de 1980". Some-se a ele os avanços educacionais (iniciados ainda na era FHC) e, como vimos, a expansão de políticas sociais; tudo isso contribuiu para reduzir o Gini.

Em outras palavras, o diagnóstico de Singer se confirma. O período lulopetista combateu a pobreza sem entrar em confronto com os grandes detentores do capital. As mudanças mais notáveis e positivas dos últimos tempos, resume Souza, ocorreram na base ou no meio da pirâmide social, e não na fatia apropriada pelos mais ricos. No que concerne a estes últimos, não houve modificações significativas no período mais recente. Segundo Souza, a fração recebida pelo centésimo mais rico ficou entre 20% e 25% em quarenta dos 69 anos para os quais há dados observados. O período recente não fugiu a esse padrão, com estabilidade da concentração entre os estratos mais ricos. "Em 2013, o milésimo da população com vinte anos ou mais — um grupo com pouco menos de 140 mil pessoas — recebeu 10% da renda total; o centésimo mais rico abocanhou quase 23%; e o décimo mais rico teve mais de 51%."[67] A tabela que apresenta a fração média recebida pelo centésimo mais rico de vários países, durante diversos quinquênios ao longo do século XX, mostra no Brasil uma oscilação baixa, dentro de um patamar muito elevado. Entre 1930 e 1935, a fração do 1% era de 24,3%. Entre 2010 e 2015, era de 23,2%. Só os Estados Unidos e a África do Sul se aproximam dessas frações. Para efeito de contraste, países como a Suécia e a Dinamarca apresentam, para o período entre 2010 e 2015, frações de 7,1% e 6,4%, respectivamente.[68]

Em suma, como colocou Marcelo Medeiros, "esse cenário aponta mais para políticas de inclusão que de redistribuição".[69]

Entretanto, como observa Marta Arretche, há muitas maneiras de abordar a desigualdade. A metodologia da análise das *top incomes*, como vimos, mostra um quadro pouco alterado durante os últimos quase cem anos, incluindo o período recente. Mas, se o estudo se orientar pelas pesquisas domiciliares, além de outros critérios, e para além dos milésimos, décimos e centésimos, é possível detectar que a desigualdade de renda caiu. Essa queda abrange todo o período da redemocratização, porém é mais acentuada no período lulopetista.

O ganho direto de renda não é a única forma de aumentá-la. O acesso e a melhoria de serviços públicos para os estratos mais pobres é um critério de variação da desigualdade e, também, um critério de variação de renda (pois economiza-se ao deixar de gastar dinheiro com serviços privados). Portanto, observa Arretche, "o acesso a serviços afeta a renda real dos indivíduos".[70] A inclusão da dimensão dos serviços públicos na econometria pode tanto reduzir quanto agravar a desigualdade. Renda/riqueza e serviços podem estar fundidos, isto é, políticas públicas

> podem produzir superposição de vantagens/desvantagens sobre as mesmas categorias de indivíduos. Se isso for verdade, a desigualdade econômica seria mais acentuada do que a desigualdade de renda, o que só poderá ser observado se incluirmos dimensões não monetárias em nosso conceito de desigualdade.[71]

A diferença metodológica em relação à análise da concentração no topo é, nesse caso, grande e difusa. Ela inclui variáveis difíceis, quando não impossíveis de ser mensuradas, tais como: qualidade habitacional (localização, tamanho e segurança das moradias populares), acesso a sistemas de saúde, equipamentos públicos para lazer, infraestrutura urbana, qualidade das interações sociais, qualidade ambiental, direitos políticos, liberdade de expressão, reconhecimento social (o racismo é um grande fator de desigualdade, mesmo em situações hipotéticas de equivalência de renda) etc.

Nesse sentido, pode-se identificar uma série de fatores que contribuíram para a queda das desigualdades nas últimas décadas, alguns dos quais espontâneos, desvinculados de políticas públicas e anteriores à Constituição de 1988. Arretche cita, por exemplo, a mudança no comportamento reprodutivo das mulheres mais pobres, diminuindo a oferta de jovens pobres e sem qualificação no mercado de trabalho; a entrada das mulheres no mercado de trabalho, a partir dos anos 1970; além de, mais recentemente, o boom das commodities, que aumentou a oferta de emprego e os salários.

Da perspectiva dos direitos sociais para as pessoas de baixa renda, a Carta de 1988 é um marco. Antes dela, vigorava um "mecanismo de superposição de vantagens", por meio do qual "os insiders acumulavam canais de acesso às políticas do Estado, direitos dos quais estavam excluídos os outsiders".[72] A Carta de 1988 corrigiu, em seu texto, a distorção, garantindo benefícios previdenciários e direito à saúde não apenas aos inseridos no mercado formal de trabalho, como era antes dela. Essa política anterior limitava de forma drástica a capacidade assistencial e de serviços públicos oferecida pelo Estado.

Desse modo, em 1992, começaram a ser pagas as pensões não contributivas vinculadas ao salário mínimo, em atendimento às disposições constitucionais de 1988. Segundo Arretche, para a redução da desigualdade de renda, "as transferências governamentais — de caráter contributivo e não contributivo — bem como os ganhos salariais vinculados ao salário mínimo tiveram maior impacto [do que os programas como o Bolsa Família]".[73] O número de beneficiários do BPC, benefício assistencial de caráter não contributivo vinculado ao salário-mínimo, passou de 346,2 mil em 1996, quando foi implantado, para 4,2 milhões em 2015. O número de trabalhadores formais ganhando um salário mínimo aumentou de 2,5 milhões para 15 milhões entre 1995 e 2014. Somados, os benefícios previdenciários e assistenciais vinculados ao salário mínimo atingiram um número crescente no mesmo período: de 10 milhões para 20 milhões de beneficiários. Na saúde, lembra ainda Arretche, a inclusão dos outsiders ocorreu com o dispositivo constitucional que criou o SUS. A Constituição de 1988 substituiu um modelo de seguro (que vinculava os benefícios à inserção no mercado formal de trabalho) por um sistema público, universal e gratuito.

Em suma, a metodologia adotada por Arretche chega à conclusão de que a queda da desigualdade conta com fatores que vêm desde antes da redemocratização; tem na Carta de

1988 um marco decisivo na instituição de diversos mecanismos de um Estado de bem-estar social; tem no período FHC contribuições importantes, como a aceleração da universalização da educação e uma política de aumento real do salário mínimo (22%, ante 54% nos oito anos de Lula), além de, podemos acrescentar, avanços importantes no campo do reconhecimento social (é no governo FHC que começa a se institucionalizar uma política racialista de Estado, instaurando órgãos específicos para programas de combate ao racismo e ações afirmativas); já sob os governos do PT, "ocorreu a maior redução da desigualdade de renda em favor dos mais pobres no período democrático, assim como houve importante expansão do acesso aos serviços de saúde e educação".[74]

A conclusão de Arretche é que pela adoção da métrica das *top incomes*, a redução da desigualdade é obtida apenas se os mais ricos forem expropriados, um fenômeno que, na imagem de Walter Scheidel, só ocorre de forma drástica diante dos quatro cavaleiros do apocalipse: guerras, revoluções, colapsos, epidemias.

> A "métrica do 1% mais rico" implica assumir que o principal conflito redistributivo opõe esse estrato aos demais 99%, o que requer relevar a segundo plano — se tanto — os conflitos redistributivos *entre* as categorias sociais representadas nas demais partições da escala contínua da renda.[75]

Se é verdade que o 1% mais rico manteve sua parcela da renda total nesse período, arremata Arretche, também o é que, entre os demais 99%, houve redução da desigualdade de renda.

Desse quadro parece ser possível concluir que, apesar da estabilidade da concentração de renda e riqueza nos estratos mais altos, praticamente inalterada nos anos lulopetistas, quando vistas como um filme, sobretudo a partir dos efeitos da redemocratização e da Carta de 1988, as desigualdades diminuíram, como consequência de fatores demográficos involuntários, lutas sociais por reconhecimento (cujo efeito foi a entrada maciça das mulheres no mercado de trabalho), instauração de dispositivos de seguridade social, universalização do acesso à educação fundamental, seguida de expansão do ensino superior, aumento real consistente do salário mínimo e dos benefícios a ele indexados, novas lutas sociais por reconhecimento, beneficiando pessoas negras, mulheres e LGBTQIAP+ etc.

Muitos desses ganhos têm sido revertidos nos últimos anos por políticas de natureza liberalizante ou conservadora. Sob a promessa, ainda não cumprida, de estímulo à recuperação econômica, a agenda de redução quase total dos investimentos públicos, de controle dos gastos, de flexibilização da legislação trabalhista e de ameaças de congelamento do salário mínimo — para não falar das investidas antiliberais contra os direitos das minorias, felizmente ainda sem guarida por parte do Legislativo e, menos ainda, da Corte Suprema —, entre outros fatores, têm contribuído para aumentar tanto a pobreza quanto a desigualdade. Esse processo, entretanto, ainda não pôde ser estudado de forma rigorosa. Não é possível avaliar os efeitos fiscais da reforma da Previdência, dos mecanismos de liberalização da atividade econômica, do aumento da concorrência via privatização (se houver), da simplificação tributária e da ênfase na tributação de pessoa física, em vez de jurídica, entre outras agendas características da linhagem liberal, das quais se espera crescimento da produtividade e consequente retomada da queda da pobreza. Sem sinal de sucesso, por ora (dê-se o devido desconto ao impacto da pandemia de coronavírus).

De forma mais geral e teórica, algumas conclusões possíveis acerca do debate sobre pobreza e desigualdade parecem ser:

1. Mantidas as proporções da renda entre pobres e ricos (entre os diferentes estratos), e havendo crescimento do PIB, isso significa que houve ganho dos mais pobres, proporcional ao aumento do PIB; ou seja, a menos que haja aumento da desigualdade — e não estagnação —, o crescimento econômico combate a pobreza.

2. Não há, entretanto, garantia de que o crescimento não leve ao aumento da desigualdade, com os mais ricos se apropriando de frações de renda e riqueza cada vez maiores, comprimindo os mais pobres e aumentando sua pobreza, caso a proporção da variação da renda destes últimos, para baixo, seja maior que a taxa de crescimento (por exemplo, num período de dez anos, o PIB de um país cresceu 10%, mas a fração da renda dos x% mais pobres diminuiu 20% em comparação aos demais estratos; nesse caso, houve agravamento da pobreza junto com o crescimento econômico).

3. O regime democrático não é garantia, por si só, de que as desigualdades vão diminuir ou mesmo se manter (embora, no Brasil, as evidências atestam para essa tendência: nos períodos democráticos, a desigualdade no mínimo se mantém estável); há elites e grupos de interesse organizados que atuam no interior das democracias no sentido de favorecer suas vantagens particulares, perpetuando ou até mesmo aumentando a concentração.

4. A agenda do crescimento econômico e do combate à pobreza é comum entre direita e esquerda (pelo menos a esquerda dominante, ainda não atravessada de modo central pela questão ecossistêmica), economistas ortodoxos e heterodoxos. Estes dois últimos discordam quanto aos meios mais eficientes de se obter crescimento. Já a agenda da redução da desigualdade depende de políticas públicas redistributivas: a desigualdade cai quando os estratos mais ricos têm parte de sua renda transferida para os mais pobres, via impostos que geram

receita ao Estado e permitem que ele efetive a transferência, por meio da universalização do acesso a serviços públicos, infraestrutura urbana em locais desfavorecidos, seguridade social, aumento real do salário mínimo etc. Nesse sentido, o Brasil necessita de maneira urgente de uma reforma tributária de sentido profundamente progressivo. Ela é fundamental para ajudar o país a sair do ciclo vicioso fiscal e recuperar a capacidade de investimentos — além de justa por si só, da perspectiva moral dos que consideram a associação entre desigualdades e injustiça inaceitável.

Ainda uma última palavra. A agenda do combate à pobreza, em detrimento do combate à desigualdade, é característica, em geral, do campo de direita, liberal. A agenda da tônica no combate à desigualdade, simultânea às exigências de crescimento, é típica do campo da esquerda. Mas é importante observar em primeiro lugar que há gradações e ênfases diversas entre esses campos e no interior deles. Mais fundamental, é preciso reconhecer que princípios e mecanismos desses dois campos podem perfeitamente conviver, de modo a se obter ambos os resultados desejados.

Tanto teórica quanto historicamente, a tese de que crescimento e igualdade são um *trade-off*, isto é, que se deve ou bem optar por crescimento e aumento da desigualdade, ou por baixa renda média e redução das desigualdades, é discutível. Houve períodos, em diversos países, e durante décadas, em que crescimento e redução das desigualdades andaram juntos. Os anos lulopetistas, em certa medida, comprovam-no, apesar da estabilidade da concentração no topo.

Em termos históricos, há uma longa tradição do que se pode chamar de um liberalismo social, ou social-liberalismo. No mundo estadunidense e europeu, é uma linhagem que vai de Thomas Hill Green a John Rawls e Norberto Bobbio. Aqui no Brasil, ela chegou a contar com figuras insuspeitadas, como o ex-ministro da ditadura Roberto Campos. O mesmo autor que, na década de 1990, já se aproximando do fim da vida, criticava os "liberais de esquerda" — que admitiam intervenções econômicas assistencialistas e acreditavam no "governo benfeitor" —, chamando-os de "falsos liberais",[76] também afirmou ter como ideal, nos anos 1960, antes do golpe militar, o "capitalismo social" em vigor nos Estados Unidos e na Europa Ocidental, "aperfeiçoado por preocupações de equidade e justiça distributiva e purificado de seus aspectos predatórios, porém não castrado em seu vigor produtivo ou nas liberdades básicas da democracia".[77] Nesse caso, não foi o mundo que ficou mais parecido com suas ideias. Ao contrário, suas ideias é que se afastaram das evidências e das urgências do mundo.

Afinal, como observa Pinker, o capitalismo de livre mercado é compatível com qualquer quantidade de gasto social. Ele observa que as economias de mercado que floresceram nas partes mais afortunadas do mundo desenvolvido "não eram a anarquia laissez-faire das fantasias da direita e dos pesadelos da esquerda. De formas variadas, seus governos investiram em educação, saúde pública, infraestrutura [...] junto com seguridade social e programas de redução da pobreza".[78]

Mesmo no mais insuspeito dos livros liberais, pode-se encontrar uma passagem como esta: "A manutenção da concorrência tampouco é incompatível com um amplo sistema de serviços sociais, desde que a organização de tais serviços não torne ineficaz a concorrência em vastos setores da vida econômica".[79] Esse trecho de *O caminho da servidão* está correto — embora, é claro, o sentido geral do livro o desminta, havendo uma miríade de passagens que afirmam com contundência o contrário, ou seja, limitam as possibilidades distributivas do Estado a ponto de torná-lo quase de todo inócuo quanto à capacidade de promover justiça social. Hayek, claro, não acreditava que promoção de igualdade pelo Estado era algo *justo*; acreditava, antes, que "qualquer política consagrada a um ideal substantivo de justiça distributiva leva à destruição do Estado de direito", uma vez que "para proporcionar resultados iguais para pessoas diferentes, é necessário tratá-las de maneira diferente"[80] (quem estuda políticas identitárias conhece de cor a astúcia desse tipo de argumento: trata-se de abstratizar completamente a discussão, esvaziando-a de toda realidade social efetiva e, assim, fetichizando o direito em detrimento da justiça).

Hayek escreveu seu panfleto num contexto de hegemonia da perspectiva socialista, stricto e lato sensu. Compreende-se, portanto, seu liberalismo puro-sangue. Mas tal mentalidade é tudo o que o mundo de hoje, e em especial o Brasil, não precisa. "Chamar de privilégio a propriedade privada como tal, que todos podem adquirir segundo as mesmas normas, só porque alguns conseguem adquiri-la e outros não — é destituir a palavra 'privilégio' do seu significado."[81] "Que todos podem adquirir segundo as mesmas normas" é, obviamente, de um cinismo insuportável. Cito ainda outro trecho:

> A impossibilidade de prever quem será bem-sucedido e quem fracassará, o fato de recompensas e perdas não serem distribuídas segundo um determinado conceito de mérito ou demérito, dependendo antes da capacidade e da sorte de cada um — isso é tão importante quanto não sermos capazes de prever, na feitura das leis, quem em particular sairá ganhando ou perdendo com a sua aplicação.[82]

Ora, o problema é que, efetivamente, mesmo as leis sendo universais e estáveis (fora do alcance do arbítrio de uma autoridade autoritária), na prática nós *sempre* somos capazes de prever quem sairá ganhando ou perdendo com elas.

Em suma, o ponto dessa coda é defender que não há motivos para abraçar, in totum e exclusivamente, a perspectiva e os mecanismos correlatos de cada um dos campos antagônicos. A história social dos últimos duzentos anos traz evidências de sobra de que o liberalismo, se deixado solto, produz tanto um alto crescimento quanto uma alta desigualdade — e mesmo, em alguns casos, uma alta pobreza. E traz evidências também não apenas de que o socialismo, stricto sensu, produz experiências totalitárias, como de que sua versão lato sensu, quando excessiva, sem o contrapeso de mecanismos liberalizantes, produz baixo crescimento.

7.
As batalhas de Proteu e Eidoteia

A época moderna é a das grandes navegações, dos descentramentos culturais, da passagem do mundo fechado ao universo infinito, da Revolução Industrial, do *sapere aude* kantiano e do *Übermensch* nietzschiano. É a época das grandes mutações, do colapso das normatividades, do verso livre, das vanguardas, da angústia da liberdade, das revoluções sociais. É, portanto, enquanto época histórica, o período que começa nos séculos XV, XVI, e no qual, fundamentalmente, ainda vivemos.

Mas o moderno também pode ser pensado como um princípio, uma ontologia, e nesse sentido transcende a sua efetivação histórica e social nos últimos séculos. Como princípio, o moderno foi formulado bem antes da época moderna. Ele aparece em Homero, é conceituado por Anaximandro de Mileto — e, para completar o drama, tem em Platão seu maior antagonista. Milênios depois, o filósofo brasileiro Antonio Cicero reconstruiria toda essa cena, a partir de um episódio da *Odisseia*.

Nele, Menelau conta a Telêmaco, filho de Ulisses, a aventura que lhe ocorreu na ilha de Faros, quando regressava de Troia para Esparta. O navio de Menelau encontrava-se retido havia vinte dias por uma calmaria, e já se esgotavam seus víveres. Era essa sua situação quando, caminhando pela praia, encontrou Eidoteia, filha do poderoso Proteu, o velho do mar. O marido de Helena lhe roga que o ajude a descobrir por que os deuses o castigavam daquela maneira. Eidoteia então recomenda que o mortal prepare uma emboscada para Proteu, que, "vassalo de Poseidon, conhece as profundezas de todo o mar"[1] e, se agarrado, contaria o que Menelau deveria fazer para retomar seu rumo.

Eidoteia sugere a emboscada e alerta o aqueu para que, chegada a hora decisiva, "tratai de ter força e vigor para segurá-lo", pois ele "vos tentará tornando-se todas as coisas que andam sobre a terra, água e furioso fogo".[2] Com efeito, na manhã seguinte, surpreendido, o velho do mar "primeiro se tornou um leão de bela juba, depois um dragão e um leopardo e um grande javali; tornou-se água corrente e árvore frondosa".[3] Só quando estava exaurido por suas fantasmagorias rendeu-se e perguntou a Menelau de que necessitava.

Cicero observa que não por acaso esse episódio fez correr muita tinta entre os estudiosos da Antiguidade, "pois tudo nele é filosoficamente sugestivo".[4] O nome Proteu significaria "o primeiro de todos". E o nome de sua filha, Eidoteia, "deusa da forma". Proteu, o primeiro, o princípio, não tem forma fixa; é fluido como o mar, seu elemento. Eidoteia, que vive na terra (embora mergulhe no mar), é identificada com a forma, com uma aparência determinada.

A origem da forma é o informe. A origem de qualquer positividade é o negativo. Proteu representa ou encena "um princípio anterior, ontologicamente, a todas as existências separadas".[5] Isto é, "representa o princípio do fluxo, do movimento, da transformação, da metamorfose, que é também o princípio produtivo de formas: podemos chamá-lo de princípio eidopeico".

Cicero compreende o Proteu de Homero a partir de um fragmento de Anaximandro de Mileto, datado do início do século VI a.C. Mais antigo enunciado filosófico existente, o fragmento sobreviveu por ter sido citado numa obra de Simplício, já do século V d.C. (e baseado por sua vez numa obra de Teofrasto, do século IV ou III a.C.). Como os antigos não usavam aspas, não se sabe ao certo o que, no comentário de Simplício, foi escrito por este ou por Anaximandro. Explica o comentário que Anaximandro "disse ser princípio e elemento dos entes o ápeiron, tendo sido o primeiro a usar esse nome de princípio".[6] Ápeiron, em grego, designa o infinito, o ilimitado, o indefinido, o indeterminado. Para Anaximandro, o princípio portanto "não é água" (como para seu mestre, Tales) "nem qualquer outro dos chamados elementos, mas outra natureza qualquer ilimitada, a partir da qual vêm a ser os céus e os mundos neles".[7]

A maior parte dos filólogos, segundo Cicero, considera que a formulação principal do trecho é originalmente de Anaximandro: "Princípio [...] dos entes [é] o ápeiron". O princípio de tudo é o indeterminado. É dessa negatividade fundamental que surgem todas as formas, tudo o que é finito, positivo, limitado, determinado no mundo. Os seres, as coisas, tudo o que nasce e morre no mundo vêm desse princípio que, em outro fragmento, citado dessa vez por Hipólito, Anaximandro diz ser "eterno e sem idade".[8]

Ora, "não poderia haver ontologia mais radicalmente contrária à de Platão",[9] observa Cicero. Para o discípulo de Sócrates, como se sabe, a essência de cada ente é transcendental, as formas imanentes são tanto mais degradadas quanto mais se afastam dessa sua matriz. O absoluto, em Platão, é, portanto, tão positivo, tão determinado quanto as formas que ele gera. Compreendem-se as consequências de tal ontologia: um mundo de formas fixas, controladas, governadas por suas supostas essências igualmente fixas. Não por acaso Platão era hostil à escrita, como se pode ler no *Fedro*. A escrita, como escreveria Derrida, assassina a origem; ela torna indeterminado o princípio que a produziu, ao se afastar dele, ao permitir que seus sentidos potenciais sejam atualizados pela liberdade de cada sujeito.[10]

A ontologia platônica encontraria sua versão religiosa nos grandes monoteísmos. Para o judaísmo, o cristianismo e o islã, o princípio do mundo é também positivo. Deus criou as coisas e baixou aos humanos decretos que governam suas formas de viver. Os decretos estão nos livros ditos "sagrados", feitos de palavras originais e cujos sentidos tentou-se e ainda se tenta controlar. O mundo monoteísta é, portanto, fechado, fixo, limitado por seu fundamento positivo, a que tudo o mais deve corresponder. Tudo o mais: formas naturais (o criacionismo, no lugar do evolucionismo) e formas culturais (sexualidade, gênero, família etc.).

O platonismo popular monoteísta é, desse modo, o oposto do princípio moderno. A modernidade enquanto época histórica viria repor o ápeiron de Anaximandro por meio da razão: a razão é o fundamento negativo que dá origem a todas as interpretações do mundo. E, sendo negativo, permite a invenção, libera quaisquer possibilidades de vida, em quaisquer campos da experiência humana, limitadas apenas pela liberdade alheia, e não por um fundamento positivo transcendental. "Platão", observa Cicero, "crê falar em nome da razão, mas a verdade é que a razão, longe de espelhar qualquer ideia em particular, identifica-se com o ápeiron."[11] E arremata: "Nesse sentido, Anaximandro é mais moderno que Platão".

O mundo pré-moderno, tradicional, do *Ancien Régime*, era um em que cada pessoa tinha sua função e sentido determinados pela comunidade. Deus e a sociedade orgânica, holística, cobravam em liberdade o que garantiam de segurança ontológica: pisava-se firme — porque o céu era baixo e os laços, estreitos — no chão do mundo fechado.

A emergência da modernidade não teve um significado apenas econômico (o aumento exponencial da produtividade e da riqueza às custas da exploração de grupos sociais), político (a derrocada do absolutismo e o estabelecimento dos regimes liberais *para alguns*) e cognitivo (o Iluminismo consagrando a perspectiva racional e científica da interpretação do mundo — às vezes pseudocientífica e invariavelmente colonialista). A progressiva autonomia diante dos laços sociais e a sombra do eclipse de Deus impactaram a constituição psíquica dos indivíduos, cobrando em insegurança ontológica o que propiciavam de liberdade. Na época moderna, o homem está solto no infinito do cosmos, gravitando apenas em função de leis físicas e relações sociais inventadas por ele próprio.

Essa transformação produziu efeitos divergentes. "A contrapartida do empreendedor agrícola e industrial do século XVI era o trabalhador deslocado",[12] observou o filósofo Michael Oakeshott. "A contrapartida do libertino era o crente destituído." Desse modo, "o conforto familiar das pressões comunais foi dissipado para todos igualmente" — mas essa emancipação "excitava alguns e deprimia outros".

Assim, a emergência da modernidade produziu igualmente a antimodernidade. A luz moderna engendrou a própria sombra. Do indivíduo, surgiu o anti-indivíduo; ou, mais precisamente, o que Oakeshott chama de indivíduo *manqué*: aquele para quem o sentido da dissolução dos laços comunais foi o de uma perda, e não o de uma liberdade. Daí esse indivíduo falhado, incapaz de se afirmar nas novas condições, logo em busca da restauração do mundo tradicional. Esse indivíduo anti-indivíduo, embora perdido em seu tempo, era um autêntico fruto deste, um contrafruto, "não era uma relíquia de uma época passada; ele era um personagem moderno".[13] O afeto principal que o movia era o ressentimento: "Em alguns, sem dúvida, essa situação produziu resignação; mas em outros fermentou inveja, ciúme e ressentimento".[14] Esse afeto estaria desde então sempre disponível para ser atraído por movimentos políticos de caráter antimoderno. "Do indivíduo *manqué* frustrado emergiu o militante anti-individual, cujo objetivo era depor o indivíduo e destruir seu prestígio moral."[15]

A emergência do indivíduo gerou a demanda por formas de governo correlatas: o regime liberal, baseado em Constituições, em liberdades de culto e expressão, em contrapesos, em direitos naturais, em suma, em mecanismos capazes de proteger o indivíduo da arbitrariedade absolutista. No lugar dos laços comunitários, do pertencimento a uma cultura, uma língua, uma terra, uma religião, o indivíduo passava a se identificar com um conjunto de ideias abstratas, racionais, universais. No lugar da nação, o Estado.

Mas, de novo, se os regimes constitucionais eram a forma de governo correspondente ao indivíduo moderno, o indivíduo *manqué* demandava igualmente formas de governo correlatas à sua disposição. Ora, se o constitucionalismo é o regime que se pretende contratual, associativo, em que os indivíduos rejeitam, por maturidade, a figura de um pai transcendental e autoritário, a monarquia absolutista, despótica, fundada na divindade do soberano e na linhagem do sangue era a forma que melhor correspondia ao anti-individualismo moderno. Uma forma política capaz de "fazer escolhas para aqueles indispostos a escolherem por si mesmos".[16] Essa retração da responsabilidade tornaria daí em diante o indivíduo *manqué* um personagem perigoso não exatamente pelo que pode, por si mesmo, fazer, mas pelo que permite que outros façam em seu nome. Essa paixão pela instrumentalização estaria disponível, nos séculos seguintes, para ser atraída por líderes populistas autoritários. "Com efeito", comenta Oakeshott, "o conceito moderno de liderança é concomitante ao anti-indivíduo e sem ele seria ininteligível. Uma associação de indivíduos requer um governante [*ruler*], mas não tem lugar para um 'líder'."[17]

A existência de uma linhagem antimoderna é incontestável, mas as interpretações políticas extraídas do fenômeno divergem em função do campo ideológico de onde partem. Filósofo conservador, Oakeshott identifica o indivíduo *manqué* com o aparecimento das massas e suas aspirações nas sociedades modernas. Em registro nietzschiano, reproduz as tentações aristocráticas de muitos conservadores liberais: "Essa disposição [de governar segundo as aspirações do anti-indivíduo] se apresentou em empresas específicas. [...] A primeira grande empresa foi o estabelecimento do sufrágio adulto universal".[18] Um mecanismo fundamental dos regimes democráticos é percebido desse modo como vitória do espírito antimoderno. "O homem da massa via todo eleitor como um participante direto na atividade de governar; e o meio para isso era o plebiscito."[19] A democracia é associada à demagogia (no sentido aristotélico: poder irracional das multidões), e não a uma reivindicação de fato universal dos direitos individuais teoricamente garantidos pelo liberalismo. Seria o caso de observar aqui que a crítica ao solapamento dos direitos individuais é pertinente tanto à direita (contra a uniformização totalitária do stalinismo, maoismo etc.) quanto à esquerda (o capitalismo liberal também tende à uniformização da maioria dos indivíduos, nivelando-os como massa amorfa de reserva de trabalho ou resto social, objeto de necropolítica).

Um intérprete do campo da esquerda, como Zeev Sternhell, interpreta a linhagem antimoderna, ao contrário, como essencialmente antidemocrática, não apenas antiliberal. Em seu monumental *The Anti-Enlightenment Tradition*, não por acaso ele situa no século XVIII o berço dessa "segunda e radicalmente diferente modernidade".[20] O século XVIII, como se sabe, foi o das primeiras grandes revoluções (já que o sentido da Revolução Gloriosa é mais limitado):[21] a americana, a francesa, a haitiana. Para Sternhell, a vertente que aí se inaugura, sobretudo com a reação de Burke à Revolução Francesa, é anti-iluminista, antirracional, antiuniversalista, antiliberal e potencialmente antidemocrática.

Se para ele o berço, não do indivíduo *manqué*, mas da antimodernidade enquanto vertente de pensamento, é o século XVIII, que viu colapsar a antiga ordem mundial, foi "uma segunda onda de desconstrução do pensamento do Iluminismo", representada por Carlyle, Taine e Renan, que "surgiu como resultado da democratização da vida política, primeiro na Inglaterra, no começo dos anos 1830, e depois na França pós-1848 e 1870".[22] O medo e a resistência à democracia eram disposições frequentes no interior do pensamento liberal, racionalista e iluminista, que dirá fora dele. "Nesse contexto", comenta Sternhell, "começou uma reflexão sobre o fracasso da civilização ocidental e sua herança medieval: uma civilização orgânica, comunitária, imersa no temor a Deus e submetida à decadência democrática e às garras do materialismo."[23]

Em seu sentido geral, no conjunto de suas posições e no somatório de seus agentes históricos (suas seguidas "ondas"), o pensamento antimoderno se ergue em maior ou menor medida contra o racionalismo, o Iluminismo, o universalismo e o liberalismo.

Se Burke, defensor declarado dos privilégios e dos preconceitos, foi o precursor da oposição ao racionalismo, Herder, também no século XVIII, inaugurou o "historismo", "a ideia da irredutível individualidade de culturas e povos",[24] "baseada em tudo que diferencia e divide as pessoas — história, cultura, língua".[25] Ou seja, está em Herder o embrião do nacionalismo (a perspectiva antiuniversal por definição), que, levado ao grau do fanatismo, seria a base das catástrofes ideológicas da primeira metade do século XX.[26] Herder, afirma Sternhell, "detestava o Iluminismo franco-kantiano e o Iluminismo inglês, cujos conceitos fundamentais eram políticos e jurídicos, os quais ele desejava substituir por conceitos étnicos e culturais. À ideia concreta do cidadão ele opunha o espírito e o caráter da nação".[27] Em suma, Burke e Herder seriam "os dois grandes fundadores de uma nova tradição política, aquela de uma modernidade diferente, baseada na primazia da comunidade e na subordinação do indivíduo à coletividade".[28]

O lugar de Burke no pensamento político é complexo e controverso. Há os que o consideram um conservador liberal, um conservador moderado e reformista gradual, e os que, como Sternhell, o situam fora da tradição liberal e o identificam como precursor dos *neocons* contemporâneos. Diferentemente de liberais conservadores — de Tocqueville a Aron — e dos conservadores liberais — que compartilham com o liberalismo a afirmação da primazia das associações civis sobre as regulações estatais —, os neoconservadores "são fascinados pelo poder do Estado".[29] Eles não são herdeiros, em nenhuma medida, de *O espírito das leis* (Montesquieu) ou do *Segundo tratado sobre o governo civil* (Locke). Não tentam limitar a intervenção do Estado, seja na economia ou na sociedade. Ao contrário, "procuram moldar a sociedade e o governo à sua imagem". (O bolsonarismo, registre-se, pertenceria a essa estirpe.)

A obra de Burke contém passagens que autorizam ambas as interpretações. Ele afirma de forma reiterada ser a favor das mudanças sociais, desde que graduais, respeitando o modo de viver das pessoas, e sempre pontuais, limitando-se "à parte deteriorada apenas; à parte que tornou o desvio necessário".[30] Deve-se sempre evitar "uma decomposição de todo o corpo civil e político". Escreve que a lei da mudança é "a mais poderosa lei da natureza, e, talvez, o meio para a sua preservação". Ressalvando, sempre, que é preciso "providenciar para que se processe de modo imperceptível. Isso traz todos os benefícios da mudança sem nenhum dos inconvenientes da mutação".[31]

O baixo contínuo do pensamento de Burke é o que ele chama de *"the partnership between the present and the past"* [a parceria entre o presente e o passado]. Todas as reformas devem estar submetidas a essa aliança. Como membro whig do Parlamento, ele lembra que "todas as reformas que fizemos até hoje respeitaram o princípio de referência ao passado; e, espero, ou melhor, estou convencido de que todas as que possamos realizar no futuro estejam cuidadosamente construídas sobre precedente, autoridade e exemplo análogos".[32]

Por outro lado, pode-se argumentar que sua prática política não era exatamente condizente com suas premissas. Apesar de se defender da acusação de que rejeitava qualquer reforma, Burke não acolhia as mudanças demandadas por seus colegas whig. Do mesmo modo, opôs-se ferozmente a qualquer reforma do sistema eleitoral, impedindo a sua democratização e mantendo um peso maior nas mãos de setores da elite, de resto responsáveis pelo sucesso de suas candidaturas ao Parlamento. Compare-se aqui sua posição com a de Locke, por exemplo. O autor do *Segundo tratado sobre o governo civil* chama de "absurdos grosseiros" as decorrências de seguir costumes já sem sentido, como uma cidade "da qual não resta senão ruínas, onde não há mais casas do que um curral", enviar para a assembleia legislativa o mesmo número de representantes "do que um condado inteiro, muito povoado e poderoso em riqueza".[33] Portanto Locke era ativamente a favor da reformulação das circunscrições eleitorais, que Burke se empenhava em manter como eram.[34]

Na esfera social, Burke se posicionou contrário a qualquer reforma da instituição do casamento que iria enfraquecer a autoridade parental. Em suma, "horrorizado pela autonomia do indivíduo em todos os seus aspectos",[35] Burke nunca teria oferecido um único exemplo de reforma que considerasse desejável ou mesmo aceitável. Ao contrário: "a ordem existente, produto da história e da vontade divina, tinha que ser preservada".[36] Seu princípio era que as mudanças deveriam ser marginais e lentas e transcorrer de maneira "quase imperceptível". Para Sternhell, todavia, essa política de adiamentos e acordos não tinha outro sentido que o de deixar as coisas como estavam, desde que a situação fosse de seu interesse.

Como quer que se interprete a intensidade do conservadorismo de Burke, é certo que ele defendeu posições antimodernas e antiuniversalistas, inaceitáveis para a sensibilidade democrática. Em diversas passagens, ele advoga a favor dos privilégios da nobreza:

> Receber honras e mesmo privilégios das leis, das opiniões, dos usos arraigados de nosso país, nascidos dos preconceitos dos séculos, não é algo que deva provocar o horror e a indignação de ninguém. Tampouco constitui um crime a defesa ardorosa de seus privilégios.[37]

Considerava, portanto, legítimos os privilégios sociais concedidos às linhagens do sangue: "Não é anormal, nem injusto, nem apolítico, conceder alguma proeminência decente e regulada, alguma preferência (ainda que não exclusiva) ao nascimento".[38] Defendia abertamente os preconceitos, na medida em que eram interpretações coletivas sedimentadas por gerações. "Preconceitos adequadamente envelhecidos e desenvolvidos", ele pensava, "permitem que os homens ajam com base em princípios comprovados, sem precisarem raciocinar sobre eles desde o zero, e suportam os sentimentos morais necessários à paz social."[39]

Não é meu objetivo aqui entrar na disputa sobre o lugar político-ideológico de Burke. O que me interessa é evocá-lo na medida em que suas ideias contribuem para a compreensão do conservadorismo. Burke é o pai do conservadorismo político moderno, esclarecido. Mas o espírito conservador não é necessariamente esclarecido, autoconsciente e muito menos político, em sentido estrito.

Em um ensaio chamado "Sobre ser conservador", Michael Oakeshott observa que o conservadorismo não é um credo ou uma doutrina, mas uma *disposição*:[40] "Uma propensão para usar e usufruir o que está disponível, em vez de desejar ou procurar outra coisa; para se regozijar com o que está presente, em vez de com o que havia ou o que pode haver".[41]

Nesse sentido, enquanto disposição existencial, pode-se observar que a maioria das pessoas é conservadora em alguma medida ou dimensão. Toda mudança representa uma ameaça à identidade. Ser conservador, então, "significa preferir o familiar ao desconhecido; o tentado ao não tentado; o fato ao mistério; o existente ao possível; o limitado ao ilimitado; o perto ao distante, o suficiente ao superabundante, o conveniente ao perfeito, a risada presente ao êxtase utópico".[42]

Na política, a disposição conservadora tende sobretudo a defender uma moderação do papel dos governantes e a criticar a mentalidade *racionalista*. Para um conservador, o governo deve se dedicar primordialmente à elaboração de regras gerais de conduta. Estas devem operar como uma moldura que garanta que cada indivíduo possa "perseguir as atividades de sua própria escolha com a mínima frustração".[43] O fundamental é que governantes entendam sua atividade como limitada e que jamais se percebam no direito de impor aos governados atividades ou modos de vida determinados, transformando dessa maneira uma disposição particular em disposição geral, "um sonho privado numa maneira de viver pública e compulsória".[44]

Em outro ensaio, Oakeshott chama essa atitude de *política da fé*. A política da fé tem natureza utópica — visa à perfeição da humanidade — e propensão autoritária. Ela é a atitude política da mentalidade racionalista. A ela se opõe a *política do ceticismo*, típica dos conservadores, fundada numa descrença na capacidade de transformações políticas radicais resultarem em sociedades harmônicas; na desconfiança de que elas engendrarão catástrofes; e logo na compreensão do governo como uma atividade limitada, garantidora da liberdade das associações civis. Para o filósofo João Pereira Coutinho, a política do ceticismo entende o governo "não como uma entidade benigna, ou perfectibilista, mas necessária. Governar não é um exercício paternalista, mais próprio de quem encara uma comunidade como um rebanho que deve ser conduzido ao curral para as doces pastagens (ou vice-versa)".[45] Governar deve ser limitado a manter uma ordem superficial, "*um modus vivendi*, um sistema de direitos, deveres e formas de reparação, permitindo que sejam os homens a perseguir os seus fins de vida, por sua conta e risco".[46]

Ao contrário, a mentalidade racionalista, aplicada à política, resulta na perspectiva utópica, revolucionária, com todas as ameaças aí contidas aos direitos individuais. Em um ensaio chamado "Racionalismo na política", Oakeshott delineia um perfil do "Racionalista". Descreve-o como sendo a um tempo cético e otimista. Cético porque acredita que não existe hábito ou crença que deva ficar imune à abordagem da razão. Otimista porque "nunca duvida do poder de sua razão (quando devidamente aplicada) para determinar o valor de uma coisa, a verdade de uma opinião ou a propriedade de uma ação".[47]

Diferente do conservador, o "Racionalista" não atribui valor ao que existe só porque existe (e menos ainda por existir há muitas gerações). Sua disposição é utópica, para ele a familiaridade não tem valor. Enquanto o conservador resiste às mudanças, deseja-as o mais pontuais possíveis e só as admite se demonstrada a sua capacidade de melhora (nunca como um fim em si mesmo), o "Racionalista" deseja mudanças radicais e súbitas. Ele não valoriza o "*the partnership between the present and the past*" de Burke. Ele só reconhece as mudanças induzidas, autoconscientes, "e consequentemente recai facilmente no erro de identificar o habitual e o tradicional com o imutável".[48]

A crítica ao racionalismo está no centro da perspectiva conservadora. O conservador desconfia do poder da razão, da capacidade da razão de fazer tábula rasa das Constituições subjetivas e sociais. Desconfia que ela, por meio do estabelecimento de um conjunto de princípios abstratos e universais (corretos que sejam), tenha *o poder de reiniciar o mundo*, como escreveu o revolucionário de carteirinha Thomas Paine.[49] E, sobretudo, recusa a violência e o arbítrio que irrompem nessas tentativas de reinicialização. Como recomenda Raymond Aron: "Se a tolerância nasce da dúvida, ensinemos a duvidar dos modelos e das utopias, a rejeitar os profetas da salvação e os anunciadores de catástrofes. Desejemos a chegada dos céticos, se eles puderem extinguir o fanatismo".[50]

Mas, como adverte Coutinho, "questionar o racionalismo não significa questionar a razão como instrumento insubstituível do conhecimento. Significa apenas remeter a razão para o seu necessário, mas falível, papel".[51]

Eis portanto duas metonímias — frequentes na historiografia política — que, não chegando a ser impertinentes, são contudo obtusas, pois suprimem diversos intervalos possíveis: *do conservadorismo ao reacionarismo* e *do racionalismo ao totalitarismo*. Nas duas séries, o polo extremo está contido apenas de forma potencial no polo de origem — não de forma necessária. Do mesmo modo como o racionalismo não necessariamente conduz ao totalitarismo (a crença na razão transformadora pode muito bem desejar se limitar por princípios liberais), o conservadorismo não é necessariamente antirracional nem se opõe necessariamente a mudanças. Esses traços são antes característicos da disposição reacionária — com que, aliás, para manter as relações, a disposição revolucionária guarda afinidades fundamentais.

Em carta a George Washington, Thomas Paine, autor do panfleto que influenciou de forma decisiva a Revolução Americana, declarou: "Tomar parte de duas revoluções é viver com algum propósito".[52] Para um conservador, alguém com essa disposição existencial deveria se manter fora da atividade política.

Oakeshott encerra seu ensaio sobre o conservadorismo defendendo esse ponto. As virtudes da juventude — "quando nunca sentimos o equilíbrio de uma coisa nas mãos, a menos que seja um taco de cricket"[53] — são traços perigosos quando se tem o poder de influir na vida dos demais. A política é apropriada para os que já ultrapassaram a "linha de sombra" que descortina "um mundo de fato, sem imagem poética, no qual o que se gasta numa coisa não se pode gastar em outra".[54] A declaração de Paine revela, ao contrário, a arriscada propensão a tornar públicas — ou a impor ao público — ideias, valores e formas de vida particulares, reduzindo os outros a "meros reflexos de nossas próprias emoções".[55]

Reacionários e revolucionários têm em comum, portanto, a crença utópica, perfectibilista — ancorada, num caso, em uma origem transcendental fixa, e, no outro, nas geometrias puras de sua imaginação social; na crença no poder do "Novo Mundo regenerar o Antigo".[56] Ambos compartilham o impulso a tornar compulsórias suas próprias crenças e formas de vida e, como observou Coutinho, a recusa ao "presente e a complexidade que o define".[57] Os extremos se encontram e se superpõem, rebaixando as diferenças ideológicas de que se originam, no desrespeito às liberdades individuais. Conservadores liberais repudiam ambas as mentalidades radicais.

Toda disposição existencial é, em alguma medida, *fisiológica*, para usar o termo nietzschiano. Nossas ideias sobre o mundo têm uma origem afetiva, decorrem de identificações, de bons ou maus afetos associados a essas ideias. Mas parece possível afirmar que a disposição reacionária é sobremaneira afetiva, imaginária, ancorada numa identificação fundamental e quase impossível de ser desfeita, pois isso implicaria a quebra da espinha dorsal do seu eu. É improvável, se não impossível, dissociar o reacionarismo do monoteísmo. O mundo fechado e fixo do reacionário só pode se manter inabalável pelo princípio transcendental, ele mesmo inabalável, que o sustenta. O que torna o reacionário categoricamente infenso a mudanças é o caráter pétreo das normas contra as quais essas mudanças atentam. Nem todo monoteísta é reacionário, mas todo reacionário é monoteísta. A religião continua sendo a grande fábrica da disposição antimoderna. É, como vimos, um antagonismo de princípios: o ápeiron versus a essência; o fundamento negativo versus o fundamento positivo; a razão versus Deus.

Freud interpretou o surgimento da religião como uma resposta às angústias e às opressões sofridas pelos humanos. Angústia por causa dos pavores da natureza e da finitude; opressão causada pela cultura, baseada na coerção ao trabalho e na renúncia às pulsões sexuais. A religião teria a função de consolar o sofrimento dos indivíduos, mas também a função social de proteger a cultura, contribuindo para o cumprimento de seus preceitos. Para tanto, a esses próprios preceitos foi atribuída uma origem divina. É essa origem que lhes garante a obediência, mesmo em condições (materiais, sociais, psíquicas) precárias.

A invenção do monoteísmo, por sua vez, consagra a infantilização da humanidade, estabelecendo a demanda por uma proteção paterna. "Agora que Deus era único, as relações com ele puderam reaver a intimidade e a intensidade da relação infantil ao pai."[58] A mentalidade monoteísta é submissa a esse pai transcendental tanto quanto uma criança pequena fica desamparada diante do pai real. Mas o pai real é falível, entra em choque com nossos próprios desejos e um dia será questionado, relativizado, desautorizado. O pai transcendental retira sua força inesgotável do *próprio desejo* de quem se submete a ele. Esse é o passo simples e decisivo dado por Freud: as religiões "são ilusões, realizações dos desejos mais antigos, mais intensos, mais urgentes da humanidade; o segredo de sua força é a força desses desejos".[59]

Como se sabe, para Freud, o futuro dessa ilusão seria um progressivo esvaziamento, em consequência do "processo de crescimento"[60] da humanidade, isto é, de sua modernização. Mas, como vimos, a modernidade jamais deixou de produzir sua própria sombra.

O reacionarismo no Brasil hoje tem uma dimensão religiosa e popular, com grande avanço evangélico nas últimas décadas, e uma dimensão teórica, que não chega a ser secular (a referência é ainda intensamente cristã), mas se inscreve numa discussão cultural e política de maior escala. Ambas estão no centro da política institucional do país.

O Brasil tradicionalmente se reconhecia como um país católico. Segundo o censo de 1980, os adeptos do catolicismo no país chegavam a quase 90% (nesse momento, os evangélicos estavam na casa dos meros 6%). Trinta anos depois, o censo flagrou uma realidade bem diferente; os católicos haviam caído para 64%, enquanto os evangélicos já contavam 22%. O próximo censo ainda não saiu, mas as estimativas apontam para o aprofundamento da tendência, com católicos inferiores a 60% e evangélicos já superiores a 30%.

O crescimento dos neopentecostais no país está associado a certas caraterísticas organizacionais suas: enquanto a Igreja católica é episcopalista e centralizadora, as igrejas neopentecostais apresentam mais horizontalidade e autonomia, além de maior capilaridade em regiões muito pobres, onde o Estado é ausente. Mas o avanço evangélico também está diretamente ligado à sua competição com os católicos. O catolicismo foi a religião oficial do país durante o processo de colonização, todo o período colonial e até o Império. A colonização foi uma parceria entre a Coroa portuguesa e diferentes ordens católicas, não apenas jesuítas, mas também carmelitas, beneditinos e capuchinhos. No período colonial, a Coroa exigia que todos os colonos fossem católicos. Já no Império, no código criminal vigente em 1830, constava a punição à celebração, à propaganda ou ao culto de confissão religiosa diferente da oficial, católica.

Foi apenas na aurora do período republicano, com a Constituição de 1891, que se estabeleceu no país o princípio da laicidade, isto é, a separação entre o Estado e uma religião, emancipando as instituições públicas da influência direta, explícita e sistemática das diretrizes de uma religião oficial. A separação legal entre Igreja e Estado no Brasil, entretanto, não pôs fim aos privilégios católicos. O catolicismo permaneceu República adentro como a religião informal do Estado brasileiro, como atestam os crucifixos em gabinetes públicos, o ensino da perspectiva cristã em escolas públicas, os feriados católicos, entre outros vestígios antilaicos. E, como observou o sociólogo Ricardo Mariano, a Constituição de 1891 não encerrou "a discriminação estatal e religiosa às demais crenças, práticas e organizações mágico-religiosas, sobretudo às do gradiente espírita".[61] A polícia e o Judiciário reprimiram severamente os ritos, os cultos e as práticas afro-brasileiros até os anos 1940, enquadrando-os como crimes de feitiçaria, curandeirismo e charlatanismo.[62]

Católicos empreenderam esforços também para dificultar a expansão dos concorrentes religiosos até o fim da década de 1950. No início do Estado Novo, em 1939, o Departamento de Defesa da Fé [sic] implementou uma política de oposição ao protestantismo, em nome da defesa da "nação católica". "Crentes eram perseguidos, presos, torturados, expulsos de cidades, feridos em apedrejamentos, mortos em invasões de residências e de templos ou em traiçoeiras emboscadas."[63]

Esse contexto de hegemonia semiformal da Igreja católica chegou até as portas da Constituinte de 1988, no início da redemocratização. Naquele momento, os pentecostais resolveram empreender um esforço de organização político-institucional com receio de que os católicos tentassem ampliar seus privilégios junto ao Estado na Constituição por vir. É essa, aliás, a razão pela qual até hoje os líderes evangélicos se declaram, via de regra, enfaticamente a favor do Estado laico. A laicidade, da perspectiva deles, é antes de tudo uma garantia de impedir que a Igreja católica retome seus dias de hegemonia. A laicidade dos evangélicos se confunde assim com o princípio da liberdade religiosa (também resguardado pela Carta).

Eles defendem a ideia de que a laicidade deve se reduzir à separação entre o Estado e uma religião oficial — mas que isso não se confunda com o impedimento a que religiosos procurem desempenhar atividades políticas institucionais a partir de suas crenças. Como observaram Christina Vital e Paulo Victor Leite Lopes, os neopentecostais defendem a presença da religião na política institucional como "mais um grupo de pressão político-social que, portanto, tem o 'direito' de desfrutar do mesmo espaço social que diversos grupos e movimentos seculares".[64] Nos termos do pastor Malafaia: "Todos podem influenciar na política: metalúrgicos, médicos, filósofos, sociólogos etc. Todo tipo de ideologia, inclusive a humanista/materialista, que nega a existência de Deus, pode influenciar na política. Mas o estilo de vida cristã, não. Isso é absurdo!".[65]

Esse é um primeiro problema que é preciso esclarecer. Existe uma diferença conceitual importante entre laicidade e secularização. Laicidade se refere às relações da religião com as dimensões política e jurídica do Estado. Refere-se

> à emancipação do Estado e do ensino público dos poderes eclesiásticos e de toda referência e legitimação religiosa, à neutralidade confessional das instituições políticas e estatais, à autonomia dos poderes político e religioso, à neutralidade do Estado em matéria religiosa [...], à tolerância

religiosa e às liberdades de consciência, de religião (incluindo a de escolher não ter religião) e de culto.[66]

Já a secularização designa processos mais abrangentes, históricos e culturais, em que se verifica um esvaziamento da presença e da influência das religiões. A secularização corresponde, de modo geral, às consequências de acontecimentos e princípios modernos: as navegações e seus descentramentos culturais; as pesquisas astronômicas que deslocaram o geocentrismo e descobriram um universo infinito regido por leis da física; o desenvolvimento científico, antidogmático por definição; a universalidade, a racionalidade, a ideia da ausência de fundamento positivo do mundo — em suma, o processo que Max Weber chamou de *desencantamento do mundo*.

O sociólogo José Casanova destaca que "o que usualmente passa por uma singular teoria da secularização é composta realmente de três proposições diferentes, irregulares e não integradas".[67] Quais sejam: "Secularização como diferenciação de esferas seculares das instituições e normas religiosas, secularização como declínio das crenças e práticas religiosas e secularização como marginalização da religião para a esfera privada".[68] Ora, apenas a primeira, que corresponde à laicidade, ocorreu de forma mais clara, com dispositivos constitucionais nos países modernos ocidentais, mesmo nem tão secularizados (como o Brasil e os Estados Unidos), estabelecendo a separação entre Estado e religião oficial.

Hoje, as antigas teses que viam uma progressiva e vasta secularização como efeito inevitável da modernização (a de Freud entre elas) se revelaram insustentáveis. De novo, a modernidade produz a sua sombra. Efeitos social e subjetivamente degradantes do processo de modernização continuaram produzindo em massa adeptos fervorosos de religiões monoteístas. O que temos hoje é a convivência conflituosa entre modernidade e monoteísmo. O traço específico, no Brasil, é que esse conflito se explicitou de uma forma sem precedentes, por meio da atuação cada vez maior e mais intensa das bancadas cristãs nos Parlamentos (e agora no Executivo e na Suprema Corte).

Essa intensidade de atuação é uma das transformações que caracterizam as igrejas neopentecostais, em comparação às anteriores protestantes e pentecostais. O neopentecostalismo é a "vertente pentecostal mais recente e dinâmica, responsável pelas principais transformações teológicas, axiológicas, estéticas e comportamentais por que vem passando o movimento pentecostal".[69] Se a figura tradicional do crente no imaginário popular era a pessoa vestida com sobriedade humilde e escorreita, com a Bíblia na mão e de costas viradas para o mundo, os neopentecostais abandonaram o ascetismo e a perspectiva do sofrimento cristão na terra para alcance da vida no paraíso. Abraçaram a utilização dos meios de massa (desde 1989, quando a Universal do Reino de Deus, de Edir Macedo, se tornou a primeira igreja evangélica a ser proprietária de uma televisão com cobertura nacional), puseram ênfase em rituais de cura e exorcismo e se dedicaram à participação ativa na vida política, a fim de garantir a defesa de seus valores e sua expansão institucional e cultural.[70] Abraçaram, por fim, a Teologia da Prosperidade. Nessa perspectiva, "o crente está destinado a ser próspero, saudável e feliz neste mundo. Com isso, ao invés de rejeitar o mundo, os neopentecostais passaram a afirmá-lo".[71]

É preciso observar que, da perspectiva de seus afiliados — e da coletividade —, as igrejas evangélicas trazem inúmeros benefícios. O evangelho combate a violência social, por meio do estabelecimento de laços comunitários de solidariedade, pertencimento a uma comunidade (já que a comunidade mais ampla, na figura do Estado, abandona esse indivíduo) e obediência a regras estritas de comportamento na vida privada, orientadas para a preservação da família e a recusa das forças que podem destruí-la, como o álcool, as drogas e a ilegalidade.[72]

Entretanto, a matriz dogmática transcendental produz um choque irredutível com as aspirações liberais de parte da sociedade. Não me parece possível resolver esse conflito apelando para um sentido mais extenso ou radical de laicidade. Não há como, de forma democrática, impedir que cristãos participem da vida pública institucional, onde hão de o fazer orientados por suas concepções religiosas. A radicalização da laicidade, que vê na exclusão da religião da esfera pública a condição necessária para a democracia, é ela mesma antidemocrática: afinal, se a maioria das pessoas numa sociedade é religiosa, como impedir que a sua visão de mundo, mesmo que iliberal, prevaleça? Aqui reencontramos o conflito fundamental entre democracia e liberalismo. Na prática, o princípio da laicidade se confunde com o do pluralismo religioso: ele só tem como impedir a existência de uma religião oficial do Estado, mas não tem como impedir, a menos que às custas de uma decisão antidemocrática, que as diferentes religiões se organizem como grupos na defesa de seus interesses políticos. Tal suposta decisão antidemocrática, diga-se de passagem, dificilmente poderia ocorrer, uma vez que a sociedade brasileira é pouco secularizada (mais de 80% de cristãos), e isso se reflete no Parlamento. Resta a Suprema Corte, por isso mesmo percebida como objeto de disputa pelos cristãos.

O conflito entre religiosos e todos os demais cidadãos que defendem políticas públicas liberais (que previnam a homofobia e garantam os direitos de minorias, por exemplo) não parece ter solução nos termos em que se encontra. O que chamo de solução seria um processo político de negociação com o objetivo de encontrar propostas capazes de acolher os interesses de ambos os lados. Fique claro: minha posição é a de que apenas uma sociedade radicalmente liberal na dimensão civil é moralmente justa. O princípio liberal de que nem o Estado, nem qualquer maioria podem intervir na liberdade de um sujeito, desde que ela não viole a liberdade de outrem, é um imperativo social universal.

Diante de conservadores laicos, esse princípio poderia encontrar soluções de encaminhamentos a médio e longo prazos, respeitando o tempo que os conservadores necessitam para se adaptar a transições. A forma, o tempo, as estratégias, tudo isso poderia ser negociado com conservadores laicos ou até moderadamente religiosos. O problema é que com conservadores religiosos militantes não há solo comum possível. É isso que os torna reacionários. São fixados de forma obsessiva em um passado mítico, que não admite mudanças. Enquanto conservadores laicos são resistentes, mas não absolutamente contrários a transformações sociais, conservadores monoteístas tendem a ser infensos a essas mudanças por adesão incondicional a um dogma.

São inúmeras as declarações de líderes cristãos no Parlamento que remetem, no limite, sua posição inflexível à obediência a Deus. Por exemplo, o deputado evangélico João Campos (PSDB-GO) disse:

> O divórcio leva à destruição da família; a liberdade sexual leva à promiscuidade; a contracepção é contrária ao surgimento de uma nova vida [...], o aborto destrói uma vida; a pornografia arruína o ser humano; a fecundação artificial significa fazer filho sem o ato do amor. Tudo isso é contrário à vontade de Deus.[73]

Ou o senador cristão Magno Malta (PR-ES): "Deus criou o macho e a fêmea. Não vai ser o Senado da República que vai criar o terceiro sexo".[74] Ou ainda o deputado Walter Tosta (PSD-MG): "Nosso objetivo não é ser contra o homossexualismo [sic] [...] nós queremos ouvi-los, queremos dialogar com cada um deles, queremos convidá-los a participar das nossas reuniões, mas nós não podemos também passar por cima do ensinamento das Escrituras".[75]

A natureza inarredavelmente dogmática desse conservadorismo cristão revela que outras tantas declarações de espírito supostamente conservador liberal são falsas. O pastor Silas Malafaia, por exemplo, declara: "Não tenho problema com gay, tenho problema com ativista gay".[76] O então deputado Jair Bolsonaro confirmava: "Eu não quero saber a opção sexual do meu filho — pelo que eu sei, ele é hétero, mas eu não quero saber a de você, a dele, da sua escola, da faculdade; não me interessa pra mim isso aí. Agora, botar essa tralha dentro da escola, e eu é que estou errado?".[77] E ainda o deputado João Campos, na mesma linha:

> Respeitamos a opção sexual que qualquer cidadão faça; agora, estou absolutamente convencido de que não cabe ao poder público financiar esse tipo de orientação e de estímulo. Imaginemos, no campo religioso, que o Estado brasileiro financie diversos programas, diversas ações, vídeos, cartilhas, dizendo que você tem de fazer a opção pela religião católica, pela religião evangélica, pela espírita [...]. Isso não é papel do governo brasileiro, como não o é em relação à orientação sexual dizer que você tem de ser heterossexual ou homossexual.[78]

Todas essas declarações foram pronunciadas à época do debate sobre o programa Escola sem Homofobia, que seria lançado durante o primeiro governo Dilma Rousseff. O programa tinha o objetivo de educar alunos do ensino médio para evitar preconceito contra pessoas LGBTQIAP+. Quaisquer que tenham sido os eventuais erros estratégicos da campanha (que acabou barrada pela bancada cristã), é sem dúvida má-fé atribuir a ela uma intenção proselitista. Defesas de minorias se dão quase sempre como realizações de premissas liberais: trata-se de garantir que minorias possam ter plenos direitos a suas identidades e a formas de vida — isso não se confunde com campanhas de "sexualização precoce", ou "estímulo ao homossexualismo".

Na verdade, essas acusações de "ativismo gay", proselitismo LGBTQIAP+ e assemelhadas são meros álibis que tentam transformar premissas liberais em intervenção do Estado a favor de grupos não normativos. Ora, na verdade são os reacionários cristãos do Parlamento que pretendem usar o Estado como meio para favorecer grupos específicos, no caso eles mesmos. Há rigorosamente nada de defesa liberal ("não tenho problema com gay") na posição dessas lideranças cristãs. Isso ficou claro quando, no contexto ainda dos debates sobre o kit anti-homofobia, diante da reação da bancada cristã, a deputada Manuela d'Ávila (PCdoB-RS) fez um pronunciamento conciliador:

> Nós temos presenciado diversos assassinatos, agressões aos homossexuais no nosso país. Se é correta ou não correta, mas se é legítima a interpretação de alguns parlamentares de que esse kit tenha equívocos, não é isso que justifica a ausência de outro material confeccionado pelo governo. Se o governo tem um programa chamado Brasil sem Homofobia, cabe ao governo dar consequência a esse programa, e não apenas suspendê-lo. Por isso, queremos que a Comissão de Direitos Humanos, a bancada evangélica e o MEC [Ministério da Educação] componham um grupo de trabalho sobre esse material.[79]

Nunca houve esse grupo, e o material educativo do governo acabou cancelado. Subscrevo aqui a conclusão de Ricardo Mariano: "A laicidade estatal no Brasil não dispõe de força normativa e ascendência cultural para promover a secularização da sociedade e para assegurar sua própria reprodução".[80]

O melhor caminho para a solução — ou atenuação — do conflito entre conservadores religiosos e direitos de minorias no Brasil parece ser *indireto*: ampliar a secularização ou ao menos esvaziar a centralidade da religião na vida das pessoas, por meio de políticas públicas econômicas e sociais. Pois a centralidade da religião está associada ao desamparo social, à ausência de comunidade proporcionada pelo reconhecimento do Estado sob forma de proteção.

A cosmovisão conservadora tem muitos aspectos a ser identificados com cuidado e, a meu ver, valorizados: sua ênfase nas "esferas de valor",[81] irredutíveis ao materialismo raso do "homo economicus" liberal (um "homem que sabe o preço de tudo, mas não sabe o valor de nada", como Oscar Wilde definiu o cínico);[82] a importância dada às formas de associação civil voluntária e os laços de sentido que criam ("a sociedade é a razão de ser do conservadorismo", como observa Scruton); seu repúdio ao trabalho alienado, exatamente pela falta de sentido que impõe aos indivíduos (nesse ponto, o conservadorismo converge de modo insuspeitado com o marxismo); sua crítica ao racionalismo como potencial promotor de engenharia social autoritária; entre outros aspectos.

Como se pode ver pela breve lista acima, o conservadorismo tem pontos em contato com o liberalismo: sua ênfase na primazia da sociedade civil, seu ceticismo quanto aos planejamentos excessivos, sua afirmação da mão invisível da tradição. Mas também tem seus pontos de afastamento, quando não de incompatibilidade. O apego à tradição, ao organicismo, aos laços comunitários vinculados a um território, tudo isso torna os conservadores infensos à perspectiva liberal de primazia das trocas comerciais, do mero materialismo e do famigerado globalismo que o favorece. O mesmo apego à tradição, de base cristã ou não, tende a fazer dos conservadores defensores da instituição social da família heterossexual, entrando em conflito com a agenda liberal progressista, de aceitação de formas não normativas da família (homossexual e/ou "tentacular"), ou do esvaziamento de sua centralidade (pessoas que não querem se casar ou ter filhos).

Apesar de a mentalidade colonizada no Brasil ser forte o suficiente para que os conservadores daqui adotem agendas do conservadorismo estadunidense ou europeu que ficam um tanto fora do lugar nessas plagas (como a xenofobia — típica de países cujas culturas se veem ameaçadas por imigrantes; o antiglobalismo — típico de países cujas soberanias se veem ameaçadas por entidades transnacionais político-econômicas; e até mesmo o *homeschooling* — que faz mais sentido em países onde o sistema de ensino é largamente público), o ponto decisivo de conflito entre conservadores e progressistas no Brasil diz respeito aos direitos de minorias, notadamente LGBTQIAP+.

Embora cristão como a maioria dos conservadores, o filósofo Roger Scruton afirma com veemência o princípio laico e as virtudes da "nossa herança de lei secular": "É a principal defesa contra aquilo que Alexis de Tocqueville e John Stuart Mill denunciaram como a tirania da minoria. A opinião majoritária pode estar errada; o desejo da maioria pode ser malévolo; a força da maioria pode ser perigosa".[83] Em outro momento, Scruton volta a enfatizar a primazia do secular nos assuntos políticos: "A obediência religiosa [...] não é um elemento necessário da cidadania e, em qualquer conflito, são os deveres do cidadão, não os do crente, que devem prevalecer".[84]

Em princípio, portanto, estaríamos sendo apresentados a um conservadorismo verdadeiramente liberal, em que a esfera religiosa, com seus corolários dogmáticos, é privada, não se imiscui aos assuntos públicos e não impõe normatividades, exceto para a própria comunidade que a ela se filia de modo voluntário. Todavia, infelizmente, a coisa não é tão simples.

Scruton afirma de forma abstrata a separação entre o sagrado e o profano, o religioso e o secular: "Tentamos preencher os corações com o amor de Deus e o nosso mundo com o amor ao próximo".[85] E situa essa perspectiva liberal numa interpretação da própria Bíblia. Sobre a história do Bom Samaritano, ele entende que o amor ao próximo se destina "tanto ao desconhecido quanto ao amigo [...], não importando se ele pertence à família, à fé ou à identidade étnica".[86] Scruton evoca a parábola do dinheiro do tributo e a autoexplicativa máxima "a César o que é de César e a Deus o que é de Deus". E conclui que, embora reconheça que a intolerância é um "subproduto regular da fé religiosa", "não é ilógico perceber um movimento constante em direção à ideia de liberdade religiosa como um dever cristão — o dever de permitir que os outros sejam o que fundamentalmente são, sob o manto do amor ao próximo".[87]

Entretanto, basta que a conversa desça do teórico ao concreto para que suas convicções liberais comecem a esboroar. Quando vai tratar da questão do casamento civil homossexual, Scruton revela os limites conservadores do amor ao próximo:

> Ao facilitar cada vez mais a obtenção do divórcio, e a negligência cada vez mais flagrante em relação às crianças, o Estado passa a supervisionar o desfazimento gradual dos votos de casamento, a ponto de a defesa do casamento homossexual parecer não uma mera consequência lógica de tudo o que o precedeu, mas uma oferta óbvia de "igualdade de tratamento" a uma minoria anteriormente marginalizada.[88]

Confesso que tenho até dificuldades de acompanhar a lógica do argumento, pois, no meu entender, o direito ao divórcio e as demais medidas legais que retiram o casamento-heterossexual--com-filhos de seu lugar normativo configuram precisamente "igualdade de tratamento" a minorias anteriormente marginalizadas (de homossexuais e pessoas trans a meros solteiros que preferem sexo casual a relações duradouras). A igualdade de tratamento é "a consequência lógica de tudo o que o precedeu".

Logo adiante, Scruton comenta:

> A sociedade ocidental evoluiu em matéria de relações homossexuais, aceitando esse modo de vida e o direito do Estado de endossá-lo por meio da união civil. Porém, o elo entre marido e mulher, como o que existe entre pai e filho, tem uma natureza moral que não deve ser resumida a um acordo voluntário.

Se entendo bem o que o filósofo conservador está dizendo, sem o dizer, é o seguinte: relações homossexuais são reconhecidas pelo Estado, mas são meros "acordos", não têm a "natureza moral" distintiva do elo entre "marido e mulher", ou "pai e filho". Se a afirmação dessa suposta superioridade moral do casamento heterossexual (como se relações homoafetivas equivalessem a meros acordos de natureza jurídica) significar apenas a exaltação da suposta superioridade existencial da forma de vida cristã para fins de autocongratulação entre pares, não há problemas. Mas é difícil acreditar nas convicções liberais de conservadores que simplesmente não conseguem aceitar outros modos de vida que em nada interferem na sua própria liberdade, sem transformar isso num grande e tortuoso debate.

A razão dessa dificuldade é clara. A premissa fundamental do conservadorismo não é a liberdade negativa do liberalismo clássico, e sim o apego à tradição. Por isso Scruton dirá, ainda sobre a questão homossexual, que "os conservadores reconhecerão que a consciência comum não ficará inteiramente à vontade com uma mudança que arruína as normas sociais nas quais as pessoas confiaram ao longo de toda a história de que se tem registro".[89] Os argumentos normativos do conservadorismo são uma racionalização para fins de justificação do que é moralmente injustificável: a norma não tem outro fundo que não seja o hábito, a tradição. Diante disso, de modo estratégico, talvez a melhor maneira de tratar o problema não seja tentar persuadi-los com argumentos liberais universalistas, mas sim dissolver a resistência deles, por meio da gradual transformação dos próprios hábitos. Aos poucos, com o avanço, apesar de tudo, da mentalidade liberal, as relações homossexuais se tornam parte da paisagem. Com o tempo, acabarão se tornando também uma tradição, não no sentido antimoderno, claro, mas no de algo que "está aí há tempos, com que se está acostumado". Entretanto, é compreensível que as minorias em jogo tenham pressa, pois muitas vezes lutam por direitos fundamentais, a começar pelo direito à vida.

8.
Universalismo por vir

Em meu livro *A vítima tem sempre razão?: Lutas identitárias e o novo espaço público brasileiro*, abordei as políticas identitárias por meio de um duplo movimento: afirmando suas razões fundamentais, mobilizando para tanto, sobretudo, os conceitos de *poder* e *reconhecimento*, mas criticando alguns de seus métodos e premissas, em especial os desdobramentos dogmáticos e intimidatórios das lógicas de grupo (fomentadas pelas características das redes digitais) e o que chamei de "justiça utilitária", segundo a qual não importa se é feita ou não justiça a indivíduos particulares, pois os processos morais estão todos submetidos a uma perspectiva exclusivamente coletiva e estrutural.[1]

O objetivo daquele livro já era então afirmar um espaço irredutível às duas posições polarizadoras dessa discussão: de um lado, conservadores de variadas espécies, unidos na desqualificação in totum dos pleitos identitários, pejorativamente chamados, na versão acadêmica, de "politicamente corretos", e, na versão popular, de "mimimi" ou "vitimismo"; e, de outro, a militância identitária, então inebriada com o súbito poder alcançado pela hegemonia da superioridade moral e disposta a mantê-lo a todo custo. Pois bem, o custo, de uma posição e de outra, tem sido caro.

Apesar de muito atacado em sua recepção inicial — o que não deixava de confirmar seus argumentos críticos principais —, o livro se mostrou acertado em seu diagnóstico. A dimensão em que reconhece e fundamenta as razões dos pleitos de minorias não carecia de comprovações (basta olhar a realidade sem os antolhos conservadores). Quanto às críticas ao que se pode chamar de lógica da militância identitária, comprova-as, entre tantos exemplos possíveis, o remake involuntário do conto machadiano "O alienista", protagonizado por estudantes que tentaram cancelar Chimamanda Ngozi Adichie, a escritora nigeriana que é uma das estrelas do feminismo global. Chimamanda, em entrevista de 2017, disse a seguinte frase: "Uma mulher trans é uma mulher trans".[2] No contexto da entrevista, segundo a autora, ela defendia a necessidade de "reconhecer a diferença, sendo ao mesmo tempo a favor de total inclusão". De resto, a inclusão, observa Chimamanda em registro acaciano, tem como premissa a diferença.

A declaração, entretanto, fez com que ela fosse chamada de "assassina" em redes sociais, houve quem incentivasse até que ela fosse atacada com machetes, e assim mais uma operação cancelamento foi acionada, que bem poderia ser batizada de *Ouroboros* pela polícia digital, porquanto dessa vez ativada contra uma das matrizes teóricas do próprio campo. O texto em que Chimamanda comenta esse episódio traz formulações precisas sobre os problemas das perspectivas cognitiva, moral e política do identitarismo dominante nas redes sociais (basicamente já apontados em meu livro ou em entrevistas que dei a respeito dele). Ela identifica "uma expectativa irrealista de puritanismo nos outros". Invariavelmente a par, acrescento, de hipocrisia, uma vez que o detentor da expectativa não costuma estar à altura dos próprios parâmetros. Ou, nas palavras de Chimamanda, trata-se de "uma performance de virtude que é bem executada no espaço público do Twitter, mas não no espaço íntimo da amizade" (no espaço da vida real, das verdadeiras ações morais, eu diria). As pessoas que assim procedem, diz a escritora nigeriana, "alegam amar a literatura — as confusas histórias da nossa humanidade —, mas são obcecadas de modo monomaníaco por qualquer que seja a ortodoxia ideológica vigente". E assim denunciam outros pelas mais tíbias razões, "para que permaneçam um membro da classe escolhida dos puritanos". Esse ponto é fundamental, pois o que se formou, desse modo, foi "uma geração de jovens nas redes sociais tão apavorada pela possibilidade de ter opiniões erradas que se furtaram a oportunidade de pensar, aprender e crescer". Em resumo, o custo social da intimidação é, além das injustiças contra indivíduos em nome de projetos de poder mal disfarçados, o empobrecimento do debate público e das leituras mais adequadas da realidade que poderiam aparecer, proporcionando as respectivas soluções mais adequadas.

A esta altura do campeonato de degradação democrática, portanto, é difícil deixar de perceber a cumplicidade entre quaisquer posições políticas que partilham modus operandi análogos: o sectarismo, o dogmatismo, a demonização da diferença, a intimidação, o pensamento por meio de grupos e estruturas (e não de sujeitos concretos e seus atos), a incapacidade de fazer distinções e nuances — esses métodos políticos instauram uma dinâmica social de espelhamento, uma espécie de *mis-en-abîme* em que as posições vão se afastando infinitamente. Essa, claro está, é uma outra imagem para a polarização.

Volto agora ao mesmo assunto, com o mesmo objetivo político, mas sob uma abordagem diversa. Conforme havia feito no primeiro capítulo do meu livro, abro a lente para processos histórico-culturais amplos, a fim de mostrar novamente como num primeiro momento a perspectiva identitária se choca com uma tradição forte da autoimagem do brasileiro — mas agora procuro pensar como aquela pode ser assimilada por esta, transformando a outra e a si própria, num movimento dialético volta e meia entrevisto, mas raras vezes de maneira mais organizada e programática, por alguns intelectuais e ativistas. Pois bem, proponho-me aqui a descrever detidamente essa dialética, tal como ela, em parte, já se desenvolveu no Brasil e, em parte, como defendo que ela acabe por se desenvolver. Vou apresentar o que considero ser as três principais "posições" perante as categorias *universal* e *identidade* — e, por fim, apresentar a minha própria posição, montada a partir dos traços de diversos autores.

1. Posição universalista cultural

José Bonifácio de Andrada e Silva não deve ser apenas considerado o Patriarca da Independência do Brasil (que, como se sabe, abraçou antes impelido pelos acontecimentos do que como um entusiasta de primeira hora), mas, com mais forte razão, o patriarca da valorização da mestiçagem brasileira. Suas ideias são a fonte de onde brotaria um manancial de apologistas das características bioculturais específicas da formação do país. Abolicionista avant la lettre, estadista frustrado no Império português e superpoderoso no Brasil recém-soberano (a ponto de dom Pedro I ir despachar na casa *dele*, no então largo do Rocio, atual praça Tiradentes), Bonifácio concebeu e tentou executar um projeto de ampla integração social, baseado em quatro pontos fundamentais: abolir a escravidão, integrar o indígena, promover a mestiçagem e civilizar povo e a elite segundo padrões europeus.[3]

Monarquista constitucional, logo conservador liberal, preocupava-se com as tensões sociais iminentes em um país formado por povos diversos, gozando de condições sociais radicalmente diferentes e mal amarrado por províncias isoladas, algumas se comunicando com mais facilidade com Portugal do que com suas conterrâneas. Havia pouco tempo que o país dispunha do elemento mínimo de uma língua como instrumento unificador; como se sabe, até meados do século XVII, era o *nheengatu*, a chamada "língua geral", e não o português, o idioma mais falado no Brasil Colônia. Diante do duro desafio de unificar o país pós-Independência, além das medidas políticas, econômicas e repressivas, Bonifácio concebeu um projeto de ordem cultural: "Era preciso criar um povo homogêneo, pois só assim a população geraria laços de solidariedade e partilharia sentimentos de pertencimento a uma comunidade maior, condição para a existência de uma nação".[4]

Mineralogista que era, propôs *amalgamar* o país. A liga difícil, "com tanto metal heterogêneo"[5] — brancos, mulatos, pretos livres e escravos, indígenas etc. —, já vinha se formando desde o início do país, ou melhor, desde antes do início da colonização oficial pela Coroa portuguesa, por meio dos primeiros náufragos, como Caramuru, João Ramalho, entre outros, e os processos espontâneos de cunhadismo, através dos quais surgiram as primeiras gerações de mamelucos. E, daí em diante, foi-se formando o povo brasileiro, por um processo de mestiçagem biocultural, a um tempo violento e espontâneo. Tratava-se de afirmar oficialmente esse processo, defendendo a miscigenação "como fulcro da identidade brasileira".[6]

Como bom conservador liberal, Bonifácio tinha horror a revoluções. Sem prejuízo de suas convicções morais quanto à natureza repugnante da escravidão, temia que os negros escravos, "inimigos internos" do Brasil, pudessem colocar em risco a sociedade.[7] O mesmo temor acometia seu contemporâneo Thomas Jefferson, *founding father* dos Estados Unidos da América. Mas, enquanto para este último o preconceito racial impedia qualquer solução integrativa, para Bonifácio era a *condição* de escravo, e não a sua *cor*, que produzia as ameaças sociais. Assim, como se pode ler no quinto tópico do projeto que enviou à Constituinte de 1823, o Andrada traçou planos oficiais para estimular a mestiçagem, de modo a "favorecer por todos os meios possíveis os matrimônios entre índios, brancos e mulatos, que então se deverão estabelecer nas aldeias". Tais estímulos, retomando a política indigenista de sentido integrador do marquês de Pombal, chegavam a incluir um "prêmio pecuniário a todo cidadão brasileiro, branco ou homem de cor, que se casar com índia gentia".[8]

Comparem-se tais planos ao que aconteceria nos Estados Unidos poucas décadas depois. Em 1862, o presidente Lincoln convocou um grupo de negros para a Casa Branca para lhes comunicar "o seu interesse em esquemas que os enviassem para a África". Disse-lhes que "vós e nós somos raças diferentes". E que "muitos de vós sofrem enormemente ao viver entre nós, ao passo que os nossos sofrem com a vossa presença".[9] Depois, o Congresso dos Estados Unidos chegou a levantar recursos para mandar os negros estadunidenses de volta para a África. Algumas décadas antes, uma organização formada por homens brancos, capitaneada por certo Robert Finley, formou-se com o objetivo de enviar os negros libertos nos Estados Unidos de volta para a África. Em 1821, a American Colonization Society adquiriu terras na África, onde se assentariam os primeiros "colonos" negros nesse país de origem singular que, a partir de 1824, viria a se chamar Libéria. Embora não tenha sido uma empresa do Estado americano, a iniciativa chegou a contar com o apoio do presidente James Monroe (a cujo nome alude a capital do país, Monróvia) e reflete precisamente a mentalidade explicitada pela declaração de Lincoln citada acima.

Ao contrário do que se costuma dizer, o Brasil conheceu racismo de Estado em diversos momentos. Mas também o contrário: projetos oficiais de integração de sua composição étnica, tais como os de Pombal, Bonifácio e Rondon, em seus respectivos séculos.[10] O contraste entre Bonifácio, de um lado, e Jefferson e Lincoln, de outro, não deixa de revelar algo importante sobre a diferença dos processos raciais entre os dois países. Por mais que, como homem de seu tempo, Bonifácio tivesse uma perspectiva colonizada — índios e negros deveriam ser civilizados pela mistura sanguínea e cultural com os brancos europeus —, sua defesa intransigente da abolição e do trabalho livre e sua afirmação de uma sociedade mestiça permanecem como a pedra fundamental de certa tradição intelectual brasileira e de uma autoimagem popularmente difundida de uma sociedade misturada. Registre-se ainda que, bem antes de Luís Gama, Joaquim Nabuco, André Rebouças e os mais consequentes abolicionistas, Bonifácio se ocupou não apenas do imperativo de liquidar com a escravidão, mas da necessidade de cuidar de seus efeitos. Para tanto, propôs que fossem doadas terras aos negros livres — pelo Estado ou por seus antigos senhores —, garantindo-lhes meios de sobrevivência e, assim, "condições para a integração do negro liberto à sociedade, sem a qual a abolição da escravatura não cumpriria seus objetivos".[11]

Como se sabe, Bonifácio perdeu a disputa. Sua posição era minoritária — para não dizer solitária — e afrontava os interesses da elite luso-brasileira. Terminaria por sair preso e exilado da Assembleia Constituinte de 1823, onde "suas duas principais contribuições foram precisamente sobre o fim da escravidão e a civilização dos índios".[12]

O patriarca vencido se tornou, entretanto, na perspectiva historiográfica do antropólogo Mércio Gomes, o fundador de uma "visão nativista" do país, que parte do princípio de que "os povos que haviam contribuído na formação do Brasil deveriam participar integralmente da nova nação".[13] Integral e integradamente, à maneira da miscigenação proposta por Bonifácio. Essa linhagem atravessa o período do Segundo Reinado, de alguma forma se revelando nas obras de escritores românticos (Gonçalves Dias, Castro Alves), jornalistas (José do Patrocínio), políticos (Joaquim Nabuco), adentra o século XX com os modernistas e tem seu apogeu nesse *pharmakon* monumental que é *Casa-grande & senzala*, de Gilberto Freyre. A vertente não se encerra aí: continua em Darcy Ribeiro, Caetano Veloso, José Miguel Wisnik, Antonio Risério, Hermano Vianna, entre muitos outros.

Como se sabe, o tour de force telúrico do mestre de Apicucos tem virtudes extraordinárias, políticas, cognitivas e formais. Tanto — a favor (no começo) e contra (dos anos 1950 em diante) — já foi escrito sobre ele, que é um daqueles clássicos em que não se deve demorar, a menos que se tenha algo diferente a dizer. Não sendo o caso, vou me ater aqui aos propósitos deste capítulo: separar o trigo — ponto de culminância de redisparo de uma perspectiva mestiça da experiência brasileira — do joio, flanco aberto à justa elaboração de críticas, entre elas a que viria a ser seminal para a perspectiva racialista no Brasil.

Primeiro o trigo. Freyre liquidou o complexo de vira-latas brasileiro, formado desde meados do século XIX com as pseudoteorias científicas eugenistas, que adentraram o país e empestearam o ambiente por meio de obras como as de Nina Rodrigues, Arthur Ramos, Gobineau, Sílvio Romero, entre outros. Fez isso — no mesmo ano, diga-se, em que Hitler ascendia ao poder — afirmando as virtudes do colonizador, a contribuição múltipla e vasta das demais etnias (sobretudo dos negros africanos) e a efetiva mestiçagem geral, da qual resulta uma sociedade genética e culturalmente integrada.

Como observa Darcy Ribeiro, em seu próprio monumento marxista-culturalista, *O povo brasileiro: A formação e o sentido do Brasil*, "a confluência de tantas e tão variadas matrizes formadoras poderia ter resultado numa sociedade multiétnica, dilacerada pela oposição de componentes diferenciados e imiscíveis".[14] Mas o que ocorreu foi o contrário: as etnias forçadamente reunidas, mesmo em contexto oficial de dominação e opressão, "não se diferenciaram em antagônicas minorias raciais, culturais ou regionais, vinculadas a lealdades étnicas próprias e disputantes de autonomia frente à nação".[15] O Brasil, de fato, não pode ser considerado uma sociedade multiétnica, multicultural, que um Estado central luta de maneira permanente para manter unificada. Apesar de tudo, o resultado da experiência colonial foi "um povo-nação, aqui plasmado principalmente pela mestiçagem, que se multiplica prodigiosamente como uma morena humanidade em flor".[16]

Neste momento, importa ressaltar a formação desse plasma. Houve dois Brasis, acontecendo simultaneamente, de forma em geral contraditória. O país oficial, empresa periférica do capitalismo imperialista, cujo sentido era a exploração material em favor da metrópole; cuja ocupação se pretendeu estabelecer nos moldes latifundiários das capitanias hereditárias; cujo projeto civilizatório era espoliador-salvacionista, o último termo a cargo das missões jesuíticas; cuja forma de relação étnica era de subjugação ou extermínio; cujo modus operandi institucional foi o da exploração no período colonial e, sobretudo, o da modernização conservadora, a partir da Independência.

Mas há também, desde o início, desde antes do início, uma formação espontânea, informal, à revelia da oficialidade, que se deu nas brechas e interstícios, livre na medida do possível. Esse país, que Mércio Gomes chama de *Brasil inevitável*, é aquele que, antes da carta de doação e foral a Duarte Coelho, foi ocupado por Caramuru e João Ramalho, encetando os primeiros mamelucos e as alianças afetivo-políticas propiciadas pela instituição social do *cuñadazgo*, o cunhadismo. "Velho uso indígena de incorporar estranhos à sua comunidade", ele consistia "em lhes dar uma moça índia como esposa. Assim que ele a assumisse, estabelecia, automaticamente, mil laços que o aparentavam com todos os membros do grupo".[17]

Como quase não havia mulheres portuguesas nas primeiras décadas da colonização, e ainda por muito tempo depois, os portugueses "acasalaram-se com as índias, tomando, como era uso na terra, tantas quantas pudessem, entrando a produzir mais mamelucos".[18] Como nota Darcy Ribeiro, as mães primárias do Brasil foram as mamelucas.[19] E conquanto o indígena tenha sido desde sempre "irredutível em sua identificação étnica",[20] os mamelucos, por sua vez, já não eram propriamente índios nem portugueses; não podiam se identificar com a linhagem materna, tampouco eram reconhecidos, muitos deles, pela linhagem paterna. O que de resto explica o papel ativo que teriam nas expedições de curraleiros e bandeirantes,[21] o modo real de ocupação do território numa época em que uma doação de capitania ou sesmaria não passava de uma simples folha de papel, sem órgão público capaz de fazê-la ser cumprida.

Os mamelucos foram, assim, os primeiros brasileiros. Já o enorme contingente de escravos, desembarcando em sucessivas levas durante séculos, "desafricanizado na mó da escravidão, não sendo índio nativo nem branco reinol, só podia encontrar sua identidade como brasileiro".[22] Por isso "Darcy pensava que nosso passado fora terrível, sofrido para todos, principalmente para negros e índios, mas o resultado era melhor do que qualquer um que há por aí".[23] Isto é, porque o horror da subjugação e da escravidão acabou por produzir uma real mestiçagem e uma identificação comum com a nação brasileira, formando "um povo mestiço na carne e no espírito".[24]

A despeito do tom geral afirmativo de seu livro, Freyre mostrou como a miscigenação entre senhores de engenho e escravas africanas se deu dentro de uma relação de dominação, sob um cardápio de requintada crueldade. Mas é fundamental abrir a lente e observar que o processo de miscigenação no Brasil ocorreu também de forma espontânea. E, parece plausível afirmar por informações e deduções demográficas, isso teria ocorrido de modo quantitativamente muito superior. É a tese defendida tanto por Antonio Risério quanto por Mércio Gomes. Observa Mércio:

> Embora seja um assunto pouco tocado na historiografia brasileira, o relacionamento entre índios aldeados próximos a núcleos portugueses e negros escravos ou libertos foi bem mais consistente e permanente do que aquele entre senhor e escravos e, portanto, deve ter sido a maior fonte da originalíssima mestiçagem brasileira.

Assim, a miscigenação brasileira terá sido "bem mais forte na relativa liberdade das aldeias e bairros indígenas, entre índios e índias submetidos à assimilação e negros e negras fugidios e inzoneiros, do que na casa-grande, entre senhores brancos e escravas negras".²⁵

A hipótese de Mércio, embora mais dedutiva do que propriamente comprobatória, dada a inexistência, em seu livro, de documentação quanto ao perfil demográfico, soa convincente:

> Mas a realidade social é que, ao estimarmos a quantidade de senhores de engenho e fazendeiros dos primeiros séculos da colonização em comparação com o número de negras e índias, negros e índios, bem como a crescente quantidade de mestiços formados, é muito fácil constatar que, demograficamente, a mestiçagem produzida pela casa-grande não atingiu um percentual muito significativo. Com efeito, em nossa visão, a grande maioria da mestiçagem no Brasil se deu pelo intercurso sexual e pela consequente vivência entre brancos(as), negros(as) e índios(as) nos arrabaldes das vilas e cidades, na formação de vilas livres de pescadores, nas fazendas de gado, no pular de cerca dos engenhos, nos caminhos e nos povoamentos do interior. [...] Entendendo desse modo, a mestiçagem permite ser vista não pela sua face mais cruel, de imposição sexual, de estupro, senão por sua face mais envolvente de intercurso livre sexual entre mestiços de corpo e alma se relacionando por prazer e para constituir famílias novas.²⁶

A lacuna dos dados demográficos é preenchida por Antonio Risério, em seu *Em busca da nação*. Com o objetivo de demonstrar que a miscigenação, no Brasil, foi um processo popular e espontâneo, mais do que oficial e violento, Risério apresenta informações demográficas desde o século XVI. Tomé de Sousa, governador-geral do Brasil (1549-53), trouxe consigo seiscentos soldados e quatrocentos degredados, "quase todos bem pobres".²⁷ O jesuíta Fernão Cardim registrou que, na década de 1580, a Bahia contava com 36 engenhos, com seus respectivos senhores. "Nessa mesma época, Salvador e o Recôncavo teriam por volta de uns 15 mil habitantes", sendo 3 mil portugueses, 8 mil "índios christãos" e entre 3 mil e 4 mil "escravos da Guiné". Além dos senhores de engenho, havia apenas um punhado de brancos europeus em posições de poder (fazendeiros, oficiais, mercadores). A grande maioria da população livre era pobre. Outro cronista colonial importante, Gabriel Soares de Sousa, em seu *Tratado descritivo do Brazil em 1587*, "fala de pouco mais de cem pessoas no topo da hierarquia social baiana".²⁸ Enfim, observa Risério, "a classe dominante nunca foi numericamente significativa".

Portugal era um país de população pequena, franceses e holandeses (conquanto tenham deixado por aqui sua marca genética, em especial os conterrâneos de Nassau, em Pernambuco) acabaram expulsos das províncias brasileiras. Nos três primeiros séculos da colonização, o contingente de brancos era baixo em relação à população indígena e negra. E os brancos que havia eram em sua grande maioria pobres. Thales de Azevedo, examinando o censo de 1775 em Salvador, escreveu: "Mais da metade dos habitantes da cidade eram livres, e a grande maioria de cor, sinal de que a mestiçagem fazia-se em larga escala, principalmente à margem do casamento, como é sabido".²⁹ Por fim, Risério evoca a estimativa demográfica de Henry Hill para o Brasil no início do século XIX: dos cerca de 4 milhões de habitantes, os brancos não chegavam a um quarto da população. Os brancos ricos não chegavam a 5%.

As informações demográficas parecem confirmar a tese segundo a qual a mestiçagem brasileira, para além da violência extrema da relação nuclear casa-grande e senzala e de outras formas de interação sexual mediadas por um poder de fato coercitivo, foi predominantemente popular, "uma mistura de pretos com brancos pobres, o lance rolando com carpinteiros, pedreiros, alfaiates, sapateiros, soldados, pasteleiros, calafates, barbeiros, marceneiros etc. etc.".[30]

O Brasil inevitável e o oficial, o desejante e o hierarquizante, se confundiram. É essa aventura de miscigenação e mestiçagem, feita de subjugação e frestas de liberdade, de projetos da elite branca e fatos do povo misturado, que veio, com o passar dos séculos, a formar a ideia e o sentimento da *nação* brasileira. Ora, nação, nessa perspectiva, assume a princípio um sentido bastante singular e favorável. Como se sabe, nação se diferencia de Estado. A primeira é, na expressão de Benedict Anderson, uma "comunidade imaginada", isto é, uma autoimagem que a sociedade produz de si. Essa produção transcorre, claro, submetida à relação de forças entre as classes. Em sua versão exacerbada ou radicalmente dominada por determinada classe (ou etnia, ou religião), a comunidade imaginada tende a ser excludente, pois empurra para fora as minorias que não se inscrevem dentro dos seus valores, tradições, memórias e identificações. Assim procedem os nacionalismos.

O Estado, por sua vez, diz respeito a processos abstratos, institucionais e universais. O conflito que em outros países, de tendência nacionalista ou realidade multiétnica, existe entre nação e Estado — o particular versus o universal — não existe no Brasil da mesma forma, justamente porque a ideia de nação, a comunidade imaginada, aqui, se tornou em boa medida *mestiça*. E o mestiço é uma forma do universal. O projeto da elite branca europeia, de fazer do Brasil uma nação à sua imagem e semelhança, sofreu a resistência das formações populares e das culturas mestiças que elas foram produzindo e que acabaram sendo progressivamente assimiladas e reconhecidas pela própria elite branca, que ao longo do caminho, nos melhores casos, deixou ela mesma de se reconhecer e se desejar branca, passando a se afirmar mestiça, brasileira.

Desse modo, a ideia de nação, aqui, foi irrompendo, como a flor no asfalto, e se impondo como um processo de inclusividade, de mistura. É um grande trunfo civilizatório, que acabou se afirmando contra todas as tentativas de exclusão, mesmo no nível cultural, que houve por parte das elites brasileiras, de modo sistemático desde o período colonial até o romantismo, com poucas exceções.[31] Como observa Angela Alonso em *Flores, votos e balas*, as representações do começo do Segundo Reinado, "novelas, poemas, pinturas, reduzia[m] a nação à comunidade imaginada de aristocratas, portugueses e autóctones, com expurgo do africano".[32] A ideia de nação mestiça e una em sua diversidade — em que Dorival Caymmi, Oxum e Silas de Oliveira se encontram em boa companhia, e o céu abraça a terra como deságua o Rio na Bahia — só vai se formar de modo mais esclarecido e organizado do modernismo em diante. Mas se formou.

Enquanto isso, o Estado sempre foi conservador. É nele que o registro de exclusão das minorias foi sendo — e continua sendo — historicamente reposto.[33] E quando, como veremos, isso foi deixando de acontecer, a simples universalidade do direito foi falsificada por dentro, através de relações sociais efetivas, de sentido excludente.

Assim, a miscigenação e a mestiçagem, apesar de todas as assimetrias que nunca deixaram de existir nesse processo, são a *base* que, para muitos, deveria servir de apoio para a construção de um país verdadeiramente integrado, isto é, que erradicaria através das gerações o trauma e os efeitos da escravidão bem como a necropolítica realizada contra indígenas, realizando assim "o país do futuro".

O futuro nunca chegou, mas o seu ponto de apoio também nunca deixou de existir. A miscigenação e o extraordinário fenômeno da cultura popular mantiveram acesa a chama da nação sonhada. Com efeito, na cultura popular se realizou de maneira espontânea, embora não plena, um amplo conjunto de virtudes que a sociedade nunca foi capaz de lograr: protagonismo dos negros no futebol, no samba, no Carnaval, isto é, nos maiores símbolos culturais do país — sem que, eis o outro lado da moeda, tenham deixado de existir mecanismos racistas, como um sutil, mas quase onipresente, *whitewashing*. A cultura popular é a base da nação brasileira, essa comunidade linguística, afetiva, corporal, sonora e simbólica que constituiu, apesar de todas as assimetrias, um patrimônio *comum*. Ao contrário do Estado, o espaço histórico sobretudo dos estamentos, do patrimonialismo, das políticas públicas conservadoras, fonte sistemática de manutenção das desigualdades.[34]

A posição universalista que recusou, desde a primeira hora, a institucionalização da perspectiva racialista da sociedade brasileira está apoiada, portanto, nessa base mestiça biocultural. O primeiro momento crucial desse debate foi a proposta de federalização das cotas para pessoas negras nas universidades brasileiras. Era 2006, e a Câmara dos Deputados votaria o projeto de Lei n. 73/99, que obrigaria todas as instituições federais de ensino superior a adotar 50% de cotas ou reserva de vagas para estudantes de escolas públicas, e dentro dessa cota havia um percentual para estudantes negros (pretos e pardos na classificação do IBGE), indígenas e outras minorias.

Um manifesto assinado por 114 intelectuais e personalidades culturais, encabeçado pela antropóloga Yvonne Maggie e por José Carlos Miranda, do Movimento Negro Socialista, alertava para os perigos do projeto de lei: "Corremos o risco de dividir a nação brasileira entre brancos e negros", alegava Yvonne Maggie.[35] O documento, entregue aos então presidentes da Câmara e do Senado, respectivamente Aldo Rebelo e Renan Calheiros, era subscrito por nomes de peso, como Maria Hermínia Tavares de Almeida, Wanderley Guilherme dos Santos, Lilia Schwarcz, Ferreira Gullar e Caetano Veloso.

Seria injusto condenar a iniciativa por ingenuidade ou artimanha ideológica, como faz parecer a citação acima, que atribui ao projeto racialista uma eventual divisão racial que, quero crer, nenhum dos signatários do manifesto deixaria de reconhecer como algo que sempre existiu no país. O que estava em jogo, para estes últimos, era defender o que venho chamando de base mestiça, que, conquanto longe de realizar uma democracia racial, era percebida por eles como um ponto de partida civilizatório singular, a partir do qual — e não em franca oposição a ele — seria possível procurar efetivar uma verdadeira universalidade.

Em artigo publicado no jornal *O Globo*, Yvonne Maggie e Peter Fry explicam:

> O debate sobre as cotas é um debate sobre o Brasil. O que está em pauta são dois projetos de combate ao racismo: um pela via do fortalecimento das identidades "raciais" e, em última análise, do genocídio dos "pardos", "caboclos", "morenos" etc.; outro pela via do antirracismo que procura concentrar esforços na diminuição das diferenças de classe e uma luta contínua contra as representações negativas atribuídas às pessoas mais escuras. Esses projetos também são projetos distintos de nação. Um vislumbra uma nação pautada nas diferenças "étnicas/raciais" — isto é, uma nação de comunidades. Outro projeto aposta na construção de uma cidadania com direitos em comum independentemente de "raça", "etnia", gênero, orientação sexual etc.[36]

* * *

É difícil imaginar um manifesto nesses termos vindo a público em um país como os Estados Unidos, por exemplo, onde o termo *African-American* faz muito mais sentido do que no Brasil, dadas as barreiras oficiais que o racismo impôs lá para a integração dos negros à sociedade americana. Críticas profundas à perspectiva de uma sociedade brasileira integrada devem ser e foram feitas, mas ainda assim seria impertinente dizer que o Brasil é um país multicultural e multiétnico. Contudo, era esse o sentido do projeto de lei para os signatários do manifesto.

No ano seguinte, em 2007, veio a lume o livro monumental e incontornável de Antonio Risério, *A utopia brasileira e os movimentos negros*. Vasto estudo comparativo dos processos escravistas no Brasil, em Cuba e nos Estados Unidos, a obra é uma afirmação intransigente da mestiçagem brasileira, âncora da *utopia* presente no título, que em suma seria a transformação da "democracia racial" em verdadeira democracia racial.[37] Essa perspectiva representa o que chamei de *posição universalista cultural*: baseada na tradição culturalista, ela aposta na mestiçagem como um projeto incompleto, a ser plenamente realizado segundo os seus próprios termos, isto é, por meio da radicalização do apagamento das raças, rumo à cidadania geral. Tratando das lutas identitárias, Risério distingue entre a perspectiva dos "mais deliriosos", que levaria à "consolidação de um Brasil multiétnico e multicultural", e dos "menos deliriosos", para os quais "viria, então, a longo prazo, quiçá uma reagregação, em outro patamar, do povo brasileiro".[38] E descarta ambas, em prol da continuação do projeto da nação mestiça.

2. Posição antiuniversalista

A tradição culturalista, que, como vimos, vinha desde Bonifácio, passando pelos românticos do Segundo Reinado, pelos abolicionistas e pelos modernistas da Primeira República, até desaguar em seu apogeu, *Casa-grande & senzala*, sofreu, sobretudo na figura de Gilberto Freyre, a partir dos anos 1950, um ataque radical e sistemático dos sociólogos da Universidade de São Paulo (USP), nesse que foi um grande deslocamento de perspectivas na interpretação do Brasil. Florestan

Fernandes, Octavio Ianni, Fernando Henrique Cardoso, entre outros, criticariam duramente os culturalistas e seu "esforço incessante para a unidade", nas palavras do historiador Carlos Guilherme Mota.[39] Com Freyre à frente, os paladinos da mestiçagem e do "caráter nacional" foram torpedeados por encobrirem, em suas análises generalizantes, os diversos conflitos de classe na sociedade brasileira. Pertencentes, via de regra, a estratos sociais privilegiados, esse seu encobrimento foi percebido como um pressuposto ideológico, mesmo se à revelia de suas intenções conscientes. Sob fórmulas regionalistas e/ou universalistas, o problema real das relações de dominação no país permanecia ocultado ou, no mínimo, abafado.

A grande nêmesis de *Casa-grande & senzala* não seria, entretanto, nenhum dos sociólogos da USP, mas sim um intelectual negro que se serviu deles. Abdias do Nascimento escreveu em seu *O genocídio do negro brasileiro: Processo de um racismo mascarado* um contundente libelo antimestiçagem. Sem a envergadura e as virtudes estilísticas do rival, sua obra merece, entretanto, o mesmo estatuto de clássico, por apresentar o perfeito antídoto à visão triunfalista de Freyre. Tudo o que este integra, aquele desintegra. Abdias mostra o contraponto racista de cada aspecto formador da narrativa da democracia racial. Pode-se argumentar que a expressão não foi cunhada por Freyre (e sim, provavelmente, por Roger Bastide), e que *Casa-grande & senzala* não deixa de revelar os horrores cruéis das relações entre ioiôs, iaiás, mucamas e escravos. Mas o tom geral da obra é afirmativo, quase terapêutico. Como observou o antropólogo Luiz Eduardo Soares em ensaio recente, Freyre "redime o Brasil imperial, drenando o veneno escravagista para reter a seiva da miscigenação".[40]

O ensaio de Abdias retém o outro lado da história. Lá onde Freyre chegou a falar em "cocolonização" — "conceito que corresponderia à caracterização do negro africano, a despeito de sua condição de escravo, como cocolonizador do

Brasil"⁴¹ — contrapõem-se em todas as suas formas as assimetrias que evidenciam o poder a que os negros sempre estiveram submetidos. Abdias observa que um dos verbos usados por Freyre para falar do processo de mestiçagem cultural é "infiltrar". A cultura negra teria realizado infiltrações que, "na religião como na culinária, na música, na escultura, na pintura de origem europeia, representam não uma degradação desses valores, mas um seu enriquecimento".⁴² O verbo capcioso não passou despercebido, entretanto, pela crítica de Abdias: "Por debaixo da abundante generosidade concedida aos valores africanos, as implicações do conceito de infiltração emergem, também abundantemente, óbvias: elas denunciam a natureza subterrânea e a condição marginal, fora da lei, do que *infiltra*".⁴³ Seria ocioso aqui repassar os exemplos de Abdias; não se ignora a extensão do preconceito racial no Brasil.

A estratégia geral é denunciar a falsa reciprocidade que habita e sustenta a fantasia da integração cultural. Pierre Verger, por exemplo, argumenta: "Se é verdade que os escravos foram europeizados através do contato com seus senhores, é igualmente verdade que o mesmo senhor português em retorno sofreu um processo de africanização através do contato com seus escravos".⁴⁴ A estrutura formal de equivalência da frase e do argumento, tendo como eixo a palavra "igualmente", na verdade disfarça a desigualdade que necessariamente decorre da posição inicial dos grupos da relação. Sem um mínimo de autonomia, não há troca "igual" e moralmente legítima. É no fio dessa ambiguidade que duelam mestiçagem e antimestiçagem. *Integração e assimetria ocorrem ao mesmo tempo, sem síntese, sem descanso*. A vertente pró-mestiçagem enfatiza, em maior ou menor grau, a integração; a vertente racialista faz o oposto.

Desse modo, Abdias afirma, em formulação seminal para a maior parte do movimento negro contemporâneo, que "o processo de miscigenação, fundamentado na exploração sexual da mulher negra, foi erguido como um fenômeno de puro e simples genocídio".[45] Já vimos, entretanto, que o mais provável é que *não*; mamelucos, mulatos, cafuzos também se misturaram de forma "espontânea" e "livre", no contexto estrutural de opressão do Brasil Colônia. Assim, da interpretação chapada do processo de miscigenação brasileiro resulta, por exemplo a noção de *palmiteiro*, que designa a pessoa negra que se envolve amorosamente com uma pessoa branca. A estigmatização de relações eróticas inter-raciais pretende estancar os círculos concêntricos perpetuadores do trauma original do estupro das mucamas por senhores. Além disso, e talvez até mais importante, o método é uma resposta à "solidão da mulher negra" (e também do homem), devido ao empuxo racista que introjeta no imaginário das pessoas negras a ideologia dominante, isto é, dos brancos, segundo a qual estes são o objeto de desejo privilegiado. E, de forma inversa, faz os negros aparecerem, para si próprios, como objeto desprezível, como na imagem perturbadora do poema de Amiri Baraka, então conhecido como LeRoi James: "*I am inside someone/ who hates me. I look/ out from his eyes* [Eu estou dentro de alguém/ que me odeia. Eu vejo/ por seus olhos]".[46]

Ninguém analisou melhor esse tema que Frantz Fanon, em *Pele negra, máscaras brancas*: "Não quero ser reconhecido como *negro*, e sim como *branco*. Ora [...], quem pode proporcioná-lo, senão a branca? Amando-me ela me prova que sou digno de um amor branco. Sou amado como um branco. Sou um branco".[47] Esse processo de identificação tem como eixo o conceito psicanalítico de *eu ideal*. Nas relações racistas, o branco ocupa esse lugar de eu ideal no narcisismo da pessoa negra (quando alienada pela ideologia racista). O próprio Freud analisou o modo como nas relações amorosas o sujeito tenta alcançar seu eu ideal por meio do outro.[48] A lógica é a mesma descrita por Fanon: ele é meu ideal, ele me ama/me reconhece, logo ele sou eu, *eu sou meu ideal*. A psiquiatra e psicanalista Neusa Santos

Souza, em *Tornar-se negro: Ou as vicissitudes da identidade do negro brasileiro em ascensão social*, reforça o ponto. Tratando justamente da especificidade do ideal do ego[49] para pessoas negras que vivem sob a pressão da ideologia racista, ela destaca o sofrimento psíquico típico dessa condição. Nenhum sujeito consegue manter uma relação o tempo todo bem-sucedida entre seu ego e seu ideal do ego; há um desencaixe constitutivo entre o que somos, o reconhecimento de nossa imagem no mundo e a correspondência entre essa realidade (para o ego) e o nosso ideal do ego. O mesmo ocorre entre nossas ações morais e esse ideal: nem sempre aquelas estarão à altura deste. Mas, para o negro psiquicamente alienado na ideologia racista, esse desencaixe é brutal: "Ser branco lhe é impossível".[50] Desse modo, como observaram Freud e, depois, Fanon, o amor se torna uma via imaginária para tentar sanar o sofrimento dessa tensão (ou impossibilidade, no caso que estamos analisando). Trata-se de encontrar um objeto, reitera Neusa Santos Souza, que, "por suas características, possa ser o substituto do Ideal irrealizável. Um parceiro branco com quem o negro — através da intimidade da relação afetivo-sexual — possa se identificar e realizar o Ideal de Ego inatingível".[51]

Entretanto, a intepretação da miscigenação como fruto exclusivo de um estupro estendido no tempo incorre, além de em um reducionismo, em um anacronismo. Uma coisa — correta — é qualificar de estupro uma relação sexual entre uma parte soberana e outra absolutamente destituída de autonomia. Essa é a relação escravista. A legitimidade de todo contrato, inclusive os de âmbito privado, depende do grau de autonomia das partes. Por isso, como se sabe, a abordagem sexual entre um(a) chefe e seu(sua) subordinado(a) numa relação profissional pode configurar assédio sexual. Em sociedades democráticas pós-escravistas, contudo, o grau de autonomia entre pessoas negras e brancas, excetuadas as relações profissionais, é suficiente para produzir consentimento e afirmação do desejo individual. Ver nas relações inter-raciais contemporâneas uma situação análoga àquela do período colonial é uma forma de anacronismo. Note-se que um problema similar aparece na interpretação, por parte das feministas radicais, das relações heterossexuais em sociedades democráticas modernas pós-anos 1960. Não há razão para considerar, como fazem as *radfems*, que a estrutura patriarcal é opressora a ponto de suprimir a autonomia das mulheres e, com ela, a legitimidade do consentimento — o corolário sendo nada menos que "toda relação erótica heterossexual é violenta".[52]

Essas premissas e métodos devem ser recusadas, por equivocadas no plano teórico e desastrosas no plano social. Como observa o filósofo Douglas Rodrigues Barros, em seu *Lugar de negro, lugar de branco?: Esboço para uma crítica à metafísica racial*: "Quando vozes feéricas erguem bandeira a favor da proibição dos relacionamentos entre os povos, o cheiro de enxofre polui o ar e diante da pupila fantasmas mal desencarnados voltam a dançar". Com efeito, comenta Barros,

> há no argumento um construto lógico que aproxima rapidamente a inter-relação negro/branco do genocídio. De fato, a violência radical do processo de *miscigenação* não pode nem deve ser esquecida. O objetivo aqui é eliminar a ideia de que os relacionamentos atuais sigam os mesmos termos violentos do processo de colonização sem, contudo, cair na armadilha, igualmente funesta, de ver nos processos inter-raciais fonte de reconciliação racial.[53]

Retomemos o fio da política antimestiça originária de Abdias do Nascimento:

> Um brasileiro é designado *preto*, *negro*, *moreno*, *mulato*, *crioulo*, *pardo*, *mestiço*, *cabra* — ou qualquer outro eufemismo; e o

que todo o mundo compreende imediatamente, sem possibilidade de dúvidas, é que se trata de um homem de cor, isto é, aquele assim chamado descende de africanos escravizados.[54]

O amálgama fenotípico encerra uma verdade social; a lógica do colorismo é real, estabelecendo uma hierarquia de desprestígio a partir do mais branco até o mais preto. A política pró-mestiçagem deseja enfatizar a nuance dos fenótipos, de modo a dissolver a fantasia ideológica da raça na realidade infinitamente plural das variações de tom da epiderme. Como escreveu o filósofo Antonio Cicero, "no limite, cada brasileiro tende a ser a expressão de uma 'raça' individual". O oximoro sugere que "através não da redução, mas da multiplicação das diferenças, entrevê-se no Brasil, a longo prazo, a pulverização — ou melhor, a *dissolução* — racial".[55] Já a política antimestiça faz o contrário. Ao invés de a gradação fenotípica ocultar a antinomia social, é a antinomia social que oculta a gradação fenotípica. A "ficção fenotípica" é uma resposta simetricamente invertida ao racismo que impele os negros a se autodeclararem brancos. Cria-se uma ficção, para, entretanto, revelar uma realidade. Com efeito, o fenótipo é livremente manipulado de acordo com sua função: na hora da análise dos candidatos a cotistas, pardos não são negros; na hora do censo, são. O fenótipo é um instrumento da política.

No limite, pode-se dizer que toda a ambiguidade decorre da ambiguidade do próprio significante *raça*. Pura ideologia, sem respaldo científico — e, contudo, produtora de efeitos sociais reais. Nos termos de Achille Mbembe,

> pouco importa que ela [a raça] não exista enquanto tal, e não só devido à extraordinária homogeneidade genética dos seres humanos. Ela continua a produzir efeitos de mutilação, porque originariamente é e sempre será aquilo em cujo nome se operam cesuras no seio da sociedade.[56]

A máquina antimito de Abdias prossegue. Costuma-se dizer que o Brasil nunca conheceu racismo de Estado. Recorrendo à pesquisa do brasilianista Thomas Skidmore, Abdias lembra que "as leis de imigração nos tempos pós-abolicionistas foram concebidas dentro da estratégia maior: a erradicação da 'mancha negra' na população brasileira".[57] Assim, um decreto de 1890 concede liberdade de entrada, nos portos da República, a "indivíduos válidos e aptos para o trabalho [...]. Excetuados os indígenas da Ásia ou da África, que somente mediante autorização do Congresso Nacional poderão ser admitidos".[58] Na mesma linha, entre 1921 e 1923, a Câmara dos Deputados discutiu leis "nas quais se proibia qualquer entrada no Brasil de 'indivíduos humanos das raças de cor preta'".[59] E até já quase em meados do século XX, num dos atos derradeiros do Estado Novo, Getúlio Vargas assinou um decreto "regulando a entrada de imigrantes de acordo com 'a necessidade de preservar e desenvolver, na composição étnica da população, as características mais convenientes da sua ascendência europeia'".[60] Máquina antimito. E, contudo, o mito, como tanto se disse, também é desejo. E o desejo, por sua vez, não surge no nada, como atestam os projetos de Bonifácio, na certidão de nascimento do país.

É evidente para qualquer agente político dotado de um mínimo de boa-fé que a desconstrução da fantasia de harmonia racial na sociedade brasileira é pertinente. Essa desconstrução associa a perpetuação do preconceito à perpetuação da crença em tal harmonia. O racialismo, a explicitação dos conflitos raciais, torna-se a estratégia adotada para superar o racismo. Lá onde se projetava uma efetiva democracia racial a partir de uma base mestiça incompleta (copo meio cheio) projeta-se agora uma posição antiuniversalista que parte da mesma incompletude da mestiçagem (copo meio vazio). *Mestiços, porém desiguais*: a superação da desigualdade exige liquidar, conceitualmente, com os mestiços. É essa em suma a posição racialista, dita identitária. A ênfase se desloca da cultura e de suas virtudes integradoras para as relações socioeconômicas e suas perversidades desagregadoras.[61] Não por acaso, o livro de Abdias é dedicado a Florestan Fernandes.

Essa aproximação — entre o negro chefe de escola do racialismo brasileiro e o branco chefe de escola da desconstrução do mito de harmonia racial no país — não é de pouca importância. A leva mais recente do discurso identitário é profundamente marcada por uma subsunção sistemática do indivíduo a suas posições de origem — de raça, de gênero, de classe, de objeto sexual etc. Qualquer um que não se situe, segundo esses marcadores, em minorias e que tenha participado de debates em redes sociais (ou mesmo em contexto acadêmico) já ouviu em algum momento um "cala a boca que você é homem" — ou branco, ou hétero, ou cis etc. A premissa é que necessariamente um sujeito agirá de forma a defender os interesses de suas posições de origem. Em outras palavras, um homem será machista; um branco será racista; um hétero será homofóbico, e assim por diante.

Essa é uma das faces dessa espécie de conceito-moeda que é o "lugar de fala". No lado "cara", trata-se de uma reivindicação pertinente: abrir espaço no debate público para sujeitos que tenham vivência direta das opressões sofridas por minorias, que permitem acessar e pensar aspectos do problema que a abordagem meramente teórica não costuma ser capaz. No lado "coroa", a expressão é mobilizada como uma espécie de coringa que é lançado na mesa quando o interlocutor não subscreve de maneira incondicional as premissas e os métodos dos grupos identitários. É no mínimo redutora, contudo, a ideia de que sujeitos correspondem necessariamente a suas posições de origem. Essa ideia é criticada por Chantal Mouffe e Ernesto Laclau, que lhe opõem uma perspectiva antiessencialista:

Para entender o papel que desempenha o discurso democrático na constituição da subjetividade política, é necessário compreender que as identidades políticas não são uma expressão direta de posições objetivas na ordem social. Isto demonstra a importância de um enfoque antiessencialista no campo da política.[62]

Kant, em sua segunda *Crítica*, ajuda a esclarecer o problema. Todo sujeito, para o filósofo de Königsberg, está submetido a uma tensão entre a defesa de seus interesses particulares e os imperativos morais, determinados pelo interesse da coletividade. O senso moral de um sujeito é proporcional à intensidade dos imperativos morais em suas decisões. Desse modo, se podemos dizer, como faz Kant, que só os santos são seres perfeitamente morais, porque anularam seus interesses particulares, e só Deus não conhece a tensão entre egoísmo e imperativos categóricos, porque não tem *eu* — podemos dizer, com a psicanálise lacaniana, que só perversos são seres perfeitamente amorais, que não reconhecem a lei, isto é, o imperativo categórico. Para a vulgata identitária, entretanto, a perversão é a estrutura moral constitutiva de todo sujeito inscrito em grupos sociais privilegiados.

Meu interesse aqui é apenas definir determinadas posições e apontar seus limites, conceituais ou políticos. Nesse sentido, em termos gerais, afirmo a pertinência, a argúcia e a urgência de todo um conjunto de noções que formam um vasto glossário das lutas de grupos subalternizados em seu esforço de revelar as microformas do poder nas relações sociais e deslocar os grupos privilegiados de sua posição de suposto universal. Desse modo, de *mansplanning* e *manterrupting* de "apropriação cultural" e *whitewashing* até "falsa simetria" e "branquitude", para ficar apenas em alguns dos múltiplos exemplos possíveis, essa máquina conceitual vem contribuindo para reorganizar as relações de poder sociais, minando o *governo* — para usar o termo foucaultiano — sofrido por grupos subalternizados.

Se há, portanto, toda uma interpretação justa das formas de poder antes ocultas, há, por outro lado, toda uma tendência a esquematismos, dogmatismos, intimidações, caricaturas e prestidigitações teóricas que, além de equivocados por si sós, acabam por produzir militâncias de oposição à sua imagem e semelhança — isto é, igualmente dogmáticas, caricaturantes e intimidadoras. Desse modo, o todo resulta em degradação política e social. Como observa o filósofo Douglas Rodrigues Barros: "Pela primeira vez na história, operações de polícia introjetadas na psique dos potenciais descontentes se realizam na busca de condenar qualquer voz dissidente ao estabelecido".[63]

Não considero válida a observação de que é injusto ou impertinente criticar a militância, ou mais precisamente essa militância — não os melhores intelectuais negros ou feministas. Obviamente que se deve ler e debater as obras dos excelentes autores negros e feministas, mas seria um erro subestimar a importância do discurso militante. É ele, no fim das contas, quem dá o tom do debate público e produz consequências sociais. Infelizmente, a complexidade e a sofisticação "não descem pro *play*". Isso vale do mesmo modo, é evidente, para a militância pró-mestiçagem ou conservadora ao estilo "somos todos iguais".

Portanto, ainda sobre a militância, cabe observar que o recurso ao ad hominem é sistemático, assim como a recusa a discutir pontos específicos, evitados com argumentos de autoridade ou expressões de poder mal disfarçadas ("isso não é sobre você", por exemplo, que pode ser traduzido por "essa discussão é minha reserva de mercado simbólica e financeira: saia daqui"). De resto, o argumento é a ferramenta universal por definição: em seu registro, a origem social é assassinada. Pode-se e deve-se objetar que determinados grupos sociais sempre tiveram mais acesso à ocupação do debate público. Ora, isso é justamente o que o "lado cara" da moeda lugar de fala pretende corrigir. Que sejam corrigidas, portanto, as assimetrias produtoras de gargalos no debate público. Mas permanece a verdade teórica de que o espaço argumentativo é abstratamente igualitário: deve prevalecer a melhor interpretação da realidade. Entretanto, se muitas vezes a militância identitária evita argumentos é porque o registro do universal faz com que percam seu maior ativo, que é exatamente a identidade, ou seja, a recusa ao universal.

Recusar determinadas formas do universal, mostrando de que forma elas podem ser mobilizadas como um ardil por grupos privilegiados, a fim de manter o status quo, é evidente que está correto. Daí a importância, por exemplo, de um conceito como o de "branquitude".[64] Ele retira o branco de sua universalidade presumida, mantida pelo termo "negritude" (mesmo quando usado em chave de valoração positiva), que especifica exclusivamente a posição (social, cultural, psíquica) das pessoas negras. De resto, fórmulas abstratas vagas, do tipo "somos todos iguais", costumam ser meras declarações pseudo-humanistas no fundo mobilizadas no sentido de conservar desigualdades. Mas daí a evitar argumentos, condenar sujeitos a interesses particulares (o mesmo conceito de branquitude, quando mobilizado em sentido normativo) ou denunciar um suposto imperialismo epistêmico da razão, em prol de "epistemologias alternativas", tem uma grande diferença.

Sobre essas supostas "outras epistemologias", considerando o termo como determinado modo de apreensão da realidade, com sua lógica específica, é obviamente pertinente afirmar que a racionalidade que se estabelece no Ocidente a partir da Antiguidade clássica não é o único modo de conhecimento que a humanidade conheceu. Animismo, mitologia, logos pré-socrático, perspectivismo ameríndio — são epistemes alternativas à racionalidade. Entretanto, a racionalidade se espalhou pelo mundo e se estabeleceu como o modo de apreensão da realidade dos povos mais diversos, que fizeram bom uso dela. Mais do que isso, a racionalidade que surgiu na Grécia Antiga nunca foi, para usar a metáfora do filósofo anglo-ganês Kwame Anthony Appiah, uma espécie de *noz*, sob cuja casca inviolável certa forma de conhecimento, com seus valores correlatos, foi se transmitindo pelas diversas culturas, ao longo dos milênios.[65] Aristóteles, um dos *founding fathers* da racionalidade supostamente ocidental, adentrou o Renascimento pelas mãos de um polímata árabe, Averróis (seu nome em latim), conhecido pela alcunha de O Comentador. De maneira mais ampla, como observa Appiah, a própria ideia de civilização ocidental — isto é, branca, europeia — é falsa. Ela supõe que haja um conjunto de valores e bens imateriais transmitidos da Grécia Antiga a Roma, e daí, via Itália renascentista, aos países Europeus do Oeste[66] Mas essa ideia, prossegue Appiah, simplesmente ignora a mediação que as ideias gregas e romanas tiveram por parte da cultura islâmica durante os quase oitocentos anos de Al-Andalus na Península Ibérica, e o período da presença do Império Otomano, nos países europeus mais a *Leste*, como a Hungria e a Bulgária.

Portanto, a racionalidade, a episteme, a civilização branca europeia, ocidental não existem. Ou melhor, "não é nem apenas europeia, nem exatamente branca (a menos que você considere brancos povos árabes muçulmanos)". Do mesmo modo, tampouco há razão para pensar que seus alegados valores principais — a democracia, o respeito ao indivíduo, a tolerância, a razão, a ciência — sejam patrimônio exclusivo do Ocidente. A Europa feudal, pré-moderna, não respeitava direitos do indivíduo, muito menos era democrática e racional (o cristianismo dominava e mal existia a ideia de Estado laico). No mesmo período, coabitavam no califado de Córdoba muçulmanos, cristãos e judeus, bem como os sábios árabes desenvolviam a matemática e a medicina.

No Brasil, faz sentido falar em outra epistemologia no que diz respeito a povos indígenas, desde sempre resistentes a entrar no processo de formação cultural autoritário, misturado e desigual que se deu no país (embora tenha contribuído para ele). Que ianomâmis afirmem, portanto, seus xamãs e *xapiri*, suas visões de *yãkoana* — isso é pertinente num sentido muito concreto, pois são povos que mantêm seus modos de vida e de apreensão da realidade tradicionais.[67]

Mas não faz sentido defender uma "epistemologia negra", remetendo a uma África pré-moderna que em larga medida não existe, e certamente não existe na experiência das pessoas negras brasileiras, a não ser em vivências rituais ou imaginárias. A realidade social dessas pessoas não é diferente daquela de quase todo o mundo: uma realidade baseada na sua apreensão racional, em plena era de hiperdesenvolvimento tecnológico. Não faz sentido reivindicar "epistemes alternativas" em sociedades como a brasileira (ou a estadunidense, ou a francesa etc.), que não guardam de tais epistemes senão vestígios ou práticas rituais localizadas, que de modo algum podem substituir a experiência social como um todo. Afinal, qual é a proposta? Vivermos como animistas? Como perspectivistas ameríndios? Não existe esse caminho para *nós*. Como interroga Douglas Barros: "Defender a filosofia banto sem o mundo banto?".[68] Que se entenda que uma coisa bem diferente é a arrogância etnocêntrica que consiste em considerar a "razão ocidental" — e o desenvolvimento tecnocrático desequilibrante baseado nela — superior a outros modos de apreensão/invenção do mundo. Não: são modos *incomensuráveis*.

Tampouco se pode dizer que a razão seja uma "epistemologia racista" ou algo do tipo. Como observa Ernest Gellner, esse "novo estilo cognitivo" teria que nascer em algum lugar, mas não pertence necessariamente a determinada cultura: é acessível a toda a humanidade — como, aliás, demonstra a China contemporânea, rumando de forma sólida para a hegemonia no campo da inovação tecnológica. A epistemologia da razão é um patrimônio universal.[69] A propósito, arremata Kwame Appiah: "Os valores que os humanistas europeus gostam de desposar pertencem da mesma maneira a um africano ou asiático que se apropriam deles com entusiasmo, tanto quanto a um europeu".[70]

A posição identitária, antiuniversalista, cumpriu e cumpre um papel fundamental na desconstrução das fantasias de harmonia social e seus objetivos conservadores mal disfarçados. Numa formulação mais complexa e justa, essa posição recusa não apenas a ficção evidente da harmonia social, mas a interpretação, menos obviamente falsa, do processo social histórico no Brasil como podendo ser definido por um *equilíbrio entre antagonismos*. Essa seria a perspectiva de Freyre e da tradição pró-mestiçagem: no fim das contas, escravidão e miscigenação, opressão e sincretismo, assimetria e mistura teriam acabado por desaguar num "resultado melhor do que qualquer um por aí", como avaliou Darcy Ribeiro.[71] Contudo, conforme observou Luiz Eduardo Soares, a "descontinuidade ontológica" da escravidão "revoga os conceitos de permeabilidade e hibridismo".[72] Soares lembra que

> as relações escravagistas não pertencem à mesma espécie de que fazem parte os diversos tipos de relação social. [...] A relação senhor-escravo não é apenas alguns graus (ou muitos graus) mais intensa que qualquer outro vínculo de exploração do trabalho alheio [...]. A relação senhor-escravo é a redução ontológica do ser humano a objeto mercantil.[73]

Tal redução é constitutivamente inconciliável com quaisquer noções que façam parte do campo semântico da ambiguidade: hibridismo, mistura, sincretismo, em suma, mestiçagem. É daí que a perspectiva racialista retira sua pertinência fundamental: ela defende uma negação do sentido afirmativo do processo de formação do país e um corte explícito com ele. Nos termos precisos de Soares:

> A valorização do Brasil misturado não emergiu como uma resposta clara ao horror perpetrado, o que envolveria compromissos públicos com a reversão do quadro de desigualdades a cujas condições condenou-se o povo negro depois da abolição. A miscigenação conquistou hegemonia contra visões racistas, é verdade, mas o fez acentuando a linha de continuidade com o passado colonial.[74]

O problema fundamental dessa perspectiva é que sua recusa não incide apenas no falso equilíbrio entre antagonismos, ou no universalismo meramente formal e encobridor de conflitos: o aprofundamento da lógica identitária tem conduzido essa posição a uma *recusa universal do universalismo*.[75]

3. Posição universalista social

São duas as principais posições críticas ao identitarismo. A primeira, como vimos, se formou bem antes dele, stricto sensu, e é sempre acionada como reação diante de suas sucessivas levas: é a posição universalista de base cultural, pró-mestiçagem. A outra é a crítica que afirma um universalismo em âmbito político, social e econômico, independente de contextos culturais específicos. A história dessa posição remonta à filosofia iluminista, a Thomas Paine, à Declaração dos Direitos Humanos, de 1793, e à tradição socialista. Hoje, ela se divide em duas vertentes. Podemos chamá-las de *contracapitalista* e *anticapitalista*.[76]

A linhagem contracapitalista — ou reformista, social-democrata, social liberal — foi mais bem organizada e divulgada nos últimos anos pelo intelectual estadunidense Mark Lilla.

Democrata histórico, de convicções liberais, é autor de livros importantes sobre as tendências autoritárias em pensadores de direita e de esquerda. Lilla publicou um artigo no jornal *The New York Times* logo após a inesperada eleição de Trump, em 2016. Nesse texto — o artigo de opinião mais lido (e possivelmente mais atacado) da história do jornal — ele critica duramente a inflexão identitária do Partido Democrata, atribuindo a ela a derrota para Trump. O texto breve logo seria desenvolvido no livro *O progressista de ontem e o do amanhã*, no qual o autor recupera a história do Partido Democrata e sua mudança de rumo no sentido da adoção da perspectiva identitária, ao mesmo tempo que narra também a emergência da era Reagan e as estratégias eleitorais dos republicanos.

Grosso modo, Lilla considera a inflexão democrata desastrosa por ter perdido de vista a capacidade de oferecer à sociedade uma imagem integradora, apta a unir as pessoas em torno de um ideal, um objetivo, uma "forma de vida partilhada". "Os liberais", ele observa, "trazem muito para as disputas eleitorais: valores, empenho, propostas políticas. O que não trazem é uma imagem do que poderia ser a nossa forma de vida partilhada."[77] A perspectiva identitária — mais contundente nos Estados Unidos talvez por não encontrar a resistência de uma autoimagem cultural mestiça arraigada, como no Brasil —, para ele, impede a construção de um solo comum, uma base universalista capaz de unir e galvanizar as pessoas em torno de um ideal, por sua vez traduzido em votos e poder institucional.

Em sua visão, a agenda identitária, com sua ênfase no comportamento liberal, foi sendo percebida como a agenda de elites progressistas afastadas da sensibilidade e dos interesses do "cidadão comum". O processo, estudado por muitos intelectuais desde os anos 1970, descreve a formação de uma revolta popular conservadora antiliberal: a tomada de poder pela "maioria silenciosa" identificada por Nixon. Desse modo, "os republicanos conseguiram persuadir a maioria da população de que são o partido do americano comum, por oposição aos democratas, que são o partido das elites urbanas emproadas".[78]

O princípio identitário da diferença teria levado os democratas a falar cada vez mais para si mesmos, em bolhas autoindulgentes. Em vez de "travar conhecimento com pessoas diferentes de si e persuadi-las", passaram a "pregar sermões às massas ignorantes", que não podiam se reconhecer no discurso.[79] A política democrática deveria se orientar, segundo Lilla, pela persuasão, e não pela autoexpressão: "Afirmações como 'Sou queer, e com orgulho' nunca irão provocar mais que uma palmadinha nas costas ou um revirar de olhos".[80] O discurso identitário, como estratégia política, é para Lilla um desastre completo. Antipático, arrogante, intimidador, autocentrado. O remédio deveria ser recuperar "o potencial democrático" da cidadania. Ou seja, "constituir um estatuto político" e se concentrar nessa universalidade de direitos a ser politicamente perseguida, por qualquer um que se identifique com esse ideal — em vez de cerrar fileiras "no que nos diferencia noutros domínios".[81]

A outra vertente da posição universalista de viés social é *anticapitalista*, portanto, de matriz marxista. Um livro importante que defende essa perspectiva é *Mistaken Identity: Race and Class in the Age of Trump* [Identidade trocada: Raça e classe na era Trump], de Asad Haider. Haider é um intelectual de origem paquistanesa, cuja família imigrou para os Estados Unidos quando ele era ainda criança. Seu livro é escrito a partir tanto de vasta bibliografia relacionada a seu objeto quanto de uma experiência concreta em lutas políticas, junto a diversos grupos sociais, nos Estados Unidos. Haider faz um relato crítico ao modo como a lógica identitária esvazia o caráter de massa das lutas, submetendo-a a disputas desagregadoras por protagonismo. "A ideologia separatista impede a construção de unidade entre os marginalizados, o tipo de unidade que poderia de fato superar sua marginalização."[82]

Um sintoma importante, segundo ele, dessa tendência nos anos recentes teria sido o surgimento e proliferação do termo *antiblackness* [antinegritude], no lugar da noção de racismo. "Este último, um termo mais corriqueiro, implica uma luta antirracial que une grupos oprimidos." Ao passo que a noção de antinegritude "radicaliza e ontologiza uma perspectiva separatista, excepcionalista dos negros [*black exceptionalist*], rejeitando até o mínimo gesto na direção de coalizões implicadas pelo termo 'pessoas de cor' [*people of color*]".[83]

Esse ângulo de crítica à lógica identitária é frequente. O que define de maneira mais específica a abordagem de Haider é a sua posição universalista antiliberal. Ele denuncia tanto a contradição histórica da tradição liberal, que consiste em proclamar direitos universais formais e fazer vista grossa para as assimetrias das relações sociais concretas, quanto certa condescendência liberal, no fundo conservadora, que pretende conceder direitos aos subalternizados, mantendo as elites detentoras desse poder numa posição de privilégio. Em vez desse processo, Haider advoga uma universalidade insurgente, evocando alguns de seus exemplos históricos, como a Revolução Haitiana do final do século XVIII ou a segunda Declaração dos Direitos Humanos, de 1793. Como se sabe, a revolução liderada por Toussaint L'Ouverture foi, diferentemente da Revolução Americana (feita por uma elite escravista que manteve a escravidão), realizada por escravos. Haider conta que a França pediu a Toussaint que mandasse gravar nas bandeiras de seu Exército a seguinte frase: "Bravos negros, lembrem-se de que somente o povo francês reconheceu sua liberdade e a igualdade de seus direitos". Toussaint recusou, em oposição à manutenção da escravidão nas colônias da França. E, em carta a Napoleão, escreveu: "O que queremos não é uma *liberdade de circunstância* concedida para nós apenas; trata-se da *absoluta adoção* do princípio de que nenhum homem, nascido vermelho, preto ou branco, pode ser propriedade de outro homem".[84]

A mesma recusa a qualquer excepcionalidade, derivada de qualquer particularismo, encontra-se na crítica que Judith Butler faz ao sionismo. Para ela, citada por Haider, afirmar a justiça e a igualdade "requer desembarcar da judeidade [*Jewishness*] como uma moldura exclusivista para pensar tanto a ética como a política".[85] Portanto, a insurgência universalista defendida por Haider recusa a lógica dos particularismos.

Para ele, a fonte da opressão de determinados grupos sociais é o capitalismo. A perspectiva reformista, liberal, acaba por realimentar a estrutura que pretende transformar. Já a perspectiva anticapitalista combate diretamente a origem de *todas* as assimetrias, sendo universalista em sua constituição: "Das insurreições nas plantações ao coletivo Combahee River, essa é uma universalidade que necessariamente confronta e se opõe ao capitalismo. O anticapitalismo é um passo indispensável e necessário nesse caminho".[86]

No Brasil, o filósofo que defendeu de maneira consistente essa posição, na última década, foi Vladimir Safatle. Em *A esquerda que não teme dizer seu nome*, ele se coloca de modo veementemente contra a perspectiva identitária e seu princípio da diferença: "A esquerda deve ser indiferente às diferenças. De certa forma, a política atual da esquerda só pode ser uma política da indiferença".[87] Isso porque, ele afirma, "a luta contra a desigualdade social e econômica é a principal luta política. Ela submete todas as demais".[88] Ao contrário, o que fazem os movimentos sociais identitários é "transformar o problema da tolerância à diversidade cultural, ou seja, o problema do reconhecimento de identidades culturais, no problema político fundamental".[89] Promove-se, desse modo, uma "secundarização de questões marxistas tradicionais vinculadas à centralidade de processos de redistribuição e de conflito de classe e na determinação da ação política".[90]

Outro autor relevante que se inscreve nessa posição universalista de classe, de matriz marxista, é Clóvis Moura. Intelectual negro, sociólogo, jornalista e historiador piauiense, foi militante do PCB, tendo depois migrado para o PCdoB. Chegou a se candidatar, sem sucesso, a deputado estadual. Desenvolveu um prolífico trabalho na imprensa e escreveu livros importantes sobre a questão dos negros no Brasil. Não se pode dizer que Moura defende a perspectiva marxista contra a perspectiva racialista; ao contrário, sua obra é atravessada pela tentativa de compreensão rigorosa da especificidade da experiência das pessoas negras na história do Brasil, desde o início do tráfico de escravos, passando pelo que chama de "escravismo tardio" (o intervalo entre a Lei do Ventre Livre e 1888), até o período pós-Abolição. Mas, para ele, o horizonte de superação das desigualdades raciais exige uma mirada universalista, anticapitalista, capaz de promover uma "mudança social estrutural, isto é, [a] passagem de um modo de produção para outro".[91]

Em *Sociologia do negro brasileiro*, Moura realiza uma das mais contundentes críticas à perspectiva culturalista pró-mestiçagem. Para ele, essa vertente se tornou hegemônica porque dava "cobertura ideológica a uma situação de antagonismo permanente, mascarando-a como sendo uma situação não competitiva".[92] Trata-se de uma "literatura de acomodação", prossegue o autor, dedicada a pensar o negro na sua dimensão de agente da produção de uma riqueza comum, enquanto a tarefa necessária seria a contrária: pensar a experiência negra no Brasil como a criação de "mecanismos de resistência e negação ao tipo de sociedade na qual o criador dessa riqueza era alienado de todo o produto elaborado".[93] Em registro semelhante ao de Abdias, Moura lembra que, apesar das celebradas contribuições culturais dos negros, o catolicismo nunca deixou de ser a religião dominante (quando não oficial), a indumentária hegemônica nunca deixou de ser europeia (e, depois, estadunidense) e a culinária afro-brasileira é apenas uma cozinha típica de uma minoria étnica. E arremata, em vocabulário marxista:

> Os elementos de dominação estrutural — econômico, social e político — de uma das culturas sobre a outra ficaram diluídos porque esses contatos permanentes trocariam somente ou basicamente o superestrutural. Religião, indumentária, culinária, organização familiar entrariam em intercâmbio, mas esse movimento, essa dinâmica de dar e tomar não se estenderia às formas fundamentais de propriedade, continuando, sempre, os membros da cultura superior como dominadores e os da inferior como socialmente dominados por manterem a posse dos meios de produção nas mãos dos membros da primeira.[94]

A esse arrazoado, um culturalista pró-mestiçagem poderia até argumentar que a cultura popular, tal como reconhecemos esse fenômeno desde as primeiras décadas do século XX, designa precisamente as zonas da experiência cultural em que terá havido uma mistura menos hierárquica, mais equilibrada e eventualmente até protagonizada pelas pessoas negras, como no samba, no Carnaval e no futebol. O mesmo culturalista teria, entretanto, dificuldades para desmentir a percepção de que esses contatos trocariam "basicamente o superestrutural".

É nesse ponto que a posição de Moura se afasta, não apenas do falhado universalismo culturalista, mas também do limitador afastamento identitário de um universal socioeconômico. "A aculturação", ele observa, "nada tem a ver com os mecanismos impulsionadores da dinâmica social nem modifica, no fundamental, a posição de dominados dos membros da cultura subalternizada."[95] Essa frase, feitas algumas adaptações, poderia ter como objeto também a perspectiva identitária. A política de reconhecimento, que distingue essa última, é igualmente incapaz de modificar, no fundamental, a posição de dominados dos membros da cultura subalternizada. Embora seja incorreto afirmar que políticas de reconhecimento não produzam efeitos socioeconômicos (note-se hoje, por exemplo, a presença constante de pessoas negras nas imagens publicitárias, pessoas quase totalmente ausentes há menos de uma década), esses efeitos permanecem limitados ao acesso de um número reduzido de pessoas negras a um mercado cuja lógica geral não é transformada.

Por fim, recentemente, o jovem filósofo Douglas Barros publicou um livro que se alinha a essa vertente crítica anticapitalista. Para ele, o mainstream do movimento negro é liberal e se contenta com a promoção de condições de ascensão para determinados indivíduos, mantendo a estrutura desigual. Numa obra de sofisticação e complexidade teóricas, os termos reservados para essa conduta são, entretanto, contundentes. Criticando a "redução da política à polícia" e o rebaixamento do horizonte democrático a discussões conservadoras "sobre a manutenção do lucro e a redução dos danos que incidem no corte abrupto dos direitos da maioria da população", ele aponta: "Grande parte do movimento negro dominado por dinheiro de fundações torna-se partícipe dessas prerrogativas".[96] Arremata: "Esse é o papel que a esquerda durante muito tempo representou: convencer os milhões de miseráveis de que o sistema ainda é viável".[97] E conclui: "Se o negro se tornou sobretudo uma condição de experimentar a si mesmo como forma de vida imposta pela 'gestão dos destroços do presente', ou ele se torna radicalmente anticapitalista ou não será nada".[98]

4. Posição universalista dialética

Nos últimos anos, diante da frequente pergunta "que livro você recomenda para entender melhor a situação atual do Brasil?", a obra que eu mais sugiro não é nem brasileira, nem contemporânea: trata-se do breve ensaio de Karl Jaspers, *A questão da culpa: A Alemanha e o nazismo*. Publicada em meio aos julgamentos de Nuremberg, é um caso raro de manifesto ponderado. Com o objetivo de contribuir para curar uma sociedade traumatizada e polarizada, Jaspers promove uma distinção conceitual entre culpa e responsabilidade. A confusão entre as duas noções dividia a Alemanha, impedindo a construção de um "chão comum". "Comum a nós é a ausência de comunidade", observa Jaspers.[99]

O filósofo escrevia, portanto, em um contexto de cisão profunda do sentimento nacional, provocada pelo nacional-socialismo e as feridas deixadas por ele. A "ausência de comunidade" se refere a essas feridas. No caso do Brasil, podemos argumentar, com igual razão, que nos sobra comunidade — porém, em sentido contrário. Falta-nos comunidade, tanto no sentido de uma ideia de nação una em sua diversidade e sensata na atribuição de culpas e responsabilidades (como na Alemanha de Jaspers) quanto no sentido do espírito social comunista, de alargar a dimensão do que é público, coletivo. Por outro lado, chafurdamos em comunidade, tanto no sentido das adesões ideológicas quanto no significado pré-moderno da palavra, que remete à *Gemeinschaft*, aos laços comunitários baseados em grupos e seus valores tradicionais, normativos. Só que, em pleno século XXI, trata-se sobretudo de comunidades baseadas em identificações grupais e sustentadas por suas compensações narcísicas. Nesse sentido, o bolsonarismo é uma comunidade ideológica (radicalmente antimoderna, em seu núcleo), mas a oposição a ele muitas vezes se apresenta de forma também baseada em identificações grupais, em comunidades ideológicas.[100]

Retomando o livro de Jaspers, a possibilidade de uma nova comunidade é desenhada por ele a partir do isolamento da noção de culpa e da defesa da corresponsabilidade social como um dever. Essencialmente, um sujeito só pode ser considerado culpado por um ato que ele próprio cometeu. Isso inclui — um aspecto decisivo para se pensar a culpa no nazismo — os atos cometidos sob alegação de que "ordem é ordem". Um sujeito é sempre responsável por seus atos, exceto em circunstâncias de ameaça à sua vida. Mas não se pode atribuir culpa a um ato que o sujeito não cometeu apenas por se inscrever, estruturalmente, em determinado grupo a que pertencem outros sujeitos que, esses sim, cometeram crimes ao longo da história. Trocando em miúdos, um homem branco não é necessariamente culpado pelo racismo ou machismo estruturais só por ser homem e branco. O que o tornará culpado será efetivamente praticar atos racistas ou machistas. A atribuição de culpa é sempre da ordem do indivíduo e do caso concreto — nunca da ordem do coletivo e da estrutura. Mas isso significa dizer que um sujeito omisso, que não assume sua responsabilidade diante dos problemas sociais de sua comunidade, é passível de ser acusado de uma culpa moral. Legalmente, permanece o fato de que uma culpa (crime) só pode ser imputada a um ato que o próprio sujeito cometeu. A culpa jurídica é de ordem positiva, portanto. Mas a culpa moral pode ser de ordem negativa: ela pode ser imputada a um sujeito que não assume a sua corresponsabilidade perante o conjunto dos problemas de sua coletividade. Resumindo: um sujeito só pode ser considerado culpado em duas circunstâncias — por um ato legal ou moralmente faltoso; ou por uma omissão frente aos problemas sociais.

E, contudo, é um traço frequente do discurso da militância identitária a confusão entre culpa e responsabilidade. Evoco aqui alguns exemplos históricos radicais, mas, como mostrarei, sintomáticos da lógica de fundo. Eldridge Cleaver, membro dos Panteras Negras, relata em seu livro *Soul on Ice* [Alma no gelo] ter estuprado mulheres brancas como um ato de vingança, de reparação histórica. Diz que sentia um prazer imenso em "sujar" as fêmeas do homem branco.[101] Ou seja, é todo o grupo de brancos que se torna culpado pela opressão contra as pessoas negras, e isso autoriza a violência contra indivíduos desse grupo, sem importar a ação efetiva deles frente aos problemas raciais. O indivíduo não existe.

Passando para uma violência retórica, não mais física e real, lembro aqui outro caso, esse relatado por Asad Haider em seu livro. Conta ele: "Numa situação particularmente conhecida, em um evento no Village, logo após as revoltas no Harlem em 1964, um membro honesto da plateia perguntou a LeRoi Jones se haveria uma forma de as pessoas brancas ajudarem". Ao que Jones respondeu: "Você pode ajudar morrendo. Você é um câncer".[102]

Os exemplos não são acidentais. Essa confusão é a própria lógica originadora de alguns dos principais conceitos, métodos e premissas dos movimentos identitários. Ela está, por exemplo, na máxima "a vítima tem sempre razão". Como analisei em detalhes em meu livro quase homônimo, *A vítima tem sempre razão?* — ênfase no ponto de interrogação —, esse preceito fere a própria ideia de justiça. Não existe justiça que se realize sem uma articulação entre o universal e o particular, a estrutura e o concreto. Defender que "a vítima tem sempre razão" é confundir grupo e indivíduo, geral e particular. Nenhum grupo ou indivíduo pode ter razão a priori, de modo incondicional, mas apenas em situações concretas. A palavra de ordem, logo tornada um princípio fundamental dos julgamentos morais das redes digitais, anula o indivíduo em sua concretude de sujeito e lhe atribui culpa ou inocência de acordo com a sua posição estrutural de origem: em qualquer conflito, a mulher sempre tem razão diante do homem, a pessoa negra sempre tem razão diante da branca, homossexuais sempre têm razão diante de héteros, e por aí vai. É uma lógica aberrante, que ainda envergonhará muita gente que a abraçou. Não importa que o que se procure fazer por meio dela seja promover justiça coletiva solapando direitos individuais. Isso é precisamente o tipo de justiça utilitária presente em qualquer sistema autoritário ou totalitário.

O mesmo princípio de anulação do indivíduo concreto, subsumindo-o a um grupo, está no "lado coroa" do conceito de lugar de fala. Cada vez que alguém joga na mesa a carta suja do ad hominem — "você é homem, não tem que falar nada sobre esse assunto" —, está atribuindo a um indivíduo uma espécie de culpa a priori, o que é uma contradição em termos. No fundo, o tiro sai pela culatra, pois o que se promove com isso é uma desresponsabilização. O que está sendo dito é que um sujeito não pode se responsabilizar pelas desigualdades sociais, a menos que seja vítima direta enquanto membro de um grupo que as sofre de maneira estrutural. Ora, se não posso me responsabilizar, lavo minhas mãos.

Jaspers insiste: "Moralmente, somente se pode condenar o indivíduo, nunca o coletivo". E nota que esse sinal do "pensamento em coletivos [...] é uma forma de pensar que atravessa os séculos como uma via de ódio entre povos e grupos de pessoas entre si".[103] Ele está certo. Nenhum sujeito gosta de ser anulado em sua concretude, isto é, em sua vida moral. Isso é uma violência da perspectiva do reconhecimento. De novo, o que está em jogo é uma simples reversão da lógica da opressão histórica: lá onde determinados grupos eram subalternizados, agora pretendem injustiçar os opressores. Mas, repito, esses problemas não podem ser pensados *apenas* no nível dos grupos. Opressores, culpados, responsáveis e inocentes são sempre indivíduos concretos. É preciso levar os dois níveis em conta de forma simultânea: estruturas e indivíduos.

O filósofo Slavoj Žižek costuma observar que nada é mais difícil do que fazer uma pessoa parar de agir de forma equivocada quando ela julga estar fazendo o bem. A redução do indivíduo ao grupo é, contudo, uma forma extrema de caricatura e distorção, uma violência no processo social de reconhecimento. Esse modus operandi é análogo àquele de organizações políticas da extrema direita:

> Essa forma de pensar, infelizmente natural e óbvia para a maioria, foi utilizada pelos nacional-socialistas da maneira mais maléfica possível, sendo martelada na cabeça das pessoas por meio da propaganda. Era como se não houvesse mais pessoas, apenas aqueles coletivos.[104]

Que fique claro: um coletivo "não pode ser culpado ou inocente, nem no sentido criminoso, nem no político [...], nem no sentido moral".[105] Devemos, portanto, anotar um ponto para a perspectiva pró-mestiçagem quando pensamos que ela protege a sociedade dos nacionalismos. Não é por acaso que o esvaziamento profundo dessa perspectiva coincidiu historicamente com a emergência do nacionalismo populista de Bolsonaro. A lógica identitária, particularista como é, tem com os nacionalismos uma semelhança maior do que gostaria de reconhecer.

Essa perspectiva impossibilita a elaboração do "chão comum" de que falava Jaspers. Por outro lado, permanecem verdadeiras as críticas à tradição liberal, que acaba por esconder os preconceitos sociais efetivos em leis universalistas cujo sentido é sistematicamente traído pela realidade. Isso não produz um chão comum, mas um *fundo falso*, que oculta o abismo. Dito de outro modo, a lei é universal, mas um jovem negro é preso com uma grama de maconha, acusado de tráfico, enquanto um jovem branco ganha atenuantes por ser considerado apenas usuário. Exemplos como esse perfazem a verdadeira situação da Justiça no Brasil: sob as fórmulas universalistas do direito, os preconceitos — de raça, de gênero, de toda ordem — produzem assimetrias sistemáticas. As armadilhas do universalismo encobridor chegaram a abranger, como se sabe, a própria perspectiva identitária. Sojourner Truth, em meados do século XIX, observou que *a mulher não é a mulher negra*, pavimentando o caminho para a abordagem que mais de cem anos depois, com Kimberlé Crenshaw, viria a ser conhecida como *interseccional*.

Daí a pertinência das premissas e métodos identitários que defendem o viés excepcionalista, como as ações afirmativas. Não há uma lei que impeça mulheres de se candidatarem ao Parlamento, mas a realidade efetiva é que elas ocupam apenas cerca de 10% a 15% das cadeiras. Tem que haver, portanto, medidas específicas, particularizantes, para corrigir essa distorção. Por outro lado, a perspectiva excepcionalista por si só nunca atingirá uma igualdade universal, pois isso exigiria um conjunto de medidas excepcionalistas para vários outros grupos subalternizados, diversos e infinitos. Ainda assim, todo o conjunto de conceitos produzidos por esses grupos — refiro-me aos conceitos que identificam desigualdades efetivas, sociopatologias do cotidiano — deve ser reconhecido como verdadeiro e pertinente.

Do mesmo modo, as críticas aos limites e às contradições da perspectiva universalista de matriz cultural continuam sendo verdadeiras. A realidade da mestiçagem cultural nunca se desdobrou em justiça social. E é plausível concluir que, por si só, nunca se desdobraria, pois a autoimagem de sociedade harmoniosa encobre ou dissolve os conflitos de fato existentes. Não há como resolvê-los sem antes trazê-los à luz do dia. Por mais brilhante que seja a contribuição cultural da tradição pró-mestiçagem, é preciso reconhecer que ela tem os pés de barro. Seu projeto, tal como o conhecemos, revelou-se insustentável.

Como pensar, então?

A posição que recomendo é a que chamo de *posição universalista dialética*. A dialética em jogo é entre o universalismo e o identitarismo. Como nos três tempos da progressão, aqui também permanece o esquema: a tese é o universalismo (liberal-formal ou cultural); a antítese, o identitarismo; e a síntese, a superação deste *por meio da sua própria ação*. O que proponho é uma espécie de *Aufhebung*.[106] Há uma série de intelectuais que pensou nessa direção.

A começar por Fanon. Herdeiro do pensamento hegeliano e psicanalítico, o grande pensador dos estudos decoloniais não poderia acreditar em formulações simplórias sobre a identidade. Ele se movia dentro da lógica do inconsciente. Essas perspectivas vacinam o pensamento contra o fetichismo identitário, isto é, contra a crença profunda na coesão de determinados marcadores sociais e nos seus supostos desdobramentos político-morais. E pavimentam o caminho de seu pensamento rumo "ao universalismo inerente à condição humana".[107]

Tudo em Fanon é complexo, relacional, dialético.

> Para nós, aquele que adora o preto é tão "doente" quanto aquele que o execra. Inversamente, o negro que quer embranquecer a raça é tão infeliz quanto aquele que prega o ódio ao branco. Em termos absolutos, o negro não é mais amável que o tcheco; na verdade trata-se de deixar o homem livre.[108]

Fanon é o maior antídoto contra a tendência a anular o indivíduo, reduzindo-o a um grupo. Adorar o preto ou execrá-lo, *enquanto* preto, são maneiras de anular o indivíduo. Querer embranquecer a raça é chafurdar na alienação ideológica do racismo; mas odiar o branco também é. Como observa Douglas Barros:

> Há duas posições antinômicas que Fanon faz questão de evidenciar: a) Aquela da superidentificação com os mecanismos colonialistas, que adota e privilegia os aspectos dominantes da colônia, a branquitude, a europeização etc.; b) Aquela que, *negando*, busca um retorno a si e se redobra em defender suas origens. Ambas são patologias mistificadoras.[109]

O universalismo de Fanon não é — não poderia ser, dada a sua biografia —, a priori, abstrato e formal. Ele é um lugar moral, ativo, político: "O antissemitismo me atinge em plena carne, eu me emociono, esta contestação aterrorizante me debilita, negam-me a possibilidade de ser homem. Não posso deixar de ser solidário com o destino reservado a meu irmão".[110]

Fanon recusa as armadilhas da confusão entre culpa e responsabilidade: "Eu, homem de cor, não tenho o direito de pretender a cristalização, no branco, de uma culpa em relação ao passado de minha raça". A culpa não pode ser coletiva, ele sabe. Mas sabe também que a responsabilidade pode e deve: "Desperto um belo dia no mundo e me atribuo um único direito: exigir do outro um comportamento humano".[111]

Nessa extraordinária passagem, ele resume seu universalismo:

> Sou um homem e é todo o passado do mundo que devo recuperar. Não sou responsável apenas pela revolta de São Domingos. Todas as vezes em que um homem fizer triunfar a dignidade do espírito, todas as vezes em que um homem disser não a qualquer tentativa de opressão do seu semelhante, sinto-me solidário com seu ato.[112]

"Sou um homem", ele declara. *Um* homem, não *o* homem. Sujeito, não pura estrutura. E um homem que tende ao universalismo constitutivo do espaço político-moral: um homem que se responsabiliza pela emancipação de qualquer homem, de todo homem, não apenas dos escravos negros do Haiti. O "triunfo da dignidade do espírito" é outro nome para a universalidade, que é fundada pelo ato solidário.

É isto que precisa ser enfatizado: é necessário manter um lugar, de ordem política e moral, que reúna os sujeitos, fundando uma universalidade de propósito, de objetivo. O espaço político e moral aproxima, irmana o que a origem social desagrega. É a essa aproximação que se deve apelar. É ela que deve ser o eixo de uma política de esquerda. Obturar esse espaço é um equívoco sob todos os aspectos. A esquerda deve voltar a se encontrar com a potência moral universalista que todo sujeito pode conter. É essa potência que deve ser despertada, mobilizada e reconhecida. O risco do discurso identitário é fixar as pessoas em suas estruturas de origem, anulando a potência de transcendê-las.

Para manter esse espaço aberto, é necessário compreender e mobilizar a questão da identidade *como um meio, jamais como um fim*. Em seu prefácio à coletânea de poetas negros francófonos, *Anthologie de la nouvelle poésie nègre et malgache de langue française* [Antologia da nova poesia negra e malgaxe de língua francesa], Sartre descreve com precisão:

> De fato, a negritude aparece como o tempo fraco de uma progressão dialética: a afirmação teórica e prática da supremacia do branco é a tese; a posição da negritude como valor antitético é o momento da negatividade. Mas esse momento negativo não é autossuficiente, e os negros que o utilizam o sabem bem; sabem que ele visa a preparação da síntese ou a realização do humano em uma sociedade sem raças. Assim, a negritude existe para se destruir; é passagem e ponto de chegada, meio, e não fim último.[113]

Felizmente, há muitos vestígios nas ideias de intelectuais e ativistas ligados a lutas identitárias que permitem uma aproximação a essa posição.

A feminista negra Demita Frazier, do coletivo Combahee River, declarou:

> Nunca acreditei que o Combahee, ou outros grupos de feministas negras de que participei, deveria focar apenas em questões concernentes a nós, mulheres negras; ou que, como

mulheres lésbicas/bissexuais, deveríamos focar apenas em questões lésbicas. Nós trabalhávamos em coalizão com ativistas comunitários, mulheres e homens, lésbicas e héteros. Éramos muito ativas no movimento de direitos reprodutivos, embora, no momento, a maioria de nós fosse lésbica.[114]

Para Sonia Guajajara, liderança dos povos indígenas: "Hoje, mulheres têm assumido os principais cargos dos movimentos indígenas estaduais e regionais. [...] Uma vitória nossa, mas que contou também com o entendimento e os votos de muitos homens para acontecer".[115]

Já Bia Pagliarini Bagagli, ativista trans, disse: "A luta contra o machismo une toda a sociedade".[116]

Entre tantos outros exemplos possíveis, Angela Davis, ao relatar a participação de mulheres brancas na Associação de Mulheres do Sul pela Prevenção de Linchamento de Pessoas Negras, reconheceu mulheres brancas que "sofreram oposição, hostilidade e até ameaças de morte" em sua luta solidária, política, universalista, e que foram "inestimáveis no interior da cruzada contra os linchamentos";[117] ainda Malcolm X declarou em um discurso em Oxford, em 1964: "De minha parte, estarei junto de qualquer um, não importa a cor que você tenha, desde que você deseje mudar essa condição miserável que existe nesta terra".[118] E o movimento abolicionista do Brasil, protagonizado por negros e brancos (André Rebouças, Luís Gama, José do Patrocínio, Joaquim Nabuco, entre outros), mas que envolveu muitas pessoas não negras e de diversos grupos sociais:

> Tivemos um somatório de movimentos. O movimento dos próprios escravos, que não cessavam de se aquilombar nos matos, abrindo clareiras de vida livre nas imediações de fazendas e núcleos urbanos. O movimento dos intelectuais, escritores, artistas e jornalistas, vendo a ordem

escravocrata como desumana [...]. O movimento político-
-parlamentar, que desencavava velhos e propunha novos
projetos e decretos de natureza emancipacionista.[119]

Repetindo e resumindo, a política identitária deve ser "o
tempo fraco" da progressão dialética, no sentido de não acreditar demais no princípio da diferença, de modo a obturar o
espaço político da *re-união*. É preciso agir levando em conta
a segregação real e efetiva que sempre ocorreu na história do
país, a despeito da universalidade assumida no campo do direito a partir de certo momento, porém mantendo um espaço
aberto, um lugar de natureza moral, determinado pela ação política dos sujeitos, em que essa segregação possa perder a vali-
dade. Essa é a universalidade a ser construída, universalidade
como projeto, não como ardil ideológico de classe para a manutenção do status quo.

Concluo com Mbembe:

> Enquanto não se puser fim à funesta ideia da desigualdade
> das raças e da seleção entre diferentes espécies humanas,
> a luta dos povos de origem africana por aquilo que pode-
> ríamos chamar de "igualdade das partes" [...] continuará a
> ser uma luta legítima. Terá de ser conduzida, porém, não
> com o objetivo de se separar dos outros humanos, mas em
> solidariedade com a própria humanidade — esta humani-
> dade cujas múltiplas faces nos esforçamos, por meio da luta,
> em reconciliar.[120]

Epílogo

Este livro é sobretudo de natureza teórica e normativa. Seu objetivo principal é qualificar o debate público, promovendo o que o escritor Paul Valéry chamava de *limpeza da situação verbal*, isto é, um trabalho de esclarecimento e aferição dos conceitos a ser mobilizados no debate. Aqui, a premissa é de que conceitos fundamentais da politologia — liberalismo, neoliberalismo, socialismo, comunismo, conservadorismo, identitarismo, centro etc. — vêm sendo largamente empregados de modo distorcido, caricatural ou limitado. Seja por ignorância, gozo de grupo ou estratégia eleitoral. Isso produz efeitos degradantes em todos os níveis da experiência brasileira: institucional, partidário, social e psicoafetivo.

Como uma coisa é a *intentio auctoris*, como dizia o hoje um tanto esquecido Umberto Eco, e outra bem diferente é a efetiva recepção de uma obra, sempre bastante determinada por circunstâncias concretas, ainda há um último termo importante a filtrar. Este livro não é propriamente uma análise de conjuntura e se dirige a um horizonte muito mais amplo do que as eleições de 2022. Entretanto, esse contexto imediato deverá exercer uma força interpretativa sobre o texto. Desse modo, meu esforço derradeiro será o de tentar evitar um último mal-entendido: tratemos da expressão "terceira via".

A expressão é equívoca porque pode significar propostas políticas muito diversas entre si. Como observa Anthony Giddens: "A expressão 'terceira via' não tem nenhum significado especial em e por si mesma. Ela foi usada muitas vezes na história passada da social-democracia, e também por escritores e políticos de convicções completamente diferentes".[1] Terceira via, portanto, não é um conceito, mas um significante de natureza mais negativa do que positiva. A expressão se propõe a ser um tertius, relativamente a oposições que ela nega, mas que, entretanto, são muito instáveis ao longo do tempo. Desse modo, o sentido da terceira via depende daquele das oposições recusadas. E, claro, trata-se de oposições estabelecidas pelo próprio termo (como disse algures neste livro, a disputa política abrange sempre uma disputa metapolítica). É, em suma, tanto uma expressão que deu nome a diferentes práticas políticas nos últimos cem anos, quanto uma proposta política desenhada por um teórico (o próprio Giddens, e aí ela adquiriu caráter conceitual), quanto um tertius vazio, a ser preenchido de sentido em conjunturas específicas.

Realizando uma genealogia da expressão, Giddens observa que ela parece ter se originado na virada do século XX e teria sido popular entre grupos de direita na década de 1920. No entanto, prossegue, viria a ser usada sobretudo por social-democratas e socialistas. "No início do período pós-guerra, os social-democratas pensavam de maneira bastante explícita que estavam encontrando um caminho distinto do capitalismo de mercado americano e do comunismo soviético."[2] O sentido histórico primordial da expressão se referia, portanto, a esse tertius entre o neoliberalismo e o socialismo, estrito senso. Giddens lembra que quando de sua refundação, em 1951, a própria Internacional Socialista falou de maneira explícita sobre a terceira via nesse sentido.

Mais tarde, o economista tcheco Ota Šik usou a expressão para designar o "socialismo de mercado", via característica dos países nórdicos.[3] Por fim, e já no contexto de sua própria contribuição teórica, Giddens comenta que a apropriação mais recente da terceira via foi feita por Bill Clinton e Tony Blair, mas encontrou uma acolhida morna por parte da maioria dos social-democratas do continente europeu, bem como dos críticos da velha esquerda em seus respectivos países. Os críticos veem a terceira via nessa roupagem como neoliberalismo requentado. Eles olham para os Estados Unidos e veem uma economia altamente dinâmica, e também uma sociedade com os mais extremos níveis de desigualdade no mundo desenvolvido.[4]

Eu diria que essa experiência dos anos 1990 acabou consolidando o sentido da expressão "terceira via", pelo menos no interior do campo da esquerda, como uma espécie de tertius viciado, cujas rodinhas, como aquelas de certos carrinhos de aeroportos, teimam em virar à direita.

Todavia, dificilmente se pode dizer que era esse o sentido da proposta do próprio Giddens. Para o diretor da London School of Economics, a terceira via era um projeto de reforma da social-democracia. Trata-se de uma intervenção originada no campo da centro-esquerda, com o objetivo de promover um *aggiornamento* de suas perspectivas diante de um quadro de transformações históricas. Assim, Giddens propunha manter o welfare state e preservar uma preocupação essencial com a justiça social, mas seria preciso ao mesmo tempo abrir a mentalidade coletivista da social-democracia às exigências do Zeitgeist mais individualista que se colocou a partir dos anos 1970 e 1980.[5] A terceira via de Giddens deveria também assimilar os problemas ambientais ao centro de suas preocupações e adotar uma atitude positiva em relação à globalização.[6]

Deveria, outrossim, renunciar a ver exclusivamente no Estado a instância ativa de produção de políticas de interesse público e valorizar o papel da sociedade civil. O fato de que a afirmação da ação comunitária da sociedade civil tenha raízes conservadoras não significa que sua importância deva ser descartada por uma centro-esquerda, que nem por isso precisa abrir mão de sua ênfase no papel redistributivo do Estado.[7]

A terceira via de Giddens propunha ainda recusar a lógica liberal do mero assistencialismo e estabelecer políticas públicas com vistas a uma cidadania de fato inclusiva:

> Melhorar a qualidade da educação pública, manter um serviço de saúde adequadamente financiado, promover benfeitorias públicas seguras [...]. É por essas razões que a reforma do welfare state não deveria se reduzir a uma rede de segurança. Somente um sistema de welfare que beneficie a maior parte da população gerará uma moralidade comum de cidadania.[8]

Com efeito, é apenas quando os serviços públicos atendem também as camadas médias da população que se alcança uma "moralidade comum de cidadania". Pois, arremata Giddens, em passagem cheia de ressonâncias para a realidade brasileira, "onde welfare assume somente uma conotação negativa e é dirigido em grande parte para os pobres, como inclinou-se a acontecer nos Estados Unidos, os resultados são divisórios".[9]

Por fim, Giddens fala em um centro radical exatamente no mesmo sentido em que entendo e defendo a expressão: "Ela implica que 'centro-esquerda' não é inevitavelmente o mesmo que 'esquerda moderada'. Quase todas as questões da política da vida aqui mencionadas requerem soluções radicais ou sugerem políticas radicais, em diferentes níveis de governo".[10]

De um modo geral, portanto, sinto-me alinhado à ideia de terceira via tal como desenhada por Giddens — e que, contudo, esteve longe de encontrar rigorosa correspondência nos governos históricos do final do século XX, como os de Clinton, Blair e, entre nós, Fernando Henrique Cardoso.

Mais longe ainda está de se refletir na terceira via tal como vem sendo (des)mobilizada no Brasil às vésperas do pleito de 2022. Por ora, a expressão não passa de uma ideia vaga — e oportunista. Afinal, ela se alimenta da mistificação da polarização entre os governos de Lula e Bolsonaro. Essa é uma antinomia inventada por setores conservadores, para fins eleitorais. A terceira via não é uma zona equidistante entre os dois líderes populares. Lula está inscrito na mesma zona democrática (sem intenção de trocadilho) do espectro político em que se inscreve a heterogeneidade da terceira via. Ele é, ou ao menos foi até aqui, um político de centro-esquerda, cujos governos incluíram práticas neoliberais em sua política econômica.

Portanto e por fim: este livro *não é* uma defesa da terceira via, tal como a expressão vem sendo empregada no Brasil na atual conjuntura, isto é, sem qualquer conteúdo positivo. Algum candidato associado à terceira via pode até se aproximar mais das ideias aqui defendidas. Como o próprio Lula, a despeito da retórica petista, se aproxima. Mas este livro se dirige a um horizonte mais amplo. Ele expressa a convicção e o desejo por um desrecalque macroideológico que nos libere desse eterno looping coreográfico: dois passos para a frente, dois passos para trás.

Agradecimentos

Diversas pessoas contribuíram para a realização deste livro, de forma direta ou indireta.

Começando por esta última, agradeço aos amigos do Caverna pelos anos de debates políticos, sociais e culturais, às vezes acalorados: Junior Perim, Miguel Jost, Washington Fajardo, Marcus Faustini, Luiz Henrique Sansom, Eduardo Cavaliere, Toni Platão, Rodrigo Abel, Chico Regueira, Rodrigo Rosa e Otavio Miranda.

Agradeço também aos amigos e amigas do MGM pelos mesmos motivos: Luisa Duarte, Fred Coelho, Felipe Scovino, Joana Braga, Bernardo Pinheiro, Sergio Martins, Raul Mourão, Pedro Duarte e Marcos Augusto Gonçalves. A todos o meu obrigado — e saudações rubro-negras.

Agradeço aos companheiros de, até aqui, cinco temporadas de debates na TV e atrás das câmeras: meus amigos Fábio Porchat, João Vicente de Castro e Emicida.

Agradeço a meu amigo Raul Mourão por ter confiado em minhas ideias e realizado comigo o documentário *O mês que não terminou*, embrião deste livro.

Agradeço à minha amiga Luciana K. P. Salum pelas conversas sempre proveitosas e pela atenção encorajadora às minhas ideias.

Agradeço à minha amiga Isabel de Luca por todas as conversas sobre todas as coisas.

Agradeço à minha amiga Luisa Duarte por tantos anos de conversa sobre o Brasil e pelo constante incentivo à escrita deste livro.

Agradeço à minha amiga Bianca Dias pela singular generosidade para com minhas ideias, pela leitura atenta deste livro e pelos comentários pontuais e gerais sobre ele, todos inteligentes e proveitosos.

Agradeço ao meu amigo Miguel Jost, por compartilhar comigo, há anos, suas observações sempre argutas sobre a vida conceitual e sobre a vida mundana (na qual, aliás, se escondem os melhores conceitos). E agradeço mais diretamente pela leitura solícita deste livro e por me ajudar a compreendê-lo.

Agradeço ao meu amigo Junior Perim pelas conversas de tantos anos sobre a realidade brasileira, conversas que de modo difuso se encontram neste livro. E, mais diretamente, pela solicitude e pelo interesse que sempre demonstrou em relação ao desenvolvimento deste livro, que se traduziram em leitura dedicada, cheia de observações proveitosas, enorme encorajamento e algum puxão de orelha (ou não seria ele).

Agradeço ao meu amigo Pedro Duarte pela acústica perfeita das nossas conversas. E agradeço mais diretamente pela leitura rigorosa, afiada e bem-humorada de diversos capítulos deste livro.

Agradeço ao meu amigo Marcos Lacerda por me presentear quase diariamente com sua brilhante inteligência e por me apresentar a tanta coisa importante, mesmo as desimportantes. Agradeço mais diretamente pela leitura rigorosa deste livro e pelo permanente encorajamento às minhas ideias.

Agradeço aos meus pais, Angela e João Bosco, e à minha irmã, Julia Bosco, pelo amor e apoio.

À minha companheira, Ana Lycia Gayoso, meu agradecimento *por tudo*. Pelo constante apoio e encorajamento, pelas conversas diárias, pela leitura e — haja paciência — releitura de cada capítulo deste livro (só termina quando acaba). Aqui eu não poderia ser mais exato: só posso agradecer *por tudo*.

Notas

Introdução [pp. 13-32]

1. Ernest Renan, "Qu'Est-Ce qu'une Nation?", 1882. Originalmente uma conferência, o texto pertence ao domínio público e é encontrado com facilidade na internet.
2. Ibid.
3. Walter Benjamin, "Sobre o conceito da história". In: *Obras escolhidas: Magia e técnica, arte e política*. São Paulo: Brasiliense, 1996, p. 225.
4. Ernest Renan, op. cit.
5. Ibid.
6. Tânia Monteiro, "'Não temos intenção de proteger ninguém à margem da lei', diz chefe da Aeronáutica sobre corrupção entre militares". *O Globo*, 9 jul. 2021. Disponível em: <oglobo.globo.com/brasil/nao-temos-intencao-de-proteger-ninguem-margem-da-lei-diz-chefe-da-aeronautica-sobre-corrupcao-entre-militares-1-25099232>. Acesso em: 3 dez. 2021.
7. Elio Gaspari, *A ditadura envergonhada*. Rio de Janeiro: Intrínseca, 2014, p. 55.
8. Celso Castro (Org.), *General Villas Bôas: Conversa com o comandante*. Rio de Janeiro: FGV Editora, 2021, p. 188.
9. Tânia Monteiro, op. cit.
10. Referência à declaração do general Luiz Eduardo Ramos, então ministro da Secretaria de Governo, à revista *Veja*, em 12 de junho de 2020. Disponível em: <veja.abril.com.br/paginas-amarelas/luiz-eduardo-ramos-e-ultrajante-dizer-que-o-exercito-vai-dar-golpe/>. Acesso em: 3 dez. 2021.
11. Christian Lynch, "Bolsonaro expõe autoritarismo de neoliberais e nova 'jornada de otários' de liberais". *Folha de S.Paulo*, 20 mar. 2021. Disponível em: <www1.folha.uol.com.br/ilustrissima/2021/03/bolsonaro-expoe-autoritarismo-de-neoliberais-e-nova-jornada-de-otarios-de-liberais.shtml>. Acesso em: 3 dez. 2021.
12. Leonard Hobhouse, *Liberalism*. Londres: Oxford University Press, ebook, s.d., cap. 1.
13. Miguel Lago, "Batalhadores do Brasil...". *piauí*, n. 176, maio 2021.

14. Essa é, diga-se, mais ou menos a versão psicanalítica que Contardo Calligaris fez da história do Brasil em seu ensaio *Hello Brasil*, cuja leitura recomendo. In: Contardo Calligaris, *Hello Brasil!: Notas de um psicanalista europeu viajando ao Brasil*. São Paulo: Escuta, 2000.
15. Branko Milanović, *Capitalismo sem rivais: O futuro do sistema que domina o mundo*. São Paulo: Todavia, 2020, p. 292.
16. Ibid., p. 293.
17. Ibid., p. 292.
18. Losurdo já era editado no Brasil havia mais de uma década, mas sua obra se difundiu a partir do encontro que Caetano Veloso teve com ele, por intermédio do historiador Jones Manoel. Personagem influente que é, Caetano tornou ambos mais conhecidos e deu impulso a uma nova onda do marxismo-leninismo no Brasil.
19. Esther Duflo e Abhijit Banerjee, *Boa economia para tempos difíceis*. Rio de Janeiro: Zahar, 2020, p. 252.
20. Ibid., p. 223, para esta citação e as seguintes.
21. Ibid., p. 218.
22. Ibid., p. 252.
23. Ibid.
24. Chantal Mouffe, *Por un populismo de izquierda*. Buenos Aires: Siglo Veintiuno, 2019, pp. 105-6.
25. Entretanto, como se sabe, o catolicismo produziu também muitos movimentos sociais de direita conservadora no Brasil, com forte atuação política.
26. Francisco Bosco, *A vítima tem sempre razão?: Lutas identitárias e o novo espaço público brasileiro*. São Paulo: Todavia, 2017.

1. Formação e sentidos da polarização [pp. 33-96]

1. Sérgio Abranches, *O tempo dos governantes incidentais*. São Paulo: Companhia das Letras, 2020, p. 69.
2. Chantal Mouffe, op. cit., p. 113.
3. Ibid. Ver, por exemplo, p. 27.
4. Ibid., p. 52.
5. Ernesto Laclau e Chantal Mouffe, *Hegemonia y estrategia socialista: Hacia una radicalización de la democracia*. Buenos Aires: FCE, 2004.
6. Ernesto Laclau, *La razón populista*. Buenos Aires: FCE, 2005.
7. Marta Arretche, Eduardo Marques e Carlos Aurélio Pimenta de Faria, *As políticas da política: Desigualdades e inclusão nos governos do PSDB e do PT*. São Paulo: Unesp, 2019, "Introdução".
8. Ibid., "Considerações finais".
9. Ibid., "Introdução", para esta citação e as seguintes.

10. Ibid., "Considerações finais", para esta citação e a seguinte.
11. Ibid., "Parte I: O contexto político-institucional".
12. Ibid.
13. Ibid.
14. Ibid., "2. Redistribuição no Brasil no século XXI".
15. Ibid., "Introdução".
16. Ibid., "Considerações finais", para esta citação e a seguinte.
17. Luis Felipe Miguel, "A reemergência da direita brasileira". In: Esther Solano Gallego, *O ódio como política: A reinvenção das direitas no Brasil*. São Paulo: Boitempo, 2018, p. 23.
18. Flávio Gordon, "Introdução". In: *A corrupção da inteligência: Intelectuais e poder no Brasil*. Rio de Janeiro: Record, 2017.
19. Há os que consideram que houve uma interpretação deformante do PSDB e do PT, mas em sentido inverso: ao invés de enfatizarem, como faço aqui, a origem comum na dimensão inclusiva da Constituição de 1988, põem o acento na distância de suas gestões em relação ao projeto de democracia inclusiva. Para esses, como o filósofo Rodrigo Nunes, a diferença entre as administrações do PSDB e do PT foi aquela entre um projeto "neoliberal progressista" e um projeto "neoliberal conservador". Ver Rodrigo Nunes, "Todo lado tem dois lados: Sobre a ideia de polarização". *Serrote*, n. 34, 2020.
20. Marcos Lisboa e Samuel Pessôa, "Apresentação". In: *O valor das ideias: Debate em tempos turbulentos*. São Paulo: Companhia das Letras, 2019, p. 30.
21. Ibid., p. 34, para esta citação e as seguintes.
22. Celso Rocha de Barros, "O Brasil e a recessão democrática: Como o cenário político global ajuda a entender a nossa crise — e vice-versa". In: Marcos Lisboa e Samuel Pessôa, op. cit., p. 330, para esta citação e a seguinte.
23. Ibid., p. 328.
24. Que a base material do processo tenha sido objeto de controvérsia muito mais ostensiva do que sua sustentação ideológica só prova que a economia é um espaço do debate público em que os ortodoxos dominam a cena, portanto têm oportunidades muito maiores de convencer a população e estabelecer sua narrativa. Desse modo, o suposto crime das "pedaladas" e aberturas de créditos suplementares sem autorização do Congresso foi contestado sobretudo porque parecia uma desproporção derrubar uma presidente por conta do que parecia ser uma nonada se comparada ao nível dos crimes que perfazem os anais e o anedotário da política nacional. Mas a "tese da gastança", em si, que dava sustentação ideológica ao processo de impeachment, escapou de um escrutínio público mais amplo e rigoroso.
25. Marcos Lisboa e Samuel Pessôa, "A recessão democrática no Brasil: Resposta a Celso". In: Marcos Lisboa e Samuel Pessôa, op. cit., p. 336.
26. Ibid., p. 338.

27. Ibid., p. 339.
28. Ibid., p. 340.
29. Celso Rocha de Barros, "Recessão democrática: Resposta a Samuel e Marcos". In: Marcos Lisboa e Samuel Pessôa, op. cit., p. 351.
30. Ver o comentário de Wilson Gomes: "Maria do Rosário escreveu no Twitter que 'não existe democracia com a direita no poder'. Pode não ser a enunciação de um princípio, e sim a descrição afobada de uma circunstância, contudo expressa uma posição comum em muitos ambientes de esquerda: direita e democracia são incompatíveis. [...] Aliás, para muitos da esquerda, nem o centro presta, também o centro é autocracia em estado puro. Ora, essa posição é a antítese perfeita da nova direitinha militante que tem certeza de que toda esquerda é fascista, comunista e genocida, de que há incompatibilidade entre esquerda e qualquer valor humano, inclusive decência e democracia". Wilson Gomes, *Crônica de uma tragédia anunciada: Como a extrema direita chegou ao poder*. Salvador: Sagga, 2020, pp. 240-1.
31. Ibid., p. 252. Embora esvaziado — talvez menos pelo colapso da Lava Jato e a nova situação jurídica de Lula do que pelas próprias atrocidades bolsonaristas —, o antipetismo continua sendo um afeto relevante. Basta fazer qualquer postagem crítica a Bolsonaro nas redes, e os comentários dos bolsonaristas serão todos, não importa qual seja o assunto, "Mas e o PT?".
32. Ibid., p. 42.
33. Ibid., p. 94, para esta citação e a seguinte.
34. Marilena Chaui, apud Flávio Gordon, op. cit., cap. 4.
35. Wilson Gomes, op. cit., pp. 7-8.
36. Malu Gaspar, *A organização: A Odebrecht e o esquema de corrupção que chocou o mundo*. São Paulo: Companhia das Letras, p. 47, para esta citação e a seguinte.
37. Ibid., p. 54.
38. Ibid., p. 45.
39. Ibid., p. 77.
40. Ibid., p. 85.
41. Ibid., p. 98.
42. Ibid., p. 123.
43. Ibid., p. 207.
44. Ibid., p. 164.
45. Ibid., p. 261.
46. Ibid., p. 483.
47. Ibid., p. 500.
48. Ibid., p. 384.
49. Rafael Valim, "O caso Lula e o fracasso da justiça brasileira". In: Luiz Inácio Lula da Silva, *A verdade vencerá: O povo sabe por que me condenam*. São Paulo: Boitempo, 2018, p. 178.

50. Ibid., p. 180.
51. Ibid.
52. Plinio Teodoro, "Vaza Jato: 'O sítio é do Lula, porque a roupa da mulher era muito brega', disse Januário Paludo". *Fórum*, 3 fev. 2021. Disponível em: <revistaforum.com.br/politica/vaza-jato/2021/2/3/vaza-jato-o-sitio-do-lula-porque-roupa-de-mulher-era-muito-brega-disse-januario--paludo-90828.html>. Acesso em: 3 dez. 2021.
53. Rede Brasil Atual, "Novas conversas divulgadas evidenciam conluio entre procuradores e Sergio Moro". *Rede Brasil Atual*, 1 fev. 2021. Disponível em: <www.redebrasilatual.com.br/politica/2021/02/conversas-moro--dallagnol-relacao-suspeita/>. Acesso em: 3 dez. 2021.
54. Rubens Casara, "Precisamos falar da direita jurídica". In: Esther Solano Gallego, op. cit., p. 73.
55. Álvaro Palma de Jorge, *Supremo interesse: A evolução dos processos de escolha dos ministros do STF*. Rio de Janeiro: Synergia, 2020, p. 35.
56. Cf. Umberto Eco, *The Limits of Interpretation*. Indianapolis: Indiana University Press, 1994. [Ed. bras.: *Os limites da interpretação*. São Paulo: Perspectiva, 2010.]
57. Rafael Valim, op. cit., p. 182, para esta citação e a seguinte.
58. Ibid., p. 181.
59. Luiz Inácio Lula da Silva, op. cit., p. 45.
60. Ibid., pp. 75, 79.
61. Ibid., p. 80.
62. Por incitação à violência no episódio da invasão ao Capitólio, em 2021.
63. Sérgio Abranches, *Presidencialismo de coalizão: Raízes e evolução do modelo político brasileiro*. São Paulo: Companhia das Letras, 2018, p. 136.
64. Ibid., p. 140.
65. Esther Dweck e Rodrigo Alves Teixeira, "A política fiscal do governo Dilma e a crise econômica". *Texto para Discussão*, Unicamp, n. 303, jun. 2017. Todas as demais citações pertencem ao mesmo artigo.
66. "O período de 2007 a 2010 foi o [...] de maior crescimento real das despesas primárias (8,2% a.a.), mas também o período com o maior crescimento do PIB (4,6% a.a.), o que resultou no período de menor crescimento da relação despesa/PIB, que permaneceu basicamente estável (0,43 p.p.). [...] Em sentido contrário, os períodos de 2011-2014 (5,1% a.a.) e 2013 a 2016 (2,9% a.a.) foram de baixo crescimento de despesa. No período 2011-2014 (primeiro mandato de Dilma) a taxa de crescimento das despesas praticamente iguala a do segundo mandato de FHC e é bem inferior aos dois mandatos do presidente Lula." Ver Esther Dweck e Rodrigo Alves Teixeira, op. cit.
67. Laura Carvalho, *Valsa brasileira: Do boom ao caos econômico*. São Paulo: Todavia, 2017.

68. Olavo de Carvalho, *O imbecil coletivo: Atualidades inculturais brasileiras*. Rio de Janeiro: Faculdade da Cidade, 1999, p. 71.
69. Id., *A nova era e a revolução cultural: Fritjof Capra & Antonio Gramsci*. 4. ed. São Paulo: Vide, 2016.
70. Ibid., "Prefácio".
71. Flávio Gordon, op. cit., parte 1, cap. 3.
72. Ibid.
73. Ibid., parte 1, cap. 2.
74. Ibid.
75. Ibid., parte 1, cap. 3.
76. Ibid., parte 1, cap. 4, para esta citação e a seguinte. Carlos Nelson Coutinho, por sua vez, alega que o "fracasso inicial" desse primeiro momento de edição das obras de Gramsci no Brasil se deveu a "várias razões", entre as quais "a radicalização da ditadura militar depois do Ato Institucional número 5". Ver "Introdução". In: Antonio Gramsci, *Cadernos do cárcere, volume 1*. Rio de Janeiro: Civilização Brasileira, 2020, p. 36.
77. Ibid., parte 2, cap. 3.
78. Ibid.
79. Ibid., parte 1, cap. 4, para esta citação e as seguintes.
80. Ibid., parte 2, cap. 1.
81. Ibid.
82. Ibid.
83. Ibid., parte 2, cap. 3, para esta citação e a seguinte.
84. Ibid., parte 2, cap. 4.
85. Ibid.
86. Ibid.
87. Ibid.
88. Lilia M. Schwartz e Heloisa M. Starling, *Brasil: Uma biografia*. São Paulo: Companhia das Letras, 2018, p. 440.
89. Elio Gaspari, op. cit., p. 61.
90. Ibid.
91. Ibid., p. 65.
92. Ibid., p. 101.
93. Ibid., p. 179.
94. Ibid., p. 180.
95. Ibid.
96. Ibid., p. 182.
97. Lilia M. Schwartz e Heloisa M. Starling, op. cit., p. 460.
98. Flávio Gordon, op. cit., "Introdução".
99. Ibid., parte 2, cap. 2. Note-se que uma declaração análoga, quando vem de um candidato a presidente da República liderando as pesquisas — era

essa a situação de Bolsonaro quando exortou seus apoiadores a "fuzilar a petralhada", em setembro de 2018 —, tem peso radicalmente diferente.
100. Luiz Inácio Lula da Silva, op. cit., p. 66.
101. Ibid., p. 124.
102. Ibid., p. 136.
103. Wilson Gomes, op. cit., p. 69.
104. Camila Rocha, *Menos Marx, mais Mises: O liberalismo e a nova direita no Brasil*. São Paulo: Todavia, 2021, p. 91.
105. Roberto Schwartz, "Cultura e política, 1964-1969". In: *As ideias fora do lugar: Ensaios selecionados*. São Paulo: Companhia das Letras, 2014.
106. Camila Rocha, op. cit., p. 104.
107. Flávio Gordon, op. cit., parte 1, cap. 1.
108. Olavo de Carvalho, *O imbecil coletivo*, op. cit., pp. 73-4, para esta citação e as seguintes.
109. Luis Felipe Miguel, op. cit., p. 22, para esta citação e a seguinte.
110. Camila Rocha, op. cit.
111. Flávio Gordon, op. cit., parte 1, cap. 4.
112. Ver matéria da revista *piauí*, Rafael Cariello, "Trabalhadores, uni-vos: Por que temas como salário mínimo, sindicatos e conflito entre patrões e empregados voltaram ao centro do debate econômico" (n. 171, dez. 2020.)
113. Rodrigo Nunes, op. cit. Todas as demais citações pertencem ao mesmo artigo.
114. Ver, por exemplo, André Singer, *Os sentidos do lulismo: Reforma gradual e pacto conservador*. São Paulo: Companhia das Letras, 2012.
115. Sigmund Freud, "Psicologia das massas e análise do eu". In: *Obras incompletas de Sigmund Freud — Cultura, sociedade, religião: O mal-estar na cultura e outros escritos*. Belo Horizonte: Autêntica, 2020.
116. Idelber Avelar, *Eles em nós: Retórica e antagonismo político no Brasil do século XXI*. Rio de Janeiro: Record, 2021, p. 124.
117. Ibid., p. 125.
118. Nesse sentido, registre-se que, aos modos da distorção, da caricatura e do gozo irresponsável de grupo que vigoram na direita bolsonarista e na esquerda petista e parapetista, podem ser acrescentados, a este último lado, a prática de fake news e o terraplanismo cognitivo, supostamente privilégio da extrema direita: é o que revela, por exemplo, a posição de militantes e até parlamentares do PT sobre o atentado a faca sofrido por Bolsonaro durante a campanha de 2018. Para estes, em registro conspiratório que nada deixa a dever a Olavo de Carvalho, a facada nunca existiu, e para sustentar essa "tese" são mobilizadas "provas" já categoricamente desmentidas pela Polícia Federal. Ver: Ranier Bragon, "Petistas estimulam tese fantasiosa de que facada de Adélio em Bolsonaro foi forjada". *Folha de S.Paulo*,

16 set. 2021. Disponível em: <www1.folha.uol.com.br/poder/2021/09/petistas-estimulam-tese-fantasiosa-de-que-facada-de-adelio-em-bolsonaro-foi-forjada.shtml>. Acesso em: 3 dez. 2021.
119. Quem quiser conhecer melhor as posições de Tabata Amaral, recomendo o programa *GPS Político*, apresentado pela jornalista Gabriela Prioli, que a tem como convidada (disponível em: <www.youtube.com/watch?v=ZvuTGICPWVU>. Acesso em: 3 dez. 2021). Sobre os ataques da esquerda à deputada, a coisa chegou a ponto de o ator José de Abreu, militante petista, compartilhar um tuíte em que um sujeito declarava, sobre Tabata Amaral, "se encontro na rua, soco até ser preso".
120. Raquel Marques, "Chegamos ao ponto em que é possível cancelar um mandato nas redes sociais". *Folha de S.Paulo*, 3 fev. 2021. Disponível em: <www1.folha.uol.com.br/ilustrissima/2021/02/chegamos-ao-ponto-em-que-e-possivel-cancelar-um-mandato-nas-redes-sociais.shtml>. Acesso em: 3 dez. 2021.
121. Rodrigo Nunes, op. cit.

2. Uma outra ideia de centro [pp. 97-132]

1. "Para a maioria" porque a esquerda marxista critica a suposta universalidade da democracia, que tem se realizado historicamente sobretudo como uma "democracia burguesa", isto é, garantidora de direitos, na prática, apenas para classes sociais privilegiadas. Desse modo, para essa vertente, não se poderia falar em democracia como condição de legitimidade do espectro político, uma vez que ela é em si mesma, em alguma medida, ilegítima. Particularmente — e todo este livro é uma tentativa de sustentar esta perspectiva —, concordo com essa crítica, mas considero que se deve democratizar a democracia burguesa, ou democracia liberal, por dentro. Apesar das dificuldades de democratizar a democracia liberal sem violar os seus meios, penso que são ainda maiores as dificuldades de criar algo como um socialismo democrático (isto é, não autoritário) violando esses meios.
2. Heloisa M. Starling, *Ser republicano no Brasil Colônia: A história de uma tradição esquecida*. São Paulo: Companhia das Letras, 2018, p. 20.
3. Lopes Gama, apud José Honório Rodrigues, *Conciliação e reforma no Brasil: Um desafio histórico-político*. Rio de Janeiro: Civilização Brasileira, 1965, p. 40.
4. Heloisa M. Starling, op. cit., p. 270.
5. Ibid., p. 20.
6. Vamireh Chacon, *História dos partidos brasileiros: Discurso e práxis dos seus programas*. Brasília: Editora UnB, 1981, p. 24.
7. Ibid.
8. Ibid.

9. Reza a lenda que, fugindo dos capangas de Bonifácio, Ledo se vestiu de mulher e ficou escondido numa fazenda em Niterói, de onde conseguiu esgueirar-se, dessa vez disfarçado de padre, até um navio mercantil sueco, que o levou para Buenos Aires. Inocentado por falta de provas, acabaria retornando ao Brasil para ocupar sua cadeira de deputado.
10. Vamireh Chacon, op. cit., p. 28.
11. Ibid., p. 46.
12. José Honório Rodrigues, op. cit., p. 124.
13. Joaquim Nabuco, apud Christian Lynch, *Da monarquia à oligarquia: História institucional e pensamento político brasileiro (1822-1930)*. São Paulo: Alameda, 2014, p. 15.
14. Capistrano de Abreu, apud José Honório Rodrigues, op. cit., p. 25, para esta citação e as seguintes.
15. Ibid., p. 27, para esta citação e a seguinte.
16. Vamireh Chacon, op. cit., p. 41.
17. Ibid., p. 52.
18. Sérgio Abranches, *Presidencialismo de coalizão*, op. cit., p. 86.
19. Getúlio Vargas, apud Vamireh Chacon, op. cit., p. 135, para esta citação e a seguinte.
20. José Honório Rodrigues, op. cit., p. 11, para esta citação e a seguinte.
21. Ibid., p. 13.
22. Ibid., p. 17.
23. Sérgio Abranches, *Presidencialismo de coalizão*, op. cit., p. 40.
24. Ibid., p. 79.
25. Christian Lynch, *Da monarquia à oligarquia*, op. cit., p. 44.
26. Marcos Nobre, *Imobilismo em movimento: Da abertura democrática ao governo Dilma*. São Paulo: Companhia das Letras, 2013, p. 10, para esta citação e a seguinte.
27. Ibid., p. 14.
28. Ibid., p. 12.
29. Norberto Bobbio, *Direita e esquerda: Razões e significados de uma distinção política*. São Paulo: Editora Unesp, 1995, p. 39.
30. Ibid., p. 38, para esta citação e a seguinte.
31. Ibid.
32. Ibid., p. 39.
33. Mantendo a fórmula "e-e": cinquenta de medidas em um sentido, cinquenta em sentido oposto. É a soma de políticas de sentido oposto que produz o equilíbrio.
34. Norberto Bobbio, *Direita e esquerda*, op. cit., p. 39.
35. Ibid.
36. Ibid., p. 112.

37. Fernando Henrique Cardoso, "Paciência histórica: Que movimentos e partidos poderão materializar um radicalismo de centro?". *O Estado de S. Paulo*, 4 nov. 2018. Disponível em: <opiniao.estadao.com.br/noticias/geral,paciencia-historica,70002583368>. Acesso em: 3 dez. 2021.
38. Luiz Fernando de Paula e Elias M. Khalil Jabbour, "Texto rebate críticas aos economistas heterodoxos de Lisboa e Pessôa". In: Marcos Lisboa e Samuel Pessôa, op. cit., p. 422.
39. Fernando Henrique Cardoso, apud Ana Clara Costa, "O centro radical: FHC diz que eleição explodiu o sistema, afirma que 'fascismo' e 'comunismo' são apenas fantasmas e que partido sem conexão com a sociedade estará liquidado". *Veja*, São Paulo, 30 nov. 2018. Disponível em: <veja.abril.com.br/politica/o-centro-radical/>. Acesso em: 3 dez. 2021.
40. Anthony Giddens, *A terceira via: Reflexões sobre o impasse político atual e o futuro da social-democracia*. Rio de Janeiro: Record, 1999.
41. Chantal Mouffe, op. cit., p. 16.
42. Nancy Fraser, apud Rodrigo Nunes, op. cit.
43. Rodrigo Nunes, op. cit., grifo do autor.
44. Branko Milanović, *Capitalismo sem rivais*, op. cit., p. 63.
45. Isaiah Berlin, apud Mario Vargas Llosa, *O chamado da tribo: Grandes pensadores para o nosso tempo*. Rio de Janeiro: Objetiva, 2019, p. 172.
46. Norberto Bobbio, *Direita e esquerda*, op. cit., p. 112.
47. Marcos Lisboa e Samuel Pessôa, op. cit., p. 402, para esta citação e as seguintes.
48. Ibid., p. 401.
49. Ibid., pp. 402-3, para esta citação e a seguinte.
50. Ibid., p. 401.
51. Arminio Fraga, "Estado, desigualdade e crescimento no Brasil". *Novos Estudos Cebrap*, São Paulo, v. 38, n. 3, set.-dez. 2019.
52. Nesse sentido, concordo com Fernando Henrique Cardoso, para quem, nos anos 1980, não se podia fundar um partido social-democrata no Brasil porque aqui "ainda seria preciso fazer com que o capital existisse e funcionasse como capital". A dimensão de atraso do desenvolvimento das instituições capitalistas requeria, portanto, doses de liberalismo econômico. (FHC viria a ser voto vencido e o partido que era fundado se chamaria Partido da Social Democracia Brasileira. Fernando Henrique Cardoso, apud Camila Rocha, op. cit., p. 73.) Décadas depois, certamente o país se desenvolveu em termos econômicos, mas ainda permanecem entraves para um crescimento mais consistente.
53. Essa passagem é consequência de conversas privadas com Samuel Pessôa, a quem agradeço.

3. Púchkin e as botas [pp. 133-68]

1. Ver Marcos Nobre, op. cit.
2. Samuel Pessôa, "O contrato social da redemocratização". Disponível em: <www.schwartzman.org.br/simon/agenda7.pdf>. Acesso em: 3 dez. 2021.
3. Essas declarações estão no documentário *O mês que não terminou*, dirigido por Francisco Bosco e Raul Mourão.
4. Ibid.
5. Roger Eatwell e Matthew Goodwin, *National Populism: The Revolt Against Liberal Democracy*. Londres: Pelican, 2018, p. 96.
6. Ibid., p. 103, para esta citação e a seguinte.
7. Ibid., p. 100.
8. Ibid., p. 121.
9. Thomas Piketty, *O capital no século XXI*. São Paulo: Intrínseca, 2014. Ver, por exemplo, p. 486.
10. "Uma pesquisa constatou que os americanos acreditam, em geral, que os presidentes executivos das companhias do país ganham em média cerca de trinta vezes mais que a remuneração média dos trabalhadores comuns em suas empresas. Isso deixou de ser verdade na década de 1970. Hoje em dia, o diferencial está mais perto de trezentos para um." In: Paul Krugman, "Bernie Sanders e o mito do 1%". *Folha de S.Paulo*, 23 abr. 2019. Disponível em: <www1.folha.uol.com.br/colunas/paulkrugman/2019/04/bernie-sanders-e-o-mito-do-1.shtml?origin=uol>. Acesso em: 3 dez. 2021.
11. A queda da desigualdade durante o período lulopetista é objeto de uma controvérsia que examinaremos de perto no capítulo 6, "Pobreza e desigualdade".
12. Frank Furedi, "What Next for the Populist Revolt?". *Spiked*, 28 dez. 2018, para esta citação e as seguintes.
13. Roger Eatwell e Matthew Goodwin, op. cit., p. 235.
14. Alberto Carlos Almeida, *A cabeça do brasileiro*. Rio de Janeiro: Record, 2007. Cf. "Introdução" e o cap. 6.
15. Samuel Johnson, apud José Guilherme Merquior, *O liberalismo antigo e moderno*. São Paulo: É Realizações, 2014, p. 93.
16. Ibid., p. 41.
17. Ibid., p. 257.
18. Adrian Vermeule, "Liberalism's Fear". *The Josias*, 9 maio 2018. Disponível em: <thejosias.com/2018/05/09/liberalisms-fear/>. Acesso em: 3 dez. 2021.
19. Carl Schmitt, *The Crisis of Parliamentary Democracy*. Cambridge (EUA): MIT Press, 2000, p. 66.

20. Mark Lilla, *The Reckless Mind: Intellectuals in Politics*. Nova York: The New York Review of Books, 2003, cap. 2. [Ed. bras.: *A mente imprudente: Os intelectuais na atividade política*. Rio de Janeiro: Record, 2017.]
21. Carl Schmitt, op. cit., p. 64.
22. Ibid., p. 66
23. Ibid., p. 65.
24. Ibid., p. 64.
25. Ibid. Ver "Appendix: 'On the Ideology of Parliamentarism'".
26. Mark Lilla, *The Reckless Mind: Intellectuals in Politics*, op. cit., cap. 2.
27. Carl Schmitt, op. cit., p. 68.
28. Maurice Cranston, "Introdução". In: Jean-Jacques Rousseau, *Do contrato social*. São Paulo: Penguim, 2011, p. 17.
29. Ibid.
30. Carl Schmitt, op. cit., p. 69.
31. Jean-Jacques Rousseau, op. cit., p. 80.
32. Ibid.
33. Ibid., p. 161.
34. Isaiah Berlin, "Dois conceitos de liberdade". In: *Estudos sobre a humanidade: Uma antologia de ensaios*. São Paulo: Companhia das Letras, 2002.
35. Roger Eatwell e Matthew Goodwin, op. cit., p. 87.
36. José Guilherme Merquior, op. cit., p. 182.
37. Mill foi se abrindo cada vez mais à influência das ideias democratas, e até socialistas, da segunda metade do século XIX. Veja, por exemplo, seus *Chapters on Socialism* [Capítulos sobre socialismo] e as significativas alterações de seus *Princípios de economia política*, da edição pré-1848 à de 1852, quando, segundo ele diz em sua autobiografia, as "dificuldades do socialismo", que ele havia "enfatizado fortemente" [*stated so strongly*], foram "canceladas e substituídas por argumentos e reflexões representando uma opinião mais avançada" (John Stuart Mill, *Autobiography*. *Earlymoderntexts.com*, parte 7, "The Social Problem of the Future"). Conforme observa Hobhouse, "ele detinha as qualidades de um aprendiz de vida inteira e sozinho açambarca o intervalo entre o velho e o novo liberalismos" (Leonard Hobhouse, op. cit., cap. v).
38. José Guilherme Merquior, op. cit., p. 182.
39. John Stuart Mill, apud Christian Lynch, *Da monarquia à oligarquia*, op. cit., p. 38.
40. José Guilherme Merquior, op. cit., p. 117, para esta citação e as seguintes.
41. John Adams, apud Christian Lynch, *Da monarquia à oligarquia*, op. cit., p. 37.
42. José Guilherme Merquior, op. cit., p. 143.
43. Ibid., p. 170.

44. Ibid., pp. 176-7.
45. José Ortega y Gasset, *A rebelião das massas*. Ridendo Castigat Mores, [s.d.], p. 68.
46. John Locke, *Dois tratados sobre o governo civil*. Lisboa: Edições 70, 2015, p. 95.
47. Susan Buck-Morss, "Hegel e o Haiti". Disponível em: <https://www.scielo.br/j/nec/a/Rms6hs73V39nPnYsv44Z93n/?lang=pt>. Acesso em: 3 dez. 2021.
48. Aludo aqui à inversão da conhecida expressão de Roberto Schwarz proposta por José Miguel Wisnik, referindo-se à ausência da palavra "mulato" na obra de Machado de Assis. Essa ausência seria um "lugar fora das ideias" de sua obra, a sinalização de uma espécie de recalque. De modo análogo, a escravidão concreta era um lugar fora das ideias dos liberais europeus. Ver: José Miguel Wisnik, *Sem receita: Ensaios e canções*. São Paulo: PubliFolha, 2004.
49. Susan Buck-Morss, op. cit.
50. Ibid.
51. Achille Mbembe, *Crítica da razão negra*. São Paulo: n-1 Edições, 2018, p. 125.
52. Christian Lynch, *Da monarquia à oligarquia*, op. cit., pp. 58-9.
53. Ibid., p. 30.
54. Ibid.
55. Ibid., p. 76.
56. Ibid., p. 113.
57. Ibid., p. 97.
58. Fiódor Dostoiévski, apud Isaiah Berlin, op. cit.
59. Hannah Arendt, *Liberdade para ser livre*. Rio de Janeiro: Bazar do Tempo, 2018, p. 25.
60. Charles-Louis de Secondat Montesquieu, *Do espírito das leis*. São Paulo: Edipro, 2004, livro XI, cap. III, p. 188.
61. Jean-Jacques Rousseau, apud José Guilherme Merquior, op. cit., p. 50.
62. Hannah Arendt, *Liberdade para ser livre*, op. cit., pp. 25-6.
63. Ibid., p. 36.
64. Norberto Bobbio, *Direita e esquerda*, op. cit., pp. 113-4.
65. Ibid., p. 114.
66. Isaiah Berlin, op. cit.
67. Ibid.
68. Ibid.
69. Axel Honneth, *Luta por reconhecimento: A gramática moral dos conflitos sociais*. São Paulo: Ed. 34, 2003.
70. Isaiah Berlin, op. cit.

71. Ibid.
72. Ibid.
73. Jean-Jacques Rousseau, op. cit., p. 113, para esta citação e as seguintes.
74. Norberto Bobbio, apud José Guilherme Merquior, op. cit., p. 50.
75. Idelber Avelar, op. cit., p. 184, para esta citação e as seguintes.
76. Chantal Mouffe, op. cit., p. 25.
77. Ibid.
78. Martins, como muitos devem lembrar, foi flagrado fazendo um sinal de supremacistas brancos em pleno Senado Federal, durante um depoimento do ex-chanceler Ernesto Araújo.
79. As expressões foram cunhadas pelo ativista Pablo Capilé. Ver *O mês que não terminou*, documentário de Francisco Bosco e Raul Mourão.
80. Adam Przeworski, apud Marco Rodrigo Almeida, "Morte da democracia virou bordão para atrair imprensa, diz autor". *Folha de S.Paulo*, 11 maio 2019. Disponível em: <www1.folha.uol.com.br/ilustrissima/2019/05/morte-da-democracia-virou-bordao-para-atrair-imprensa-diz-autor.shtml>. Acesso em: 3 dez. 2021.
81. Norberto Bobbio, apud José Guilherme Merquior, op. cit., p. 254.
82. Antonio Paim, *História do liberalismo brasileiro*. São Paulo: LVM, 2018, p. 308.
83. José Guilherme Merquior, op. cit., p. 189.
84. Ibid.
85. Ibid.
86. Leonard Hobhouse, op. cit., cap. V, p. 181.
87. Ibid., cap. I, p. 24.
88. Ibid., cap. I, p. 25.
89. Ibid., cap. I, p. 33.
90. Ibid., cap. II, p. 54.
91. Ibid., cap. II, p. 61.
92. Ibid., cap. IX, p. 390.
93. Ibid., cap. IX, p. 392.
94. Christian Lynch, *Da monarquia à oligarquia*, op. cit., p. 85.
95. Estou de acordo com Antonio Paim quando ele observa que "os social-democratas revelaram grande acuidade na busca de defeitos do capitalismo. Contudo, não são capazes de lhe reconhecer os méritos" (op. cit., p. 307). Daí eu optar pela afirmação dos termos "liberal social" ou "social liberal", que reconhecem de forma simultânea o valor da promoção de igualdades e da segurança social e o valor dos princípios liberais de garantia de direitos individuais e as virtudes do liberalismo econômico no sentido de produzir riqueza material.

4. Teratologia comparada [pp. 169-205]

1. Domenico Losurdo, *Contra-história do liberalismo*. São Paulo: Ideias & Letras, 2006, p. 12.
2. Ibid., p. 15.
3. Ibid.
4. Ibid., p. 22.
5. Ibid., p. 24
6. Ibid., p. 70.
7. Ibid.
8. Ibid., p. 256.
9. Ibid., p. 262.
10. Georges Didi-Huberman, *Diante do tempo: História da arte e anacronismo das imagens*. Belo Horizonte: Editora UFMG, 2015, p. 19.
11. Ibid., p. 25.
12. Domenico Losurdo, *Contra-história do liberalismo*, op. cit., p. 107.
13. Ibid., p. 133.
14. Ibid., p. 134.
15. Achille Mbembe, *Necropolítica*. São Paulo: n-1 Edições, 2018, p. 27.
16. Domenico Losurdo, *Contra-história do liberalismo*, op. cit., p. 183.
17. Vladímir Ilitch Lênin, apud Edmund Wilson, *Rumo à estação Finlândia: Escritores e atores da história*. São Paulo: Companhia das Letras, 2006, p. 508.
18. Friedrich Engels, *A origem da família, da propriedade privada e do Estado*. Rio de Janeiro: Civilização Brasileira, 1984, p. 193.
19. Vladímir Ilitch Lênin, *O Estado e a revolução: A doutrina do marxismo sobre o Estado e as tarefas do proletariado na revolução*. São Paulo: Boitempo, 2017, p. 29.
20. Karl Marx e Friedrich Engels, *A ideologia alemã*. São Paulo: Boitempo, 2007.
21. José Paulo Netto, *O que é marxismo?*. São Paulo: Brasiliense, 2006, p. 26, para esta citação e a seguinte.
22. Ibid., p. 56.
23. Vladímir Ilitch Lênin, *Que fazer?*. São Paulo: Hucitec, 1988, p. XVIII.
24. Id., *O Estado e a revolução*, op. cit., p. 30.
25. Ibid., p. 47.
26. Charles-Louis de Secondat Montesquieu, op. cit., p. 188, livro XI, cap. IV.
27. Edmund Wilson, op. cit., p. 345.
28. Ibid., p. 346.
29. Norberto Bobbio, *Qual socialismo?: Debate sobre uma alternativa*. São Paulo: Paz e Terra, 1983, p. 13.
30. Ibid., p. 52.

31. Ibid.
32. Karl Marx, *Crítica ao programa de Gotha*. São Paulo: Boitempo, 2012, p. 27.
33. Pierre-Joseph Proudhon, apud Edmund Wilson, op. cit., pp. 182-3.
34. Karl Marx, *Crítica ao programa de Gotha*, op. cit., pp. 29-33.
35. Id., *A guerra civil na França*. São Paulo: Boitempo, 2011, p. 56.
36. Vladímir Ilitch Lênin, *O Estado e a revolução*, op. cit., p. 66.
37. Ibid., p. 83.
38. Karl Marx, *O 18 de brumário de Luís Bonaparte*, São Paulo: Boitempo, 2011, p. 140.
39. Vladímir Ilitch Lênin, *O Estado e a revolução*, op. cit., p. 30.
40. Ibid., p. 116.
41. Hannah Arendt, *Origens do totalitarismo*. São Paulo: Companhia das Letras, 2012, p. 630.
42. Nikolai Bukhárin e Ievguêni Preobrajenski, apud Sheila Fitzpatrick, *A Revolução Russa*. São Paulo: Todavia, 2017, p. 127.
43. Hannah Arendt, *Origens do totalitarismo*, op. cit., p. 420.
44. Ibid., p. 456.
45. Ibid., p. 436.
46. Ibid., p. 425.
47. Ibid., p. 498.
48. Ibid., p. 557.
49. Ibid., p. 627.
50. Simone Weil, *Contra o colonialismo*. Rio de Janeiro: Bazar do Tempo, 2019, p. 11.
51. Domenico Losurdo, "Para uma crítica da categoria de totalitarismo". *Crítica Marxista*, Campinas, n. 17, pp. 51-79, 2003. Disponível em: <www.ifch.unicamp.br/criticamarxista/arquivos_biblioteca/critica17-A-losurdo.pdf>. Acesso em: 3 dez. 2021.
52. Ibid.
53. Ibid.
54. Ibid.
55. Ibid.
56. Ibid.
57. Ibid.
58. Ibid.
59. São momentos como esse de Losurdo que devem levar um crítico de esquerda, como Ruy Fausto, a considerá-lo um "péssimo leitor de textos e ideólogo sectário". Ver Ruy Fausto, *Caminhos da esquerda: Elementos para uma reconstrução*. São Paulo: Companhia das Letras, 2017, p. 116.
60. Ibid.
61. Ibid.

62. Ibid.
63. Ibid.
64. Ibid.
65. José Paulo Netto, op. cit., pp. 50-1.
66. Edmund Wilson observa que desde o século XIX há "duas culturas históricas correndo em paralelo". Uma delas interpreta os acontecimentos da perspectiva de um alinhamento às ideias socialistas; a outra, de um alinhamento às ideias liberais. É natural que esses paralelos nunca se encontrem, mas é desejável que se tracem outras linhas. Ver Edmund Wilson, op. cit., p. 329.
67. Moshe Lewin, *O século soviético: Da revolução de 1917 ao colapso da URSS*. Rio de Janeiro: Record, 2007, p. 94.
68. Sheila Fitzpatrick, op. cit., p. 215.
69. Ibid., p. 203.
70. *Holodomor* é como a grande fome que matou milhões de pessoas na União Soviética no começo dos anos 1930 é chamada por historiadores ucranianos, que a consideram uma política deliberada de extermínio, comandada por Stálin, contra a etnia ucraniana, configurando um genocídio. A tese é muito contestada.
71. Sheila Fitzpatrick, op. cit., p. 205.
72. Ibid., p. 204.
73. Moshe Lewin, op. cit., p. 86.
74. Ibid., p. 159.
75. Sheila Fitzpatrick, op. cit., p. 213.
76. Ibid., p. 98.
77. Moshe Lewin, op. cit., p. 60.
78. Sheila Fitzpatrick, op. cit., p. 229.
79. Norberto Bobbio, *Qual socialismo?*, op. cit., p. 46.
80. Ibid.

5. A hera dos direitos [pp. 207-26]

1. Ver Aristóteles, *A política*. Lisboa: Editorial Presença, 1965, livro I, cap. 2, "Da escravidão".
2. John Rawls, *Uma teoria da justiça*. São Paulo: Martins Fontes, 2016, p. 31.
3. Aristóteles, op. cit., livro III, cap. 6, "Da soberania".
4. Immanuel Kant, *Crítica da razão prática*. Petrópolis: Vozes, 2016, p. 46.
5. Ibid., p. 88, para esta citação e as seguintes.
6. Ibid., p. 49.
7. Francis Wolff, "Justiça, estranha virtude...". In: Adauto Novaes (Org.), *Vida vício virtude*. São Paulo: Editora Senac; Edições Sesc, 2009, p. 47.
8. Ibid., p. 48.

9. Ibid., p. 49 para esta citação e a seguinte.
10. Ver cap. 1.
11. Ver Michael Löwy, "Sujeito e objeto: Marx e Engels como sociólogos da religião". *Lua Nova, Revista de Cultura e Política*, São Paulo, n. 43, 1998.
12. António José Avelãs Nunes, "A filosofia social de Adam Smith". *Prim@ Facie, International Journal*, v. 4, n. 6, 2005.
13. Ibid.
14. Ibid.
15. Ibid.
16. Norberto Bobbio, *A era dos direitos*. Rio de Janeiro: Elsevier, 2004.
17. O documento é de domínio público, portanto facilmente encontrável na internet.
18. O documento também é de domínio público.
19. Thomas Paine, *Os direitos do homem: Uma resposta ao ataque do sr. Burke à Revolução Francesa*. Rio de Janeiro: Vozes, 2019, p. 55.
20. Ibid.
21. Friedrich Nietzsche, *La Généalogie de la morale*. Paris: Gallimard, 1997, p. 13. [Ed. bras.: *Genealogia da moral*. Trad. de Paulo César de Souza. São Paulo: Companhia das Letras, 2009.]
22. Ibid., p. 22.
23. Ibid., p. 24, para esta citação e a seguinte.
24. Ibid., p. 26.
25. Ibid., p. 27.
26. Ibid., p. 31, para esta citação e a seguinte.
27. John Rawls, op. cit., p. 4, para esta citação e a seguinte.
28. Ibid., p. 15, para esta citação e a seguinte.
29. Ibid., p. 73.
30. Ibid., p. 78.
31. Ibid., p. 96, para esta citação e a seguinte.
32. Robert Nozick, *Anarchy, State, and Utopia*. Nova York: Basic Books, 2013, p. 169. No texto original: "*Taxation of earnings from labor is on a par with forced labor*". [Ed. bras.: *Anarquia, Estado e utopia*. São Paulo: WMF Martins Fontes, 2011.]
33. Anarcocapitalistas, isto é, anarquistas de direita.
34. Robert Nozick, op. cit., p. 32.
35. Ibid., p. 33, para esta citação e a seguinte.
36. Ibid., p. 52.
37. Ibid., p. 155.
38. Ibid., p. 168.
39. Ibid., p. 240, para esta citação e a seguinte.
40. Branko Milanović, "Why We All Care about Inequality (But Are Loath to Admit It)". *Challenge*, v. 50, n. 6, nov.-dez. 2007.

41. Ibid.
42. Ibid.
43. Ibid.
44. Alexis de Tocqueville, *La Démocratie en Amérique*. Paris: Flammarion, 1981. [Ed. bras.: *A democracia na América*. São Paulo: Edipro, 2019.]
45. Branko Milanović, "Why We All Care about Inequality (But Are Loath to Admit It)", op. cit. Embora eu defenda aqui que o sentimento moral moderno é sobretudo igualitarista, há, como em parte já vimos, diversos autores e toda uma percepção social difusa que vai em sentido contrário. Pedro H. G. Ferreira de Souza dedica um capítulo de seu livro, que abordarei mais adiante, ao debater *as ideias sobre a desigualdade* no século XX.

6. Pobreza e desigualdade [pp. 227-64]

1. Thomas Piketty, op. cit., p. 78.
2. Com efeito, para se conhecer o nível de pobreza de uma cidade grande, basta fazer o percurso do aeroporto para os bairros centrais: as moradias populares dos países ricos são conjuntos habitacionais padronizados, condensados e distantes; mas nem se comparam à precariedade de favelas, com seus esgotos in natura e construções, às vezes, sob risco de desabamento.
3. Carlo Cipolla, apud Steven Pinker, *Enlightenment Now: The Case for Reason, Science, Humanism, and Progress*. Nova York: Penguin, 2019, cap. 8, para esta citação e a seguinte. [Ed. bras.: *O novo Iluminismo: Em defesa da razão, da ciência e do humanismo*. São Paulo: Companhia das Letras, 2018.]
4. Ibid.
5. Adam Smith, *A riqueza das nações*. São Paulo: WMF Martins Fontes, 2016, p. 8, para esta citação e a seguinte.
6. Ibid., p. 15.
7. Ibid.
8. Bernard Mandeville, apud António José Avelãs Nunes, op. cit., para esta citação e as seguintes.
9. Adam Smith, p. 18, para esta citação e a seguinte.
10. Ibid., p. 19.
11. Ibid., p. 567.
12. Ibid., para esta citação e a seguinte.
13. Ibid., p. 564
14. Ibid., p. 568.
15. F. A. Hayek, *O caminho da servidão*. São Paulo: Instituto Mises Brasil, 2010, cap. 1.
16. Ibid., cap. 3.
17. Ibid.

18. Steven Radelet, apud Steven Pinker, op. cit., cap. 8.
19. Thomas Piketty, op. cit., p. 14.
20. Branko Milanović, *Capitalismo sem rivais*, op. cit., p. 124.
21. Ibid., p. 203.
22. Ibid., p. 201.
23. Ibid., p. 106.
24. Ibid.
25. Ibid., p. 206.
26. Steven Pinker, op. cit., cap. 8.
27. Branko Milanović, *Capitalismo sem rivais*, op. cit., p. 284.
28. Thomas Piketty, op. cit., p. 50.
29. Ibid., p. 69.
30. Paul Krugman, op. cit.
31. Thomas Piketty, op. cit., p. 310.
32. Pedro H. G. Ferreira de Souza, *Uma história de desigualdade: A concentração de renda entre os ricos no Brasil, 1926-2013*. São Paulo: Hucitec; Anpocs, 2019, p. 225.
33. Adam Smith, op. cit., p. 17.
34. Ibid., p. 17.
35. Steven Pinker, op. cit., cap. 8.
36. Ibid.
37. Thomas Piketty, op. cit., p. 21.
38. Ibid., p. 31.
39. Ibid., p. 290.
40. Branko Milanović, *Capitalismo sem rivais*, op. cit., pp. 31 e 49.
41. Ibid., p. 137.
42. Ibid.
43. Walter Scheidel. *The Great Leveler: Violence and the History of Inequality from the Stone Age to the Twenty-First Century*. Princeton: Princeton University Press, 2017.
44. Thomas Piketty, op. cit., p. 369.
45. Ibid., p. 15, para esta citação e a seguinte.
46. A rigor, Marx chegou a conhecer o imposto de renda. Em suas notas críticas ao programa de Gotha, ele, entretanto, o rechaça: "Os impostos são a base econômica da maquinaria governamental, e nada mais. No Estado do futuro, já existente na Suíça, essa reivindicação está bastante realizada. O imposto sobre a renda pressupõe as diferentes fontes de renda das diferentes classes sociais, logo pressupõe a sociedade capitalista. Não é de estranhar, pois, que os *financial reformers* de Liverpool [...] formulem a mesma reivindicação que o programa" (Karl Marx, *Crítica ao programa de Gotha*, op. cit., p. 45). Ou seja, não é que Marx, em seus últimos anos, desconhecia o imposto de renda, e sim que

a perspectiva da distribuição de renda era insuficiente diante da perspectiva marxista, que ambicionava refundar as próprias bases produtivas da sociedade.
47. Ibid., p. 100.
48. Ibid., p. 493.
49. Ibid., pp. 486-95.
50. Ibid., p. 490.
51. Ibid., p. 424.
52. Ibid., p. 427.
53. Steven Pinker, op. cit., cap. 9.
54. Laura Carvalho, op. cit., p. 51.
55. André Singer, *Os sentidos do lulismo: Reforma gradual e pacto conservador*. São Paulo: Companhia das Letras, 2012, cap. 3.
56. Pedro H. G. Ferreira de Souza, op. cit., p. 169.
57. Ibid., p. 193.
58. Ibid., p. 353.
59. Ibid., p. 185, para esta citação e a seguinte.
60. Ibid., p. 187.
61. Ibid., p. 188.
62. Ibid., p. 198.
63. Ibid., p. 365.
64. Ibid., p. 162.
65. Ibid., p. 163.
66. Ibid., p. 224.
67. Ibid., p. 230
68. Ibid., p. 261.
69. Ibid., p. 365.
70. Marta Arretche, "Democracia e redução da desigualdade econômica no Brasil: A inclusão dos outsiders". *Revista Brasileira de Ciências Sociais*, São Paulo, v. 33, n. 96. Disponível em: <www.scielo.br/j/rbcsoc/a/Mtx4F43dy9YjLkf9k85Gg7F/?format=pdf&lang=pt>. Acesso em: 3 dez. 2021.
71. Ibid.
72. Ibid.
73. Ibid.
74. Ibid.
75. Ibid.
76. Roberto Campos, "Merquior, o liberista". In: José Guilherme Merquior, op. cit., p. 31.
77. Roberto Campos, apud Pedro H. G. Ferreira de Souza, op. cit., p. 106.
78. Steven Pinker, op. cit., cap. 9.
79. F. A. Hayek, op. cit., cap. 3.
80. Ibid., cap. 6.

81. Ibid.
82. Ibid., cap. 8.

7. As batalhas de Proteu e Eidoteia [pp. 265-94]

1. Antonio Cicero, *Finalidades sem fim*. São Paulo: Companhia das Letras, 2005, p. 216.
2. Ibid., p. 217.
3. Ibid., p. 218.
4. Ibid., p. 219.
5. Ibid., p. 222.
6. Ibid., p. 228.
7. Ibid.
8. Ibid., p. 229.
9. Ibid., p. 237.
10. Jacques Derrida, *A farmácia de Platão*. São Paulo: Iluminuras, 2020.
11. Antonio Cicero, *Finalidades sem fim*, op. cit., p. 238, para esta citação e a seguinte.
12. Michael Oakeshott, *Rationalism in Politics and Other Essays*. Indianápolis: Liberty Fund, 1991, p. 371, para esta citação e as seguintes.
13. Ibid., p. 371.
14. Ibid., p. 372.
15. Ibid.
16. Ibid., p. 371.
17. Ibid., p. 373.
18. Ibid., p. 379.
19. Ibid.
20. Zeev Sternhell, *The Anti-Enlightenment Tradition*. New Haven; Londres: Yale University Press, 2010, p. 1.
21. Embora em geral se considere que *Dois tratados do governo civil* seja uma obra de justificação dos acontecimentos de 1688, Locke, apesar de ver neles "um claro triunfo da liberdade sobre a tirania", também enxergou na Revolução Gloriosa "uma oportunidade perdida". Lá onde Burke percebia e louvava "a extraordinária moderação dos políticos ingleses", Locke lamentava o desperdício da oportunidade de "refundar a Constituição inglesa em bases mais racionais e legítimas, que reconhecessem sem ambiguidades os 'verdadeiros' fins do governo — a proteção dos direitos individuais, da liberdade do povo e da propriedade de todos os súditos — e se desembaraçasse de alguns arcaísmos de ordem prática e intelectual, que, no seu entender, a fragilizavam ou a impediam de assumir um caráter mais inequivocamente livre". Em John Locke, op. cit., p. XI.

22. Zeev Sternhell, op. cit., p. 15.
23. Ibid.
24. Ibid., p. 21.
25. Ibid., p. 8.
26. Estou de acordo com Roger Scruton, para quem o "nacionalismo, como uma ideologia, é perigoso apenas na medida em que as ideologias são perigosas". O nacionalismo como apego a laços comunitários psicoafetivos, estabelecidos em determinado território geográfico, linguístico e cultural, não necessariamente implica imperialismo, exclusão de minorias e outros problemas do nacionalismo exacerbado. Em Roger Scruton, *Como ser um conservador*. Rio de Janeiro: Record, 2019, p. 56.
27. Zeev Sternhell, op. cit., p. 89.
28. Ibid., p. 59.
29. Ibid., p. 27, para esta citação e a seguinte.
30. Edmund Burke, *Reflexões sobre a revolução na França*. São Paulo: Edipro, 2014, p. 43.
31. Yuval Levin, *O grande debate: Edmund Burke, Thomas Paine e o nascimento da esquerda e da direita*. São Paulo: Record, 2014, p. 86.
32. Edmund Burke, op. cit., p. 53. Nessa diretriz fundamental do conservadorismo há, diga-se de passagem, um princípio cumulativo a que o Brasil, infelizmente, se opõe; e não por propensão revolucionária, mas pela dificuldade, a um tempo, de preservar e de construir — como flagrou a conhecida imagem de Lévi-Strauss, em que a ruína se sobrepõe à construção, sem que muitas vezes se possa dizer o que é uma coisa e o que é outra.
33. John Locke, op. cit., p. 337.
34. Já vimos, entretanto, que sobre Locke pesam acusações tão ou mais graves de contradição entre ideias (universalistas) e prática (escravista).
35. Zeev Sternhell, op. cit., p. 235.
36. Ibid., p. 179, para esta citação e a seguinte.
37. Edmund Burke, op. cit., p. 155.
38. Ibid., p. 73.
39. Yuval Levin, op. cit., p. 154.
40. Michael Oakeshott, op. cit., p. 407.
41. Ibid., p. 408.
42. Ibid.
43. Ibid., p. 424.
44. Ibid., p. 426.
45. João Pereira Coutinho, "Dez notas para a definição de uma direita". In: *Por que virei à direita: Três intelectuais explicam sua opção pelo conservadorismo*. São Paulo: Três Estrelas, 2012, p. 29.

46. Ibid., p. 29.
47. Michael Oakeshott, op. cit., p. 6.
48. Ibid., p. 8.
49. Yuval Levin, op. cit., p. 53.
50. Raymond Aron, *O ópio dos intelectuais*. São Paulo: Três Estrelas, 2017, p. 333.
51. João Pereira Coutinho, op. cit., p. 33.
52. Thomas Paine, apud Yuval Levin, op. cit., p. 194.
53. Michael Oakeshott, op. cit., p. 436.
54. Ibid.
55. Ibid.
56. Thomas Paine, op. cit., p. 9.
57. João Pereira Coutinho, op. cit., p. 27.
58. Sigmund Freud, "O futuro de uma ilusão". In: *Obras incompletas de Sigmund Freud*, op. cit., p. 250.
59. Ibid., p. 262.
60. Ibid., p. 279.
61. Ricardo Mariano, "Laicidade à brasileira: Católicos, pentecostais e laicos em disputa na esfera pública". *Civitas*, Porto Alegre, v. 11, n. 2, maio-ago. 2011.
62. Ibid.
63. Josué Sylvestre, *Irmão vota em irmão: Os evangélicos, a Constituinte e a Bíblia*. Brasília: Pergaminho, 1986, apud Ricardo Mariano, op. cit.
64. Christina Vital e Paulo Victor Leite Lopes, *Religião e política: Uma análise da atuação de parlamentares evangélicos sobre direitos das mulheres e de LGBTs no Brasil*. Rio de Janeiro: Fundação Heinrich Boll; Iser, 2013, p. 20.
65. Ibid., p. 22.
66. Ricardo Mariano, op. cit.
67. José Casanova, apud Ricardo Mariano, op. cit.
68. Ibid.
69. Christina Vital e Paulo Victor Leite Lopes, op. cit., p. 50.
70. Ibid., p. 51.
71. Ibid.
72. Ibid., p. 36.
73. Ibid., p. 122.
74. Ibid., p. 133.
75. Ibid., p. 152.
76. Ibid., p. 43.
77. Ibid., p. 114.
78. Ibid., p. 122.
79. Ibid., p. 142.
80. Ricardo Mariano, op. cit.
81. Roger Scruton, op. cit., pp. 203-46.

82. Oscar Wilde, apud Roger Scruton, op. cit., p. 205.
83. Ibid., pp. 57-8.
84. Ibid., p. 207.
85. Ibid., p. 208.
86. Ibid., p. 209.
87. Ibid.
88. Ibid., p. 214.
89. Ibid., p. 215.

8. Universalismo por vir [pp. 295-344]

1. Francisco Bosco, op. cit.
2. Todos os trechos de Chimamanda Adichie citados a seguir constam do artigo "It Is Obscene: A True Reflection in Three Parts". O texto, publicado em 15 de junho de 2021, está disponível em <chimamanda.com>.
3. Miriam Dohlnikoff, *José Bonifácio: O patriarca vencido*. São Paulo: Companhia das Letras, 2012, cap. 6.
4. Ibid.
5. Ibid.
6. Ibid.
7. Ibid.
8. Ibid.
9. Abraham Lincoln, apud Antonio Risério, *A utopia brasileira e os movimentos negros*. São Paulo: Ed. 34, 2007, p. 47.
10. Ver Antonio Risério, *Em busca da nação*. Rio de Janeiro: Topbooks, 2020.
11. Miriam Dohlnikoff, op. cit., cap 6.
12. Mércio Gomes, *O Brasil inevitável: Ética, mestiçagem e borogodó*. Rio de Janeiro: Topbooks, 2019, p. 289.
13. Ibid.
14. Darcy Ribeiro, *O povo brasileiro: A formação e o sentido do Brasil*. São Paulo: Companhia das Letras, 1995, p. 20.
15. Ibid.
16. Ibid., p. 68.
17. Ibid., p. 80.
18. Ibid., p. 89.
19. Ibid., p. 90.
20. Ibid., p. 146.
21. Antonio Risério lembra que, nessas violentas expedições, havia uns poucos portugueses, muitos mamelucos e muitos indígenas — que se aliavam aos portugueses contra tribos inimigas. Ver Antonio Risério, *Em busca da nação*, op. cit.

22. Darcy Ribeiro, op. cit., p. 223.
23. Mércio Gomes, op. cit., p. 34.
24. Darcy Ribeiro, op. cit., p. 447.
25. Mércio Gomes, op. cit., p. 111.
26. Ibid., p. 267.
27. Antonio Risério, *Em busca da nação*, op. cit., pp. 377-8, para esta citação e a seguinte.
28. Gabriel Soares de Souza, apud Antonio Risério, *Em busca da nação*, op. cit., p. 378.
29. Antonio Risério, *Em busca da nação*, op. cit., p. 378.
30. Ibid., p. 379.
31. Tales Ab'Sáber escreveu essa verdadeira "história do não pensamento" que caracteriza a atitude intelectual das elites brasileiras diante da questão escravista. O ocultamento, em consequência, excluía os negros não apenas da comunidade social, econômica e de direitos (dimensão do Estado), mas também da comunidade imaginada aqui tratada (dimensão da nação). Ver: Tales Ab'Sáber, *O soldado antropofágico: Escravidão e não pensamento no Brasil*. No prelo.
32. Angela Alonso, *Flores, votos e balas: O movimento abolicionista brasileiro (1868-88)*. São Paulo: Companhia das Letras, 2015, p. 58.
33. É claro que o Estado é, em alguma medida, o reflexo da mentalidade da comunidade imaginada. Não há Estado racista e preconceituoso sem que haja uma sociedade racista e preconceituosa. Portanto, numa dinâmica de medidas dificilmente quantificáveis, a nação brasileira, a comunidade imaginada e desejada, é mestiça e racista a um só tempo.
34. O argumento aqui não é liberal estadofóbico: não se trata de defender um Estado menor, exaltando, em oposição, o mercado; mas de identificar o papel histórico do Estado no Brasil, de uma forma geral, guardadas exceções pontuais, é claro. Portanto, a oposição aqui não é Estado versus mercado, e sim instituições oficiais versus cultura popular.
35. Disponível em: <www.ufcg.edu.br/prt_ufcg/assessoria_imprensa/mostra_noticia.php?codigo=2417>. Acesso em: 3 dez. 2021.
36. Peter Fry e Yvonne Maggie, "Política social de alto risco". *O Globo*, 11 abr. 2006.
37. Antonio Risério, *A utopia brasileira e os movimentos negros*, op. cit., p. 422.
38. Ibid., p. 41.
39. Carlos Guilherme Mota, *Ideologia da cultura brasileira (1933-74)*. São Paulo: Ed. 34, 2008, p. 114.
40. Luiz Eduardo Soares, *O Brasil e seu duplo*. São Paulo: Todavia, 2019, p. 76.
41. Abdias do Nascimento, *O genocídio do negro brasileiro: Processo de um racismo mascarado*. São Paulo: Perspectiva, 2016, "Introdução".

42. Gilberto Freyre, apud Abdias do Nascimento, op. cit., cap. X.
43. Ibid.
44. Pierre Verger, apud Abdias do Nascimento, op. cit., cap. II.
45. Abdias do Nascimento, op. cit., cap. V.
46. Amiri Baraka, apud Asad Haider, *Mistaken Identity: Race and Class in the Age of Trump*. Nova York: Verso, 2018, p. 71.
47. Frantz Fanon, *Pele negra, máscaras brancas*. Salvador: Edufba, 2018, p. 69.
48. Sigmund Freud, "Psicologia das massas e análise do eu", op. cit.
49. Na literatura psicanalítica de matriz freudiana e lacaniana, há certa confusão ou oscilação entre os termos "eu ideal" e "ideal do eu" (ou "ideal do ego"). Costumo trabalhar com a distinção proposta por Žižek, para quem o *eu ideal* designa "a imagem autoidealizada do sujeito", pela qual o eu gostaria de ser reconhecido e orientada por determinado ideal inconsciente; enquanto o *ideal do eu* designa "a instância cujo olhar trato de impressionar com a imagem de meu eu", o grande Outro que me olha e me impele a dar o melhor de mim (ver Slavoj Žižek, *Como ler a Lacan*. Buenos Aires: Paidós, 2008, p. 88). No parágrafo acima, entretanto, os dois termos se confundem.
50. Neusa Santos Souza, *Tornar-se negro: Ou as vicissitudes da identidade do negro brasileiro em ascensão social*. Rio de Janeiro: Graal, 1983, pp. 33-44.
51. Ibid.
52. Ver Francisco Bosco, op. cit.
53. Douglas Rodrigues Barros, *Lugar de negro, lugar de branco?: Esboço para uma crítica à metafísica racial*. São Paulo: Hedra, 2019, p. 113.
54. Abdias do Nascimento, op. cit., "Introdução".
55. Antonio Cicero, "Brasil feito brasa". Texto pronunciado na Literaturhaus de Frankfurt, por ocasião da Feira Internacional do Livro, em outubro de 1994.
56. Achille Mbembe, *Crítica da razão negra*, op. cit., p. 73.
57. Abdias do Nascimento, op. cit., cap. V, para esta citação e as seguintes.
58. Ibid.
59. Ibid.
60. Ibid.
61. Ao mesmo tempo, pelo fato de as transformações econômicas e sociais serem mais difíceis de se obter, o movimento acaba voltando sua agenda para a cultura, tentando resolver nessa dimensão, mais viável, o problema de fundo — o que torna essa agenda, em certa medida, compensatória.
62. Chantal Mouffe, op. cit., p. 63.
63. Douglas Rodrigues Barros, op. cit., p. 77.
64. Ver Robin DiAngelo, *White Fragility: Why It's So Hard for White People to Talk about Racism*. Boston: Beacon Press, s.d.

65. Kwame Anthony Appiah, "There Is No Such Thing as Western Civilization". *The Guardian*, 9 nov. 2016. Disponível em: <www.theguardian.com/world/2016/nov/09/western-civilisation-appiah-reith-lecture>. Acesso em: 3 dez. 2021.
66. Ibid., para esta citação e as seguintes.
67. Ver Davi Kopenawa e Bruce Albert, *A queda do céu: Palavras de um xamã yanomami*. São Paulo: Companhia das Letras, 2015.
68. Douglas Rodrigues Barros, op. cit., p. 78.
69. Ernest Gellner, apud Antonio Risério, *Em busca da nação*, op. cit., p. 59.
70. Ibid.
71. Darcy Ribeiro, apud Mércio Gomes, op. cit., p. 34.
72. Luiz Eduardo Soares, op. cit., p. 71.
73. Ibid., p. 60.
74. Ibid., p. 75.
75. O que chamo de recusa universal do universalismo abrange, portanto, qualquer forma de universalismo, mesmo aqueles por vir, baseados em uma comunidade de objetivos políticos, como defenderei adiante. A recusa a essa comunidade está inscrita em diversas premissas e palavras de ordem identitárias, como as que analisei aqui ("a vítima tem sempre razão", as cartadas ad hominem etc.). Nesse sentido, Luiz Eduardo Soares incorre em um equívoco frequente, ao chamar de meros "excessos" os "absurdos de fato perpetrados" pelos movimentos identitários (ibid., p. 70). Chamá-los de "excessos" significa considerá-los *exceções* — e, contudo, como tenho procurado demonstrar, esses "absurdos de fato perpetrados" não são de modo algum casos isolados, mas decorrências lógicas de premissas erradas. E, como tais, tendem antes a se tornar regra do que exceção.
76. Chamo aqui de anticapitalistas as posições de origem marxista, logo indissociáveis da defesa da anulação do capitalismo. Ruy Fausto, entretanto, entende o termo de outra maneira: "Ser anticapitalista não é ser contra o Estado, ainda que todo projeto legítimo de esquerda passe por uma crítica do Estado na sua forma atual. Também não se trata de visar à liquidação de toda propriedade privada. Poder-se-ia dizer também que não se pretende eliminar toda propriedade privada dos meios de produção, o que implica validar a existência de alguma forma de capital. [...] O objetivo da política de esquerda deve ser a neutralização do capital, tanto extensiva quanto intensivamente (ele não pode entrar em qualquer lugar e o seu peso tem que ser limitado). É o grande capital que se tem em mira". Logo, o que ele chama de anticapitalista é o que chamo de contracapitalista. Ver Ruy Fausto, op. cit., p. 41.
77. Mark Lilla, *De esquerda, agora e sempre: Para além das políticas identitárias*. Lisboa: Tinta-da-china, 2018, p. 14. [Ed. bras.: *O progressista de ontem e o*

do amanhã: Desafios da democracia liberal no mundo pós-políticas identitárias. São Paulo: Companhia das Letras, 2018.]
78. Ibid., p. 18.
79. Ibid., p. 89.
80. Ibid., p. 96.
81. Ibid.
82. Asad Haider, op. cit., p. 37.
83. Ibid., p. 36.
84. Ibid., p. 109.
85. Ibid., p. 110.
86. Ibid., p. 113.
87. Vladimir Safatle, *A esquerda que não teme dizer seu nome*. São Paulo: Três Estrelas, 2012, p. 21. Registre-se que, mais recentemente, Safatle parece ter revisto a sua posição, acatando a perspectiva identitária. Ver seu artigo "Identitarismo branco". *El País*, 4 set. 2020. Disponível em: <brasil.elpais.com/opiniao/2020-09-04/identitarismo-branco.html>. Acesso em: 3 dez. 2021.
88. Ibid., p. 21.
89. Ibid., p. 27.
90. Ibid., p. 28.
91. Clóvis Moura, *Sociologia do negro brasileiro*. São Paulo: Perspectiva, 2019, cap. 2.
92. Ibid.
93. Ibid., cap. 1.
94. Ibid., cap. 2.
95. Ibid.
96. Douglas Rodrigues Barros, op. cit., p. 137.
97. Ibid., p. 139.
98. Ibid., p. 135.
99. Karl Jaspers, *A questão da culpa: A Alemanha e o nazismo*. São Paulo: Todavia, 2018, p. 13.
100. Desenvolvi mais esse duplo sentido do significante comunidade em conversa com Guilherme Wisnik. In: Guilherme Wisnik e Tuca Vieira (Orgs.), *Futuros em gestação: Cidade, política e pandemia*. São Paulo: Escola da Cidade. No prelo.
101. Eldridge Cleaver, apud Antonio Risério, *Sobre o relativismo pós-moderno e a fantasia fascista da esquerda identitária*. Rio de Janeiro: Topbooks, 2019, p. 81.
102. Asad Haider, op. cit., p. 71. Em inglês, "*You can help by dying. You are a cancer*", não fica claro se o pronome pessoal está no singular ou no plural.
103. Karl Jaspers, op. cit., p. 32.

104. Ibid.
105. Ibid., p. 33.
106. O termo hegeliano, em geral traduzido pelo neologismo "suprassunção", designa o movimento dialético em que uma etapa, quando negada, não é simplesmente anulada, mas *afirmada por meio de sua negação*.
107. Frantz Fanon, op. cit., p. 28.
108. Ibid., p. 26.
109. Douglas Rodrigues Barros, op. cit., p. 48.
110. Frantz Fanon, op. cit., p. 87.
111. Ibid., p. 189.
112. Ibid., p. 187.
113. Jean-Paul Sartre, "Orphée noir". In: Léopold Sédar Senghor (Org.), *Anthologie de la nouvelle poésie nègre et malgache de langue française*. Paris: PUF, 1948.
114. Asad Haider, op. cit., p. 9.
115. Sonia Guajajara, apud Heloísa Buarque de Hollanda (Org.), *Explosão feminista: Arte, cultura, política e universidade*. São Paulo: Companhia das Letras, 2018, p. 302.
116. Ibid., p. 346
117. Angela Davis, *Mulheres, raça e classe*. São Paulo: Boitempo, 2016, cap. XI.
118. Asad Haider, op. cit., p. 4.
119. Antonio Risério, *Em busca da nação*, op. cit., p. 263.
120. Achille Mbembe, *Crítica da razão negra*, op. cit., p. 305.

Epílogo [pp. 345-9]

1. Anthony Giddens, op. cit., p. 7.
2. Ibid., p. 35.
3. Ibid.
4. Ibid.
5. Um estudo de referência a esse respeito é o de Christopher Lasch, que descreve uma mudança no sentido de um esvaziamento do espírito público em privilégio de uma gama de práticas de autocuidado. Ver: Christopher Lasch, *A cultura do narcisismo: A vida americana numa era de esperanças em declínio*. Rio de Janeiro: Imago, 1993.
6. Anthony Giddens, op. cit., ver pp. 55 e 74, respectivamente.
7. Ibid., p. 80.
8. Ibid., p. 117.
9. Ibid.
10. Ibid., p. 54.

Referências bibliográficas

AB'SÁBER, Tales. *O soldado antropofágico: Escravidão e não pensamento no Brasil*. No prelo.
ABRANCHES, Sérgio. *Presidencialismo de coalizão: Raízes e evolução do modelo político brasileiro*. São Paulo: Companhia das Letras, 2018.
_____. *O tempo dos governantes incidentais*. São Paulo: Companhia das Letras, 2020.
ADICHIE, Chimamanda. "It Is Obscene: A True Reflection in Three Parts". Disponível em: <chimamanda.com>. Acesso em: 18 fev. 2022.
ALMEIDA, Alberto Carlos. *A cabeça do brasileiro*. Rio de Janeiro: Record, 2007.
ALMEIDA, Marco Rodrigo. "Morte da democracia virou bordão para atrair imprensa, diz autor". *Folha de S.Paulo*, 11 maio 2019. Disponível em: <www1.folha.uol.com.br/ilustrissima/2019/05/morte-da-democracia-virou-bordao-para-atrair-imprensa-diz-autor.shtml>. Acesso em: 3 dez. 2021.
ALONSO, Angela. *Flores, votos e balas: O movimento abolicionista brasileiro (1868-88)*. São Paulo: Companhia das Letras, 2015.
APPIAH, Kwame Anthony. "There Is No Such Thing as Western Civilization". *The Guardian*, 9 nov. 2016. Disponível em: <www.theguardian.com/world/2016/nov/09/western-civilisation-appiah-reith-lectureI>. Acesso em: 3 dez. 2021.
ARENDT, Hannah. *Origens do totalitarismo*. São Paulo: Companhia das Letras, 2012.
_____. *Liberdade para ser livre*. Rio de Janeiro: Bazar do Tempo, 2018.
ARISTÓTELES, *A política*. Lisboa: Editorial Presença, 1965.
ARON, Raymond. *O ópio dos intelectuais*. São Paulo: Três Estrelas, 2017.
ARRETCHE, Marta. "Democracia e redução da desigualdade econômica no Brasil: A inclusão dos outsiders". *Revista Brasileira de Ciências Sociais*, São Paulo, v. 33, n. 96. Disponível em: <www.scielo.br/j/rbcsoc/a/Mtx4F43dy9YjLkf9k85Gg7F/?format=pdf&lang=pt>. Acesso em: 3 dez. 2021.
_____; MARQUES, Eduardo; FARIA, Carlos Aurélio Pimenta de. *As políticas da política: Desigualdades e inclusão nos governos do PSDB e do PT*. São Paulo: Unesp, 2019.
AVELAR, Idelber. *Eles em nós: Retórica e antagonismo político no Brasil do século XXI*. Rio de Janeiro: Record, 2021.

BARROS, Celso Rocha de. "O Brasil e a recessão democrática: Como o cenário político global ajuda a entender a nossa crise — e vice-versa". In: LISBOA, Marcos; PESSÔA, Samuel. *O valor das ideias: Debate em tempos turbulentos*. São Paulo: Companhia das Letras, 2019.

_____. "Recessão democrática: Resposta a Samuel e Marcos". In: LISBOA, Marcos; PESSÔA, Samuel. *O valor das ideias: Debate em tempos turbulentos*. São Paulo: Companhia das Letras, 2019.

BARROS, Douglas Rodrigues. *Lugar de negro, lugar de branco?: Esboço para uma crítica à metafísica racial*. São Paulo: Hedra, 2019.

BENJAMIN, Walter. *Obras escolhidas: Magia e técnica, arte e política*. São Paulo: Brasiliense, 1996.

BERLIN, Isaiah. *Estudos sobre a humanidade: Uma antologia de ensaios*. São Paulo: Companhia das Letras, 2002.

BOBBIO, Norberto. *Qual socialismo?: Debate sobre uma alternativa*. São Paulo: Paz e Terra, 1983.

_____. *Direita e esquerda: Razões e significados de uma distinção política*. São Paulo: Editora da Unesp, 1995.

_____. *A era dos direitos*. Rio de Janeiro: Elsevier, 2004.

BOSCO, Francisco. *A vítima tem sempre razão?: Lutas identitárias e o novo espaço público brasileiro*. São Paulo: Todavia, 2017.

BRAGON, Ranier. "Petistas estimulam tese fantasiosa de que facada de Adélio em Bolsonaro foi forjada". *Folha de S.Paulo*, 16 set. 2021. Disponível em: <www1.folha.uol.com.br/poder/2021/09/petistas-estimulam-tese-fantasiosa-de-que-facada-de-adelio-em-bolsonaro-foi-forjada.shtml>. Acesso em: 3 dez. 2021.

BUCK-MORSS, Susan. "Hegel e o Haiti". Disponível em: < www.scielo.br/j/nec/a/Rms6hs73V39nPnYsv44Z93n/?lang=pt>. Acesso em: 3 dez. 2021.

BURKE, Edmund. *Reflexões sobre a revolução na França*. São Paulo: Edipro, 2014.

CALLIGARIS, Contardo. *Hello Brasil!: Notas de um psicanalista europeu viajando ao Brasil*. São Paulo: Escuta, 2000.

CARDOSO, Fernando Henrique. "Paciência histórica: Que movimentos e partidos poderão materializar um radicalismo de centro?". *O Estado de S. Paulo*, 4 nov. 2018. Disponível em: <opiniao.estadao.com.br/noticias/geral,paciencia-historica,70002583368>. Acesso em: 3 dez. 2021.

CARVALHO, Laura. *Valsa brasileira: Do boom ao caos econômico*. São Paulo: Todavia, 2017.

CARVALHO, Olavo de. *O imbecil coletivo: Atualidades inculturais brasileiras*. Rio de Janeiro: Faculdade da Cidade, 1999.

_____. *A nova era e a revolução cultural: Fritjof Capra & Antonio Gramsci*. 4. ed. São Paulo: Vide, 2016.

CASTRO, Celso (Org.). *General Villas Bôas: Conversa com o comandante*. Rio de Janeiro: FGV Editora, 2021.

CHACON, Vamireh. *História dos partidos brasileiros: Discurso e práxis dos seus programas*. Brasília: Editora UnB, 1981.

CICERO, Antonio. "Brasil feito brasa". Texto pronunciado na Literaturhaus de Frankfurt, por ocasião da Feira Internacional do Livro, em outubro de 1994.

_____. *Finalidades sem fim*. São Paulo: Companhia das Letras, 2005.

COSTA, Ana Clara. "O centro radical: FHC diz que eleição explodiu o sistema, afirma que 'fascismo' e 'comunismo' são apenas fantasmas e que partido sem conexão com a sociedade estará liquidado". *Veja*, 30 nov. 2018. Disponível em: <veja.abril.com.br/politica/o-centro-radical/>. Acesso em: 3 dez. 2021.

COUTINHO, João Pereira. *Por que virei à direita: Três intelectuais explicam sua opção pelo conservadorismo*. São Paulo: Três Estrelas, 2012.

CRANSTON, Maurice. "Introdução". In: ROUSSEAU, Jean-Jacques. *Do contrato social*. São Paulo: Penguin Classics Companhia das Letras, 2011.

DAVIS, Angela. *Mulheres, raça e classe*. São Paulo: Boitempo, 2016.

DERRIDA, Jacques. *A farmácia de Platão*. São Paulo: Iluminuras, 2020.

DIANGELO, Robin. *White Fragility: Why It's So Hard for White People to Talk about Racism*. Boston: Beacon Press, [s.d.].

DIDI-HUBERMAN, Georges. *Diante do tempo: História da arte e anacronismo das imagens*. Belo Horizonte: Editora UFMG, 2015.

DOHLNIKOFF, Miriam. *José Bonifácio: O patriarca vencido*. São Paulo: Companhia das Letras, 2012.

DUFLO, Esther; BANERJEE, Abhijit. *Boa economia para tempos difíceis*. Rio de Janeiro: Zahar, 2020.

DWECK, Esther; TEIXEIRA, Rodrigo Alves. "A política fiscal do governo Dilma e a crise econômica". *Texto para Discussão*, Unicamp, n. 303, jun. 2017.

EATWELL, Roger; GOODWIN, Matthew. *National Populism: The Revolt Against Liberal Democracy*. Londres: Pelican, 2018.

ECO, Umberto. *The Limits of Interpretation*. Indianapolis: Indiana University Press, 1994. [Ed. bras.: *Os limites da interpretação*. São Paulo: Perspectiva, 2010.]

ENGELS, Friedrich. *A origem da família, da propriedade privada e do Estado*. Rio de Janeiro: Civilização Brasileira, 1984.

FANON, Frantz. *Pele negra, máscaras brancas*. Salvador: Edufba, 2018.

FAUSTO, Ruy. *Caminhos da esquerda: Elementos para uma reconstrução*. São Paulo: Companhia das Letras, 2017.

FITZPATRICK, Sheila. *A Revolução Russa*. São Paulo: Todavia, 2017.

FRAGA, Arminio. "Estado, desigualdade e crescimento no Brasil". *Novos Estudos Cebrap*, São Paulo, v. 38, n. 3, set.-dez., 2019.

FREUD, Sigmund. *Obras incompletas de Sigmund Freud — Cultura, sociedade, religião: O mal-estar na cultura e outros escritos*. Belo Horizonte: Autêntica, 2020.

FRY, Peter; MAGGIE, Yvonne. "Política social de alto risco". *O Globo*, 11 abr. 2006.

FUREDI, Frank. "What Next for the Populist Revolt?". *Spiked*, 28 dez. 2018.

GALLEGO, Esther Solano. *O ódio como política: A reinvenção das direitas no Brasil*. São Paulo: Boitempo, 2018.

GASPAR, Malu. *A organização: A Odebrecht e o esquema de corrupção que chocou o mundo*. São Paulo: Companhia das Letras, 2020.

GASPARI, Elio. *A ditadura envergonhada*. Rio de Janeiro: Intrínseca, 2014.

GIDDENS, Anthony. *A terceira via: Reflexões sobre o impasse político atual e o futuro da social-democracia*. Rio de Janeiro: Record, 1999.

GOMES, Mércio. *O Brasil inevitável: Ética, mestiçagem e borogodó*. Rio de Janeiro: Topbooks, 2019.

GOMES, Wilson. *Crônica de uma tragédia anunciada: como a extrema direita chegou ao poder*. Salvador: Sagga, 2020.

GORDON, Flávio. *A corrupção da inteligência: Intelectuais e poder no Brasil*. Rio de Janeiro: Record, 2017.

GRAMSCI, Antonio. *Cadernos do cárcere, volume 1*. Rio de Janeiro: Civilização Brasileira, 2020.

HAIDER, Asad. *Mistaken Identity: Race and Class in the Age of Trump*. Nova York: Verso, 2018.

HAYEK, F. A. *O caminho da servidão*. São Paulo: Instituto Mises Brasil, 2010.

HOBHOUSE, Leonard. *Liberalism*. Londres: Oxford University Press, [1911].

HOLLANDA, Heloísa Buarque de (Org.). *Explosão feminista: Arte, cultura, política e universidade*. São Paulo: Companhia das Letras, 2018.

HONNETH, Axel. *Luta por reconhecimento: A gramática moral dos conflitos sociais*. São Paulo: Ed. 34, 2003.

JASPERS, Karl. *A questão da culpa: A Alemanha e o nazismo*. São Paulo: Todavia, 2018.

JORGE, Álvaro Palma de. *Supremo interesse: A evolução dos processos de escolha dos ministros do STF*. Rio de Janeiro: Synergia, 2020.

KANT, Immanuel. *Crítica da razão prática*. Petrópolis: Vozes, 2016.

KOPENAWA, Davi; ALBERT, Bruce. *A queda do céu: Palavras de um xamã yanomami*. São Paulo: Companhia das Letras, 2015.

KRUGMAN, Paul. "Bernie Sanders e o mito do 1%". *Folha de S.Paulo*, 23 abr. 2019. Disponível em: <www1.folha.uol.com.br/colunas/paulkrugman/2019/04/bernie-sanders-e-o-mito-do-1.shtml>. Acesso em: 3 dez. 2021.

LACLAU, Ernesto. *La razón populista*. Buenos Aires: FCE, 2005.

_____; MOUFFE, Chantal. *Hegemonia y estrategia socialista: Hacia una radicalización de la democracia*. Buenos Aires: FCE, 2004.

LAGO, Miguel. "Batalhadores do Brasil...". *piauí*, n. 176, maio 2021.

LASCH, Christopher. *A cultura do narcisismo: A vida americana numa era de esperanças em declínio*. Rio de Janeiro: Imago, 1993.

LÊNIN, Vladímir Ilitch. *Que fazer?*. São Paulo: Hucitec, 1988.

_____. *O Estado e a revolução: A doutrina do marxismo sobre o Estado e as tarefas do proletariado na revolução*. São Paulo: Boitempo, 2017.

LEVIN, Yuval. *O grande debate: Edmund Burke, Thomas Paine e o nascimento da esquerda e da direita*. São Paulo: Record, 2014.

LEWIN, Moshe. *O século soviético: Da revolução de 1917 ao colapso da URSS*. Rio de Janeiro: Record, 2007.

LILLA, Mark. *The Reckless Mind: Intellectuals in Politics*. Nova York: The New York Review of Books, 2003. [Ed. bras.: *A mente imprudente: Os intelectuais na atividade política*. Rio de Janeiro: Record, 2017.]

_____. *De esquerda, agora e sempre: Para além das políticas identitárias*. Lisboa: Tinta-da-china, 2018. [Ed. bras.: *O progressista de ontem e o do amanhã: Desafios da democracia liberal no mundo pós-políticas identitárias*. São Paulo: Companhia das Letras, 2018.]

LISBOA, Marcos; PESSÔA, Samuel. *O valor das ideias: Debate em tempos turbulentos*. São Paulo: Companhia das Letras, 2019.

LLOSA, Mario Vargas. *O chamado da tribo: Grandes pensadores para o nosso tempo*. Rio de Janeiro: Objetiva, 2019.

LOCKE, John. *Dois tratados sobre o governo civil*. Lisboa: Edições 70, 2015.

LOSURDO, Domenico. *Contra-história do liberalismo*. São Paulo: Ideias & Letras, 2006.

_____. "Para uma crítica da categoria de totalitarismo". *Crítica Marxista*, Campinas, n. 17, pp. 51-79, 2003. Disponível em: <www.ifch.unicamp.br/criticamarxista/arquivos_biblioteca/critica17-A-losurdo.pdf>. Acesso em: 3 dez. 2021.

LÖWY, Michael. "Sujeito e objeto: Marx e Engels como sociólogos da religião". *Lua Nova, Revista de Cultura e Política*, São Paulo, n. 43, 1998.

LYNCH, Christian. *Da monarquia à oligarquia: História institucional e pensamento político brasileiro (1822-1930)*. São Paulo: Alameda, 2014.

_____. "Bolsonaro expõe autoritarismo de neoliberais e nova 'jornada de otários' de liberais". *Folha de S.Paulo*, 20 mar. 2021. Disponível em: <www1.folha.uol.com.br/ilustrissima/2021/03/bolsonaro-expoe-autoritarismo-de-neoliberais-e-nova-jornada-de-otarios-de-liberais.shtml>. Acesso em: 3 dez. 2021.

MARIANO, Ricardo. "Laicidade à brasileira: Católicos, pentecostais e laicos em disputa na esfera pública". *Civitas*, Porto Alegre, v. 11, n. 2, maio-ago. 2011.

MARQUES, Raquel. "Chegamos ao ponto em que é possível cancelar um mandato nas redes sociais". *Folha de S.Paulo*, 3 fev. 2021. Disponível em: <www1.folha.uol.com.br/ilustrissima/2021/02/chegamos-ao-ponto-em-que-e-possivel-cancelar-um-mandato-nas-redes-sociais.shtml>. Acesso em: 3 dez. 2021.

MARX, Karl. *A guerra civil na França*. São Paulo: Boitempo, 2011.

_____. *O 18 de brumário de Luís Bonaparte*, São Paulo: Boitempo, 2011.

_____. *Crítica ao programa de Gotha*. São Paulo: Boitempo, 2012.

_____; ENGELS, Friedrich, *A ideologia alemã*. São Paulo: Boitempo, 2007.

MBEMBE, Achille. *Crítica da razão negra*. São Paulo: n-1 Edições, 2018.

_____. *Necropolítica*. São Paulo: n-1 Edições, 2018.

MERQUIOR, José Guilherme. *O liberalismo antigo e moderno*. São Paulo: É Realizações, 2014.

MIGUEL, Luis Felipe. "A reemergência da direita brasileira". In: GALLEGO, Esther Solano. *O ódio como política: A reinvenção das direitas no Brasil*. São Paulo: Boitempo, 2018.

MILANOVIĆ, Branko. "Why We All Care about Inequality (But Are Loath to Admit It)". *Challenge*, v. 50, n. 6, nov.-dez. 2007.

_____. *Capitalismo sem rivais: O futuro do sistema que domina o mundo*. São Paulo: Todavia, 2020.

MONTEIRO, Tânia. "'Não temos intenção de proteger ninguém à margem da lei', diz chefe da Aeronáutica sobre corrupção entre militares". *O Globo*, 9 jul. 2021. Disponível em: <oglobo.globo.com/brasil/nao-temos-intencao-de-proteger-ninguem-margem-da-lei-diz-chefe-da-aeronautica-sobre-corrupcao-entre-militares-1-25099232>. Acesso em: 3 dez. 2021.

MONTESQUIEU, Charles-Louis de Secondat. *Do espírito das leis*. São Paulo: Edipro, 2004.

MOTA, Carlos Guilherme. *Ideologia da cultura brasileira (1933-74)*. São Paulo: Ed. 34, 2008.

MOUFFE, Chantal. *Por un populismo de izquierda*. Buenos Aires: Siglo Veintiuno, 2019.

MOURA, Clóvis. *Sociologia do negro brasileiro*. São Paulo: Perspectiva, 2019.

NASCIMENTO, Abdias do. *O genocídio do negro brasileiro: Processo de um racismo mascarado*. São Paulo: Perspectiva, 2016.

NETTO, José Paulo. *O que é marxismo?*. São Paulo: Brasiliense, 2006.

NIETZSCHE, Friedrich. *La Généalogie de la morale*. Paris: Gallimard, 1997. [Ed. bras.: *Genealogia da moral*. Trad. de Paulo César de Souza. São Paulo: Companhia das Letras, 2009.]

NOBRE, Marcos. *Imobilismo em movimento: Da abertura democrática ao governo Dilma*. São Paulo: Companhia das Letras, 2013.

NOVAES, Adauto (Org.). *Vida vício virtude*. São Paulo: Editora Senac; Edições Sesc, 2009.

NOZICK, Robert. *Anarchy, State, and Utopia.* Nova York: Basic Books, 2013. [Ed. bras.: *Anarquia, Estado e utopia.* São Paulo: WMF Martins Fontes, 2011.]

NUNES, António José Avelãs. "A filosofia social de Adam Smith". *Prim@ Facie, International Journal,* v. 4, n. 6, 2005.

NUNES, Rodrigo. "Todo lado tem dois lados: Sobre a ideia de polarização". *Serrote,* n. 34, 2020.

O mês que não terminou. Documentário, 90 min. Direção: Francisco Bosco e Raul Mourão, 2019.

OAKESHOTT, Michael. *Rationalism in Politics and Other Essays.* Indianápolis: Liberty Fund, 1991.

ORTEGA Y GASSET, José. *A rebelião das massas.* Ridendo Castigat Mores, [s.d.].

PAIM, Antonio. *História do liberalismo brasileiro.* São Paulo: LVM, 2018.

PAINE, Thomas. *Os direitos do homem: Uma resposta ao ataque do sr. Burke à Revolução Francesa.* Rio de Janeiro: Vozes, 2019.

PAULA, Luiz Fernando de; JABBOUR, Elias M. Khalil, "Texto rebate críticas aos economistas heterodoxos de Lisboa e Pessôa". In: LISBOA, Marcos; PESSÔA, Samuel. *O valor das ideias: Debate em tempos turbulentos.* São Paulo: Companhia das Letras, 2019.

PESSÔA, Samuel. "O contrato social da redemocratização". Disponível em: <www.schwartzman.org.br/simon/agenda7.pdf>. Acesso em: 3 dez. 2021.

PIKETTY, Thomas. *O capital no século XXI.* São Paulo: Intrínseca, 2014.

PINKER, Steven. *Enlightenment Now: The Case for Reason, Science, Humanism, and Progress.* Nova York: Penguin, 2019. [Ed. bras.: *O novo Iluminismo: Em defesa da razão, da ciência e do humanismo.* São Paulo: Companhia das Letras, 2018.]

RAWLS, John. *Uma teoria da justiça.* São Paulo: Martins Fontes, 2016.

REDE BRASIL ATUAL. "Novas conversas divulgadas evidenciam conluio entre procuradores e Sergio Moro". *Rede Brasil Atual,* 1 fev. 2021. Disponível em: <www.redebrasilatual.com.br/politica/2021/02/conversas-moro-dallagnol-relacao-suspeita/>. Acesso em: 3 dez. 2021.

RENAN, Ernest. "Qu'Est-Ce qu'une Nation?", 1882. Disponível em: <www.iheal.univ-paris3.fr/sites/www.iheal.univ-paris3.fr/files/Renan_-_Qu_est-ce_qu_une_Nation.pdf>. Acesso em: 18 fev. 2022.

RIBEIRO, Darcy. *O povo brasileiro: A formação e o sentido do Brasil.* São Paulo: Companhia das Letras, 1995.

RISÉRIO, Antonio. *A utopia brasileira e os movimentos negros.* São Paulo: Ed. 34, 2007.

_____. *Sobre o relativismo pós-moderno e a fantasia fascista da esquerda identitária.* Rio de Janeiro: Topbooks, 2019.

_____. *Em busca da nação.* Rio de Janeiro: Topbooks, 2020.

ROCHA, Camila. *Menos Marx, mais Mises: O liberalismo e a nova direita no Brasil*. São Paulo: Todavia, 2021.

RODRIGUES, José Honório. *Conciliação e reforma no Brasil: Um desafio histórico-político*. Rio de Janeiro: Civilização Brasileira, 1965.

ROUSSEAU, Jean-Jacques. *Do contrato social*. São Paulo: Penguin Classics Companhia das Letras, 2011.

SAFATLE, Vladimir. *A esquerda que não teme dizer seu nome*. São Paulo: Três Estrelas, 2012.

_____. "Identitarismo branco". *El País*, 4 set. 2020. Disponível em: <brasil.elpais.com/opiniao/2020-09-04/identitarismo-branco.html>. Acesso em: 3 dez. 2021.

SARTRE, Jean-Paul. "Orphée noir". In: SENGHOR, Léopold Sédar (Org.). *Anthologie de la nouvelle poésie nègre et malgache de langue française*. Paris: PUF, 1948.

SCHEIDEL, Walter. *The Great Leveler: Violence and the History of Inequality from the Stone Age to the Twenty-First Century*. Princeton: Princeton University Press, 2017.

SCHMITT, Carl. *The Crisis of Parliamentary Democracy*. Cambridge (EUA): MIT Press, 2000.

SCHWARTZ, Lilia M.; STARLING, Heloisa M. *Brasil: Uma biografia*. São Paulo: Companhia das Letras, 2018.

SCHWARTZ, Roberto. *As ideias fora do lugar: Ensaios selecionados*. São Paulo: Companhia das Letras, 2014.

SCRUTON, Roger. *Como ser um conservador*. Rio de Janeiro: Record, 2019.

SILVA, Luiz Inácio Lula da. *A verdade vencerá: O povo sabe por que me condenam*. São Paulo: Boitempo, 2018.

SINGER, André. *Os sentidos do lulismo: Reforma gradual e pacto conservador*. São Paulo: Companhia das Letras, 2012.

SMITH, Adam. *A riqueza das nações*. São Paulo: WMF Martins Fontes, 2016.

SOARES, Luiz Eduardo. *O Brasil e seu duplo*. São Paulo: Todavia, 2019.

SOUZA, Neusa Santos. *Tornar-se negro: Ou as vicissitudes da identidade do negro brasileiro em ascensão social*. Rio de Janeiro: Graal, 1983.

SOUZA, Pedro H. G. Ferreira de. *Uma história de desigualdade: A concentração de renda entre os ricos no Brasil, 1926-2013*. São Paulo: Hucitec; Anpocs, 2019.

STARLING, Heloisa M. *Ser republicano no Brasil Colônia: A história de uma tradição esquecida*. São Paulo: Companhia das Letras, 2018.

STERNHELL, Zeev. *The Anti-Enlightenment Tradition*. New Haven; Londres: Yale University Press, 2010.

SYLVESTRE, Josué. *Irmão vota em irmão: Os evangélicos, a Constituinte e a Bíblia*. Brasília: Pergaminho, 1986.

TEODORO, Plinio. "Vaza Jato: 'O sítio é do Lula, porque a roupa da mulher era muito brega', disse Januário Paludo". *Fórum*, 3 fev. 2021. Disponível em: <revistaforum.com.br/politica/vaza-jato/2021/2/3/vaza-jato-o-sitio-do-lula-porque-roupa-de-mulher-era-muito-brega-disse-januario-paludo-90828.html>. Acesso em: 3 dez. 2021.

TOCQUEVILLE, Alexis de. *La Démocratie en Amérique*. Paris: Flammarion, 1981. [Ed. bras.: *A democracia na América*. São Paulo: Edipro, 2019.]

VALIM, Rafael. "O caso Lula e o fracasso da justiça brasileira". In: SILVA, Luiz Inácio Lula da. *A verdade vencerá: O povo sabe por que me condenam*. São Paulo: Boitempo, 2018.

VERMEULE, Adrian. "Liberalism's Fear". *The Josias*, 9 maio 2018. Disponível em: <thejosias.com/2018/05/09/liberalisms-fear/>. Acesso em: 3 dez. 2021.

VITAL, Christina; LOPES, Paulo Victor Leite. *Religião e política: Uma análise da atuação de parlamentares evangélicos sobre direitos das mulheres e de LGBTs no Brasil*. Rio de Janeiro: Fundação Heinrich Boll; Iser, 2013.

WEIL, Simone. *Contra o colonialismo*. Rio de Janeiro: Bazar do Tempo, 2019.

WILSON, Edmund. *Rumo à estação Finlândia: Escritores e atores da história*. São Paulo: Companhia das Letras, 2006.

WISNIK, Guilherme; VIEIRA, Tuca (Orgs.). *Futuros em gestação: Cidade, política e pandemia*. São Paulo: Escola da Cidade. No prelo.

WISNIK, José Miguel. *Sem receita: Ensaios e canções*. São Paulo: PubliFolha, 2004.

WOLFF, Francis. "Justiça, estranha virtude...". In: NOVAES, Adauto (Org.). *Vida vício virtude*. São Paulo: Editora Senac; Edições Sesc, 2009.

ŽIŽEK, Slavoj. *Como ler a Lacan*. Buenos Aires: Paidós, 2008.

Índice remissivo

18 de brumário de Luís Bonaparte, O (Marx), 189
1964: O Brasil entre armas e livros (documentário), 81

A

Ab'Sáber, Tales, 378n
ABC do comunismo (Bukhárin e Preobrajenski), 191
ABC paulista, 77
abdicação de dom Pedro I (1831), 101
Abin (Agência Brasileira de Inteligência), 92
Abolição da escravatura (1888), 326, 331
abolicionismo, 15, 98, 103, 154, 173-4, 298, 301, 311, 318, 343
aborto, 139, 287
Abranches, Sérgio, 33, 66, 110, 112-3
Abreu, Capistrano de, 105
Abreu, José de, 360n
abuso do poder, 183, 184
açúcar, produção de, 151
aculturação, 332
acumulação de capital, 240, 243-4
Adams, John, 99, 149
Adichie, Chimamanda Ngozi, 296
Adorno, Theodor, 195
Advocacia-Geral da União, 92
Aeronáutica, 16, 18

África, 26, 59, 237, 240, 300, 318, 324
África do Sul, 255
afro-americanos, 310
"Agenda Fiesp", 72
agricultura, 130, 227
AI-5 (Ato Institucional nº 5), 76-7, 83, 358n
ajuste fiscal, 68, 69
Albuquerque, visconde de, 108
Alckmin, Geraldo, 58
Alemanha, 14, 189-90, 194-6, 199, 245-6, 251, 334
Alencar, José de, 115
"Alienista, O" (Machado de Assis), 296
alimentação, 167, 228-9
Almeida, Alberto Carlos, 138
Almeida, Maria Hermínia Tavares de, 309
Alonso, Angela, 308
Altman, Breno, 85
alto-comando das Forças Armadas, 17, 18
Álvares, Diogo (Caramuru), 105, 299, 303
Alves, Castro, 301
Amaral, Tabata, 94, 360n
América Central, 83
América do Sul, 53, 134
América Latina, 59, 79, 81, 200, 235, 237, 243, 249-50, 252

American Colonization Society, 300
anacronismo, 174-6, 315
analfabetos, 138, 153, 156
Anaximandro de Mileto, 265-8
ancaps, 220
Anderson, Benedict, 307
Andrada, irmãos, 100
Andrada e Silva, José Bonifácio de, 100, 106, 112, 298-301, 311, 318, 361*n*
Andreazza, Carlos, 73-4
anomia, 65
Anthologie de la nouvelle poésie nègre et malgache de langue française (Sartre), 342
anticapitalismo, 326, 328, 330-1, 333, 380*n*
anticomunismo, 75, 78, 80, 85, 90, 201
Anti-Enlightenment Tradition, The (Sternhell), 271
antiglobalismo, 161, 291
Antigo Regime, 149, 268
Antiguidade, 143, 155, 207, 266, 322
antipetismo, 51-4, 59, 65, 68, 72, 87, 139, 356*n*; *ver também* PT (Partido dos Trabalhadores)
antissemitismo, 341
Antropoceno, 27
aparelhamento do Estado, 20, 77
ápeiron, 267, 268, 280
Appiah, Kwame Anthony, 323, 325
Applebaum, Anne, 78, 85
Araguaia, guerrilha do, 103
Arantes, Paulo, 10
Aras, Augusto, 161
Araújo, Ernesto, 164, 366*n*
Araújo, Victor, 40
Arendt, Hannah, 25, 154-5, 190-3, 195, 197, 199, 201

Argentina, 83, 153
Aristóteles, 174, 208, 323
Aron, Raymond, 278
Arretche, Marta, 29, 37, 249, 255-8
Ásia, 126, 235, 236, 318
Assis, Machado de, 102, 296, 365*n*
Associação de Mulheres do Sul pela Prevenção de Linchamento de Pessoas Negras (EUA), 343
ataraxia, 208
atentado a faca sofrido por Bolsonaro (2018), 359*n*
austeridade, 42, 68-9, 72, 135
Austrália, 251
autocontenção, 22, 41, 45-50, 63, 68, 72, 165, 186
autoritarismo, 20, 42-3, 61, 65, 68, 92, 114, 270, 327
Avelar, Idelber, 93, 163
Averróis, 323
Azevedo, Thales de, 306

B

Bagagli, Bia Pagliarini, 343
Bahia, 51, 57, 306, 308
Balaiada (MA, 1838-41), 103
Baldwin, Richard, 234, 235
Banerjee, Abhijit, 26-9
Baptista Junior, Carlos de Almeida, 16
Barbosa, Januário da Cunha, 100
Barros, Celso Rocha de, 46-9
Barros, Douglas Rodrigues, 316, 321, 324, 333, 340
Bastide, Roger, 312
Beltrão, Hélio, 84
bem-estar social, 41, 126, 168; *ver também* Estado de bem-estar social
Benjamin, Walter, 13

Berlin, Isaiah, 125, 147, 156-9, 213
Bíblia, 31, 285, 292
Biblioteca Digital Brasileira de Teses e Dissertações, 78
Biden, Joe, 180
Bittman, Ladislav, 81
Blair, Tony, 34, 124, 346, 348
BNDES (Banco Nacional de Desenvolvimento Econômico e Social), 128, 178, 252
Bobbio, Norberto, 117-20, 125, 131, 140, 148, 156, 162, 165, 168, 185, 189, 205, 213, 261
bolcheviques, 44, 180, 189, 193, 204
Bolívia, 162
Bolsa Família (programa), 38, 134, 254, 257
bolsonarismo, 22, 36, 117, 163-4, 273, 334
Bolsonaro, Flávio, 92
Bolsonaro, Jair, 18, 21-2, 42, 47, 51, 62, 65, 84, 92, 142-3, 160, 248, 288, 338, 349, 358-9n
bombardeio atômico de Hiroshima e Nagasaki (1945), 196, 198
Bonaparte, Luís, 182, 189
Bonaparte, Napoleão, 182, 329
BPC (Benefício de Prestação Continuada), 254, 257
branquitude, 320, 322, 340
Brasil Colônia, 110, 281, 298, 314
Brasil Império, 98, 107, 109, 282
Brasília, construção de, 56
Brazilian Legislative Survey, 40
Bretton Woods, conferência de (1944), 136
Brexit, 248
Brizola, Leonel, 84
Buck-Morss, Susan, 150-1
Bukhárin, Nikolai, 191
Bulgária, 236

burguesia, 24, 151, 172, 179, 185, 192, 201, 204
Burke, Edmund, 22, 32, 149, 215, 271-5, 277, 374n
Burkina Faso, 251
burocracia, 131, 189
Butler, Judith, 330

C

Cabanada (PE, 1832-5), 103
Cabeça do brasileiro, A (Almeida), 138
Cachaça, Revolta da (RJ, 1660-1), 103
Cadernos do cárcere (Gramsci), 74
café com leite, política do, 111
Calligaris, Contardo, 354n
Câmara dos Deputados, 67, 309, 318
Camargo Corrêa (empreiteira), 56
Caminho da servidão, O (Hayek), 233, 262
Caminhos da esquerda (Fausto), 201
camponeses, 176, 202-3
campos de concentração, 179, 196
Campos, João, 287-8
Campos, Roberto, 73, 84, 262
"cancelamento", 96, 296
Caneca, Frei, 103
Canudos, Guerra de (BA, 1896-7), 103
Capes (Coordenação de Aperfeiçoamento de Pessoal de Nível Superior), 78, 87
Capital no século XXI, O (Piketty), 26, 227, 238
capital, acumulação de, 240, 243-4
capitalismo, 10, 23-5, 27-8, 35, 57, 174, 180, 188, 205, 212, 231, 233-4, 240-2, 244, 262, 271, 303,

330, 346, 362n, 366n, 372n;
anticapitalismo, 326, 328,
330-1, 333, 380n; clássico, 242;
contracapitalismo, 326, 380n;
de compadrio, 54-5, 57-8;
político, 25, 234, 242
Capitalismo sem rivais (Milanović),
23, 242
Capra, Fritjof, 74
Caramuru (Diogo Álvares), 105,
299, 303
"Caramuru" (partido político), 101
Cardim, Fernão, 306
Cardoso, Fernando Henrique, 37-8,
48-50, 58, 107, 121-4, 134, 235,
250-2, 254, 258, 312, 348, 362n
Caribe, 151
Carlyle, Thomas, 272
"Carta ao povo brasileiro" (Lula,
2002), 41, 107
Carvalho, Laura, 72, 248
Carvalho, Olavo de, 21, 53, 73-5, 79,
81, 87-8, 359n
Casa Branca, 82, 300
Casa-grande & senzala (Freyre), 16,
104, 301, 311-2
casamento civil homossexual, 292
Casanova, José, 284
Casara, Rubens, 61
Castello Branco, Humberto de
Alencar, 83
Castro, Fidel, 82
catolicismo, 281-2, 332, 354n
Cavalcanti, família, 101
Caymmi, Dorival, 308
CBPO (empreiteira), 56
Cebrap (Centro Brasileiro de
Análise e Planejamento), 128
centro, 84-5, 103-4, 108-10, 117,
356n; centrão, 110, 112, 114-
6, 164; centro-direita, 42, 94,
97, 117, 124; centro-esquerda,
40, 46, 94, 97, 117-8, 124-5, 132,
347-9; fisiológico, 104, 113-4,
116, 121; fracasso do, 117-8;
ideia de, 20, 97-8, 101, 120,
124-5, 130, 132; incapacidade
de transformação social, 20;
política conciliadora de, 108;
programático, 104, 114, 116,
118, 121, 123; "radical", 121,
123-4, 348; status quo desigual
mantido pelo, 108-9
ceticismo, política do, 276
Chacon, Vamireh, 100
Chapters on Socialism (Mill), 364n
Chaui, Marilena, 52
chavismo, 49
Chile, 153, 251
China, 23, 26, 82-3, 234-6, 242-3,
248, 250, 324-5
CIA (Central Intelligence Agency),
80-1
Cicero, Antonio, 265-8, 317
"cidadão comum", 327
Cipolla, Carlo, 229
Civilização Brasileira, Editora, 76
classe dominante, 177, 181, 184-5,
187, 306
classe trabalhadora *ver* proletariado
classes médias, 243, 247-8
Cleaver, Eldridge, 335
clientelismo, 43, 100, 110, 112-4, 131,
177-8
Clinton, Bill, 124-5, 346, 348
CNBB (Conferência Nacional dos
Bispos do Brasil), 77, 80
Coelho, Duarte, 303
coletivização soviética, 202, 203
Collor de Mello, Fernando, 58, 66-7,
115
colonialismo, 194-5

396

Combahee River (coletivo feminista), 330, 342
Comentários dos princípios de Bangalore de conduta judicial, 63
Comissão da Verdade, 19
commodities, boom das, 237, 256
Como as democracias morrem (Levistky e Ziblatt), 45
"complexo de vira-latas" brasileiro, 302
"comunidade imaginada", 307, 378*n*
comunismo, 9, 11, 23-5, 80-2, 85, 89, 189, 191, 202, 205, 234, 243, 345-6
"comunistas", 21, 24, 35, 118
Conciliador Nacional, O (jornal), 98
Congresso dos Estados Unidos, 91, 300
"Congresso dos Vitoriosos" (URSS, 1934), 204
Congresso Nacional, 37, 40, 49, 90, 163, 318, 355*n*
Conjuração Mineira (1789), 98, 103, 173
Conquest, Robert, 202
conservadorismo, 11, 22, 32, 121, 138, 143-4, 149, 205, 274-5, 278-9, 288, 290-1, 293, 345, 354*n*, 375*n*; cosmovisão conservadora, 290
Constituição brasileira (1891), 282
Constituição brasileira (1988), 17, 36-8, 40, 43-4, 213, 250-1, 256-9
Constituição da República de Weimar (1919), 213
Constituição francesa (1791), 213
constituições normativas versus constituições nominais, 113
Constituinte de 1987-8, 110, 114
Contestado, Guerra do (PR-SC, 1912-6), 103

"contração fiscal expansionista", tese da, 69
contracapitalismo, 326, 380*n*
Contra-história do liberalismo (Losurdo), 169, 178
contrapesos, sistema de, 123, 140, 144, 147, 153, 270
"convenção do crescimento", 68, 70-1
Copa do Mundo (2014), 53
Coreia do Sul, 235-6
Coreia, Guerra da (1950-3), 198
coronavírus, pandemia de, 92, 94, 259
corporativismo, 42, 177
corrupção, 20, 43, 51-6, 58-9, 62-3, 133, 177-8
Corrupção da inteligência: Intelectuais e poder no Brasil, A (Gordon), 74, 78
Costa, Paulo Roberto, 58
cotas para pessoas negras nas universidades brasileiras, 54, 309-10
Coutinho, Carlos Nelson, 77, 79, 201, 358*n*
Coutinho, João Pereira, 276, 278-9
Couto e Silva, Golbery do, 76-7
Cranston, Maurice, 145
Crenshaw, Kimberlé, 339
crescimento econômico, 27, 29, 43, 68, 123, 127, 235-6, 239, 241, 244-5, 248, 260
Crise de 1929, 245
crise financeira global (2008), 70, 135, 241, 248
crise fiscal, 43, 71
cristianismo, 31, 208, 215, 267, 281, 323
Crítica do programa de Gotha (Marx), 185, 187-8, 372*n*

Crivella, Marcelo, 32
CTB (Carga Tributária Bruta), 251-2
Cuba, 82-3, 311
culpa e responsabilidade, distinção entre, 335
cultura popular, 14-6, 18, 308, 332
cuñadazgo, 105, 303

D

Da monarquia à oligarquia: História institucional e pensamento político brasileiro (1822-1930) (Lynch), 113, 152
Dallagnol, Deltan, 61
darwinismo, 184
Davis, Angela, 343
Declaração dos Direitos do Homem e do Cidadão (França, 1789), 212-4
Declaração Universal dos Direitos Humanos (ONU, 1948), 213
delação premiada, 58
Delfim Netto, 84
DEM (Democratas), 40
democracia, 45, 81, 86, 136, 140-2, 144, 150, 154, 162, 166, 173, 182, 202, 216, 226, 286, 356*n*, 360*n*; ateniense, 147; brasileira, 11, 49, 115; burguesa, 64, 145, 180-1, 183, 360*n*; da humanidade, 141, 143; de massas, 150, 167; direta, 142, 147, 162, 164-5; liberal, 29, 102, 133-4, 136-7, 139, 141-5, 159, 161-2, 164, 360*n*; minorias excluídas na, 143; no Brasil Império, 98; pacto democrático, 16, 18; pós-democracia, 34, 36, 109; proletária, 186; racial, 15, 310-2, 318; regime democrático, 44, 142, 153, 226, 260

Democracia como valor universal, A (Coutinho), 201
democratas norte-americanos *ver* Partido Democrata (EUA)
Deng Xiaoping, 23, 234
Departamento de Defesa da Fé (Estado Novo), 282
Derrida, Jacques, 267
desemprego, 122-3, 126, 133, 167, 245
desencantamento do mundo, 284
desenvolvimentismo, 250
desigualdade, redução da, 241, 253, 257-8, 260
desigualdades, 15, 19, 23, 26-30, 34, 83, 94, 117, 124-5, 131-2, 136, 143, 149, 178, 207, 212, 218-9, 222-3, 225, 236, 238, 242-3, 245, 247, 249-50, 255-6, 259-61, 309, 322, 326, 330-1, 337, 339
Diario Novo, O (jornal), 101
Dias, Gonçalves, 301
Didi-Huberman, Georges, 175
Dinamarca, 255
direita, 45, 50, 84-6, 93-4, 96, 128, 131-2, 144, 164, 217, 354*n*, 356*n*; aos olhos da esquerda, 20-1, 44-5, 51, 93-4, 356*n*; bolsonarista, 45, 359*n*; civil, 80, 84, 85; "direita envergonhada", 84, 87; e a didatura militar (1964-85), 79, 80; e a sujeira estrutural, 64; extrema direita, 45, 63, 65, 89, 92, 102, 117, 338; ideias de, 89-90; liberal, 64, 83; livros de, 73; Nouvelle Droite, 89; nova(s) direita(s), 44, 67, 75, 78-9, 87; populismo de, 35-6; princípios e valores de, 177; revisionismo histórico

promovido pelas novas direitas, 75, 79; ultraconservadora, 72
Direita e esquerda: Razões e significados de uma distinção política (Bobbio), 117
direitos civis, 121, 154, 179
direitos humanos, 20, 44, 144, 200-1, 213
direitos naturais, 213, 270
distribuição de renda, 127, 187, 241
ditadura militar (1964-85), 16-7, 40, 44, 75-7, 79, 81, 83-4, 87, 92, 114, 250, 358n
ditaduras de esquerda, 51, 79, 85, 172
dívida pública, 69, 71, 123, 129, 253
divisão do trabalho, 227, 229-30, 232
Do contrato social (Rousseau), 145, 161
Do espírito das leis (Montesquieu), 183, 187, 273
Dostoiévski, Fiódor, 154
Drummond de Andrade, Carlos, 164
Duflo, Esther, 26-9
Dutra, Eurico Gaspar, 107
Dweck, Esther, 68-71

E

Eatwell, Roger, 135, 138
Eco, Umberto, 9, 62, 345
economia brasileira, 68, 69
egoísmo, 210-1, 215, 231, 320
Eidoteia (personagem mitológica), 32, 265-6
elites liberais, 135, 137, 159
Em busca da nação (Risério), 305
Engels, Friedrich, 181, 186, 188, 200
Epicuro, 208

Escandinávia, 127
Escola sem Homofobia (programa), 288
escolaridade, 42, 138, 143, 242
escravidão, 98, 104, 107, 131, 143, 149-51, 169-71, 173-5, 177, 180, 191-2, 208, 298-9, 301, 304, 308, 315, 325, 329, 378n
"escravismo tardio", 331
espaço público, 9, 50, 139, 296
espíritas, 282, 288
esquerda, 37, 44, 50-2, 63-4, 69, 73-4, 76, 81, 84, 93, 95-6, 124-5, 128, 131, 144, 164, 172, 175, 217, 271, 333, 342, 356n, 360n, 368n, 380n; aos olhos da direita dominante, 20, 51, 93-4; democrática, 64, 79, 85-6; ditaduras de, 51, 79, 85, 172, 205; e a sujeira estrutural, 64; enfraquecimento da, 19; hegemonia cultural da, 74-5, 77-80, 84, 87-90, 95; ideias de, 75, 79, 88, 91, 97, 205; Igreja católica e, 31; intelectuais de, 77-8; intimidação do campo da, 88; liberalismo de, 148, 168; luta armada de, 76, 82-3; marxista-leninista, 23, 25, 64, 76, 79, 85-6, 186, 189-90, 201, 354n; partidos de, 23, 37, 40, 76, 85, 110, 131; perspectiva de, 23, 30; petista, 64, 359n; populismo de, 34-5; princípios e valores de, 97; tradicional, 30
Esquerda que não teme dizer seu nome, A (Safatle), 330
Estado brasileiro, 131, 177, 249, 253, 282, 288
Estado burguês, 180, 182-3, 186, 189

Estado de bem-estar social, 25, 127, 134, 251, 253, 258; *ver também* bem-estar social
Estado de direito, 51, 142, 186, 263
Estado e a revolução, O (Lênin), 183
Estado mínimo, 232, 251
Estado Novo, 110, 250, 282, 318
Estado ultramínimo, 220
Estado-finalidade, 220, 222
Estados Unidos, 23, 26, 28-9, 73, 81, 109, 125, 136-8, 143, 149, 153-4, 169-70, 176, 179-80, 198, 200, 213, 236, 241-3, 245-6, 255, 262, 284, 299-300, 310-1, 327, 328, 347-8, 363n
Estatuto das Cidades, 38
Estônia, 252
eu ideal, conceito psicanalítico de, 314, 379n
Europa, 26, 28, 135, 137, 154, 228-9, 250, 252; Leste Europeu, 135, 234; Ocidental, 23, 25, 236, 245, 262, 323; União Europeia, 236
evangélicos, 31, 133, 281, 283, 285, 288-9; neopentecostais, 11, 31, 281, 283, 285; pentecostais, 282, 285; protestantes tradicionais, 285
Executivo, 37, 39, 56, 110, 115, 133, 154, 161, 285
Exército brasileiro, 17, 143

F

Fábula das abelhas, A (Mandeville), 231
Fanon, Frantz, 314-15, 340-1
Faria, Carlos Aurélio Pimenta de, 37
Faria Lima, liberais da, 21
Farias, P. C., 58, 66

Farroupilha, Revolução (RS, 183-45), 99, 103
fascismo, 9
"fascistas", 21, 90, 94
Fausto, Ruy, 201, 368n, 380n
federalismo, 152
Federalista, O (Hamilton et al.), 187
Fedro (Platão), 267
Feijó, Diogo, 152
Feldstein, Martin, 223
Feliciano, Marco, 32
felicidade, desejo universal pela, 209, 214
feminismo, 296; *radfems*, 316
Fernandes, Florestan, 183, 311-2, 319
feudalismo, 24
FHC *ver* Cardoso, Fernando Henrique
Fiesp (Federação das Indústrias do Estado de São Paulo), 72
filologia, 216
"fim da história", hipótese do, 135
Finley, Robert, 300
fisiologismo, 20, 43, 77, 100, 104, 110, 112-4, 116, 121, 131, 133, 147, 161, 279
Fitzpatrick, Sheila, 202-3
Flores, Paulo, 40
Flores, votos e balas (Alonso), 308
FMI (Fundo Monetário Internacional), 26, 70
forbearance, 45, 165
Forças Armadas, 16, 81
Foro de São Paulo, 118
Fórum da Liberdade, 90
Fraga, Arminio, 128-9, 130
França, 14, 149, 151, 153, 182, 187, 244-6, 251, 272, 329
Francisco, papa, 26, 247
Franco, Moreira, 47
Franklin, Benjamin, 170

Frazier, Demita, 342
Freud, Sigmund, 10, 12, 93, 184, 280-1, 284, 314-5
Freyre, Gilberto, 104-5, 301-2, 304, 311-3, 325
Friedman, Milton, 26, 233, 240, 246
Fry, Peter, 310
funcionários públicos, 61, 188
Fundef (Fundo de Manutenção e Desenvolvimento do Ensino Fundamental e de Valorização do Magistério), 38
Furedi, Frank, 137-8

G

Gama, Lopes, 98
Gama, Luís, 301, 343
Gaspar, Malu, 54-6, 58
gastos públicos, 48, 69-71, 130-1, 135
gastos sociais do Brasil, 251
Geisel, Ernesto, 77
Gellner, Ernest, 324
Gemeinschaft, 190, 334
Genebra, 142, 145, 200
genocídio, 369*n*
Genocídio do negro brasileiro: Processo de um racismo mascarado, O (Nascimento), 16, 312
Genro, Luciana, 85
George, Henry, 238
Gerdau, Jorge, 129
Giddens, Anthony, 124, 345-8
Gini, coeficiente de, 125, 129-30, 237, 243, 253-4
girondinos, 182
Gladstone, William, 167
globalização, 27-8, 124, 234-6, 238, 248, 347
Globo, O (jornal), 310

Gobineau, Arthur de, 302
golpe militar (1964), 16, 79-83, 102, 107, 112-3, 118, 262
Gomes, Ciro, 59
Gomes, Mércio, 301, 303-5
Gomes, Wilson, 51-2, 86, 356*n*
Goodwin, Matthew, 135, 138
Gordon, Flávio, 74-8, 80, 83, 87-8, 90
Goulart, João (Jango), 17, 80-1, 84, 107
governismo, 114
Gramsci, Antonio, 74-7, 79, 87, 89, 358*n*
Grande Convergência, 234, 236
"Grande Moderação", 136
Grandes Expurgos (URSS), 203
Great Leveler, The (Scheidel), 243
Grécia Antiga, 142, 145, 147, 207-8, 323
Green, Thomas Hill, 148, 166, 261
Guajajara, Sonia, 343
Guarda Nacional, 101
Guedes, Paulo, 84
Guerra civil na França, A (Marx), 187
Guerra da Coreia (1950-3), 198
Guerra dos Trinta Anos (Europa, 1618-48), 199
Guerra Fria, 80-1, 195, 196, 202
guerrilhas na América Latina, 82-3
Guizot, François, 149
Gullar, Ferreira, 309

H

Haider, Asad, 328-30, 336
Haiti, 151, 341
Hamilton, Alexander, 187
Hayek, Friedrich von, 89, 195, 233, 262-3

Hegel e o Haiti (Buck-Morss), 150
Hegel, Georg Wilhelm Friedrich, 182-3, 186, 223, 382*n*
Heidegger, Martin, 78, 85
Hello, Brasil (Calligaris), 354*n*
heranças, imposto sobre, 29, 130, 178, 222, 243, 246, 253
Herder, Johann Gottfried von, 272
Hill, Henry, 306
"Hino Nacional" (Drummond), 164
"hiperliberalismo", 22
História de desigualdade: A concentração de renda entre os ricos no Brasil, 1926-2013, Uma (Souza), 249
História dos partidos brasileiros (Chacon), 100
"historismo", 272
Hitler, Adolf, 79, 302
hitlerismo, 194
Hobbes, Thomas, 146, 183, 185-6
Hobhouse, Leonard, 21, 148, 166-7
Hobson, John, 148, 168
Holanda, 240
holodomor, 203, 369*n*
Homero, 265, 266
homeschooling, 291
homogamia, 242
homoplutia, 242
homossexualidade, 138-9, 287-9, 291-3, 336
Honneth, Axel, 159, 223
Horkheimer, Max, 195

I

Ianni, Octavio, 312
ianomâmis, indígenas, 324
Ibad (Instituto Brasileiro de Ação Democrática), 82, 90
ICMS (Imposto sobre Circulação de Mercadorias e Serviços), 251-2
Idade Média, 229
identitarismo, 95, 139, 296, 326-7, 330, 333, 335-6, 338-40, 342, 344-5, 380-1*n*; discurso identitário, 319, 328, 342; políticas identitárias, 263, 295, 344
Ideologia alemã, A (Marx), 181
Igreja católica, 31, 281-3
Igreja e Estado no Brasil, separação entre, 282
Igreja Universal do Reino de Deus, 285
igualdade social, 211, 217
Iluminismo, 151, 213, 226, 228, 268, 271-2
Imbecil coletivo, O (Carvalho), 73-4
imigração, 137, 318
impeachment de Dilma Rousseff, 48, 51, 65-8, 72, 85
impeachment de Fernando Collor, 66, 115
impeachment, pedidos de (pelo PT), 50
Imperador português, 15
imperialismo, 23, 195, 322
Império do Brasil, 98, 107, 109, 282
Império Otomano, 323
imposto de renda, 130, 220, 243-4, 246, 251-2, 372*n*
impostos progressivos, 25, 27, 127, 242, 245
Independência do Brasil (1822), 14, 100, 106-7, 298
Independência dos Estados Unidos (1776), 170, 213
Índia, 24, 137, 235-6
indígenas, 14, 54, 102, 104-5, 114, 174, 176, 179-80, 216, 299,

304-5, 308-9, 318, 324, 343, 377n; mulheres, 299, 303, 305
Indignados (movimento espanhol), 136
individualismo, 10, 22, 51, 144, 146, 223, 270
indivíduo *manqué*, 269-71
Indonésia, 24, 235
inflação, 38, 246
Inglaterra, 140, 149, 153, 155, 176, 272, 374n
Instituto Liberal, 90
Instituto Lula, 58
Instituto Millenium, 90
Intercept Brasil, The (site), 60
interesse comum, 145, 146
Internacional Socialista, 346
internet, 9, 73
intitulamento, teoria do, 222
inveja, 223, 225, 269
investimentos privados, 70
investimentos públicos, 29, 124, 128-9, 136, 225-6, 259
Ipês (Instituto de Pesquisas e Estudos Sociais), 90
IRPF (Imposto de Renda da Pessoa Física), 178, 251-2
IRPJ (Imposto de Renda da Pessoa Jurídica), 251-2
irresponsabilidade fiscal, 20, 164
islã, 200, 267
Itália, 14, 251, 323

J

Jabbour, Elias Khalil, 123
jacobinos, 44, 147, 182, 217
Jaime II, rei da Inglaterra, 140
Jango *ver* Goulart, João
Japão, 198, 236
Jaspers, Karl, 334-5, 337-8
Jay, John, 187
Jefferson, Roberto, 53
Jefferson, Thomas, 170, 299-300
jesuítas, 104, 281, 306
Jesus Cristo, 31
Johnson, Samuel, 140, 170
Jones, LeRoi, 314, 336
Jorge, Álvaro Palma de, 61
Jucá, Romero, 67
judaísmo, 267
judeus, 192, 197, 217, 323, 330
Judiciário, 47, 49, 61, 63, 77, 92, 178
Julião, Francisco, 82
junho de 2013 *ver* manifestações de junho (2013)
justiça brasileira, 55, 67
Justiça Federal do Paraná, 55
justiça social, 25, 31, 220, 262, 339, 347

K

Kant, Immanuel, 146-8, 209-11, 217-8, 220-1, 265, 272, 320
Kennedy, John F., 82, 238
Kerstenetzky, Celia Lessa, 43
Keynes, John Maynard, 69, 136, 168
KGB (serviço secreto soviético), 80-1
KGB e a desinformação soviética: Uma visão de dentro, A (Bittman), 81
Khruschóv, Nikita, 76, 82
Kirk, Russell, 78
kit anti-homofobia, 289
Kiwitz, Ed René, 32
Kojève, Alexandre, 223
Konder, Leandro, 79
Krugman, Paul, 136
Kubitschek, Juscelino, 56, 107

kulakis (camponeses ricos), 192, 198, 203
Kuznets, Simon, 240-1

L

Lacan, Jacques, 223
Laclau, Ernesto, 34-5, 319
Lago, Miguel, 22
laicidade, 282-4, 286, 289, 291
Lancellotti, Julio, padre, 32
Lasch, Christopher, 382*n*
Lava Jato, Operação, 19, 47, 49, 53-5, 59-63, 65, 67, 85, 139, 161, 163-4, 356*n*
layering, 38
Ledo, Gonçalves, 100, 361*n*
legal formalism, 61
Legislativo, 77, 92, 133, 259
Lei de Organizações Criminosas, 163
Lei do Ventre Livre (1871), 331
Lei Kandir, 252
Leite, Paulo Victor, 283
Lênin, Vladímir, 25, 85, 179, 181, 183, 188-9, 200, 205
Leste Europeu, 135, 234
Letônia, 252
Levistky, Steven, 45
Lévi-Strauss, Claude, 375*n*
Levy, Joaquim, 68
Lewandowski, Ricardo, 60-1
Lewin, Moshe, 202-4
LGBTQIAP+, 158, 259, 288-9, 291
Liberalism (Hobhouse), 166
liberalismo, 120, 136, 140, 142, 154, 166, 178, 202, 286; clássico, 148-9, 176, 293; concorrência e, 233; conservadores liberais, 148, 271, 273; de esquerda, 148, 168; democracia liberal, 29, 102, 133-4, 136-7, 139, 141-5, 159, 161-2, 164, 360*n*; democratizado, 167; econômico, 27-8, 35, 231, 233, 245; economistas liberais, 29, 46; evangélicos neopentecostais e, 31; "hiperliberalismo", 22; ideias liberais, 23, 215, 369*n*; ideologia liberal, 179, 192, 194, 198; liberais conservadores, 148, 273; liberal social, 168, 366*n*; limitações da liberdade liberal, 159; neoliberalismo, 9, 11, 28, 34, 124, 345-7; origens na Inglaterra, 140, 154; pensamento liberal, 147, 166, 169, 171, 210, 217, 272; perspectiva liberal, 23, 31, 154, 290, 292; político, 21, 35, 201; princípios e valores liberais, 177; socialismo liberal, 120; socialismo versus, 25; social-liberalismo, 261; tradição liberal, 21-2, 171, 172, 176, 187, 213, 215, 226, 273, 329, 338; ultraliberalismo, 21, 178, 219-21
liberdade positiva versus liberdade negativa, 125, 157-60, 166, 172-3, 213, 220-1, 293
liberdades individuais, 97, 166, 208, 210, 279
Libéria, 300
Ligas Camponesas, 82
Lilla, Mark, 142, 144, 326-8
Lincoln, Abraham, 300
Lins e Silva, Evandro, 66
Lisboa, Marcos, 46, 48, 125
livre mercado, 127, 140, 177, 239, 262
livros de direita, 73
Locke, John, 140, 150-1, 169, 213, 222, 273-4, 374*n*

Loewenstein, Karl, 113
London School of Economics and Political Science, 166, 347
Losurdo, Domenico, 25, 169-71, 174-6, 178, 194-201, 354n, 368n
"lugar de fala", 319, 322, 337
Lugar de negro, lugar de branco?: Esboço para uma crítica à metafísica racial (Barros), 316
"lugar fora das ideias", 365n
Luís Filipe, rei da França, 149
Lula da Silva, Luiz Inácio, 17, 37, 40, 42, 47, 49, 52-3, 55, 58-64, 70, 78, 86, 92, 107, 115, 129, 138, 258, 349, 356-7n
lulopetismo, 27, 70, 73, 87, 92, 118, 133-4, 136, 237, 248-50, 252-5; *ver também* PT (Partido dos Trabalhadores)
luta armada, 76, 82-3
luta de classes, 184, 190
Lutero, Martinho, 185
Luxemburgo, Rosa, 186, 201
"Luzias" (adeptos do Partido Liberal), 108
Lynch, Christian, 21, 113, 152-3, 167

M

Macedo, Edir, 285
Machado, Sérgio, 67
machismo, 335, 343
Madison, James, 170, 187
Magalhães, Antônio Carlos, 57
Maggie, Yvone, 309-10
maioria silenciosa (*silent majority*), 138-9, 327
mais-valia, 188
Malafaia, Silas, 32, 283, 288
Malês, Revolta dos (BA, 1835), 103
Malouët, Pierre-Victor, 169

Malta, Magno, 287
mamelucos, 106, 299, 303-4, 314, 377n
Mandeville, Bernard, 146, 211, 231
Mangabeira Unger, Roberto, 129
manifestações de junho (2013), 16, 53, 72, 103, 115-6, 133, 136-7, 163
Manifesto comunista (Marx e Engels), 201
Manoel, Jones, 354n
"mão invisível" do mercado, 140, 232-3, 238, 290
Mao Tsé-tung, 23, 198-9, 233
maoismo, 199, 271
Maquiavel, Nicolau, 183, 185
Marcha da Família com Deus pela Liberdade (São Paulo, 1964), 84
Mariano, Ricardo, 282, 289
Marques, Eduardo, 37
Marques, Raquel, 94
Martins, Felipe, 164, 366n
Martius, Carl Friedrich Philipp von, 102
Marx, Karl, 85, 181-9, 200-1, 211, 240, 244-5, 372n
marxismo, 23-5, 51, 64, 74, 76, 79, 85-6, 89, 180, 183-4, 186-7, 189-90, 195, 199-201, 290, 302, 328, 331, 332
"marxismo cultural", 89
Mascates, Guerra dos (PE, 1710-1), 103
Mbembe, Achille, 152, 179, 317, 344
MBL (Movimento Brasil Livre), 90
Medeiros, Marcelo, 255
mencheviques, 44, 183
Mendes Júnior (empreiteira), 56
Mendes, Gilmar, 47
Menelau (personagem), 265
"Mensalão", escândalo do (2005), 41, 53, 115

mercado, 127, 378n; economias de, 234, 262; livre mercado, 127, 140, 177, 239, 262; "mão invisível" do, 140, 232-3, 238, 290; socialismo de, 346; *think tanks* pró-mercado, 90
meritocracia, 211-2
Merquior, José Guilherme, 148, 166
mestiçagem, 298-9, 302, 304-8, 311-3, 317-8, 321, 325-6, 331-2, 338-9
México, 251
Mídia sem Máscara (site), 73
mídias sociais *ver* redes sociais
Miguel, Luis Felipe, 44, 89
"milagre econômico" brasileiro (anos 1970), 237
Milanović, Branko, 23-4, 29, 125, 223-6, 234-6, 242-3
Mill, John Stuart, 140, 148, 150, 160, 167, 210, 291, 364n
Mínimo que você precisa saber para não ser um idiota, O (Carvalho), 73
Ministério da Fazenda, 68, 84
Ministério da Guerra, 82
Ministério do Planejamento, 84
Ministério Público, 53, 60-1, 66
minorias, 30-1, 54, 86, 94, 124, 142-3, 147, 150, 157, 159-60, 165, 259, 286, 289-91, 293-5, 302, 307-9, 319
Miranda, José Carlos, 309
miscigenação, 106, 299, 301, 304-5, 307-8, 312-3, 315-6, 325-6
Mises, Ludwig von, 233
Mistaken Identity: Race and Class in the Age of Trump (Haider), 328
mobilidade social, 226
modernidade, 32, 207, 268-9, 271-2, 281, 284
Modi, Narendra, 137

monarquia, 98, 100, 140-1, 149, 153, 181, 270
monoteísmo, 31, 267, 279-80, 285
Monroe, James, 300
Montesquieu, barão de, 21, 140, 155, 183, 187, 273
Morales, Evo, 162
moralidade, 209, 215
Morgan, M., 248
Moro, Sergio, 47, 53, 55, 61-2, 161
Mota, Carlos Guilherme, 312
Mouffe, Chantal, 30, 34, 109, 124, 163, 319
Moura, Clóvis, 331-2
Mourão Filho, Olímpio, 82
movimento negro, 313, 333
Movimento Negro Socialista, 309
mulato (ausência da palavra na obra de Machado de Assis), 365n
mulheres, 94, 138, 143, 158, 196, 204, 242, 254, 256, 259, 303, 316, 336, 339, 342-3
multipartidarismo, 113

N

Nabuco, Joaquim, 103, 154, 301, 343
nacional-desenvolvimentismo, 250
nacionalismo, 83, 272, 338, 375n
Nascimento, Abdias do, 312-3, 316, 318-9, 331
nazismo, 79, 85, 144, 189-90, 193, 195, 199, 334-5
negras, pessoas, 15, 99, 107, 131, 143, 151, 155, 158, 179, 192, 259, 309, 314-5, 322, 324, 331-3, 336, 378n
negritude, 322, 342
"neoliberais", 21, 23-4, 37, 42, 93-4
neoliberalismo, 9, 11, 28, 34, 124, 345-7
Neolítico, 227

neopentecostais, 11, 31, 281, 283, 285
Netto, José Paulo, 182, 200
Neves, Aécio, 37
Neves, Tancredo, 107
New Deal, 70, 136
New York Times, The (jornal), 247, 327
nheengatu ("língua geral"), 298
Nietzsche, Friedrich Wilhelm, 183, 215-7
Nixon, Richard, 138, 327
Nobre, Marcos, 114-5, 134
Nogueira, Marco Aurélio, 77
Nouvelle Droite, 89
Nova Matriz Econômica, 72, 122, 136
Nova República, 42, 72, 77, 110, 114-5, 133, 161
Nozick, Robert, 220-3, 225
Nunes, António José Avelãs, 211
Nunes, Rodrigo, 91, 94-5, 124, 355*n*

O

"O que é uma nação?" (Renan), 13
OAB (Ordem dos Advogados do Brasil), 77, 80
Oakeshott, Michael, 32, 78, 269-70, 275-7, 279
OAS (empreiteira), 57
Obama, Barack, 91, 136
Oban (Operação Bandeirante), 84
Occupy Wall Street (movimento), 136
OCDE (Organização para a Cooperação e Desenvolvimento Econômico), 29, 251
Ocidente, 24, 136-7, 140, 179, 322-3
oclocracia, 150

Odebrecht (empreiteira), 54-9
Odebrecht, Emílio, 57
Odebrecht, Marcelo, 58-9
Odebrecht, Norberto, 55-7
ódio de classe, 51, 54
Odisseia (Homero), 265
oligarquias, 34, 110, 148, 152, 154
Oliveira, Silas de, 308
ontologia platônica, 267
Opep (Organização dos Países Exportadores de Petróleo), 26
opinião pública, 78, 89
Organização das Nações Unidas (ONU), 213
Organização: A Odebrecht e o esquema de corrupção que chocou o mundo, A (Gaspar), 54
Oriente Médio, 109, 200
Origens do totalitarismo (Arendt), 190, 195-6
Orkut, 73
Ortega y Gasset, José, 150
Orwell, George, 143, 205

P

Paim, Antonio, 366*n*
Paine, Thomas, 214-5, 278-9, 326
países desenvolvidos, 228, 234-5, 248
países em desenvolvimento, 28, 235
países pobres, 234, 238
países ricos, 239
Palmares, Quilombo dos, 103
palmiteiro, 314
Palocci, Antonio, 58, 70
Paludo, Januário, 61
Panteras Negras, 336
Paraguaçu (indígena), 105
pares (*peer group*), conceito de, 225

parlamentarismo, 113, 142
Parlamento europeu, 135
Partido Comunista Brasileiro *ver* PCB
Partido Comunista da China, 23
Partido Comunista do Brasil *ver* PCdoB
Partido Conservador, 101, 108
Partido da Ordem (França), 182
Partido Democrata (EUA), 91, 109, 116, 141, 327-8
Partido Liberal, 101, 108, 115
Partido Republicano (EUA), 91, 109, 116, 327-8
patrimonialismo, 20, 35, 110, 116, 131, 177-8, 309
Patrocínio, José do, 301, 343
Paula, Luiz Fernando de, 123
PCB (Partido Comunista Brasileiro), 16, 25, 76-7, 83-4, 331
PCdoB (Partido Comunista do Brasil), 83, 85, 289, 331
PCO (Partido da Causa Operária), 25
Pedro I, d., 101, 152, 298
Pedro II, d., 107, 114, 152
"pejotização", 130, 252
Pele negra, máscaras brancas (Fanon), 314
pemedebismo, 114, 116, 134; *ver também* PMDB (Partido do Movimento Democrático Brasileiro)
pentecostais, 282, 285
Pernambuco, 101, 103, 306
Peru, 83
Pessôa, Samuel, 46, 48, 125, 134, 251
Petrobras, 58, 62
PIB (Produto Interno Bruto), 28, 71, 128, 236-7, 260, 357n

Piketty, Thomas, 26, 29, 136, 227-8, 234, 236-8, 241, 243-4, 246-7, 249-50
Pinker, Steven, 236, 240, 247, 262
PL (Partido Liberal), 115
Plano de Contingência 2-61 (EUA), 82
Plano Real, 74, 237
plantations, 179
Platão, 147, 265, 267-8
plutocracia, 11, 147, 175, 207, 247
PMDB (Partido do Movimento Democrático Brasileiro), 114; *ver também* pemedebismo
PNAD (Pesquisas Nacionais por Amostra de Domicílio), 253
pobreza, 11, 28-9, 38, 40-1, 78, 211-2, 226, 228, 233, 235, 238, 244, 248, 254, 259-62, 264, 371n
poder, abuso do, 183-4
Poder Moderador, 101, 152
polarização, 18-20, 33-6, 44-6, 51, 65, 67-8, 70, 72, 75, 78-9, 87, 91, 93-6, 118, 139, 297, 349; assimétrica, 91, 93
Polícia Federal, 92, 359n
Polícias Militares, 92
Politburo, 186
política da fé versus política do ceticismo, 276
"política do choque", 88
política econômica, 43, 54, 70, 72, 90-1, 122, 124, 126-7, 241, 349
política fiscal, 41, 69-71
"politicamente correto", 295
Políticas da política: Desigualdades e inclusão nos governos do PSDB e do PT, As (Arretche et al.), 37
Polônia, 235
Pombal, Marquês de, 299-300
populismo, 30, 34-6, 70, 92

Por um populismo de esquerda (Mouffe), 30
Portugal, 298, 306
posição universalista dialética, 339
Povo brasileiro: A formação e o sentido do Brasil, O (Ribeiro), 302
PP (Partido Progressista), 40
PR (Partido da República), 40, 287
preços, sistema de, 234
Preobrajenski, Ievguêni, 191
presidencialismo de coalizão, 110, 113
Prestes, Luís Carlos, 82
presunção de inocência, princípio da, 60, 214
Previdência Social, 128, 130, 254
Previdência, reforma da, 94
Primeira Guerra Mundial, 196, 199, 244
Primeira República, 110-2, 153-4, 311
Primeiro Plano Quinquenal (URSS), 204
Primeiro tratado sobre o governo civil (Locke), 150
Princípios de economia política (Mill), 364n
Prioli, Gabriela, 360n
privilégios, 131, 145, 172, 178, 252-3, 272, 275, 282-3
Proclamação da República (1889), 15, 102, 112, 154
produtividade mundial, 227
Progressista de ontem e o do amanhã, O (Lilla), 327
proletariado, 102, 184-5, 188, 190, 204, 240, 244
propriedade privada, 171, 176, 263, 380n
protestantismo, 211-2, 282, 285; *ver também* evangélicos

Proteu (personagem mitológica), 32, 265-6
Proudhon, Pierre-Joseph, 186
Przeworski, Adam, 165
PSD (Partido Social Democrático), 112, 287
PSDB (Partido da Social Democracia Brasileira), 36-47, 49-50, 58, 72, 114-8, 121, 287, 355n, 362n
psicanálise, 201, 224, 320, 379n
Psol (Partido Socialismo e Liberdade), 44-5, 79, 85, 95
PSTU (Partido Socialista dos Trabalhadores Unificado), 25, 85
PT (Partido dos Trabalhadores), 36-56, 58, 63-4, 72, 77, 79, 85-6, 90-2, 94, 115-8, 164, 258, 355n, 359n
Putin, Vladímir, 179-80

Q

QAnon (teoria conspiratória de extrema direita), 91
Quadros, Jânio, 82
Qual socialismo? (Bobbio), 205
Quércia, Orestes, 58
"Querelas do Brasil" (canção), 139
Questão da culpa: A Alemanha e o nazismo, A (Jaspers), 334

R

Rabelo (empreiteira), 56
"rachadinha", prática de, 92
Racionais MC's, 16
racionalismo, 272, 277-8, 290
"Racionalismo na política" (Oakeshott), 277

racismo, 37, 52, 86, 93, 190, 192, 195, 216, 241, 247, 256, 258, 300, 309-10, 312, 314-5, 317-9, 324, 326, 329, 335, 340, 378n
Radelet, Steven, 233
radfems, 316
Ramalho, João, 105, 299, 303
Ramos, Arthur, 302
Rawls, John, 120, 146, 148, 168, 217-20, 261
reacionarismo, 31-2, 278-9, 281
Reagan, Ronald, 26, 29, 136, 241, 246, 250, 327
Real Companhia Africana, 151
realismo socialista, 102, 193
Rebelião das massas, A (Ortega y Gasset), 150
Rebelo, Aldo, 309
Rebouças, André, 154, 301, 343
Record, Editora, 73
recusa universal do universalismo, 326, 380n
redemocratização do Brasil, 11, 16, 20, 36, 40-1, 45-6, 50, 61, 64, 66, 72, 81, 87, 107, 117-8, 133-4, 250-1, 255, 257, 259, 282
redes sociais, 9-10, 24, 49-50, 74, 88, 93, 95, 116, 118, 164, 295-6, 319, 336
"Reforma agrária na lei ou na marra" (slogan), 82
Reforma Protestante, 211-2
reforma tributária, 29, 128, 132, 178, 253, 261
Regência, período da, 101
Reino Unido, 29, 242, 245-6
Reis Filho, Daniel Aarão, 80-1
religião, 187, 211, 270, 280-4, 286, 288, 290, 307, 313, 332
religiões afro-brasileiras, 282
Renan, Ernest, 13-5, 272

Renascimento, 323
Renda Cidadã (programa), 38
renda média, 129, 211, 228, 236, 246, 261
renda per capita, 236, 238, 254
rent seeking, 130
rentismo, 243
República, A (Platão), 147
republicanos norte-americanos *ver* Partido Republicano (EUA)
responsabilidade fiscal, 53, 67
Revérbero Constitucional Fluminense, O (jornal), 100
revisionismo histórico promovido pelas novas direitas, 75, 79
Revolução Americana (1776), 99, 151, 155, 170, 212, 278, 329
Revolução Cultural (China, 1966-76), 192-3, 199
Revolução de 1930, 102, 112
Revolução de Outubro (Rússia, 1917), 202
Revolução Francesa (1789), 98, 149, 155, 182, 212-5, 271
Revolução Gloriosa (Inglaterra, 1688-9), 140, 154, 271, 374n
Revolução Haitiana (1791-1804), 329
Revolução Industrial, 166, 227-8, 236, 244, 265
Revolução Pernambucana (1817), 103
Revolução russa, A (Luxemburgo), 201
revolução tecnológica, 235
Ribeiro, Darcy, 301-3, 325
Rio de Janeiro, 82, 85, 179
riqueza, 26, 140, 187, 194, 211-2, 227, 229-32, 234, 238-40, 245-7, 249, 251-2, 256, 258, 260, 268, 274, 331
Riqueza das nações, A (Smith), 212, 229, 232, 238

Risério, Antonio, 301, 304-6, 311, 377n
Rocha, Camila, 87-8, 90
Roda Viva (programa de TV), 52
Rodoanel (São Paulo), 58
Rodrigues, José Honório, 105-6, 111
Rodrigues, Nina, 302
Roma Antiga, 173, 217, 323
Romero, Silvio, 302
Rondon, Cândido, 300
Roosevelt, Franklin Delano, 70, 136, 196, 198, 245
Rosário, Maria do, 51, 356n
Rousseau, Jean-Jacques, 142, 145-7, 155, 161, 213, 214
Rousseff, Dilma, 37, 42, 47-8, 51, 54, 59, 65-7, 69-70, 72, 85, 122, 123, 248, 288, 357n
Rumo à estação Finlândia (Wilson), 184
Rússia, 250

S

Safatle, Vladimir, 330, 381n
salário mínimo, 38, 134, 243, 254, 257-9, 261
Santos, Wanderley Guilherme dos, 309
São Domingos (Haiti), 151, 341
São Paulo, 58, 94, 118
"Saquaremas" (adeptos do Partido Conservador), 108
Sartre, Jean-Paul, 78, 85, 342
Scheidel, Walter, 243, 258
Schmitt, Carl, 141-5
Schröder, Gerhard, 124
Schwarcz, Lilia, 309
Schwarz, Roberto, 87, 365n
Scruton, Roger, 32, 78, 290-3, 375n
secularização, 283-4, 290

Segunda Guerra Mundial, 26, 195-7, 199, 204, 241-2, 245
Segunda República, 87, 90, 107, 112-3, 182
Segundo Reinado, 101, 153, 301, 308, 311
Segundo tratado sobre o governo civil (Locke), 169, 273-4, 374n
Seixas, Mônica, 94-5
Senado, 48, 66, 287, 309, 366n
sensibilidade moral moderna, 226
Sentidos do lulismo, Os (Singer), 248
Serpa, Justiniano de, 153
serviços públicos, 42, 127, 133-4, 240, 245, 247, 255, 257, 261, 348
Šik, Ota, 346
Silva, Hilberto, 59
Silveira, Ênio, 76
Simonsen, Mário Henrique, 84
Simples Nacional, 130
Simplício, 266-7
Singer, André, 248, 254
sionismo, 330
sistema político, 42-3, 49, 72, 114, 134, 139, 152, 167
sistema tributário brasileiro, 252
sítio em Atibaia, 61
Skidmore, Thomas, 318
Smith, Adam, 140, 146, 211, 229-34, 238-9
SNI (Serviço Nacional de Informações), 76
Soares, Luiz Eduardo, 312, 325-6, 380n
soberania nacional, 99, 136-7, 161
soberania popular, 34, 99, 137, 141-3, 145, 147, 149, 153, 155, 160-2, 164-5, 208, 214
Sobre a questão da moradia (Engels), 188

Sobre o conceito de história (Benjamin), 13
"Sobre ser conservador" (Oakeshott), 275
Sobrevivendo no inferno (álbum do Racionais MC's), 16
social-democracia, 25, 27, 40, 124, 131-2, 168, 177-8, 183, 187-8, 197, 233, 242, 245, 346-7, 362n, 366n
socialismo, 9, 11, 24-5, 120, 131, 167, 173, 179-80, 188-9, 201-2, 204-5, 234, 245, 264, 345-6, 360n, 364n, 369n
social-liberalismo, 261
sociedade civil, 12, 35, 75, 77, 84, 90, 103, 163, 194, 290, 347
Sociedade Convívio, 90
Sociologia do negro brasileiro (Moura), 331
Sócrates, 147, 267
Soul on Ice (Cleaver), 336
Souza, Gabriel Soares de, 306
Souza, Neusa Santos, 314-5
Souza, Pedro H. G. Ferreira de, 29, 249-55, 371n
Souza, Thomé de, 305
Spencer, Herbert, 21, 219
Stálin,Ióssif, 25, 79, 85, 186, 193, 195, 198, 200, 203-4, 369n
stalinismo, 76, 79, 85, 189-90, 201, 203-4, 271
Starling, Heloisa M., 98
Sternhell, Zeev, 271-4
STF (Supremo Tribunal Federal), 17-8, 46-7, 53, 55, 59-60, 66-7, 92, 160, 285-6
subdesenvolvimento, 235
Suécia, 236, 255
sufrágio universal, 102, 141, 147, 153
Suíça, 372n
sujeira estrutural (na política brasileira), 64
sujeito, teorias do, 183-4
super-ricos, 28, 136, 178, 237, 246
"suprassunção", 382n
Suprema Corte *ver* STF (Supremo Tribunal Federal)
SUS (Sistema Único de Saúde), 38-9, 257
sustentabilidade da dívida pública, 69

T

Tailândia, 235
Taine, Hippolyte, 272
Tamoyo, O (jornal), 100
Tchecoslováquia, 81
Tea Party (ala radical dos republicanos, EUA), 91
Teixeira, Rodrigo Alves, 68-71
Telêmaco (personagem), 265
Temer, Michel, 47, 59
Temer, Milton, 50
Teofrasto, 267
Teologia da Libertação, 77
Teologia da Prosperidade, 31, 285
Teoria da Dependência, 235
Terceira Internacional, 76, 200
terceira via, 32, 34, 124, 345-9
Terceiro Incluído versus Terceiro Inclusivo, 118-20, 125
Terceiro Mundo, 24, 80, 235
Terceiro Reich, 197
terror stalinista, 76, 203
TFP (Tradição, Família e Propriedade), 90
Thatcher, Margaret, 26, 29, 34, 136, 246, 250
Thiers, Adolphe, 186
Thoma, Richard, 144

tirania, 98, 147, 151, 291
Tocqueville, Alexis de, 226, 273, 291
top incomes, 28, 255, 258
tories (conservadores britânicos), 140
Tornar-se negro: Ou as vicissitudes da identidade do negro brasileiro em ascensão social (Souza), 315
tortura, 83, 203
Tosta, Walter, 287
totalitarismo, 25, 85, 179, 189-90, 192, 194-6, 198-201, 205, 278
Toussaint L'Ouverture, François-Dominique, 329
trabalhismo britânico, 34
trabalho infantil, 244
trade-off, 27, 108, 127, 261
tradição judaico-cristã, 208, 215
trans, pessoas, 94, 139, 293, 296, 343
transferência de renda, programas de, 38, 41
Tratado descritivo do Brazil em 1587 (Souza), 306
tributação progressiva, 136, 244
tríplex do Guarujá, caso do, 60, 62
True Outspeak (programa de Olavo de Carvalho no YouTube), 73
Truman, Henry, 198-9
Trump, Donald, 65, 109, 116, 248, 327-8
Truth, Sojourner, 339
tupinambá, indígenas, 105
Turquia, 251
Twitter, 50, 296

U

Ucrânia, 369n
UDN (União Democrática Nacional), 112

Ulisses (personagem mitológica), 265
ultraliberalismo, 21, 178, 219-21
União Europeia, 236
União Soviética, 25-7, 79, 81-2, 180, 189-90, 192, 195, 199-200, 204-5, 234, 369n
Universidade de São Paulo (USP), 311
Utopia brasileira e os movimentos negros, A (Risério), 311

V

Valim, Rafael, 60, 62
Valor das ideias: Debate em tempos turbulentos, O (Pessôa e Lisboa), 125
Vargas, Getúlio, 110-2, 318
veganismo, 175
Veloso, Caetano, 301, 309, 354n
Venezuela, 30, 83
Verger, Pierre, 313
Vermeule, Adrian, 141
Vianna, Hermano, 301
vícios privados, benefícios públicos ("*private vices, public benefits*"), 211, 231-2
Vieira, Henrique, 31-2
Vietnã, 24, 236
Villas Bôas, Eduardo, 17
Virgínia (EUA), 170
Vital, Christina, 283
Vítima tem sempre razão?: Lutas identitárias e o novo espaço público brasileiro, A (Bosco), 32, 295, 336
vontade geral, conceito de, 19, 145-6, 214

W

Washington, D.C., 82
Washington, George, 170, 278
Weber, Max, 150, 199, 284
Weil, Simone, 194-5
whigs (liberais britânicos), 140, 148, 273-4
"Why We All Care about Inequality (But Are Loath to Admit It)" (Milanović), 223
Wilde, Oscar, 290
Williamson, Jeffrey, 249
Wilson, Edmund, 184, 369n
Wisnik, Guilherme, 381n
Wisnik, José Miguel, 301, 365n
Wolff, Francis, 209-10

X

X, Malcolm, 343
xenofobia, 291

Y

Yeats, William Butler, 116
YouTube, 73

Z

Ziblatt, Daniel, 45, 50
Žižek, Slavoj, 337, 379n
Zona Franca, 130

© Francisco Bosco, 2022

Todos os direitos desta edição reservados à Todavia.

Grafia atualizada segundo o Acordo Ortográfico da Língua Portuguesa de 1990, que entrou em vigor no Brasil em 2009.

capa
Elohim Barros
composição
Jussara Fino
preparação
Julia Passos
checagem
Érico Melo
índice remissivo
Luciano Marchiori
revisão
Ana Maria Barbosa
Huendel Viana

2ª reimpressão, 2022

Dados Internacionais de Catalogação na Publicação (CIP)

Bosco, Francisco (1976-)
O diálogo possível : Por uma reconstrução do debate público brasileiro / Francisco Bosco.— 1. ed. — São Paulo : Todavia, 2022.

ISBN 978-65-5692-275-1

1. Literatura brasileira. 2. Ensaio. 3. Democracia — Brasil. 4. Política — História. 5. Debate público. I. Título.

CDD B869.4

Índice para catálogo sistemático:
1. Literatura brasileira : Ensaio B869.4

Bruna Heller — Bibliotecária — CRB 10/2348

todavia
Rua Luís Anhaia, 44
05433.020 São Paulo SP
T. 55 11. 3094 0500
www.todavialivros.com.br

fonte
Register*
papel
Pólen natural 80 g/m²
impressão
Geográfica